U0711740

KONGZHIXIA
JIAOFU LI FA XUANYI

邓立军◇译

控制下交付立法选译

中国政法大学出版社

2025·北京

声　明　　1. 版权所有，侵权必究。

　　　　　　2. 如有缺页、倒装问题，由出版社负责退换。

图书在版编目（ＣＩＰ）数据

控制下交付立法选译 / 邓立军译.-- 北京 : 中国政法大学出版社 ，2025. 7. -- ISBN 978-7-5764-1614-5

Ⅰ. D918

中国国家版本馆 CIP 数据核字第 2024XU6054 号

出 版 者	中国政法大学出版社
地　　址	北京市海淀区西土城路 25 号
邮寄地址	北京 100088 信箱 8034 分箱　邮编 100088
网　　址	http://www.cuplpress.com（网络实名：中国政法大学出版社）
电　　话	010-58908586（编辑部） 58908334（邮购部）
编辑邮箱	zhengfadch@126.com
承　　印	保定市中画美凯印刷有限公司
开　　本	720mm×960mm　1/16
印　　张	32.75
字　　数	550 千字
版　　次	2025 年 7 月第 1 版
印　　次	2025 年 7 月第 1 次印刷
定　　价	149.00 元

目　录

全球性国际公约

一、《联合国禁止非法贩运麻醉药品和精神药物公约》[1]

本公约缔约国，

深切关注麻醉药品和精神药物的非法生产、需求及贩运的巨大规模和上升趋势，构成了对人类健康和幸福的严重威胁，并对社会的经济、文化及政治基础带来了不利的影响，

又深切关注麻醉药品和精神药物的非法贩运日益严重地侵蚀着社会的各类群体，特别是在世界许多地区，儿童被当成毒品消费者市场，并被利用进行麻醉药品和精神药物的非法生产、分销和买卖，从而造成严重到无法估量的危害，

认识到非法贩运同其他与之有关的、有组织的犯罪活动结合在一起，损害着正当合法的经济，危及各国的稳定、安全和主权，

又认识到非法贩运是一种国际性犯罪活动，必须迫切注意并最高度重视对此种活动的取缔，

意识到非法贩运可获得巨额利润和财富，从而使跨国犯罪集团能够渗透、污染和腐蚀各级政府机构、合法的商业和金融企业，以及社会各阶层，

决心剥夺从事非法贩运者从其犯罪活动中得到的收益，从而消除其从事此类贩运活动的主要刺激因素，

---

[1] 《联合国禁止非法贩运麻醉药品和精神药物公约》于 1988 年 12 月 19 日在联合国禁止非法贩运麻醉药品和精神药物公约会议的第 6 次全会上通过，1990 年 11 月 11 日生效，也称《维也纳公约》。关于控制下交付的规定主要体现在该公约第 1 条、第 11 条。由于该公约其他条款与控制下交付存在诸多关联，故全文收录于此，以便学习和研究。此处收录的系该公约的联合国官方译本。

希望消除滥用麻醉药品和精神药物问题的根源，包括对此类药品和药物的非法需求以及从非法贩运获得的巨额利润，

认为有必要采取措施，监测某些用于制造麻醉药品和精神药物的物质，包括前体、化学品和溶剂，因为这些物质的方便获取，已导致更为大量地秘密制造此类药品和药物，

决心改进国际合作，以制止海上非法贩运，

认识到根除非法贩运是所有国家的共同责任，为此，有必要在国际合作范围内采取协调行动，

确认联合国在麻醉药品和精神药物管制领域的主管职能，并希望与此类管制有关的国际机关均设于联合国组织的范围之内，

重申麻醉药品和精神药物领域现有各项条约的指导原则及其包含的管制制度，

确认有必要加强和补充《1961 年麻醉品单一公约》、经由《修正 1961 年麻醉品单一公约的 1972 年议定书》修正的该公约和《1971 年精神药物公约》中规定的措施，以便对付非法贩运的规模和程度及其严重后果，

又确认加强并增进国际刑事合作的有效法律手段，对于取缔国际非法贩运的犯罪活动具有重要意义，

愿意缔结一项专门针对非法贩运的全面、有效和可行的国际公约，此公约顾及整个问题的各个方面，尤其是麻醉药品和精神药物领域现有的各项条约未曾设想到的那些方面，

兹协议如下：

第 1 条　定义

除另有明文指出或上下文要求另作解释者外，下列各项定义应适用于整个公约：

（a）"麻管局"系指《1961 年麻醉品单一公约》及经《修正 1961 年麻醉品单一公约的 1972 年议定书》修正的该公约设立的国际麻醉品管制局；

（b）"大麻植物"系指大麻属的任何植物；

（c）"古柯植物"系指红木属的任何一种植物；

（d）"商业承运人"系指为了报酬、租雇或任何其他利益而从事客运、货运或邮件运送的任何个人或公营、私营或其他实体；

（e）"麻委会"系指联合国经济及社会理事会的麻醉药品委员会；

（f）"没收"系指由法院或其他主管当局下令对财产的永久剥夺；

（g）"控制下交付"系指一种技术，即在一国或多国的主管当局知情或监督下，允许货物中非法或可疑的麻醉药品、精神药物、本公约表一和表二所列物质或它们的替代物质运出、通过或运入其领土，以期查明涉及按本公约第3条第1款确定的犯罪的人；

（h）"1961年公约"系指《1961年麻醉品单一公约》；

（i）"经修正的1961年公约"系指经《修正1961年麻醉品单一公约的1972年议定书》修正的《1961年麻醉品单一公约》；

（j）"1971年公约"系指《1971年精神药物公约》；

（k）"理事会"系指联合国经济及社会理事会；

（l）"冻结"或"扣押"系指根据法院或主管当局下达的命令暂时禁止财产的转让、变换、处置或转移，或对财产实行暂时性扣留或控制；

（m）"非法贩运"系指本公约第3条第1款和第2款所列的犯罪；

（n）"麻醉药品"系指《1961年麻醉品单一公约》及经《修正1961年麻醉品单一公约的1972年议定书》修正的该公约附表一和附表二所列的任何天然或合成物质；

（o）"罂粟"系指催眠性罂粟种的植物；

（p）"收益"系指直接或间接地通过按第3条第1款确定的犯罪而获得或取得的任何财产；

（q）"财产"系指各种资产，不论其为物质的或非物质的、动产或非动产、有形的或无形的；以及证明对这种资产享有权利或利益的法律文件或文书；

（r）"精神药物"系指《1971年精神药物公约》附表一、二、三或四所列的任何天然或合成物质或任何天然材料；

（s）"秘书长"系指联合国秘书长；

（t）"表一和表二"系指依此编号附于本公约后并按照第12条随时修订的物质清单；

（u）"过境国"系指既非原产地亦非最终目的地，而非法的麻醉药品、精神药物及表一和表二所列物质经由其领土转移的国家。

第 2 条　公约的范围

1. 本公约的宗旨是促进缔约国之间的合作，使它们可以更有效地对付国际范围的非法贩运麻醉药品和精神药物的各个方面。缔约国在履行其按本公约所承担的义务时，应根据其国内立法制度的基本规定，采取必要的措施，包括立法和行政措施。

2. 缔约国应以符合各国主权平等和领土完整以及不干涉别国内政原则的方式履行其按本公约所承担的义务。

3. 任一缔约国不得在另一缔约国的领土内行使由该另一缔约国国内法律规定完全属于该国当局的管辖权和职能。

第 3 条　犯罪和制裁

1. 各缔约国应采取可能必要的措施将下列故意行为确定为其国内法中的刑事犯罪：

（a）（一）违反《1961 年公约》、经修正的《1961 年公约》或《1971 年公约》的各项规定，生产、制造、提炼、配制、提供、兜售、分销、出售、以任何条件交付、经纪、发送、过境发送、运输、进口或出口任何麻醉药品或精神药物；

（二）违反《1961 年公约》和经修正的《1961 年公约》的各项规定，为生产麻醉药品而种植罂粟、古柯或大麻植物；

（三）为了进行上述（一）目所列的任何活动，占有或购买任何麻醉药品或精神药物；

（四）明知其用途或目的是非法种植、生产或制造麻醉药品或精神药物而制造、运输或分销设备、材料或表一和表二所列物质；

（五）组织、管理或资助上述（一）、（二）、（三）或（四）目所列的任何犯罪；

（b）（一）明知财产得自按本款（a）项确定的任何犯罪或参与此种犯罪的行为，为了隐瞒或掩饰该财产的非法来源，或为了协助任何涉及此种犯罪的人逃避其行为的法律后果而转换或转让该财产；

（二）明知财产得自按本款（a）项确定的犯罪或参与此种犯罪的行为，隐瞒或掩饰该财产的真实性质、来源、所在地、处置、转移、相关的权利或所有权；

（c）在不违背其宪法原则及其法律制度基本概念的前提下，

（一）在收取财产时明知财产得自按本款（a）项确定的犯罪或参与此种犯罪的行为而获取、占有或使用该财产；

（二）明知其被用于或将用于非法种植、生产或制造麻醉药品或精神药物而占有设备、材料或表一和表二所列物质；

（三）以任何手段公开鼓动或引诱他人去犯按照本条确定的任何罪行或非法使用麻醉药品或精神药物；

（四）参与进行，合伙或共谋进行，进行未遂，以及帮助、教唆、便利和参谋进行按本条确定的任何犯罪。

2. 各缔约国应在不违背其宪法原则和法律制度基本概念的前提下，采取可能必要的措施，在其国内法中将违反《1961 年公约》、经修正的《1961 年公约》或《1971 年公约》的各项规定，故意占有、购买或种植麻醉药品或精神药物以供个人消费的行为，确定为刑事犯罪。

3. 构成本条第 1 款所列罪行的知情、故意或目的等要素，可根据客观事实情况加以判断。

4.（a）各缔约国应使按本条第 1 款确定的犯罪受到充分顾及这些罪行的严重性质的制裁，诸如监禁或以其他形式剥夺自由，罚款和没收。

（b）缔约国还可规定除进行定罪或惩罚外，对犯有按本条第 1 款确定的罪行的罪犯采取治疗、教育、善后护理、康复或回归社会等措施。

（c）尽管有以上各项规定，在性质轻微的适当案件中，缔约国可规定作为定罪或惩罚的替代办法，采取诸如教育、康复或回归社会等措施，如罪犯为嗜毒者，还可采取治疗或善后护理等措施。

（d）缔约国对于按本条第 2 款确定的犯罪，可以规定对罪犯采取治疗、教育、善后护理、康复或回归社会的措施，以作为定罪或惩罚的替代办法，或作为定罪或惩罚的补充。

5. 缔约国应确保其法院和拥有管辖权的其他主管当局能够考虑使按照第 1 款所确定的犯罪构成特别严重犯罪的事实情况，例如：

（a）罪犯所属的有组织的犯罪集团涉及该项犯罪；

（b）罪犯涉及其他国际上有组织的犯罪活动；

（c）罪犯涉及由此项犯罪所便利的其他非法活动；

（d）罪犯使用暴力或武器；

（e）罪犯担任公职，且其所犯罪行与该公职有关；

（f）危害或利用未成年人；

（g）犯罪发生在监禁管教场所，或教育机构或社会服务场所，或在紧邻这些场所的地方，或在学童和学生进行教育、体育或社会活动的其他地方；

（h）以前在国外或国内曾被判罪，特别是类似的犯罪，但以缔约国国内法所允许的程度为限。

6. 缔约国为起诉犯有按本条确定的罪行的人而行使其国内法规定的法律裁量权时，应努力确保对这些罪行的执法措施取得最大成效，并适当考虑到需要对此种犯罪起到威慑作用。

7. 缔约国应确保其法院或其他主管当局对于已判定犯有本条第1款所列罪行的人，在考虑其将来可能的早释或假释时，顾及这种罪行的严重性质和本条第5款所列的情况。

8. 各缔约国应酌情在其国内法中对于按本条第1款确定的任何犯罪，规定一个长的追诉时效期限，当被指称的罪犯已逃避司法处置时，期限应更长。

9. 各缔约国应采取符合其法律制度的适当措施，确保在其领土内发现的被指控或被判定犯有按本条第1款确定的罪行的人，能在必要的刑事诉讼中出庭。

10. 为了缔约国之间根据本公约进行合作，特别包括根据第5、6、7和9条进行合作，在不影响缔约国的宪法限制和基本的国内法的情况下，凡依照本条确定的犯罪均不得视为经济犯罪或政治犯罪或认为是出于政治动机。

11. 本条规定不得影响其所述犯罪和有关的法律辩护理由只应由缔约国的国内法加以阐明以及此种犯罪应依该法予以起诉和惩罚的原则。

第4条　管辖权

1. 各缔约国：

（a）在遇到下述情况时，应采取可能必要的措施，对其按第3条第1款确定的犯罪，确立本国的管辖权：

（一）犯罪发生在其领土内；

（二）犯罪发生在犯罪时悬挂其国旗的船只或按其法律注册的飞行器上；

（b）在遇到下述情况时，可采取可能必要的措施，对其按第3条第1款确定的犯罪，确立本国的管辖权：

（一）进行该犯罪的人为本国国民或在其领土内有惯常居所者；

（二）犯罪发生在该缔约国已获授权按第 17 条规定对之采取适当行动的船舶上，但这种管辖权只应根据该条第 4 和第 9 款所述协定或安排行使；

（三）该犯罪属于按第 3 条第 1 款（c）项（四）目确定的罪行之一，并发生在本国领土外，而目的是在其领土内进行按第 3 条第 1 款确定的某项犯罪。

2. 各缔约国：

（a）当被指控的罪犯在其领土内，并且基于下述理由不把他引渡到另一缔约国时，也应采取可能必要的措施，对其按第 3 条第 1 款确定的犯罪，确立本国的管辖权：

（一）犯罪发生在其领土内或发生在犯罪时悬挂其国旗的船只或按其法律注册的飞行器上；或

（二）进行犯罪的人为本国国民；

（b）当被指控的罪犯在其领土内，并且不把他引渡到另一缔约国时，也可采取可能必要的措施，对其按第 3 条第 1 款确定的犯罪，确立本国的管辖权。

5. 本公约不排除任一缔约国行使按照其国内法确立的任刑事管辖权。

第 5 条　没收

1. 各缔约国应制定可能必要的措施以便能够没收：

（a）从按第 3 条第 1 款确定的犯罪中得来的收益或价值相当于此种收益的财产；

（b）已经或意图以任何方式用于按第 3 条第 1 款确定的犯罪的麻醉药品和精神药物、材料和设备或其他工具。

2. 各缔约国还应制定可能必要的措施，使其主管当局得以识别、追查和冻结或扣押本条第 1 款所述的收益、财产、工具或任何其他物品，以便最终予以没收。

3. 为执行本条所述的措施，各缔约国应授权其法院或其他主管当局下令提供或扣押银行记录、财务记录或商业记录。任一缔约国不得以保守银行秘密为由拒绝按照本款的规定采取行动。

4.（a）在接到对按第 3 条第 1 款确定的某项犯罪拥有管辖权的另一缔约

国依本条规定提出的请求后，本条第 1 款所述收益、财产、工具或任何其他物品在其领土内的缔约国应：

（一）将该项请求提交其主管当局，以便取得没收令，如此项命令已经发出，则应予以执行；或

（二）将请求国按本条第 1 款规定对存在于被请求国领土内的第 1 款所述收益、财产、工具或任何其他物品发出的没收令提交其主管当局，以便在请求的范围内予以执行。

（b）在接到对按第 3 条第 1 款确定的某项犯罪拥有管辖权的另一缔约国依本条规定提出的请求后，被请求国应采取措施识别、追查和冻结或扣押本条第 1 款所述的收益、财产、工具或任何其他物品，以便由请求国，或根据依本款（a）项规定提出的请求，由被请求国下令最终予没收。

（c）被请求国按本款（a）项和（b）项规定作出决定或采取行动，均应符合并遵守其国内法的规定及其程序规则或可能约束其与请求国关系的任何双边或多边条约、协定或安排。

（d）第 7 条第 6 至 19 款的规定可以比照适用。除第 7 条第 10 款所列情况外，按本条规定提出的请求书还应包含以下各项：

（一）如系按（a）项（一）目提出的请求，须附有足够的对拟予没收的财产的说明和请求国所依据的事实的陈述，以便被请求国能够根据其国内法取得没收令；

（二）如系按（a）项（二）目提出的请求，须附有该请求所依据的、由请求国发出的、法律上可接受的没收令副本，事实的陈述，和关于请求执行该没收令的范围的说明；

（三）如系按（b）项提出的请求，须附有请求国所依据的事实的陈述和对所请求采取的行动的说明。

（e）各缔约国应向秘书长提供本国有关实施本款的任何法律和条例的文本以及这些法律和条例此后的任何修改文本。

（f）如某一缔约国要求采取本款（a）项和（b）项所述措施必须以存在一项有关的条约为条件，则该缔约国应将本公约视为必要而充分的条约依据。

（g）缔约国应谋求缔结双边和多边条约、协定或安排，以增强根据本条进行的国际合作的有效性。

5.（a）缔约国按照本条第 1 款或第 4 款的规定所没收的收益或财产，应

由该缔约国按照其国内法和行政程序加以处理。

（b）缔约国按本条规定依另一缔约国的请求采取行动时，该缔约国可特别考虑就下述事项缔结协定：

（一）将这类收益和财产的价值，或变卖这类收益或财产所得的款项，或其中相当一部分，捐给专门从事打击非法贩运及滥用麻醉药品和精神药物的政府间机构；

（二）按照本国法律行政程序或专门缔结的双边或多边协定，定期地或逐案地与其他缔约国分享这类收益或财产或由变卖这类收益或财产所得的款项。

6.（a）如果收益已转化或变换成其他财产，则应将此种财产视为收益的替代，对其采取本条所述的措施。

（b）如果收益已与得自合法来源的财产相混合，则在不损害任何扣押权或冻结权的情况下，应没收此混合财产，但以不超过所混合的该项收益的估计价值为限。

（c）对从下述来源取得的收入或其他利益：

（一）收益；

（二）由收益转化或变换成的财产；或

（三）已与收益相混合的财产，也应采取本条所述措施，在方式和程度上如同对待收益一样。

7. 各缔约国可考虑确保关于指称的收益或应予没收的其他财产的合法来源的举证责任可予颠倒，但这种行动应符合其国内法的原则和司法及其他程序的性质。

8. 本条各项规定不得解释为损害善意第三方的权利。

9. 本条任何规定均不得影响其所述措施应依缔约国的国内法并在该法规定的条件下加以确定和实施的原则。

第6条 引渡

1. 本条应适用于缔约国按照第3条第1款所确定的犯罪。

2. 本条适用的各项犯罪均应视为缔约国之间现行的任何引渡条约应予包括的可引渡的犯罪。各缔约国承诺将此种犯罪作为可予引渡的犯罪列入它们之间将要缔结的每一引渡条约之中。

3. 如某一缔约国要求引渡须以存在有一项条约为条件，在接到与之未订有引渡条约的另一缔约国的引渡请求时，它可将本公约视为就本条适用的任何犯罪进行引渡的法律依据。缔约国若需具体立法才能将本公约当作引渡的法律依据，则应考虑制定可能必要的立法。

4. 不以存在一项条约为引渡条件的缔约国应承认本条所适用的犯罪为其相互间可予引渡的犯罪。

5. 引渡应遵守被请求国法律或适用的引渡条约所规定的条件，包括被请求国可拒以拒绝引渡的理由。

6. 被请求国在考虑根据本条提出的请求时，如果有充分理由使其司法或其他主管当局认为按该请求行事就会便利对任何人因其种族、宗教、国籍或政治观点进行起诉或惩罚，或使受该请求影响的任何人由于上述任一原因而遭受损害，则可拒绝按该请求行事。

7. 对于本条所适用的任何犯罪，缔约国应努力加快引渡程序并简化对有关证据的要求。

8. 被请求国在不违背其国内法及其引渡条约各项规定的前提下，可在认定情况必要且紧迫时，应请求国的请求，将被要求引渡且在其领土上的人予以拘留，或采取其他适当措施，以确保该人在进行引渡程序时在场。

9. 在不影响行使按照其国内法确立的任何刑事管辖权的情况下，在其领土内发现被指控的犯罪的缔约国，

（a）如果基于第 4 条第 2 款（a）项所列理由不引渡犯有按第 3 条第 1 款确定的罪行的人，则应将此案提交其主管当局以便起诉，除非与请求国另有协议；

（b）如果不引渡犯有此种罪行的人并按第 4 条第 2 款（b）项规定对此种犯罪确立其管辖权，则应将此案提交其主管当局以便起诉，除非请求国为保留其合法管辖权而另有请求。

10. 为执行一项刑罚而要求的引渡，如果由于所要引渡的人为被请求国的国民而遭到拒绝，被请求国应在其法律允许并且符合该法律的要求的情况下，根据请求国的申请，考虑执行按请求国法律判处的该项刑罚或未满的刑期。

11. 各缔约国应谋求缔结双边和多边协定以执行引渡或加强引渡的有效性。

12. 缔约国可考虑订立双边或多边协定，不论是特别的或一般的协定，将由于犯有本条适用的罪行而被判处监禁或以其他形式剥夺自由的人移交其本

国，使他们可在那里服满其刑期。

第7条　相互法律协助

1. 缔约国应遵照本条规定，在对于按第 3 条第 1 款所确定的刑事犯罪进行的调查、起诉和司法程序中相互提供最广泛的法律协助。

2. 按照本条规定，可为下列任何目的提出相互法律协助的请求：

（a）获取证据或个人证词；

（b）送达司法文件；

（c）执行搜查及扣押；

（d）检查物品和现场；

（e）提供情报和证物；

（f）提供有关文件及记录的原件或经证明的副本，其中包括银行、财务、公司或营业记录；

（g）识别或追查收益、财产、工具或其他物品，以作为证据。

3. 缔约国可相互提供被请求国国内法所允许的任何其他形式的相互法律协助。

4. 缔约国应根据请求，在符合其国内法律和实践的范围内，便利或鼓励那些同意协助调查或参与诉讼的人员，包括在押人员，出庭或在场。

5. 缔约国不得以保守银行秘密为由拒绝提供本条规定的相互法律协助。

6. 本条各项规定不得影响依任何其他全部或局部规范或将规范相互刑事法律协助问题的双边或多边条约所承担的义务。

7. 本条第 8 至 19 款应适用于有关缔约国不受一项相互法律协助条约约束时根据本条规定提出的请求。如果上述缔约国受此类条约约束，则该条约相应条款应予适用，除非缔约国同意适用本条第 8 至 19 款以取代之。

8. 缔约国应指定一个当局或在必要时指定若干当局，使之负责和有权执行关于相互法律协助的请求或将该请求转交主管当局加以执行。应将为此目的指定的当局通知秘书长。相互法律协助请求的传递以及与此有关的任何联系均应通过缔约国指定的当局进行；这一要求不得损害缔约国要求通过外交渠道以及在紧急和可能的情况下，经有关缔约国同意，通过国际刑警组织渠道传递这种请求和进行这种联系的权利。

9. 请求应以被请求国能接受的语文书面提出。各缔约国所能接受的语文应通知秘书长。在紧急情况下，如有关缔约国同意，这种请求可以口头方式提出，但应尽快加以书面确认。

10. 相互法律协助的请求书应载有：

（a）提出请求的当局的身份；

（b）请求所涉的调查、起诉或诉讼的事由和性质，以及进行此项调查、起诉或诉讼的当局的名称和职能；

（c）有关事实的概述，但为送达司法文件提出的请求除外；

（d）对请求协助的事项和请求国希望遵循的特殊程序细节的说明；

（e）可能时，任何有关人员的身份、所在地和国籍；

（f）索取证据、情报或要求采取行动的目的。

11. 被请求国可要求提供补充情报，如果这种情报系按照其国内法执行该请求所必需或有助于执行该请求。

12. 请求应根据被请求国的国内法予以执行。在不违反被请求国国内法的情况下，如有可能，还应遵循请求书中列明的程序。

13. 请求国如事先未经被请求国同意，不得将被请求国提供的情报或证据转交或用于请求书所述以外的调查、起诉或诉讼。

14. 请求国可要求被请求国，除非为执行请求所必需，应对请求一事及其内容保密。如果被请求国不能遵守这一保密要求，它应立即通知请求国。

15. 在下列情况下可拒绝提供相互法律协助：

（a）请求未按本条规定提出；

（b）被请求国认为执行请求可能损害其主权、安全、公共秩序或其他基本利益；

（c）若被请求国当局依其管辖权对任何类似犯罪进行调查、起诉或诉讼时，其国内法禁止执行对此类犯罪采取被请求的行动；

（d）同意此项请求将违反被请求国关于相互法律协助的法律制度。

16. 拒绝相互协助时，应说明理由。

17. 相互法律协助可因与正在进行的调查、起诉或诉讼发生冲突而暂缓进行。在此情况下，被请求国应与请求国磋商，以决定是否可按被请求国认为必要的条件提供协助。

18. 同意到请求国就一项诉讼作证或对一项调查、起诉或司法程序提供协助的证人、专家或其他人员，不应由于其离开被请求国领土之前的行为、不行为或定罪而在请求国领土内受到起诉、拘禁、惩罚或对其人身自由施加任何其他限制。如该证人或专家或个人已得到正式通知，司法当局不再需要其到场，自通知之日起连续十五天或在缔约国所议定的任何期限内有机会离开，但仍自愿留在该国境内，或在离境后又出于自己的意愿返回，则此项安全保障即予停止。

19. 执行请求的一般费用应由被请求国承担，除非有关缔约国另有协议。如执行该请求需支付巨额或特殊性质的费用，有关缔约国应相互协商，以确定执行该请求的条件以及承担费用的办法。

20. 缔约国应视需要考虑缔结旨在实现本条目的、具体实施或加强本条规定的双边或多边协定或安排的可能性。

第 8 条 移交诉讼

缔约国应考虑对于按第 3 条第 1 款确定的犯罪的刑事起诉相互移交诉讼的可能性，如果此种移交被认为有利于适当的司法处置。

第 9 条 其他形式的合作和培训

1. 缔约国应在符合其各自国内法律和行政制度的情况下，相互密切合作，以期增强为制止按第 3 条第 1 款确定的犯罪而采取的执法行动的有效性。

缔约国特别应根据双边或多边的协定或安排：

（a）建立并保持其主管机构和部门之间的联系渠道，以利于安全而迅速地交换关于按第 3 条第 1 款确定的犯罪各个方面的情报，如有关缔约国认为适当，包括与其他犯罪活动的联系的情报；

（b）相互合作，对于按第 3 条第 1 款确定的带有国际性质的犯罪，进行有关下述方面的调查：

（一）嫌疑涉及按第 3 条第 1 款确定的犯罪的人的身份、行踪和活动；

（二）得自此种犯罪的收益或财产的转移情况；

（三）用于或意图用于进行此类犯罪的麻醉药品、精神药物、本公约表一和表二所列物质以及工具的转移情况；

（c）在适当的案件中并在不违背其国内法的前提下，建立联合小组执行本款规定，同时应考虑到必须保护人员安全和执法活动的安全。参加联合小组的任何缔约国官员均应按拟在其领土上进行执法活动的缔约国有关当局的授权行事；在所有这些情况下，所涉缔约国应确保充分尊重拟在其领土上进

行执法活动的缔约国的主权;

（d）酌情提供必要数量的某些物质供分析或调查之用;

（e）便利其主管机构和部门之间的有效协调，并促进人员和其他专家的交流，适当时包括派驻联络官员。

2. 各缔约国应在必要的范围内提出、制订或改进对其负责制止按第 3 条第 1 款确定的犯罪的执法人员和其他人员，包括海关人员的具体培训方案。此种方案应特别包括下述方面:

（a）对于按第 3 条第 1 款确定的犯罪的侦查和制止方法;

（b）嫌疑涉及按第 3 条第 1 款确定的犯罪的人使用的路线和技术，特别是在过境国使用的路线和技术，以及适当的对付办法;

（c）对麻醉药品、精神药物和表一和表二所列物质进出口情况的监测;

（d）对来自按第 3 条第 1 款确定的犯罪的收益和财产的转移情况，以及用于或意图用于此种犯罪的麻醉药品、精神药物和表一和表二所列物质和工具的转移情况的侦查和监测;

（e）转让、隐瞒或掩饰这类收益、财产和工具的方法;

（f）证据的收集;

（g）在自由贸易区和自由港的管制技术;

（h）现代化执法技术。

3. 缔约国应相互协助计划和实施旨在交流本条第 2 款所述各领域专门知识的研究与培训方案，为此目的，还应酌情利用区域和国际会议及研讨会，促进合作和促使讨论共同关心的问题，包括过境国的特殊问题和需要。

第 10 条　国际合作与援助过境国

1. 缔约国应直接或通过主管国际组织或区域组织进行合作，通过关于拦截和其他有关活动的技术合作方案，尽可能协助和支援过境国，特别是需要这种协助和支援的发展中国家。

2. 缔约国可直接或通过主管国际组织或区域组织，承诺向这些过境国提供财政援助，以便充实和加强为有效控制和预防非法贩运所需的基础设施。

3. 缔约国可缔结双边或多边协定或安排，增强依本条规定进行的国际合作的有效性，并可考虑这方面的财务安排。

第 11 条　控制下交付

1. 在其国内法律制度基本原则允许的情况下，缔约国应在可能的范围内采取必要措施，根据相互达成的协定或安排，在国际一级适当使用控制下交付，以便查明涉及按第 3 条第 1 款确定的犯罪的人，并对之采取法律行动。

2. 使用控制下交付的决定应在逐案基础上作出，并可在必要时考虑财务安排和关于由有关缔约国行使管辖权的谅解。

3. 在有关缔约国同意下，可以拦截已同意对之实行控制下交付的非法交运货物，并允许将麻醉药品或精神药物原封不动地继续运送或在将其完全或部分取出或替代后继续运送。

第 12 条　经常用于非法制造麻醉药品或精神药物的物质

1. 缔约国应采取其认为适当的措施，防止表一和表二所列物质被挪用于非法制造麻醉药品或精神药物，并应为此目的相互合作。

2. 如某一缔约国或麻管局根据其掌握的情报认为需要将某一物质列入表一或表二，则该缔约国或麻管局应通知秘书长，同时附上该通知所依据的情报。如某一缔约国或麻管局拥有情报证明应将某一物质从表一或表二中删除，或从一个表转到另一个表，则本条第 2 至第 7 款所述程序亦应适用。

3. 秘书长应将此项通知连同其认为有关的任何情报转送各缔约国和麻委会，如此项通知系由一缔约国发出，则应同时转送麻管局。各缔约国应将其对该通知的意见以及可能有助于麻管局作出评价和有助于麻委会作出决定的所有补充情报送交秘书长。

4. 如果麻管局在考虑了该物质合法使用的范围、重要性和多样性，以及利用其他替代物质供合法用途和非法制造麻醉药品或精神药物之用的可能性与难易程度之后，认为：

（a）该物质经常用于非法制造某一麻醉药品或精神药物；

（b）非法制造某一麻醉药品或精神药物的数量和范围造成了严重的公众健康问题或社会问题，因而需要采取国际行动，则麻管局应告知麻委会它对该物质的评价，包括把该物质列入表一或表二后对合法使用及非法制造所可能造成的影响，以及根据这一评价所建议的任何适当监测措施。

5. 麻管局在科学问题上的评价应是决定性的。麻委会在考虑了各缔约国提交的意见以及麻管局提出的意见和建议并适当考虑任何其他有关因素之后，可由其成员的三分之二多数作出决定，将某一物质列入表一或表二。

6. 麻委会按照本条作出的任何决定，应由秘书长通知所有国家和已成为或有资格成为本公约缔约方的其他实体以及麻管局。这一决定自通知之日起一百八十天后即对各缔约国完全生效。

7.（a）对麻委会根据本条作出的决定，在发出关于该决定的通知之日起一百八十天内，如有任一缔约国提出请求，理事会便应对该决定进行审查。要求审查的请求应连同该项请求所根据的全部有关情报一并送交秘书长。

（b）秘书长应将要求审查的请求及有关情报的副本转送麻委会、麻管局及所有缔约国，请其于九十天之内提出意见。所有收到的意见均应提交理事会审议。

（c）理事会可确认或撤销麻委会的决定。有关理事会决定的通知应转送所有国家和已成为或有资格成为本公约缔约方的其他实体、麻委会和麻管局。

8.（a）只要不影响本条第 1 款所载规定以及《1961 年公约》、经修正的《1961 年公约》和《1971 年公约》各项规定的普遍性，缔约国应采取其认为适当的措施，监测在其领土内进行的制造和分销表一和表二所列物质的活动。

（b）为此目的，缔约国可：

（一）控制所有从事制造和分销此种物质的个人和企业；

（二）以执照控制可进行这种制造或分销的单位和场所；

（三）要求执照持有者取得从事上述业务的许可；

（四）防止制造者和分销者囤积的此种物质超出正常业务和市场基本状况所需的数量。

9. 各缔约国应就表一和表二所列物质采取下列措施：

（a）建立并实施监测表一和表二所列物质的国际贸易的制度，以便查明可疑交易。这类监测制度应同制造商、进口商、出口商、批发商和零售商密切合作予以实施，他们应向主管当局报告可疑订货和交易；

（b）规定扣押有充分证据证明被用于非法制造某一麻醉药品或精神药物的表一或表二所列的任何物质；

（c）如有理由怀疑进出口或过境的表一或表二所列某一物质将被用于非法制造麻醉药品和精神药物，则应尽快通知有关缔约国的主管当局和部门，其中应特别包括关于支付手段和引起怀疑的任何其他主要因素的情报；

（d）要求进出口货物应贴上适当标签，并附有必要的单据。在发票、载货清单、海关、运输及其他货运单证等商业文件中应按表一或表二所定的名称写明进口或出口的物质的名称、进口或出口的数量，以及进口商、出口商和所掌握的收货人的姓名和地址；

(e) 确保本款（d）项所述的单证至少保存两年，并可提供主管当局检查。

10.（a）除本条第9款的规定之外，根据有利害关系的缔约国向秘书长提出的请求，有表一所列物质将从其领土输出的各缔约国，应确保在输出前由其主管当局向进口国的主管当局提供下列情报：

（一）出口商、进口商和所掌握的收货人的姓名和地址；

（二）表一所列物质的名称；

（三）该物质将要出口的数量；

（四）预期的入境口岸和预期的发运日期；

（五）缔约国相互议定的任何其他情报。

(b) 如缔约国认为可取或必要，可制订比本款规定更为严格或严厉的控制措施。

11. 如某一缔约国按本条第9和第10款规定向另一缔约国提供情报，则提供此情报的缔约国可要求接受该情报的缔约国对任何贸易、业务、商业或专业机密或贸易过程保密。

12. 各缔约国应按麻管局所规定的形式和方法，并用其所提供的表格，每年向麻管局提供如下情报：

(a) 表一和表二所列物质的缉获量，以及所知悉的来源；

(b) 任何未列入表一或表二但查明已用于非法制造麻醉药品或精神药物且缔约国认为其严重性足以提请麻管局注意的物质；

(c) 挪用和非法制造的方法。

13. 麻管局应每年向麻委会报告本条的执行情况，麻委会应定期审查表一和表二是否充分和适当。

14. 本条规定不适用于药用制剂，也不适用于含有表一或表二所列物质但其复方混合方式使此种物质不能以方便的手段容易地加以使用或回收的其他制剂。

第13条　材料和设备

缔约国应采取其认为适当的措施，防止为非法生产或制造麻醉药品和精神药物而买卖和挪用材料和设备，并应为此目的进行合作。

第14条　根除非法种植含麻醉品成分植物和消除对麻醉药品与精神药物非法需求的措施

1. 缔约国遵照本公约采取的任何措施，其严厉程度应不低于《1961年公约》、经修正的《1961年公约》和《1971年公约》中适用于根除非法种植含有麻醉药品或精神药物成分的植物以及消除对麻醉药品和精神药物的非法需求的规定。

2. 各缔约国应采取适当措施防止非法种植并根除在其领土上非法种植的含有麻醉药品或精神药物成分的植物，诸如罂粟、古柯和大麻植物。所采取的措施应尊重基本人权，并应适当考虑到有历史证明的传统性正当用途以及对环境的保护。

3. （a）缔约国可相互合作，以增强根除活动的有效性。这种合作除其他形式外，可酌情包括支持农村综合发展，以便采用经济上可行的办法取代非法种植。在实施这种农村发展方案前，应考虑到诸如进入市场、资源供应和现有的社会经济条件等因素。缔约国可商定任何其他适当的合作措施。

（b）缔约国还应便利科技情报的交流并进行有关根除活动的研究。

（c）凡有共同边界的缔约国，应设法相互合作，在各自沿边界地区实施根除方案。

4. 缔约国应采取适当措施，消除或减少对麻醉药品和精神药物的非法需求，以减轻个人痛苦并消除非法贩运的经济刺激因素。除其他外，这些措施可参照联合国、世界卫生组织等联合国专门机构及其他主管国际组织的建议，以及1987年麻醉品滥用和非法贩运问题国际会议通过的《综合性多学科纲要》，该纲要涉及政府和非政府机构及个人在预防、治疗和康复领域应作出的努力。缔约国可达成旨在消除或减少对麻醉药品和精神药物的非法需求的双边或多边协定或安排。

5. 缔约国也可采取必要措施，及早销毁或依法处理已经扣押或没收的麻醉药品、精神药物和表一与表二所列的物质，以及接受经适当证明的必要数量的这类物质作出证据。

第15条　商业承运人

1. 缔约国应采取适当措施以确保商业承运人经营的运输工具不被用于按

第 3 条第 1 款确定的犯罪；这类措施可包括与商业承运人的特别安排。

2. 各缔约国应要求商业承运人采取合理预防措施，防止其运输工具被用于按第 3 条第 1 款确定的犯罪。这类预防措施可包括：

（a）如果商业承运人的主要营业地设在该缔约国领土内：

（一）训练人员识别可疑的货运或可疑的人；

（二）提高工作人员的品德；

（b）如果商业承运人在该缔约国领土内经营业务：

（一）尽可能事先提供载货清单；

（二）在集装箱上使用可逐一查验并可防作弊的封志；

（三）尽早将可能涉及按第 3 条第 1 款确定的犯罪的一切可疑情况报告有关当局。

3. 各缔约国应力求确保商业承运人与出入境口岸及其他海关管制区的有关当局合作，防止擅自接触运输工具和货物，并执行适当的安全措施。

第 16 条　商业单证和出口货物标签

1. 各缔约国应要求合法出口的麻醉药品和精神药物单证齐全。除了遵循《1961 年公约》第 31 条和经修正的《1961 年公约》第 31 条及《1971 年公约》第 12 条关于提供单证的规定外，应在发票、载货清单、海关、运输及其他货运单证等商业文件上按《1961 年公约》、经修正的《1961 年公约》和《1971 年公约》附表所定的名称写明出口的麻醉药品和精神药物的名称、出口数量，以及出口商、进口商和所掌握的收货人的姓名和地址。

2. 各缔约国应要求，出口的麻醉药品和精神药物货物所贴标签准确无误。

第 17 条　海上非法贩运

1. 缔约国应尽可能充分合作，依照国际海洋法制止海上非法贩运。

2. 缔约国如有正当理由怀疑悬挂其国旗或未挂旗或未示注册标志的船只在进行非法贩运，可请求其他缔约国协助，以制止将该船用于此种目的。被请求的缔约国应尽其所能提供此种协助。

3. 缔约国如有正当理由怀疑悬挂另一缔约国国旗或显示该国注册标志的船只虽按国际法行使航行自由但却在从事非法贩运，可将此事通知船旗国，请其确认注册情况，并可在注册情况获得确认后，请船旗国援助对该船采取适当措施。

4. 按照本条第 3 款，或按照请求国和船旗国之间有效的条约，或按照其相互达成的任何其他协议或安排，除其他事项外，船旗国还可授权请求国：

（a）登船；

（b）搜查船只；

（c）如查获涉及非法贩运的证据，对该船只、船上人员和货物采取适当行动。

5. 如依本条采取行动，有关缔约国应适当注意不得危害海上生命安全，该船只和货物的安全，也不得损害该船旗国或任何其他有关国家的商业和法律利益。

6. 只要符合本条第 1 款所规定的义务，船旗国可使其授权服从它与请求国之间相互议定的条件，包括关于责任的条件。

7. 为本条第 3 和第 4 款的目的，缔约国应以迅捷的方式答复另一缔约国要求确定悬挂其国旗的船只是否有此权利的请求，并答复根据第 3 款规定提出的授权请求。各缔约国在成为本公约缔约国时，应指定一个机构，或必要时指定若干机构接受并答复这类请求。这类指定应在指定后一个月内通过秘书长通知其他所有缔约国。

8. 已按照本条采取了任何行动的缔约国，应将行动的结果迅速通知有关船旗国。

9. 缔约国应考虑达成双边和区域协定或安排，以执行本条各项规定或增强其有效性。

10. 根据本条第 4 款采取的行动只能由军舰或军用飞机、或具有执行公务的明显可识别标记并获得有关授权的船舶或飞机进行。

11. 根据本条采取任何行动均应适当注意有必要不干预或影响沿海国依国际海洋法具有的权利和义务及其管辖权的行使。

第 18 条　自由贸易区和自由港

1. 缔约国应采取措施，制止在自由贸易区和自由港非法贩运麻醉药品、精神药物及表一和表二所列物质的活动，这些措施的严厉程度不应低于在其领土其他部分采取的措施。

2. 缔约国应努力：

（a）监测货物及人员在自由贸易区和自由港的流动情况，并应为此目的，授权主管当局搜查货物和进出船只，包括游艇和渔船以及飞机和车辆，适当时还可搜查乘务人员、旅客及其行李；

（b）建立并实施一套侦测系统以侦测进出自由贸易区和自由港的涉嫌含有麻醉药品、精神药物及表一和表二所列物质的货运；

（c）在自由贸易区和自由港的港口和码头区以及机场和边境检查站设立并实施监视系统。

第 19 条　邮件的利用

1. 缔约国应按照其依万国邮政联盟各项公约所承担的义务，并按照其本国法律制度的基本原则，采取措施制止利用邮件进行非法贩运，并应为此目的相互合作。

2. 本条第 1 款所述措施应特别包括：

（a）采取协调行动以预防和取缔利用邮件进行非法贩运；

（b）由经授权的执法人员采用并实施旨在侦测邮件中非法付运的麻醉药品、精神药物及表一和表二所列物质的调查和控制技术；

（c）采取立法措施，以便能够使用适当手段获得司法程序所需的证据。

第 20 条　应由缔约国提供的情报

1. 缔约国应通过秘书长向麻委会提供关于在其领土内执行本公约的情报，特别是：

（a）为实施本公约而颁布的法律和法规的文本；

（b）在其管辖范围内发生的非法贩运案件中缔约国认为因其涉及所发现的新趋势、所涉及的数量、获得有关物质的来源或从事非法贩运的人使用的手段而具有重要性的案件的详情。

2. 缔约国应依照麻委会可能要求的方式和日期提供此种情报。

第 21 条　麻委会的职能

麻委会有权审议关系到本公约目标的所有事项，特别是：

（a）麻委会应根据缔约国按第 20 条规定提交的情报，审查本公约的实施情况；

（b）麻委会可在审查各缔约国提供的情报的基础上，提出具体提议和一般性建议；

（c）麻委会可提请麻管局注意到可能与该局的职能有关的任何事项；

（d）麻委会应对麻管局依照第22条第1款（b）项规定提交其处理的任何事项，采取它认为适当的行动；

（e）麻委会可依照第12条规定的程序修改表一和表二；

（f）麻委会可提请非缔约国注意到它根据本公约通过的决定和建议，以期由它们考虑按照这些决定和建议采取行动。

第22条　麻管局的职能

1. 在不影响第21条规定的麻委会的职能，以及不影响《1961年公约》、经修正的《1961年公约》和《1971年公约》规定的麻管局和麻委会的职能的情况下：

（a）如根据其对提交麻管局、秘书长或麻委会的情报以及对联合国各机构转交的情报的分析，麻管局有理由认为，在与其职责有关的问题上，本公约的宗旨未获实现，则麻管局可请某一或某些缔约国提供任何有关的情报；

（b）对于第12条、第13条和第16条：

（一）在按照本款（a）项采取行动后，麻管局如认为确有必要，可吁请有关缔约国酌情采取为执行本公约第12条、第13条和第16条的规定所必要的补救措施；

（二）麻管局在依照下述（三）目采取行动前，应将其根据上述各项与有关缔约国之间的来往函件作为密件处理；

（三）麻管局若发现有关缔约国未采取根据本项规定吁请其采取之补救措施，可提请各缔约国、理事会及麻委会注意此事项。若有关缔约国提出要求，麻管局根据本项发表的任何报告也应载录该缔约国的意见。

2. 如麻管局的某次会议将依照本条规定审议某一问题，应邀请与该问题直接有关的任何缔约国派代表出席。

3. 凡麻管局依照本条规定所通过的决定系未经一致同意者，则少数方面的意见应予叙明。

4. 麻管局依照本条作出的决定应以麻管局全体成员三分之二多数同意通过。

5. 麻管局依照本条第1款（a）项履行其职能时，应确保其可能掌握的所有情报的机密性。

6. 麻管局依照本条所负的责任不适用于缔约国之间根据本公约规定所订条约或协定的执行。

7. 本条之规定不应适用于缔约国之间属第 32 条规定范围的争端。

第 23 条　麻管局的报告

1. 麻管局应编写年度工作报告，报告中应载有对其所掌握资料的分析，并酌情载述缔约国提出的或要求它们作出的解释，连同麻管局希望提出的任何看法和建议。麻管局还可提出其认为必要的其他报告。报告应通过麻委会提交理事会，但麻委会可作出其认为合适的评论。

2. 麻管局的报告应转送各缔约国，并应随后由秘书长予发表。各缔约国应允许分发此种报告的范围不受限制。

第 24 条　执行较本公约规定更为严格的措施

缔约国可采取较本公约规定更为严格或严厉的措施，如果它认为这种措施对防止或制止非法贩运是可取的或必要的。

第 25 条　不减损先前的条约权利和义务

本公约各项规定概不减损本公约缔约国依《1961 年公约》、经修正的《1961 年公约》和《1971 年公约》享有的任何权利或承担的任何义务。

第 26 条　签字

本公约应于 1988 年 12 月 20 日至 1989 年 2 月 28 日在联合国维也纳办事处，随后直至 1989 年 12 月 20 日在纽约联合国总部向下列各方开放供签字：

（a）所有国家；

（b）纳米比亚，由联合国纳米比亚理事会代表；

（c）在本公约所涉事项中有职权进行谈判、缔结和执行国际协定的区域经济一体化组织。本公约中凡提到缔约国、国家或国家部门之处，亦适用于这些组织，但以其职权范围为限。

第 27 条　批准、接受、核准或正式确认

1. 本公约须经各国和由联合国纳米比亚理事会代表的纳米比亚批准、接受或核准并须经第 26 条（c）项所述的区域经济一体化组织正式确认。批准书、接受书或核准书和有关正式确认行为的文书应交联合国秘书长保存。

2. 区域经济一体化组织在其正式确认书中应宣布它们对于本公约所涉事项的职权范围。这些组织还应将其对于本公约所涉事项的职权范围的任何更改通知秘书长。

第28条 加入

1. 本公约应一直开放供任何国家、由联合国纳米比亚理事会代表的纳米比亚以及第26条（c）项所指的区域经济一体化组织加入。加入应在加入书交存于联合国秘书长后生效。

2. 各区域经济一体化组织在其加入书中应宣布它们对于本公约所涉事项的职权范围。这些组织还应将其对于本公约所涉事项的职权范围的任何更改通知秘书长。

第29条 生效

1. 本公约应自第二十份由国家或由联合国纳米比亚理事会代表的纳米比亚提出的批准书、接受书、核准书或加入书交存于联合国秘书长后第九十天起生效。

2. 对于在第二十份批准书、接受书、核准书或加入书交存后批准、接受、核准或加入公约的每一国家或由纳米比亚理事会代表的纳米比亚，本公约应自其批准书、接受书、核准书或加入书交存之后第九十天起生效。

3. 对于交存正式确认书或加入书的第26条（c）项所指每一区域经济一体化组织，本公约应自交存后第九十天起生效，或自本公约依据本条第1款生效之日起生效，这两个日期以较后的一个为准。

第30条 退约

1. 任一缔约国可随时向秘书长发出书面通知，宣告退出本公约。

2. 此种退约应自秘书长接获通知之日起一年后对该有关缔约国生效。

第31条 修正

1. 任何缔约国均可对本公约提出修正案。此项修正案及修正之理由应由该缔约国送交秘书长转致其他缔约国并询问是否接受所提修正案。如经分发的提议修正案在分发十八个月后未为任何缔约国所反对，即应认为修正案已被接受并应于某一缔约国将其表示同意受该修正案约束的文书交存于秘书长之后九十天即对该缔约国生效。

2. 如所提议的修正案为任何缔约国所反对，秘书长应与各缔约国进行磋商，如有多数缔约国要求，秘书长还应将此事项连同缔约国提出的任何评论提交理事会，由其决定是否根据联合国宪章第 62 条第 4 款召开一次会议。此次会议产生的任何修正案应载入一项修正议定书内。如同意受该项议定书约束，应特别向秘书长作此表示。

第 32 条 争端的解决

1. 如有两个或两个以上缔约国对本公约之解释或适用发生争执。这些缔约国应彼此协商，以期通过谈判、调查、调停、和解、仲裁、诉诸区域机构、司法程序或其自行选择的其他和平方式解决争端。

2. 任何此种争端如不能以第 1 款所规定之方式解决者，则应在发生争端的任何一个缔约国提出要求时提交国际法院裁决。

3. 如某一第 26 条（c）项所述的区域经济一体化组织为不能以本条第 1 款所规定方式解决之争端的当事方，该组织可通过联合国某一会员国请求理事会征求国际法院根据国际法院规约第 65 条提出咨询意见，此项咨询意见应视为裁决意见。

4. 各缔约国在签署或批准、接受或核准本公约或加入本公约时，或各区域经济一体化组织在签署或交存正式确认或加入的一份文书时，可声明其并不认为自己受本条第 2 及第 3 款之约束。其他缔约国对于作出了此项声明的任何缔约国，不应受本第 2 及第 3 款之约束。

5. 根据本条第 4 款规定作出了声明的任何缔约国，可随时通知秘书长撤销该项声明。

第 33 条 作准文本

本公约之阿拉伯文、中文、英文、法文、俄文和西班牙文文本均同样为作准文本。

第 34 条 保存人

秘书长应为本公约保存人。

兹由下列经正式授权之代表在本公约下签字，以昭信守。

具原件一份，1988 年 12 月 20 日订于维也纳。

二、《联合国打击跨国有组织犯罪公约》[1]

大会,

回顾大会 1998 年 12 月 9 日第 53/111 号决议,大会在该决议中决定设立一个开放的政府间特设委员会,以拟订一项打击跨国有组织犯罪的全面国际公约,并讨论酌情拟订处理贩运妇女和儿童问题、打击非法制造和贩运枪支及其零部件和弹药问题以及包括在海上非法贩运和运送移民问题的各项国际文书,

又回顾大会 1999 年 12 月 17 日第 54/126 号决议,大会在该决议中请拟订一项打击跨国有组织犯罪公约特设委员会继续依照 1998 年 12 月 9 日第 53/111 号和第 53/114 号决议进行工作,加紧努力,争取 2000 年完成此项工作,

还回顾大会 1999 年 12 月 17 日第 54/129 号决议,大会在该决议中赞赏地接受了意大利政府提出的在巴勒莫主办高级别政治签署会议以签署《联合国打击跨国有组织犯罪公约》(巴勒莫公约)及其各项议定书的提议,并请秘书长在 2000 年千年大会结束之前为此次会议安排最多一周的时间,

赞赏波兰政府在大会第五十一届会议上向大会提交了联合国打击跨国有组织犯罪公约初稿,并于 1998 年 2 月 2 日至 6 日在华沙主办了根据 1997 年 12 月 12 日第 52/85 号决议设立的闭会期间不限成员名额政府间专家组关于拟订一项打击有组织跨国犯罪的全面国际公约初稿的会议,

赞赏阿根廷政府于 1998 年 8 月 31 日至 9 月 4 日在布宜诺斯艾利斯主办了特设委员会非正式筹备会议,

赞赏泰国政府于 2000 年 3 月 20 日和 21 日在曼谷主办了加强能力建设打击跨国有组织犯罪问题亚太部长级研讨会,

深切关注与有组织犯罪活动有关的消极的经济和社会影响,并深信亟需在国家、区域和国际各级加强合作以更有效地预防和打击这类活动,

深感关切地注意到跨国有组织犯罪与恐怖主义犯罪之间日趋密切的联系,

---

[1] 联合国大会 2000 年 11 月 15 日第 55/25 号决议通过《联合国打击跨国有组织犯罪公约》,并开放供各国签字、批准和加入,按照该公约第 38 条的规定,于 2003 年 9 月 29 日生效。关于控制下交付的规定主要体现在该公约第 1 条、第 20 条。由于该公约其他条款与控制下交付存在诸多关联,故全文收录于此,以便学习和研究。此处收录的系该公约的联合国官方译本。

同时考虑到《联合国宪章》和大会的各项有关决议，

决心让那些从事跨国有组织犯罪的人无藏身之处，无论他们在什么地方犯罪都要对其罪行起诉，并在国际一级开展合作，

坚信《联合国打击跨国有组织犯罪公约》将在打击洗钱、腐败、非法贩运野生动植物群濒危物种、破坏文化遗产罪等犯罪活动以及打击跨国有组织犯罪与恐怖主义犯罪之间日趋密切的联系的国际合作中，成为一种有力的工具和必要的法律框架，

1. 注意到在维也纳联合国药物管制和预防犯罪厅总部开展工作的拟订一项打击跨国有组织犯罪公约特设委员会的报告，并赞扬特设委员会的工作；

2. 通过本决议所附《联合国打击跨国有组织犯罪公约》及联合国打击跨国有组织犯罪公约《关于预防、禁止和惩治贩运人口特别是妇女和儿童行为的补充议定书》和《关于打击陆、海、空偷运移民的补充议定书》，并在根据第 54/129 号决议定于 2000 年 12 月 12 日至 15 日于意大利巴勒莫举行的高级别政治签署会议上开放供签署；

3. 请秘书长编写关于根据第 54/129 号决议定于巴勒莫举行的高级别政治签署会议的全面报告；

4. 注意到特设委员会尚未完成其有关联合国打击跨国有组织犯罪公约关于打击非法制造和贩运枪支及其零部件和弹药的补充议定书草案的工作；

5. 请特设委员会继续根据第 53/111 号、53/114 号和 54/126 号决议进行其有关该议定书草案的工作并尽快完成此项工作；

6. 呼吁所有国家认清跨国有组织犯罪活动与恐怖主义行为之间的联系，同时考虑到大会的各项有关决议，并呼吁各国运用《联合国打击跨国有组织犯罪公约》打击其中所列各种形式的犯罪活动；

7. 建议由大会 1996 年 12 月 17 日第 51/210 号决议设立的、正在开始进行审议以遵照 1999 年 12 月 9 日第 54/110 号决议拟订一项关于国际恐怖主义问题的全面公约的特设委员会考虑到《联合国打击跨国有组织犯罪公约》的各项规定；

8. 促请所有国家和区域经济组织尽快签署和批准《联合国打击跨国有组织犯罪公约》及其各项议定书，以确保公约及其议定书迅速生效；

9. 决定除非根据《联合国打击跨国有组织犯罪公约》成立的公约缔约方会议另有决定，公约第 30 条提到的帐户应在联合国预防犯罪和刑事司法基金

的范围内运作；并鼓励各会员国开始为上述帐户提供充分的自愿捐款，以便向发展中国家和经济转型期国家提供它们执行公约及其议定书而可能需要的技术援助，包括这种执行所需的准备措施；

10. 又决定由拟订一项打击跨国有组织犯罪公约特设委员会在公约缔约方会议第一届会议召开前尽早举行会议，完成拟订公约所产生的工作，以便起草将提交缔约方会议第一届会议审议和采取行动的缔约方会议议事规则及公约第 32 条所述其他规则和机制的案文草案；

11. 请秘书长根据公约第 33 条指定联合国药物管制和预防犯罪厅国际预防犯罪中心担任公约缔约方会议秘书处；

12. 又请秘书长向国际预防犯罪中心提供必要的资源，以使其能够有效地促进《联合国打击跨国有组织犯罪公约》迅速生效和履行公约缔约方会议秘书处的职能，并支持特设委员会依照上文第 10 段开展工作。

第 1 条　宗旨

本公约的宗旨是促进合作，以便更有效地预防和打击跨国有组织犯罪。

第 2 条　术语的使用

在本公约中：

（a）"有组织犯罪集团"系指由三人或多人所组成的、在一定时期内存在的、为了实施一项或多项严重犯罪或根据本公约确立的犯罪以直接或间接获得金钱或其他物质利益而一致行动的有组织结构的集团；

（b）"严重犯罪"系指构成可受到最高刑至少四年的剥夺自由或更严厉处罚的犯罪的行为；

（c）"有组织结构的集团"系指并非为了立即实施一项犯罪而随意组成的集团，但不必要求确定成员职责，也不必要求成员的连续性或完善的组织结构；

（d）"财产"系指各种资产，不论其为物质的或非物质的、动产或不动产、有形的或无形的，以及证明对这些资产所有权或权益的法律文件或文书；

（e）"犯罪所得"系指直接或间接地通过犯罪而产生或获得的任何财产；

（f）"冻结"或"扣押"系指根据法院或其他主管当局的命令暂时禁止财产转移、转换、处置或移动或对之实行暂时性扣留或控制；

（g）"没收"，在适用情况下还包括"充公"，系指根据法院或其他主管

当局的命令对财产实行永久剥夺;

(h)"上游犯罪"系指由其产生的所得可能成为本公约第 6 条所定义的犯罪的对象的任何犯罪;

(i)"控制下交付"系指在主管当局知情并由其进行监测的情况下允许非法或可疑货物运出、通过或运入一国或多国领土的一种做法,其目的在于侦查某项犯罪并辨认参与该项犯罪的人员;

(j)"区域经济一体化组织"系指由某一区域的一些主权国家组成的组织,其成员国已将处理本公约范围内事务的权限转交该组织,而且该组织已按照其内部程序获得签署、批准、接受、核准或加入本公约的正式授权;本公约所述"缔约国"应在这类组织的权限范围内适用于这些组织。

第 3 条 适用范围

1. 本公约除非另有规定,应适用于对下述跨国的且涉及有组织犯罪集团的犯罪的预防、侦查和起诉:

(a)依照本公约第 5 条、第 6 条、第 8 条和第 23 条确立的犯罪;

(b)本公约第 2 条所界定的严重犯罪。

2. 就本条第 1 款而言,有下列情形之一的犯罪属跨国犯罪:

(a)在一个以上国家实施的犯罪;

(b)虽在一国实施,但其准备、筹划、指挥或控制的实质性部分发生在另一国的犯罪;

(c)犯罪在一国实施,但涉及在一个以上国家从事犯罪活动的有组织犯罪集团;或

(d)犯罪在一国实施,但对于另一国有重大影响。

第 4 条 保护主权

1. 在履行其根据本公约所承担的义务时,缔约国应恪守各国主权平等和领土完整原则和不干涉别国内政原则。

2. 本公约的任何规定均不赋予缔约国在另一国领土内行使管辖权和履行该另一国本国法律规定的专属于该国当局的职能的权利。

第 5 条 参加有组织犯罪集团行为的刑事定罪

1. 各缔约国均应采取必要的立法和其他措施,将下列故意行为规定为刑事犯罪:

（a）下列任何一种或两种有别于未遂或既遂的犯罪的行为：

（一）为直接或间接获得金钱或其他物质利益而与一人或多人约定实施严重犯罪，如果本国法律要求，还须有其中一名参与者为促进上述约定的实施的行为或涉及有组织犯罪集团；

（二）明知有组织犯罪集团的目标和一般犯罪活动或其实施有关犯罪的意图而积极参与下述活动的行为：

a. 有组织犯罪集团的犯罪活动；

b. 明知其本人的参与将有助于实现上述犯罪目标的该有组织犯罪集团的其他活动；

（b）组织、指挥、协助、教唆、便利或参谋实施涉及有组织犯罪集团的严重犯罪。

2. 本条第1款所指的明知、故意、目标、目的或约定可以从客观实际情况推定。

3. 其本国法律要求根据本条第1款（a）项目确立的犯罪须涉及有组织犯罪集团方可成立的缔约国，应确保其本国法律涵盖所有涉及有组织犯罪集团的严重犯罪。这些缔约国以及其法律要求根据本条第1款（a）项目确立的犯罪须有促进约定的实施的行为方可成立的缔约国，应在其签署本公约或交存其批准、接受、核准或加入本公约的文书时将此情况通知联合国秘书长。

第6条　洗钱行为的刑事定罪

1. 各缔约国均应依照其本国法律基本原则采取必要的立法及其他措施，将下列故意行为规定为刑事犯罪：

（a）明知财产为犯罪所得，为隐瞒或掩饰该财产的非法来源，或为协助任何参与实施上游犯罪者逃避其行为的法律后果而转换或转让财产；

明知财产为犯罪所得而隐瞒或掩饰该财产的真实性质、来源、所在地、处置、转移、所有权或有关的权利；

（b）在符合其本国法律制度基本概念的情况下：

在得到财产时，明知其为犯罪所得而仍获取、占有或使用；

参与、合伙或共谋实施，实施未遂，以及协助、教唆、便利和参谋实施本条所确立的任何犯罪。

2. 为实施或适用本条第1款：

(a) 各缔约国均应寻求将本条第 1 款适用于范围最为广泛的上游犯罪;

(b) 各缔约国均应将本公约第 2 条所界定的所有严重犯罪和根据本公约第 5 条、第 8 条和第 23 条确立的犯罪列为上游犯罪。缔约国立法中如果明确列出上游犯罪清单,则至少应在这类清单中列出与有组织犯罪集团有关的范围广泛的各种犯罪;

(c) 就 (b) 项而言,上游犯罪应包括在有关缔约国刑事管辖权范围之内和之外发生的犯罪。但是,如果犯罪发生在一缔约国刑事管辖权范围以外,则只有该行为根据其发生时所在国本国法律为刑事犯罪,而且若发生在实施或适用本条的缔约国时根据该国法律也构成刑事犯罪时才构成上游犯罪;

(d) 各缔约国均应向联合国秘书长提供其实施本条的法律以及这类法律随后的任何修改的副本或说明;

(e) 如果缔约国本国法律基本原则要求,则可以规定本条第 1 款所列犯罪不适用于实施上游犯罪的人;

(f) 本条第 1 款所规定的作为犯罪要素的明知、故意或目的可根据客观实际情况推定。

第 7 条　打击洗钱活动的措施

1. 各缔约国均应:

(a) 在其力所能及的范围内,建立对银行和非银行金融机构及在适当情况下对其他特别易被用于洗钱的机构的综合性国内管理和监督制度,以便制止并查明各种形式的洗钱。这种制度应强调验证客户身份、保持记录和报告可疑的交易等项规定;

(b) 在不影响本公约第 18 条和第 27 条的情况下,确保行政、管理、执法和其他负责打击洗钱的当局 (本国法律许可时可包括司法当局) 能够根据其本国法律规定的条件,在国家和国际一级开展合作和交换信息,并应为此目的考虑建立作为国家级中心的金融情报机构,以收集、分析和传播有关潜在的洗钱活动的信息。

2. 缔约国应考虑采取切实可行的措施调查和监督现金和有关流通票据出入本国国境的情况,但须有保障措施以确保情报的妥善使用且不致以任何方式妨碍合法资本的流动。这类措施可包括要求个人和企业报告大额现金和有关流通票据的跨境划拨。

3. 在建立本条所规定的国内管理和监督制度时，吁请缔约国在不影响本公约的任何其他条款的情况下将各种区域、区域间和多边组织的有关反洗钱倡议作为指南。

4. 缔约国应努力为打击洗钱而发展和促进司法、执法和金融管理当局间的全球、区域、分区域和双边合作。

第8条　腐败行为的刑事定罪

1. 各缔约国均应采取必要的立法和其他措施，将下列故意行为规定为刑事犯罪：

（a）直接或间接向公职人员许诺、提议给予或给予该公职人员或其他人员或实体不应有的好处，以使该公职人员在执行公务时作为或不作为；

（b）公职人员为其本人或其他人员或实体直接或间接索取或接受不应有的好处，以作为其在执行公务时作为或不作为的条件。

2. 各缔约国均应考虑采取必要的立法和其他措施，以便将本条第1款所述涉及外国公职人员或国际公务员的行为规定为刑事犯罪。各缔约国同样也应考虑将其他形式的腐败行为规定为刑事犯罪。

3. 各缔约国还应采取必要的措施，将作为共犯参与根据本条所确立的犯罪规定为刑事犯罪。

4. 本公约本条第1款和第9条中的"公职人员"，系指任职者任职地国法律所界定的且适用于该国刑法的公职人员或提供公共服务的人员。

第9条　反腐败措施

1. 除本公约第8条所列各项措施外，各缔约国均应在适当时并在符合其法律制度的情况下，采取立法、行政或其他有效措施，以促进公职人员廉洁奉公，并预防、调查和惩治腐败行为。

2. 各缔约国均应采取措施，确保本国当局在预防、调查和惩治公职人员腐败行为方面采取有效行动，包括使该当局具备适当的独立性，以免其行动受到不适当的影响。

第10条　法人责任

1. 各缔约国均应采取符合其法律原则的必要措施，确定法人参与涉及有组织犯罪集团的严重犯罪和实施根据本公约第5条、第6条、第8条和第23条确立的犯罪时应承担的责任。

2. 在不违反缔约国法律原则的情况下，法人责任可包括刑事、民事或行政责任。

3. 法人责任不应影响实施此种犯罪的自然人的刑事责任。

4. 各缔约国均应特别确保使根据本条负有责任的法人受到有效、适度和劝阻性的刑事或非刑事制裁，包括金钱制裁。

第 11 条　起诉、判决和制裁

1. 各缔约国均应使根据本公约第 5 条、第 6 条、第 8 条和第 23 条确立的犯罪受到与其严重性相当的制裁。

2. 为因本公约所涵盖的犯罪起诉某人而行使本国法律规定的法律裁量权时，各缔约国均应努力确保针对这些犯罪的执法措施取得最大成效，并适当考虑到震慑此种犯罪的必要性。

3. 就根据本公约第 5 条、第 6 条、第 8 条和第 23 条确立的犯罪而言，各缔约国均应根据其本国法律并在适当考虑到被告方权利的情况下采取适当措施，力求确保所规定的与审判或上诉前释放的裁决有关的条件考虑到确保被告人在其后的刑事诉讼中出庭的需要。

4. 各缔约国均应确保其法院和其他有关当局在考虑早释或假释已被判定犯有本公约所涵盖的犯罪者的可能性时，顾及此种犯罪的严重性。

5. 各缔约国均应在适当情况下在其本国法律中对于本公约所涵盖的任何犯罪规定一个较长的追诉时效期限，并在被指控犯罪的人逃避司法处置时规定更长的期限。

6. 本公约的任何规定，概不影响根据本公约确立的犯罪和适用的法律辩护理由或决定行为合法性的其他法律原则只应由缔约国本国法律加以阐明，而且此种犯罪应根据该法律予以起诉和处罚的原则。

第 12 条　没收和扣押

1. 缔约国应在本国法律制度的范围内尽最大可能采取必要措施，以便能够没收：

（a）来自本公约所涵盖的犯罪的犯罪所得或价值与其相当的财产；

（b）用于或拟用于本公约所涵盖的犯罪的财产、设备或其他工具。

2. 缔约国应采取必要措施，辨认、追查、冻结或扣押本条第 1 款所述任何物品，以便最终予以没收。

3. 如果犯罪所得已经部分或全部转变或转化为其他财产，则应对此类财产适用本条所述措施。

4. 如果犯罪所得已与从合法来源获得的财产相混合，则应在不影响冻结权或扣押权的情况下没收这类财产，没收价值可达混合于其中的犯罪所得的估计价值。

5. 对于来自犯罪所得、来自由犯罪所得转变或转化而成的财产或已与犯罪所得相混合的财产所产生的收入或其他利益，也应适用本条所述措施，其方式和程度与处置犯罪所得相同。

6. 为本公约本条和第 13 条的目的，各缔约国均应使其法院或其他主管当局有权下令提供或扣押银行、财务或商务记录。缔约国不得以银行保密为由拒绝按照本款规定采取行动。

7. 缔约国可考虑要求由犯罪的人证明应予没收的涉嫌犯罪所得或其他财产的合法来源，但此种要求应符合其本国法律原则和司法及其他程序的性质。

8. 不得对本条规定作损害善意第三人权利的解释。

9. 本条任何规定均不得影响本条所述措施应根据缔约国本国法律规定予以确定和实施的原则。

第 13 条　没收事宜的国际合作

1. 缔约国在收到对本公约所涵盖的一项犯罪拥有管辖权的另一缔约国关于没收本公约第 12 条第 1 款所述的、位于被请求国领土内的犯罪所得、财产、设备或其他工具的请求后，应在本国国内法律制度的范围内尽最大可能：

(a) 将此种请求提交其主管当局，以便取得没收令并在取得没收令时予以执行；或

(b) 将请求缔约国领土内的法院根据本公约第 12 条第 1 款签发的没收令提交主管当局，以便按请求的范围予以执行，只要该没收令涉及第 12 条第 1 款所述的、位于被请求缔约国领土内的犯罪所得、财产、设备或其他工具。

2. 对本公约所涵盖的一项犯罪拥有管辖权的另一缔约国提出请求后，被请求缔约国应采取措施，辨认、追查和冻结或扣押本公约第 12 条第 1 款所述犯罪所得、财产、设备或其他工具，以便由请求缔约国或根据本条第 1 款所述请求由被请求缔约国下令最终予以没收。

3. 本公约第 18 条的规定可经适当变通适用于本条。除第 18 条第 15 款规

定提供的资料以外，根据本条所提出的请求还应包括：

（a）与本条第 1 款（a）项有关的请求，应有关于拟予没收的财产的说明以及关于请求缔约国所依据的事实的充分陈述，以便被请求缔约国能够根据本国法律取得没收令；

（b）与本条第 1 款（b）项有关的请求，应有请求缔约国据以签发请求的、法律上可接受的没收令副本、事实陈述和关于请求执行没收令的范围的资料；

（c）与本条第 2 款有关的请求，应有请求缔约国所依据的事实陈述以及对请求采取的行动的说明。

4. 被请求缔约国根据本条第 1 和第 2 款作出的决定或采取的行动，应符合并遵循其本国法律及程序规则的规定或可能约束其与请求缔约国关系的任何双边或多边条约、协定或安排的规定。

5. 各缔约国均应向联合国秘书长提供有关实施本条的任何法律和法规以及这类法律和法规随后的任何修改的副本或说明。

6. 如果某一缔约国以存在有关条约作为采取本条第 1 款和第 2 款所述措施的条件，则该缔约国应将本公约视为必要而充分的条约依据。

7. 如果请求中所涉犯罪并非本公约所涵盖的犯罪，缔约国可拒绝提供本条所规定的合作。

8. 不得对本条规定作损害善意第三人权利的解释。

9. 缔约国应考虑缔结双边或多边条约、协定或安排，以增强根据本条开展的国际合作的有效性。

第 14 条　没收的犯罪所得或财产的处置

1. 缔约国依照本公约第 12 条或第 13 条第 1 款没收的犯罪所得或财产应由该缔约国根据其本国法律和行政程序予以处置。

2. 根据本公约第 13 条的规定应另一缔约国请求采取行动的缔约国，应在本国法律许可的范围内，根据请求优先考虑将没收的犯罪所得或财产交还请求缔约国，以便其对犯罪被害人进行赔偿，或者将这类犯罪所得或财产归还合法所有人。

3. 一缔约国应另一缔约国请求按照本公约第 12 条和第 13 条规定采取行动时，可特别考虑就下述事项缔结协定或安排：

（a）将与这类犯罪所得或财产价值相当的款项，或变卖这类犯罪所得或财产所获款项，或这类款项的一部分捐给根据本公约第 30 条第 2 款（c）项所指定的帐户和专门从事打击有组织犯罪工作的政府间机构；

（b）根据本国法律或行政程序，经常地或逐案地与其他缔约国分享这类犯罪所得或财产或变卖这类犯罪所得或财产所获款项。

第 15 条　管辖权

1. 各缔约国在下列情况下应采取必要措施，以确立对根据本公约第 5 条、第 6 条、第 8 条和第 23 条确立犯罪的管辖权：

（a）犯罪发生在该缔约国领域内；或者

（b）犯罪发生在犯罪时悬挂该缔约国国旗的船只或已根据该缔约国法律注册的航空器内。

2. 在不违反本公约第 4 条规定的情况下，缔约国在下列情况下还可对任何此种犯罪确立其管辖权：

（a）犯罪系针对该缔约国国民；

（b）犯罪者为该缔约国国民或在其境内有惯常居所的无国籍人；或者

（c）该犯罪系：

（一）发生在本国领域以外的、根据本公约第 5 条第 1 款确立的犯罪，目的是在本国领域内实施严重犯罪；

（二）发生在本国领域以外的、根据本公约第 6 条第 1 款（b）项（二）目确立的犯罪，目的是在其领域内进行本公约第 6 条第 1 款（a）项（一）目或（二）目或（b）项（一）目确立的犯罪。

3. 为了本公约第 16 条第 10 款的目的，各缔约国应采取必要措施，在被指控人在其领域内而其仅因该人系其本国国民而不予引渡时，确立其对本公约所涵盖的犯罪的管辖权。

4. 各缔约国还可采取必要措施，在被指控人在其领域内而其不引渡该人时确立其对本公约所涵盖的犯罪的管辖权。

5. 如果根据本条第 1 款或第 2 款行使其管辖权的缔约国被告知或通过其他途径获悉另一个或数个缔约国正在对同一行为进行侦查、起诉或审判程序，这些国家的主管当局应酌情相互磋商，以便协调行动。

6. 在不影响一般国际法准则的情况下，本公约不排除缔约国行使其依据本国法律确立的任何刑事管辖权。

第 16 条 引渡

1. 本条应适用于本公约所涵盖的犯罪，或第 3 条第 1 款（a）项或（b）项所述犯罪涉及有组织犯罪集团且被请求引渡人位于被请求缔约国境内的情况，条件是引渡请求所依据的犯罪是按请求缔约国和被请求缔约国本国法律均应受到处罚的犯罪。

2. 如果引渡请求包括几项独立的严重犯罪，其中某些犯罪不在本条范围之内，被请求缔约国也可对这些犯罪适用本条的规定。

3. 本条适用的各项犯罪均应视为缔约国之间现行的任何引渡条约中的可引渡的犯罪。各缔约国承诺将此种犯罪作为可引渡的犯罪列入它们之间拟缔结的每一项引渡条约。

4. 以订有条约为引渡条件的缔约国如接到未与之订有引渡条约的另一缔约国的引渡请求，可将本公约视为对本条所适用的任何犯罪予以引渡的法律依据。

5. 以订有条约为引渡条件的缔约国应：

（a）在交存本公约批准书、接受书、核准书或加入书时通知联合国秘书长，说明其是否将把本公约作为与本公约其他缔约国进行引渡合作的法律依据；

（b）如其不以本公约作为引渡合作的法律依据，则在适当情况下寻求与本公约其他缔约国缔结引渡条约，以执行本条规定。

6. 不以订有条约为引渡条件的缔约国应承认本条所适用的犯罪为它们之间可相互引渡的犯罪。

7. 引渡应符合被请求缔约国本国法律或适用的引渡条约所规定的条件，其中特别包括关于引渡的最低限度刑罚要求和被请求缔约国可据以拒绝引渡的理由等条件。

8. 对于本条所适用的任何犯罪，缔约国应在符合本国法律的情况下，努力加快引渡程序并简化与之有关的证据要求。

9. 在不违背本国法律及其引渡条约规定的情况下，被请求缔约国可在认定情况必要而且紧迫时，应请求缔约国的请求，拘留其境内的被请求引渡人或采取其他适当措施，以确保该人在进行引渡程序时在场。

10. 被指控人所在的缔约国如果仅以罪犯系本国国民为由不就本条所适用的犯罪将其引渡，则有义务在要求引渡的缔约国提出请求时，将该案提交给其主管当局以便起诉，而不得有任何不应有的延误。这些当局应以与根据本国法律针对性质严重的其他任何犯罪所采用的方式相同的方式作出决定和进行诉讼程序。有关缔约国应相互合作，特别是在程序和证据方面，以确保这类起诉的效果。

11. 如果缔约国本国法律规定，允许引渡或移交其国民须以该人将被送还本国，就引渡或移交请求所涉审判、诉讼中作出的判决服刑为条件，且该缔约国和寻求引渡该人的缔约国也同意这一选择以及可能认为适宜的其他条件，则此种有条件引渡或移交即足以解除该缔约国根据本条第 10 款所承担的义务。

12. 如为执行判决而提出的引渡请求由于被请求引渡人为被请求缔约国的国民而遭到拒绝，被请求国应在其本国法律允许并且符合该法律的要求的情况下，根据请求国的请求，考虑执行按请求国本国法律作出的判刑或剩余刑期。

13. 在对任何人就本条所适用的犯罪进行诉讼时，应确保其在诉讼的所有阶段受到公平待遇，包括享有其所在国本国法律所提供的一切权利和保障。

14. 如果被请求缔约国有充分理由认为提出该请求是为了以某人的性别、种族、宗教、国籍、族裔或政治观点为由对其进行起诉或处罚，或按该请求行事将使该人的地位因上述任一原因而受到损害，则不得对本公约的任何规定作规定了被请求国的引渡义务的解释。

15. 缔约国不得仅以犯罪也被视为涉及财政事项为由而拒绝引渡。

16. 被请求缔约国在拒绝引渡前应在适当情况下与请求缔约国磋商，以使其有充分机会陈述自己的意见和介绍与其指控有关的资料。

17. 各缔约国均应寻求缔结双边和多边协定或安排，以执行引渡或加强引渡的有效性。

第 17 条　被判刑人员的移交

缔约国可考虑缔结双边或多边协定或安排，将因犯有本公约所涉犯罪而被判监禁或其他形式剥夺自由的人员移交其本国服满刑期。

第 18 条　司法协助

1. 缔约国应在对第 3 条规定的本公约所涵盖的犯罪进行的侦查、起诉和审判程序中相互提供最大程度的司法协助；在请求缔约国有合理理由怀疑第3条第1款（a）项或（b）项所述犯罪具有跨国性时，包括怀疑此种犯罪的被害人、证人、犯罪所得、工具或证据位于被请求缔约国而且该项犯罪涉及一有组织犯罪集团时，还应对等地相互给予类似协助。

2. 对于请求缔约国根据本公约第10条可能追究法人责任的犯罪所进行的侦查、起诉和审判程序，应当根据被请求缔约国的有关的法律、条约、协定和安排，尽可能充分地提供司法协助。

3. 可为下列任何目的请求依据本条给予司法协助：

（a）向个人获取证据或陈述；

（b）送达司法文书；

（c）执行搜查和扣押并实行冻结；

（d）检查物品和场所；

（e）提供资料、物证以及鉴定结论；

（f）提供有关文件和记录的原件或经核证的副本，其中包括政府、银行、财务、公司或营业记录；

（g）为取证目的而辨认或追查犯罪所得、财产、工具或其他物品；

（h）为有关人员自愿在请求缔约国出庭提供方便；

（i）不违反被请求缔约国本国法律的任何其他形式的协助。

4. 缔约国主管当局如认为与刑事事项有关的资料可能有助于另一国主管当局进行或顺利完成调查和刑事诉讼程序，或可促成其根据本公约提出请求，则在不影响本国法律的情况下，可无须事先请求而向该另一国主管当局提供这类资料。

5. 根据本条第4款提供这类资料，不应影响提供资料的主管当局本国所进行的调查和刑事诉讼程序。接收资料的主管当局应遵守对资料保密的要求，即使是暂时保密的要求，或对资料使用的限制。但是，这不应妨碍接收缔约国在其诉讼中披露可证明被控告人无罪或罪轻的资料。在这种情况下，接收缔约国应在披露前通知提供缔约国，而且如果提供缔约国要求，还应与其磋商。如果在例外情况下不可能事先通知，接收缔约国应毫不迟延地将披露一事通告提供缔约国。

6. 本条各项规定概不影响任何其他规范或将要规范整个或部分司法协助问题的双边或多边条约所规定的义务。

7. 如果有关缔约国无司法协助条约的约束，则本条第 9 至 29 款应适用于根据本条提出的请求。如果有关缔约国有这类条约的约束，则适用条约的相应条款，除非这些缔约国同意代之以适用本条第 9 至 29 款。大力鼓励缔约国在这几款有助于合作时予以适用。

8. 缔约国不得以银行保密为由拒绝提供本条所规定的司法协助。

9. 缔约国可以并非双重犯罪为由拒绝提供本条所规定的司法协助。但是，被请求缔约国可在其认为适当时在其斟酌决定的范围内提供协助，而不论该行为按被请求缔约国本国法律是否构成犯罪。

10. 在一缔约国境内羁押或服刑的人，如果被要求到另一缔约国进行辨认、作证或提供其他协助，以便为就与本公约所涵盖的犯罪有关的侦查、起诉或审判程序取得证据，在满足以下条件的情况下，可予移送：

（a）该人在知情后自由表示同意；

（b）双方缔约国主管当局同意，但须符合这些缔约国认为适当的条件。

11. 就本条第 10 款而言：

（a）该人被移送前往的缔约国应有权力和义务羁押被移送人，除非移送缔约国另有要求或授权；

（b）该人被移送前往的缔约国应毫不迟延地履行义务，按照双方缔约国主管当局事先达成的协议或其他协议，将该人交还移送缔约国羁押；

（c）该人被移送前往的缔约国不得要求移送缔约国为该人的交还启动引渡程序；

（d）该人在被移送前往的国家的羁押时间应折抵在移送缔约国执行的刑期。

12. 除非按照本条第 10 款和第 11 款移送该人的缔约国同意，无论该人国籍为何，均不得因其在离开移送国国境前的作为、不作为或定罪而在被移送前往的国家境内使其受到起诉、羁押、处罚或对其人身自由实行任何其他限制。

13. 各缔约国均应指定一中心当局，使其负责和有权接收司法协助请求并执行请求或将请求转交主管当局执行。如缔约国有实行单独司法协助制度的特区或领土，可另指定一个对该特区或领土具有同样职能的中心当局。中心当局应确保所收到的请求的迅速而妥善执行或转交。中心当局在将请求转交某一主管当局执行时，应鼓励该主管当局迅速而妥善地执行请求。各缔约国应在交存本公约批准书、接受书、核准书或加入书时将为此目的指定的中心当局通知联合国秘书长。司法协助请求以及与之有关的任何联系文件均应递交缔约国指定的中心当局。此项规定不得损害缔约国要求通过外交渠道以及在紧急和可能的情况下经有关缔约国同意通过国际刑事警察组织向其传递这种请求和联系文件的权利。

14. 请求应以被请求缔约国能接受的语文以书面形式提出，或在可能情况下以能够生成书面记录的任何形式提出，但须能使该缔约国鉴定其真伪。各缔约国应在其交存本公约批准书、接受书、核准书或加入书时将其所能接受的语文通知联合国秘书长。在紧急情况下，如经有关缔约国同意，请求可以口头方式提出，但应立即加以书面确认。

15. 司法协助请求书应载有：

（a）提出请求的当局；

（b）请求所涉的侦查、起诉或审判程序的事由和性质，以及进行此项侦查、起诉或审判程序的当局的名称和职能；

（c）有关事实的概述，但为送达司法文书提出的请求例外；

（d）对请求协助的事项和请求缔约国希望遵循的特定程序细节的说明；

（e）可能时，任何有关人员的身份、所在地和国籍；

（f）索取证据、资料或要求采取行动的目的。

16. 被请求缔约国可要求提供按照其本国法律执行该请求所必需或有助于执行该请求的补充资料。

17. 请求应根据被请求缔约国本国法律执行。在不违反被请求缔约国本国法律的情况下，如有可能，应遵循请求书中列明的程序执行。

18. 当在某一缔约国境内的某人需作为证人或鉴定人接受另一缔约国司法当局询问，且该人不可能或不宜到请求国出庭，则前一个缔约国可应该另一缔约国的请求，在可能且符合本国法律基本原则的情况下，允许以电视会议方式进行询问，缔约国可商定由请求缔约国司法当局进行询问且询问时应有被请求缔约国司法当局在场。

19. 未经被请求缔约国事先同意，请求缔约国不得将被请求缔约国提供的资料或证据转交或用于请求书所述以外的侦查、起诉或审判程序。本款规定不妨碍请求缔约国在其诉讼中披露可证明被告人无罪或罪轻的资料或证据。就后一种情形而言，请求缔约国应在披露之前通知被请求缔约国，并依请求与被请求缔约国磋商。如在例外情况下不可能事先通知时，请求缔约国应毫不迟延地将披露一事通告被请求缔约国。

20. 请求缔约国可要求被请求缔约国对其提出的请求及其内容保密，但为执行请求所必需时除外。如果被请求缔约国不能遵守保密要求，应立即通知请求缔约国。

21. 在下列情况下可拒绝提供司法协助：

（a）请求未按本条的规定提出；

（b）被请求缔约国认为执行请求可能损害其主权、安全、公共秩序或其他基本利益；

（c）假如被请求缔约国当局依其管辖权对任何类似犯罪进行侦查、起诉或审判程序时，其本国法律将会禁止其对此类犯罪采取被请求的行动；

（d）同意此项请求将违反被请求国关于司法协助的法律制度。

22. 缔约国不得仅以犯罪又被视为涉及财政事项为由拒绝司法协助请求。

23. 拒绝司法协助时应说明理由。

24. 被请求缔约国应尽快执行司法协助请求，并应尽可能充分地考虑到请求缔约国提出的、最好在请求中说明了理由的任何最后期限。被请求缔约国应依请求缔约国的合理要求就其处理请求的进展情况作出答复。请求国应在其不再需要被请求国提供所寻求的协助时迅速通知被请求缔约国。

25. 被请求缔约国可以司法协助妨碍正在进行的侦查、起诉或审判为由而暂缓进行。

26. 在根据本条第 21 款拒绝某项请求或根据本条第 25 款暂缓执行请求事项之前，被请求缔约国应与请求缔约国协商，以考虑是否可在其认为必要的条件下给予协助。请求缔约国如果接受附有条件限制的协助，则应遵守有关的条件。

27. 在不影响本条第 12 款的适用的情况下，应请求缔约国请求而同意到请求缔约国就某项诉讼作证或为某项侦查、起诉或审判程序提供协助的证人、鉴定人或其他人员，不应因其离开被请求缔约国领土之前的作为、不作为或定罪而在请求缔约国领土内被起诉、羁押、处罚，或在人身自由方面受到任何其他限制。如该证人、鉴定人或其他人员已得到司法当局不再需要其到场的正式通知，在自通知之日起连续十五天内或在缔约国所商定的任何期限内，有机会离开但仍自愿留在请求缔约国境内，或在离境后又自愿返回，则此项安全保障即不再有效。

28．除非有关缔约国另有协议，执行请求的一般费用应由被请求缔约国承担。如执行请求需要或将需要支付巨额或特殊性质的费用，则应由有关缔约国进行协商，以确定执行该请求的条件以及承担费用的办法。

29. 被请求缔约国：

（a）应向请求缔约国提供其所拥有的根据其本国法律可向公众公开的政府记录、文件或资料的副本；

（b）可自行斟酌决定全部或部分地或按其认为适当的条件向请求缔约国提供其所拥有的根据其本国法律不向公众公开的任何政府记录、文件或资料的副本。

30. 缔约国应视需要考虑缔结有助于实现本条目的、具体实施或加强本条规定的双边或多边协定或安排的可能性。

第 19 条　联合调查

缔约国应考虑缔结双边或多边协定或安排，以便有关主管当局可据以就涉及一国或多国刑事侦查、起诉或审判程序事由的事宜建立联合调查机构。如无这类协定或安排，则可在个案基础上商定进行这类联合调查。有关缔约国应确保拟在其境内进行该项调查的缔约国的主权受到充分尊重。

第 20 条　特殊侦查手段

1. 各缔约国均应在其本国法律基本原则许可的情况下，视可能并根据本国法律所规定的条件采取必要措施，允许其主管当局在其境内适当使用控制下交付并在其认为适当的情况下使用其他特殊侦查手段，如电子或其他形式的监视和特工行动，以有效地打击有组织犯罪。

2. 为侦查本公约所涵盖的犯罪，鼓励缔约国在必要时为在国际一级合作时使用这类特殊侦查手段而缔结适当的双边或多边协定或安排。此类协定或安排的缔结和实施应充分遵循各国主权平等原则，执行时应严格遵守这类协定或安排的条件。

3. 在无本条第 2 款所列协定或安排的情况下，关于在国际一级使用这种特殊侦查手段的决定，应在个案基础上作出，必要时还可考虑到有关缔约国就行使管辖权所达成的财务安排或谅解。

4. 经各有关缔约国同意，关于在国际一级使用控制下交付的决定，可包括诸如拦截货物后允许其原封不动地或将其全部或部分取出替换后继续运送之类的办法。

第21条 刑事诉讼的移交

缔约国如认为相互移交诉讼有利于正当司法，特别是在涉及数国管辖权时，为了使起诉集中，应考虑相互移交诉讼的可能性，以便对本公约所涵盖的某项犯罪进行刑事诉讼。

第22条 建立犯罪记录

各缔约国均可采取必要的立法或其他措施，按其认为适宜的条件并为其认为适宜的目的，考虑到另一个国家以前对被指控人作出的任何有罪判决，以便在涉及本公约所涵盖的犯罪的刑事诉讼中加以利用。

第23条 妨害司法的刑事定罪

各缔约国均应采取必要的立法和其他措施，将下列故意行为规定为刑事犯罪：

（a）在涉及本公约所涵盖的犯罪的诉讼中使用暴力、威胁或恐吓，或许诺、提议给予或给予不应有的好处，以诱使提供虚假证言或干扰证言或证据的提供；

（b）使用暴力、威胁或恐吓，干扰司法或执法人员针对本公约所涵盖的犯罪执行公务。本项规定概不应影响缔约国制定保护其他类别公职人员的立法的权利。

第24条 保护证人

1. 各缔约国均应在其力所能及的范围内采取适当的措施，为刑事诉讼中就本公约所涵盖的犯罪作证的证人并酌情为其亲属及其他与其关系密切者提供有效的保护，使其免遭可能的报复或恐吓。

2. 在不影响被告人的权利包括正当程序权的情况下，本条第1款所述措施可包括：

（a）制定向此种人提供人身保护的程序，例如，在必要和可行的情况下将其转移，并在适当情况下允许不披露或限制披露有关其身份和下落的情况；

（b）规定可允许以确保证人安全的方式作证的证据规则，例如，允许借助于诸如视像连接之类的通信技术或其他适当手段提供证言。

3. 缔约国应考虑与其他国家订立有关转移本条第1款所述人员的安排。

4. 本条的规定也应适用于作为证人的被害人。

第 25 条　帮助和保护被害人

1. 各缔约国均应在其力所能及的范围内采取适当的措施，以便向本公约所涵盖的犯罪的被害人提供帮助和保护，尤其是在其受到报复威胁或恐吓的情况下。

2. 各缔约国均应制定适当的程序，使本公约所涵盖的犯罪的被害人有机会获得赔偿和补偿。

3. 各缔约国均应在符合其本国法律的情况下，在对犯罪的人提起的刑事诉讼的适当阶段，以不损害被告人权利的方式使被害人的意见和关切得到表达和考虑。

第 26 条　加强与执法当局合作的措施

1. 各缔约国均应采取适当措施，鼓励参与或曾参与有组织犯罪集团的个人：

（a）为主管当局的侦查和取证提供有用信息，例如：

（一）有组织犯罪集团的身份、性质、组成情况、结构、所在地或活动；

（二）与其他有组织犯罪集团之间的联系，包括国际联系；

（三）有组织犯罪集团所实施或可能实施的犯罪；

（b）为主管当局提供可能有助于剥夺有组织犯罪集团的资源或犯罪所得的切实而具体的帮助。

2. 对于在本公约所涵盖的任何犯罪的侦查或起诉中提供了实质性配合的被指控者，各缔约国均应考虑规定在适当情况下减轻处罚的可能性。

3. 对于本公约所涵盖的犯罪的侦查或起诉中予以实质性配合者，各缔约国均应考虑根据其本国法律基本原则规定允许免予起诉的可能性。

4. 应按本公约第 24 条的规定为此类人员提供保护。

5. 如果本条第 1 款所述的、位于一缔约国的人员能给予另一缔约国主管当局以实质性配合，有关缔约国可考虑根据其本国法律订立关于由对方缔约国提供本条第 2 款和第 3 款所列待遇的协定或安排。

第 27 条　执法合作

1. 缔约国应在符合本国法律和行政管理制度的情况下相互密切合作，以加强打击本公约所涵盖的犯罪的执法行动的有效性。各缔约国尤其应采取有效措施，以便：

（a）加强并在必要时建立各国主管当局、机构和部门之间的联系渠道，以促进安全、迅速地交换有关本公约所涵盖犯罪的各个方面的情报，有关缔约国认为适当时还可包括与其他犯罪活动的联系的有关情报；

（b）同其他缔约国合作，就以下与本公约所涵盖的犯罪有关的事项进行调查：

涉嫌这类犯罪的人的身份、行踪和活动，或其他有关人员的所在地点；

来自这类犯罪的犯罪所得或财产的去向；

用于或企图用于实施这类犯罪的财产、设备或其他工具的去向；

（c）在适当情况下提供必要数目或数量的物品以供分析或调查之用；

（d）促进各缔约国主管当局、机构和部门之间的有效协调，并加强人员和其他专家的交流，包括根据有关缔约国之间的双边协定和安排派出联络官员；

（e）与其他缔约国交换关于有组织犯罪集团采用的具体手段和方法的资料，视情况包括关于路线和交通工具，利用假身份、经变造或伪造的证件或其他掩盖其活动的手段的资料；

（f）交换情报并协调为尽早查明本公约所涵盖的犯罪而酌情采取的行政和其他措施。

2. 为实施本公约，缔约国应考虑订立关于其执法机构间直接合作的双边或多边协定或安排，并在已有这类协定或安排的情况下考虑对其进行修正。如果有关缔约国之间尚未订立这类协定或安排，缔约国可考虑以本公约为基础，进行针对本公约所涵盖的任何犯罪的相互执法合作。缔约国应在适当情况下充分利用各种协定或安排，包括国际或区域组织，以加强缔约国执法机构之间的合作。

3. 缔约国应努力在力所能及的范围内开展合作，以便对借助现代技术实施的跨国有组织犯罪作出反应。

第 28 条　收集、交流和分析关于有组织犯罪的性质的资料

1. 各缔约国均应考虑在同科技和学术界协商的情况下，分析其领域内的有组织犯罪的趋势、活动环境以及所涉及的专业团体和技术。

2. 缔约国应考虑相互并通过国际和区域组织研究和分享与有组织犯罪活

动有关的分析性专门知识。为此目的，应酌情制定和适用共同的定义、标准和方法。

3. 各缔约国均应考虑对其打击有组织犯罪的政策和实际措施进行监测，并对这些政策和措施的有效性和效果进行评估。

第 29 条　培训和技术援助

1. 各缔约国均应在必要时为其执法人员，包括检察官、进行调查的法官和海关人员及其他负责预防、侦查和控制本公约所涵盖的犯罪的人员开展、拟订或改进具体的培训方案。这类方案可包括人员借调和交流。这类方案应在本国法律所允许的范围内特别针对以下方面：

（a）预防、侦查和控制本公约所涵盖的犯罪的方法；

（b）涉嫌参与本公约所涵盖的犯罪的人所使用的路线和手段，包括在过境国使用的路线和手段，以及适当的对策；

（c）对违禁品走向的监测；

（d）侦查和监测犯罪所得、财产、设备或其他工具的去向和用于转移、隐瞒或掩饰此种犯罪所得、财产、设备或其他工具的手法，以及用以打击洗钱和其他金融犯罪的方法；

（e）收集证据；

（f）自由贸易区和自由港中的控制手段；

（g）现代化执法设备和技术，包括电子监视、控制下交付和特工行动；

（h）打击借助于计算机、电信网络或其他形式现代技术所实施的跨国有组织犯罪的方法；

（i）保护被害人和证人的方法。

2. 缔约国应相互协助，规划并实施旨在分享本条第 1 款所提及领域专门知识的研究和培训方案，并应为此目的酌情利用区域和国际会议和研讨会，促进对共同关心的问题，包括过境国的特殊问题和需要的合作和讨论。

3. 缔约国应促进有助于引渡和司法协助的培训和技术援助。这种培训和技术援助可包括对中心当局或负有相关职责的机构的人员进行语言培训、开展借调和交流。

4. 在有双边和多边协定的情况下，缔约国应加强必要的努力，在国际组织和区域组织的范围内以及其他有关的双边和多边协定或安排的范围内，最大限度地开展业务及培训活动。

第30条 其他措施：通过经济发展和技术援助执行公约

1. 缔约国应通过国际合作采取有助于最大限度优化本公约执行的措施，同时应考虑到有组织犯罪对社会，尤其是对可持续发展的消极影响。

2. 缔约国应相互协调并同国际和区域组织协调，尽可能作出具体努力：

（a）加强其同发展中国家在各级的合作，以提高发展中国家预防和打击跨国有组织犯罪的能力；

（b）加强财政和物质援助，支持发展中国家同跨国有组织犯罪作有效斗争的努力，并帮助它们顺利执行本公约；

（c）向发展中国家和经济转型期国家提供技术援助，以协助它们满足在执行本公约方面的需要。为此，缔约国应努力向联合国筹资机制中为此目的专门指定的帐户提供充分的经常性自愿捐款。缔约国还可根据其本国法律和本公约规定，特别考虑向上述帐户捐出根据本公约规定没收的犯罪所得或财产中一定比例的金钱或相应的价值；

（d）根据本条规定视情况鼓励和争取其他国家和金融机构与其一道共同努力，特别是向发展中国家提供更多的培训方案和现代化设备，以协助它们实现本公约的各项目标。

3. 这些措施应尽量不影响现有对外援助承诺或其他多边、区域或国际一级的财政合作安排。

4. 缔约国可缔结关于物资和后勤援助的双边或多边协议或安排，同时考虑到为使本公约所规定的国际合作方式行之有效和预防、侦查与控制跨国有组织犯罪所必需的各种财政安排。

第31条 预防

1. 缔约国应努力开发和评估各种旨在预防跨国有组织犯罪的国家项目，并制订和促进这方面的最佳做法和政策。

2. 缔约国应根据其本国法律基本原则，利用适当的立法、行政或其他措施努力减少有组织犯罪集团在利用犯罪所得参与合法市场方面的现有或未来机会。这些措施应着重于：

（a）加强执法机构或检察官同包括企业界在内的有关私人实体之间的合作；

（b）促进制定各种旨在维护公共和有关私人实体廉洁性的标准和程序，以及有关职业，特别是律师、公证人、税务顾问和会计师的行为准则；

（c）防止有组织犯罪集团对公共当局实行的招标程序以及公共当局为商业活动所提供的补贴和许可证作不正当利用；

（d）防止有组织犯罪集团对法人作不正当利用，这类措施可包括：

（一）建立关于法人的建立、管理和筹资中所涉法人和自然人的公共记录；

（二）宣布有可能通过法院命令或任何适宜手段，在一段合理的期间内剥夺被判定犯有本公约所涵盖的犯罪的人担任在其管辖范围内成立的法人的主管的资格；

（三）建立关于被剥夺担任法人主管资格的人的国家记录；

（四）与其他缔约国主管当局交流本款（d）项目和目所述记录中所载的资料。

3. 缔约国应努力促进被判犯有本公约所涵盖的犯罪的人重新融入社会。

4. 缔约国应努力定期评价现有有关法律文书和行政管理办法，以发现其中易被有组织犯罪集团作不正当利用之处。

5. 缔约国应努力提高公众对跨国有组织犯罪的存在、原因和严重性及其所构成的威胁的认识。可在适当情况下通过大众传播媒介传播信息，其中应包括促进公众参与预防和打击这类犯罪的措施。

6. 各缔约国均应将可协助其他缔约国制订预防跨国有组织犯罪的措施的一个或多个当局的名称和地址通知联合国秘书长。

7. 缔约国应酌情彼此合作和同有关国际和区域组织合作，以促进和制订本条所述措施，其办法包括参与各种旨在预防跨国有组织犯罪的国际项目，例如改善环境，以使处于社会边缘地位的群体不易受跨国有组织犯罪行动的影响。

第32条　公约缔约方会议

1. 兹设立本公约缔约方会议，以提高缔约国打击跨国有组织犯罪的能力，并促进和审查公约的实施。

2. 联合国秘书长应在不晚于本公约生效之后一年的时间内召集缔约方会议。缔约方会议应通过议事规则和关于开展本条第3款和第4款所列活动的规则（包括关于支付这些活动费用的规则）。

3. 缔约方会议应议定实现本条第 1 款所述各项目标的机制, 其中包括:

（a）促进缔约国按照本公约第 29 条、第 30 条和第 31 条所开展的活动, 其办法包括鼓励调动自愿捐助;

（b）促进缔约国间交流关于跨国有组织犯罪的模式和趋势以及同其作斗争的成功做法的信息;

（c）同有关国际和区域组织和非政府组织开展合作;

（d）定期审查本公约的执行情况;

（e）为改进本公约及其实施而提出建议。

4. 为了本条第 3 款（d）项和（e）项的目的, 缔约方会议应通过缔约国提供的资料和缔约方会议可能建立的补充审查机制, 对缔约国为实施公约所采取的措施以及实施过程中所遇到的困难获得必要的了解。

5. 各缔约国均应按照缔约方会议的要求, 向其提供有关本国实施本公约的方案、计划和做法以及立法和行政措施的资料。

第 33 条　秘书处

1. 联合国秘书长应为公约缔约方会议提供必要的秘书处服务。

2. 秘书处应:

（a）协助缔约方会议开展本公约第 32 条所列各项活动, 并为各届缔约方会议作出安排和提供必要的服务;

（b）依请求协助缔约国向缔约方会议提交本公约第 32 条第 5 款提及的资料;

（c）确保与其他有关国际和区域组织秘书处的必要协调。

第 34 条　公约的实施

1. 各缔约国均应根据其本国法律制度基本原则采取必要的措施, 包括立法和行政措施, 以切实履行其根据本公约所承担的义务。

2. 各缔约国均应在本国法律中将根据本公约第 5 条、第 6 条、第 8 条和第 23 条确立的犯罪规定为犯罪, 而不论其是否如本公约第 3 条第 1 款所述具有跨国性或是否涉及有组织犯罪集团, 但本公约第 5 条要求涉及有组织犯罪集团的情况除外。

3. 为预防和打击跨国有组织犯罪, 各缔约国均可采取比本公约的规定更为严格或严厉的措施。

第 35 条　争端的解决

1. 缔约国应努力通过谈判解决与本公约的解释或适用有关的争端。

2. 两个或两个以上缔约国对于本公约的解释或适用发生任何争端，在合理时间内不能通过谈判解决的，应按其中一方请求交付仲裁。如果自请求交付仲裁之日起六个月后这些缔约国不能就仲裁安排达成协议，则其中任何一方均可根据《国际法院规约》请求将争端提交国际法院。

3. 各缔约国在签署、批准、接受、核准或加入本公约时，均可声明不受本条第 2 款的约束。其他缔约国对于作出此种保留的任何缔约国，不应受本条第 2 款的约束。

4. 凡根据本条第 3 款作出保留的缔约国，均可随时通知联合国秘书长撤销该项保留。

第 36 条　签署、批准、接受、核准和加入

1. 本公约自 2000 年 12 月 12 日至 15 日在意大利巴勒莫开放供各国签署，随后直至 2002 年 12 月 12 日在纽约联合国总部开放供各国签署。

2. 本公约还应开放供区域经济一体化组织签署，条件是该组织至少有一个成员国已按照本条第 1 款规定签署本公约。

3. 本公约须经批准、接受或核准。批准书、接受书或核准书应交存联合国秘书长。如果某一区域经济一体化组织至少有一个成员国已交存批准书、接受书或核准书，该组织可照样办理。该组织应在该项批准书、接受书或核准书中宣布其在本公约管辖事项方面的权限范围。该组织还应将其权限范围的任何有关变动情况通知保存人。

4. 任何国家或任何至少已有一个成员国加入本公约的区域经济一体化组织均可加入本公约。加入书应交存联合国秘书长。区域经济一体化组织加入本公约时应宣布其在本公约管辖事项方面的权限范围。该组织还应将其权限范围的任何有关变动情况通知保存人。

第 37 条　同议定书的关系

1. 本公约可由一项或多项议定书予以补充。

2. 只有成为本公约缔约方的国家或区域经济一体化组织方可成为议定书缔约方。

3. 本公约缔约方不受议定书约束，除非其已根据议定书规定成为议定书

缔约方。

4. 本公约的任何议定书均应结合本公约予以解释，并考虑到该议定书的宗旨。

第 38 条　生效

1. 本公约应自第四十份批准书、接受书、核准书或加入书交存联合国秘书长之日后第九十天起生效。为本款的目的，区域经济一体化组织交存的任何文书均不得在该组织成员国所交存文书以外另行计算。

2. 对于在第四十份批准书、接受书、核准书或加入书交存后批准、接受、核准或加入公约的国家或区域经济一体化组织，本公约应自该国或组织交存有关文书之日后第三十天起生效。

第 39 条　修正

1. 缔约国可在本公约生效已满五年后提出修正案并将其送交联合国秘书长。秘书长应立即将所提修正案转发缔约国和缔约方会议，以进行审议并作出决定。缔约方会议应尽力就每项修正案达成协商一致。如果已为达成协商一致作出一切努力而仍未达成一致意见，作为最后手段，该修正案须有出席缔约方会议并参加表决的缔约国的三分之二多数票方可通过。

2. 区域经济一体化组织对属于其权限的事项依本条行使表决权时，其票数相当于其作为本公约缔约国的成员国数目。如果这些组织的成员国行使表决权，则这些组织便不得行使表决权，反之亦然。

3. 根据本条第 1 款通过的修正案，须经缔约国批准、接受或核准。

4. 根据本条第 1 款通过的修正案，应自缔约国向联合国秘书长交存一份批准、接受或核准该修正案的文书之日起九十天之后对该缔约国生效。

5. 修正案一经生效，即对已表示同意受其约束的缔约国具有约束力。其他缔约国则仍受本公约原条款和其以前批准、接受或核准的任何修正案的约束。

第 40 条　退约

1. 缔约国可书面通知联合国秘书长退出本公约。此项退约应自秘书长收到上述通知之日起一年后生效。

2. 区域经济一体化组织在其所有成员国均已退出本公约时即不再为本公约缔约方。

3. 根据本条第 1 款规定退出本公约，即自然退出其任何议定书。

第 41 条　保存人和语文

1. 联合国秘书长应为本公约指定保存人。

2. 本公约原件应交存联合国秘书长，公约的阿拉伯文、中文、英文、法文、俄文和西班牙文文本同为作准文本。

兹由经各自政府正式授权的下列署名全权代表签署本公约，以昭信守。

三、《联合国反腐败公约》[1]

本公约缔约国，

关注腐败对社会稳定与安全所造成的问题和构成的威胁的严重性，它破坏民主体制和价值观、道德观和正义并危害着可持续发展和法治，

并关注腐败同其他形式的犯罪特别是同有组织犯罪和包括洗钱在内的经济犯罪的联系，

还关注涉及巨额资产的腐败案件，这类资产可能占国家资源的很大比例，并对这些国家的政治稳定和可持续发展构成威胁，

确信腐败已经不再是局部问题，而是一种影响所有社会和经济的跨国现象，因此，开展国际合作预防和控制腐败是至关重要的，

并确信需要为有效地预防和打击腐败采取综合性的、多学科的办法，

还确信提供技术援助可以在增强国家有效预防和打击腐败的能力方面发挥重要的作用，其中包括通过加强能力和通过机构建设，

确信非法获得个人财富特别会对民主体制、国民经济和法治造成损害，

决心更加有效地预防、查出和制止非法获得的资产的国际转移，并加强资产追回方面的国际合作，

承认在刑事诉讼程序和判决财产权的民事或者行政诉讼程序中遵守正当法律程序的基本原则，

铭记预防和根除腐败是所有各国的责任，而且各国应当相互合作，同时

---

[1]《联合国反腐败公约》是联合国历史上通过的第一个用于指导国际反腐败斗争的法律文件，该公约于 2003 年 10 月 31 日通过，2005 年 12 月 14 日正式生效实施。关于控制下交付的规定主要体现在该公约第 1 条、第 50 条。由于该公约其他条款与控制下交付存在诸多关联，故全文收录于此，以便学习和研究。此处收录的系该公约的联合国官方译本。

应当有公共部门以外的个人和团体的支持和参与，例如民间社会、非政府组织和社区组织的支持和参与，只有这样，这方面的工作才能行之有效，

还铭记公共事务和公共财产妥善管理、公平、尽责和法律面前平等各项原则以及维护廉正和提倡拒腐风气的必要性，

赞扬预防犯罪和刑事司法委员会和联合国毒品和犯罪问题办事处在预防和打击腐败方面的工作，

回顾其他国际和区域组织在这一领域开展的工作，包括非洲联盟、欧洲委员会、海关合作理事会（又称世界海关组织）、欧洲联盟、阿拉伯国家联盟、经济合作与发展组织和美洲国家组织所开展的活动，

赞赏地注意到关于预防和打击腐败的各种文书，其中包括：美洲国家组织于 1996 年 3 月 29 日通过的《美洲反腐败公约》、欧洲联盟理事会于 1997 年 5 月 26 日通过的《打击涉及欧洲共同体官员或欧洲联盟成员国官员的腐败行为公约》、经济合作与发展组织于 1997 年 11 月 21 日通过的《禁止在国际商业交易中贿赂外国公职人员公约》、欧洲委员会部长委员会于 1999 年 1 月 27 日通过的《反腐败刑法公约》、欧洲委员会部长委员会于 1999 年 11 月 4 日通过的《反腐败民法公约》和非洲联盟国家和政府首脑于 2003 年 7 月 12 日通过的《非洲联盟预防和打击腐败公约》，

欢迎《联合国打击跨国有组织犯罪公约》于 2003 年 9 月 29 日生效，

一致议定如下：

第一章　总则

第一条　宗旨声明

本公约的宗旨是：

（一）促进和加强各项措施，以便更加高效而有力地预防和打击腐败；

（二）促进、便利和支持预防和打击腐败方面的国际合作和技术援助，包括在资产追回方面；

（三）提倡廉正、问责制和对公共事务和公共财产的妥善管理。

第二条　术语的使用

在本公约中：

（一）"公职人员"系指：1. 无论是经任命还是经选举而在缔约国中担任立法、行政、行政管理或者司法职务的任何人员，无论长期或者临时，计酬或者不计酬，也无论该人的资历如何；2. 依照缔约国本国法律的定义和在该缔约国相关法律领域中的适用情况，履行公共职能，包括为公共机构或者公营企业履行公共职能或者提供公共服务的任何其他人员；3. 缔约国本国法律中界定为"公职人员"的任何其他人员。但就本公约第二章所载某些具体措施而言，"公职人员"可以指依照缔约国本国法律的定义和在该缔约国相关法律领域中的适用情况，履行公共职能或者提供公共服务的任何人员；

（二）"外国公职人员"系指外国无论是经任命还是经选举而担任立法、行政、行政管理或者司法职务的任何人员；以及为外国，包括为公共机构或者公营企业行使公共职能的任何人员；

（三）"国际公共组织官员"系指国际公务员或者经此种组织授权代表该组织行事的任何人员；

（四）"财产"系指各种资产，不论是物质的还是非物质的、动产还是不动产、有形的还是无形的，以及证明对这种资产的产权或者权益的法律文件或者文书；

（五）"犯罪所得"系指通过实施犯罪而直接或间接产生或者获得的任何财产；

（六）"冻结"或者"扣押"系指依照法院或者其他主管机关的命令暂时禁止财产转移、转换、处分或者移动或者对财产实行暂时性扣留或者控制；

（七）"没收"，在适用情况下还包括充公，系指根据法院或者其他主管机关的命令对财产实行永久剥夺；

（八）"上游犯罪"系指由其产生的所得可能成为本公约第二十三条所定义的犯罪的对象的任何犯罪；

（九）"控制下交付"系指在主管机关知情并由其监控的情况下允许非法或可疑货物运出、通过或者运入一国或多国领域的做法，其目的在于侦查某项犯罪并查明参与该项犯罪的人员。

第三条 适用范围

一、本公约应当根据其规定适用于对腐败的预防、侦查和起诉以及根据本公约确立的犯罪的所得的冻结、扣押、没收和返还。

二、为执行本公约的目的，除非另有规定，本公约中所列犯罪不一定非要对国家财产造成损害或者侵害。

第四条　保护主权

一、缔约国在履行其根据本公约所承担的义务时，应当恪守各国主权平等和领土完整原则以及不干涉他国内政原则。

二、本公约任何规定概不赋予缔约国在另一国领域内行使管辖权和履行该另一国本国法律规定的专属于该国机关的职能的权利。

第二章　预防措施

第五条　预防性反腐败政策和做法

一、各缔约国均应当根据本国法律制度的基本原则，制订和执行或者坚持有效而协调的反腐败政策，这些政策应当促进社会参与，并体现法治、妥善管理公共事务和公共财产、廉正、透明度和问责制的原则。

二、各缔约国均应当努力制订和促进各种预防腐败的有效做法。

三、各缔约国均应当努力定期评估有关法律文书和行政措施，以确定其能否有效预防和打击腐败。

四、缔约国均应当根据本国法律制度的基本原则，酌情彼此协作并同有关国际组织和区域组织协作，以促进和制订本条所述措施。这种协作可以包括参与各种预防腐败的国际方案和项目。

第六条　预防性反腐败机构

一、各缔约国均应当根据本国法律制度的基本原则，确保设有一个或酌情设有多个机构通过诸如下列措施预防腐败：

（一）实施本公约第五条所述政策，并在适当情况下对这些政策的实施进行监督和协调；

（二）积累和传播预防腐败的知识。

二、各缔约国均应当根据本国法律制度的基本原则，赋予本条第一款所述机构必要的独立性，使其能够有效地履行职能和免受任何不正当的影响。各缔约国均应当提供必要的物资和专职工作人员，并为这些工作人员履行职能提供必要的培训。

三、各缔约国均应当将可以协助其他缔约国制订和实施具体的预防腐败措施的机关的名称和地址通知联合国秘书长。

第七条 公共部门

一、各缔约国均应当根据本国法律制度的基本原则，酌情努力采用、维持和加强公务员和适当情况下其他非选举产生公职人员的招聘、雇用、留用、晋升和退休制度，这种制度：

（一）以效率原则、透明度原则和特长、公正和才能等客观标准原则为基础；

（二）对于担任特别容易发生腐败的公共职位的人员，设有适当的甄选和培训程序以及酌情对这类人员实行轮岗的适当程序；

（三）促进充分的报酬和公平的薪资标准，同时考虑到缔约国的经济发展水平；

（四）促进对人员的教育和培训方案，以使其能够达到正确、诚实和妥善履行公务的要求，并为其提供适当的专门培训，以提高其对履行其职能过程中所隐含的腐败风险的认识。这种方案可以参照适当领域的行为守则或者准则。

二、各缔约国均应当考虑采取与本公约的目的相一致并与本国法律的基本原则相符的适当立法和行政措施，就公职的人选资格和当选的标准作出规定。

三、各缔约国还应当考虑采取与本公约的目的相一致并与本国法律的基本原则相符的适当立法和行政措施，以提高公职竞选候选人经费筹措及适当情况下的政党经费筹措的透明度。

四、各缔约国均应当根据本国法律的基本原则，努力采用、维持和加强促进透明度和防止利益冲突的制度。

第八条 公职人员行为守则

一、为了打击腐败，各缔约国均应当根据本国法律制度的基本原则，在本国公职人员中特别提倡廉正、诚实和尽责。

二、各缔约国均尤其应当努力在本国的体制和法律制度范围内适用正确、诚实和妥善履行公务的行为守则或者标准。

三、为执行本条的各项规定，各缔约国均应当根据本国法律制度的基本原则，酌情考虑到区域、区域间或者多边组织的有关举措，例如大会 1996 年 12 月 12 日第 51/59 号决议附件所载《公职人员国际行为守则》。

四、各缔约国还应当根据本国法律的基本原则，考虑制订措施和建立制度，以便于公职人员在履行公务过程中发现腐败行为时向有关部门举报。

五、各缔约国均应当根据本国法律的基本原则，酌情努力制订措施和建立制度，要求公职人员特别就可能与其公职人员的职能发生利益冲突的职务外活动、任职、投资、资产以及贵重馈赠或者重大利益向有关机关申报。

六、各缔约国均应当考虑根据本国法律的基本原则，对违反依照本条确定的守则或者标准的公职人员采取纪律措施或者其他措施。

第九条　公共采购和公共财政管理

一、各缔约国均应当根据本国法律制度的基本原则采取必要步骤，建立对预防腐败特别有效的以透明度、竞争和按客观标准决定为基础的适当的采购制度。这类制度可以在适用时考虑到适当的最低限值，所涉及的方面应当包括：

（一）公开分发关于采购程序及合同的资料，包括招标的资料与授标相关的资料，使潜在投标人有充分时间准备和提交标书；

（二）事先确定参加的条件，包括甄选和授标标准以及投标规则，并予以公布；

（三）采用客观和事先确定的标准作出公共采购决定，以便于随后核查各项规则或者程序是否得到正确适用；

（四）建立有效的国内复审制度，包括有效的申诉制度，以确保在依照本款制定的规则未得到遵守时可以诉诸法律和进行法律救济；

（五）酌情采取措施，规范采购的负责人员的相关事项，例如特定公共采购中的利益关系申明、筛选程序和培训要求。

二、各缔约国均应当根据本国法律制度的基本原则采取适当措施，促进公共财政管理的透明度和问责制。这些措施应当包括下列方面：

（一）国家预算的通过程序；

（二）按时报告收入和支出情况；

（三）由会计和审计标准及有关监督构成的制度；

（四）迅速而有效的风险管理和内部控制制度；

（五）在本款规定的要求未得到遵守时酌情加以纠正。

三、各缔约国均应当根据本国法律的基本原则，采取必要的民事和行政措施，以维持与公共开支和财政收入有关的账簿、记录、财务报表或者其他文件完整无缺，并防止在这类文件上作假。

第十条　公共报告

考虑到反腐败的必要性，各缔约国均应当根据本国法律的基本原则采取必要的措施，提高公共行政部门的透明度，包括酌情在其组织结构、运作和决策过程方面提高透明度。这些措施可以包括下列各项：

（一）施行各种程序或者条例，酌情使公众了解公共行政部门的组织结构、运作和决策过程，并在对保护隐私和个人资料给予应有考虑的情况下，使公众了解与其有关的决定和法规；

（二）酌情简化行政程序，以便于公众与主管决策机关联系；

（三）公布资料，其中可以包括公共行政部门腐败风险问题定期报告。

第十一条　与审判和检察机关有关的措施

一、考虑到审判机关独立和审判机关在反腐败方面的关键作用，各缔约国均应当根据本国法律制度的基本原则并在不影响审判独立的情况下，采取措施加强审判机关人员的廉正，并防止出现腐败机会。这类措施可以包括关于审判机关人员行为的规则。

二、缔约国中不属于审判机关但具有类似于审判机关独立性的检察机关，可以实行和适用与依照本条第一款所采取的具有相同效力的措施。

第十二条　私营部门

一、各缔约国均应当根据本国法律的基本原则采取措施，防止涉及私营部门的腐败，加强私营部门的会计和审计标准，并酌情对不遵守措施的行为规定有效、适度而且具有警戒性的民事、行政或者刑事处罚。

二、为达到这些目的而采取的措施可以包括下列内容：

（一）促进执法机构与有关私营实体之间的合作；

（二）促进制订各种旨在维护有关私营实体操守的标准和程序，其中既包括正确、诚实和妥善从事商业活动和所有相关职业活动并防止利益冲突的行为守则，也包括在企业之间以及企业与国家的合同关系中促进良好商业惯例的采用的行为守则；

（三）增进私营实体透明度，包括酌情采取措施鉴定参与公司的设立和管理的法人和自然人的身份；

（四）防止滥用对私营实体的管理程序，包括公共机关对商业活动给予补贴和颁发许可证的程序；

（五）在合理的期限内，对原公职人员的职业活动或者对公职人员辞职或者退休后在私营部门的任职进行适当的限制，以防止利益冲突，只要这种活动或者任职同这些公职人员任期内曾经担任或者监管的职能直接有关；

（六）确保私营企业根据其结构和规模实行有助于预防和发现腐败的充分内部审计控制，并确保这种私营企业的账目和必要的财务报表符合适当的审计和核证程序。

三、为了预防腐败，各缔约国均应当根据本国关于账簿和记录保存、财务报表披露以及会计和审计标准的法律法规采取必要措施，禁止为实施根据本公约确立的任何犯罪而从事下列行为：

（一）设立账外账户；

（二）进行账外交易或者账实不符的交易；

（三）虚列支出；

（四）登录负债账目时谎报用途；

（五）使用虚假单据；

（六）故意在法律规定的期限前销毁账簿。

四、鉴于贿赂是依照本公约第十五条和第十六条确立的犯罪构成要素之一，各缔约国均应当拒绝对贿赂构成的费用实行税款扣减，并在适用情况下拒绝对促成腐败行为所支付的其他费用实行税款扣减。

第十三条　社会参与

一、各缔约国均应当根据本国法律的基本原则在其力所能及的范围内采取适当措施，推动公共部门以外的个人和团体，例如民间团体、非政府组织和社区组织等，积极参与预防和打击腐败，并提高公众对腐败的存在、根源、严重性及其所构成的威胁的认识。这种参与应当通过下列措施予以加强：

（一）提高决策过程的透明度，并促进公众在决策过程中发挥作用；

（二）确保公众有获得信息的有效渠道；

（三）开展有助于不容忍腐败的公众宣传活动，以及包括中小学和大学课

程在内的公共教育方案;

（四）尊重、促进和保护有关腐败的信息的查找、接收、公布和传播的自由。这种自由可以受到某些限制，但是这种限制应当仅限于法律有规定而且也有必要的下列情形:

1. 尊重他人的权利或者名誉;

2. 维护国家安全或公共秩序，或者维护公共卫生或公共道德。

二、各缔约国均应当采取适当的措施，确保公众知悉本公约提到的相关的反腐败机构，并应当酌情提供途径，以便以包括匿名举报在内的方式向这些机构举报可能被视为构成根据本公约确立的犯罪的事件。

第十四条 预防洗钱的措施

一、各缔约国均应当:

（一）在其权限范围内，对银行和非银行金融机构，包括对办理资金或者价值转移正规或非正规业务的自然人或者法人，并在适当情况下对特别易于涉及洗钱的其他机构，建立全面的国内管理和监督制度，以便遏制并监测各种形式的洗钱，这种制度应当着重就验证客户身份和视情况验证实际受益人身份、保持记录和报告可疑交易作出规定;

（二）在不影响本公约第四十六条的情况下，确保行政、管理、执法和专门打击洗钱的其他机关（在本国法律许可时可以包括司法机关）能够根据本国法律规定的条件，在国家和国际一级开展合作和交换信息，并应当为此目的考虑建立金融情报机构，作为国家中心收集、分析和传递关于潜在洗钱活动的信息。

二、缔约国应当考虑实施可行的措施，监测和跟踪现金和有关流通票据跨境转移的情况，但必须有保障措施，以确保信息的正当使用而且不致以任何方式妨碍合法资本的移动。这类措施可以包括要求个人和企业报告大额现金和有关流通票据的跨境转移。

三、缔约国应当考虑实施适当而可行的措施，要求包括汇款业务机构在内的金融机构:

（一）在电子资金划拨单和相关电文中列入关于发端人的准确而有用的信息;

（二）在整个支付过程中保留这种信息;

（三）对发端人信息不完整的资金转移加强审查。

四、吁请缔约国在建立本条所规定的国内管理和监督制度时，在不影响本公约其他任何条款的情况下将区域、区域间和多边组织的有关反洗钱举措作为指南。

五、缔约国应当努力为打击洗钱而在司法机关、执法机关和金融监管机关之间开展和促进全球、区域、分区域及双边合作。

第三章　定罪和执法

第十五条　贿赂本国公职人员

各缔约国均应当采取必要的立法措施和其他措施，将下列故意实施的行为规定为犯罪：

（一）直接或间接向公职人员许诺给予、提议给予或者实际给予该公职人员本人或者其他人员或实体不正当好处，以使该公职人员在执行公务时作为或者不作为；

（二）公职人员为其本人或者其他人员或实体直接或间接索取或者收受不正当好处，以作为其在执行公务时作为或者不作为的条件。

第十六条　贿赂外国公职人员或者国际公共组织官员

一、各缔约国均应当采取必要的立法和其他措施，将下述故意实施的行为规定为犯罪：直接或间接向外国公职人员或者国际公共组织官员许诺给予、提议给予或者实际给予该公职人员本人或者其他人员或实体不正当好处，以使该公职人员或者该官员在执行公务时作为或者不作为，以便获得或者保留与进行国际商务有关的商业或者其他不正当好处。

二、各缔约国均应当考虑采取必要的立法和其他措施，将下述故意实施的行为规定为犯罪：外国公职人员或者国际公共组织官员直接或间接为其本人或者其他人员或实体索取或者收受不正当好处，以作为其在执行公务时作为或者不作为的条件。

第十七条　公职人员贪污、挪用或者以其他类似方式侵犯财产

各缔约国均应当采取必要的立法和其他措施，将下述故意实施的行为规定为犯罪：公职人员为其本人的利益或者其他人员或实体的利益，贪污、挪

用或者以其他类似方式侵犯其因职务而受托的任何财产、公共资金、私人资金、公共证券、私人证券或者其他任何贵重物品。

第十八条 影响力交易

各缔约国均应当考虑采取必要的立法和其他措施，将下列故意实施的行为规定为犯罪：

（一）直接或间接向公职人员或者其他任何人员许诺给予、提议给予或者实际给予任何不正当好处，以使其滥用本人的实际影响力或者被认为具有的影响力，为该行为的造意人或者其他任何人从缔约国的行政部门或者公共机关获得不正当好处；

（二）公职人员或者其他任何人员为其本人或者他人直接或间接索取或者收受任何不正当好处，以作为该公职人员或者该其他人员滥用本人的实际影响力或者被认为具有的影响力，从缔约国的行政部门或者公共机关获得任何不正当好处的条件。

第十九条 滥用职权

各缔约国均应当考虑采取必要的立法和其他措施，将下述故意实施的行为规定为犯罪：滥用职权或者地位，即公职人员在履行职务时违反法律，实施或者不实施一项行为，以为其本人或者其他人员或实体获得不正当好处。

第二十条 资产非法增加

在不违背本国宪法和本国法律制度基本原则的情况下，各缔约国均应当考虑采取必要的立法和其他措施，将下述故意实施的行为规定为犯罪：资产非法增加，即公职人员的资产显著增加，而本人无法以其合法收入作出合理解释。

第二十一条 私营部门内的贿赂

各缔约国均应当考虑采取必要的立法和其他措施，将经济、金融或者商业活动过程中下列故意实施的行为规定为犯罪：

（一）直接或间接向以任何身份领导私营部门实体或者为该实体工作的任何人许诺给予、提议给予或者实际给予该人本人或者他人不正当好处，以使该人违背职责作为或者不作为；

（二）以任何身份领导私营部门实体或者为该实体工作的任何人为其本人或者他人直接或间接索取或者收受不正当好处，以作为其违背职责作为或者不作为的条件。

第二十二条　私营部门内的侵吞财产

各缔约国均应当考虑采取必要的立法和其他措施，将经济、金融或者商业活动中下述故意实施的行为规定为犯罪：以任何身份领导私营部门实体或者在该实体中工作的人员侵吞其因职务而受托的任何财产、私人资金、私人证券或者其他任何贵重物品。

第二十三条　对犯罪所得的洗钱行为

一、各缔约国均应当根据本国法律的基本原则采取必要的立法和其他措施，将下列故意实施的行为规定为犯罪：

（一）1. 明知财产为犯罪所得，为隐瞒或者掩饰该财产的非法来源，或者为协助任何参与实施上游犯罪者逃避其行为的法律后果而转换或者转移该财产；

2. 明知财产为犯罪所得而隐瞒或者掩饰该财产的真实性质、来源、所在地、处分、转移、所有权或者有关的权利；

（二）在符合本国法律制度基本概念的情况下：

1. 在得到财产时，明知其为犯罪所得而仍获取、占有或者使用；

2. 对本条所确立的任何犯罪的参与、协同或者共谋实施、实施未遂以及协助、教唆、便利和参谋实施；

二、为实施或者适用本条第一款：

（一）各缔约国均应当寻求将本条第一款适用于范围最为广泛的上游犯罪；

（二）各缔约国均应当至少将其根据本公约确立的各类犯罪列为上游犯罪；

（三）就上文第（二）项而言，上游犯罪应当包括在有关缔约国管辖范围之内和之外实施的犯罪。但是，如果犯罪发生在一缔约国管辖权范围之外，则只有当该行为根据其发生地所在国法律为犯罪，而且根据实施或者适用本条的缔约国的法律该行为若发生在该国也为犯罪时，才构成上游犯罪；

（四）各缔约国均应当向联合国秘书长提供其实施本条的法律以及这类法律随后的任何修改的副本或说明；

（五）在缔约国本国法律基本原则要求的情况下，可以规定本条第一款所列犯罪不适用于实施上游犯罪的人。

第二十四条　窝赃

在不影响本公约第二十三条的规定的情况下，各缔约国均应当考虑采取必要的立法和其他措施，将下述故意实施的行为规定为犯罪：行为所涉及的人员虽未参与根据本公约确立的任何犯罪，但在这些犯罪实施后，明知财产是根据本公约确立的任何犯罪的结果而窝藏或者继续保留这种财产。

第二十五条　妨害司法

各缔约国均应当采取必要的立法措施和其他措施，将下列故意实施的行为规定为犯罪：

（一）在涉及根据本公约确立的犯罪的诉讼中使用暴力、威胁或者恐吓，或者许诺给予、提议给予或者实际给予不正当好处，以诱使提供虚假证言或者干扰证言或证据的提供；

（二）使用暴力、威胁或恐吓，干扰审判或执法人员针对根据本公约所确立的犯罪执行公务。本项规定概不影响缔约国就保护其他类别公职人员进行立法的权利。

第二十六条　法人责任

一、各缔约国均应当采取符合其法律原则的必要措施，确定法人参与根据本公约确立的犯罪应当承担的责任。

二、在不违反缔约国法律原则的情况下，法人责任可以包括刑事责任、民事责任或者行政责任。

三、法人责任不应当影响实施这种犯罪的自然人的刑事责任。

四、各缔约国均应当特别确保使依照本条应当承担责任的法人受到有效、适度而且具有警戒性的刑事或者非刑事制裁，包括金钱制裁。

第二十七条　参与、未遂和中止

一、各缔约国均应当采取必要的立法和其他措施，根据本国法律将以共犯、从犯或者教唆犯等任何身份参与根据本公约确立的犯罪规定为犯罪。

二、各缔约国均可以采取必要的立法和其他措施，根据本国法律将实施根据本公约确立的犯罪的任何未遂和中止规定为犯罪。

三、各缔约国均可以采取必要的立法和其他措施，根据本国法律将为实施根据本公约确立的犯罪进行预备的行为规定为犯罪。

第二十八条　作为犯罪要素的明知、故意或者目的

根据本公约确立的犯罪所需具备的明知、故意或者目的等要素，可以根据客观实际情况予以推定。

第二十九条　时效

各缔约国均应当根据本国法律酌情规定一个较长的时效，以便在此期限内对根据本公约确立的任何犯罪启动诉讼程序，并对被指控犯罪的人员已经逃避司法处置的情形确定更长的时效或者规定不受时效限制。

第三十条　起诉、审判和制裁

一、各缔约国均应当使根据本公约确立的犯罪受到与其严重性相当的制裁。

二、各缔约国均应当根据本国法律制度和宪法原则采取必要措施以建立或者保持这样一种适当的平衡：即既照顾到为公职人员履行其职能所给予的豁免或者司法特权，又照顾到在必要时对根据本公约确立的犯罪进行有效的侦查、起诉和审判的可能性。

三、在因根据本公约确立的犯罪起诉某人而行使本国法律规定的任何法律裁量权时，各缔约国均应当努力确保针对这些犯罪的执法措施取得最大成效，并适当考虑到震慑这种犯罪的必要性。

四、就根据本公约确立的犯罪而言，各缔约国均应当根据本国法律并在适当尊重被告人权利的情况下采取适当措施，力求确保就判决前或者上诉期间释放的裁决所规定的条件已经考虑到确保被告人在其后的刑事诉讼中出庭的需要。

五、各缔约国均应当在考虑已经被判定实施了有关犯罪的人的早释或者假释可能性时，顾及这种犯罪的严重性。

六、各缔约国均应当在符合本国法律制度基本原则的范围内，考虑建立有关程序，使有关部门得以对被指控实施了根据本公约确立的犯罪的公职人员酌情予以撤职、停职或者调职，但应当尊重无罪推定原则。

七、各缔约国均应当在符合本国法律制度基本原则的范围内，根据犯罪的严重性，考虑建立程序，据以通过法院令或者任何其他适当手段，取消被判定实施了根据本公约确立的犯罪的人在本国法律确定的一段期限内担任下列职务的资格：

（一）公职；

（二）完全国有或者部分国有的企业中的职务。

八、本条第一款不妨碍主管机关对公务员行使纪律处分权。

九、本公约的任何规定概不影响下述原则：对于根据本公约确立的犯罪以及适用的法定抗辩事由或者决定行为合法性的其他法律原则，只应当由缔约国本国法律加以阐明，而且对于这种犯罪应当根据缔约国本国法律予以起诉和惩罚。

十、缔约国应当努力促进被判定实施了根据本公约确立的犯罪的人重新融入社会。

第三十一条　冻结、扣押和没收

一、各缔约国均应当在本国法律制度的范围内尽最大可能采取必要的措施，以便能够没收：

（一）来自根据本公约确立的犯罪的犯罪所得或者价值与这种所得相当的财产；

（二）用于或者拟用于根据本公约确立的犯罪的财产、设备或者其他工具。

二、各缔约国均应当采取必要的措施，辨认、追查、冻结或者扣押本条第一款所述任何物品，以便最终予以没收。

三、各缔约国均应当根据本国法律采取必要的立法和其他措施，规范主管机关对本条第一款和第二款中所涉及的冻结、扣押或者没收的财产的管理。

四、如果这类犯罪所得已经部分或者全部转变或者转化为其他财产，则应当以这类财产代替原犯罪所得而对之适用本条所述措施。

五、如果这类犯罪所得已经与从合法来源获得的财产相混合，则应当在不影响冻结权或者扣押权的情况下没收这类财产，没收价值最高可以达到混合于其中的犯罪所得的估计价值。

六、对于来自这类犯罪所得、来自这类犯罪所得转变或者转化而成的财产或者来自已经与这类犯罪所得相混合的财产的收入或者其他利益，也应当适用本条所述措施，其方式和程度与处置犯罪所得相同。

七、为本条和本公约第五十五条的目的，各缔约国均应当使其法院或者其他主管机关有权下令提供或者扣押银行记录、财务记录或者商业记录。缔约国不得以银行保密为理由拒绝根据本款的规定采取行动。

八、缔约国可以考虑要求由罪犯证明这类所指称的犯罪所得或者其他应当予以没收的财产的合法来源,但是此种要求应当符合其本国法律的基本原则以及司法程序和其他程序的性质。

九、不得对本条的规定作损害善意第三人权利的解释。

十、本条的任何规定概不影响其所述各项措施应当根据缔约国法律规定并以其为准加以确定和实施的原则。

第三十二条 保护证人、鉴定人和被害人

一、各缔约国均应当根据本国法律制度并在其力所能及的范围内采取适当的措施,为就根据本公约确立的犯罪作证的证人和鉴定人并酌情为其亲属及其他与其关系密切者提供有效的保护,使其免遭可能的报复或者恐吓。

二、在不影响被告人权利包括正当程序权的情况下,本条第一款所述措施可以包括:

(一)制定为这种人提供人身保护的程序,例如,在必要和可行的情况下将其转移,并在适当情况下允许不披露或者限制披露有关其身份和下落的资料;

(二)规定允许以确保证人和鉴定人安全的方式作证的取证规则,例如允许借助于诸如视听技术之类的通信技术或者其他适当手段提供证言。

三、缔约国应当考虑与其他国家订立有关本条第一款所述人员的移管的协定或者安排。

四、本条各项规定还应当适用于作为证人的被害人。

五、各缔约国均应当在不违背本国法律的情况下,在对罪犯提起刑事诉讼的适当阶段,以不损害被告人权利的方式使被害人的意见和关切得到表达和考虑。

第三十三条 保护举报人

各缔约国均应当考虑在本国法律制度中纳入适当措施,以便对出于合理理由善意向主管机关举报涉及根据本公约确立的犯罪的任何事实的任何人员提供保护,使其不致受到任何不公正的待遇。

第三十四条 腐败行为的后果

各缔约国均应当在适当顾及第三人善意取得的权利的情况下,根据本国

法律的基本原则采取措施，消除腐败行为的后果。在这方面，缔约国可以在法律程序中将腐败视为废止或者撤销合同、取消特许权或撤销其他类似文书或者采取其他任何救济行动的相关因素。

第三十五条　损害赔偿

各缔约国均应当根据本国法律的原则采取必要的措施，确保因腐败行为而受到损害的实体或者人员有权为获得赔偿而对该损害的责任者提起法律程序。

第三十六条　专职机关

各缔约国均应当根据本国法律制度的基本原则采取必要的措施，确保设有一个或多个机构或者安排了人员专职负责通过执法打击腐败。这类机构或者人员应当拥有根据缔约国法律制度基本原则而给予的必要独立性，以便能够在不受任何不正当影响的情况下有效履行职能。这类人员或者这类机构的工作人员应当受到适当培训，并应当有适当资源，以便执行任务。

第三十七条　与执法机关的合作

一、各缔约国均应当采取适当措施，鼓励参与或者曾经参与实施根据本公约确立的犯罪的人提供有助于主管机关侦查和取证的信息，并为主管机关提供可能有助于剥夺罪犯的犯罪所得并追回这种所得的实际具体帮助。

二、对于在根据本公约确立的任何犯罪的侦查或者起诉中提供实质性配合的被告人，各缔约国均应当考虑就适当情况下减轻处罚的可能性作出规定。

三、对于在根据本公约确立的犯罪的侦查或者起诉中提供实质性配合的人，各缔约国均应当考虑根据本国法律的基本原则就允许不予起诉的可能性作出规定。

四、本公约第三十二条的规定，应当变通适用于为这类人员提供的保护。

五、如果本条第一款所述的、处于某一缔约国的人员能够给予另一缔约国主管机关以实质性配合，有关缔约国可以考虑根据本国法律订立关于由对方缔约国提供本条第二款和第三款所述待遇的协定或者安排。

第三十八条　国家机关之间的合作

各缔约国均应当采取必要的措施，根据本国法律鼓励公共机关及其公职人员与负责侦查和起诉犯罪的机关之间的合作。这种合作可以包括：

（一）在有合理的理由相信发生了根据本公约第十五条、第二十一条和第二十三条确立的任何犯罪时，主动向上述机关举报；

（二）根据请求向上述机关提供一切必要的信息。

第三十九条　国家机关与私营部门之间的合作

一、各缔约国均应当采取必要的措施，根据本国法律鼓励本国侦查和检察机关与私营部门实体特别是与金融机构之间就根据本公约确立的犯罪的实施所涉的事项进行合作。

二、各缔约国均应当考虑鼓励本国国民以及在其领域内有惯常居所的其他人员向国家侦查和检察机关举报根据本公约确立的犯罪的实施情况。

第四十条　银行保密

各缔约国均应当在对根据本公约确立的犯罪进行国内刑事侦查时，确保本国法律制度中有适当的机制，可以用以克服因银行保密法的适用而可能产生的障碍。

第四十一条　犯罪记录

各缔约国均可以采取必要的立法或者其他措施，按其认为适宜的条件并为其认为适宜的目的，考虑另一国以前对被指控罪犯作出的任何有罪判决，以便在涉及根据本公约确立的犯罪的刑事诉讼中利用这类信息。

第四十二条　管辖权

一、各缔约国均应当在下列情况下采取必要的措施，以确立对根据本公约确立的犯罪的管辖权：

（一）犯罪发生在该缔约国领域内；

（二）犯罪发生在犯罪时悬挂该缔约国国旗的船只上或者已经根据该缔约国法律注册的航空器内。

二、在不违背本公约第四条规定的情况下，缔约国还可以在下列情况下对任何此种犯罪确立其管辖权：

（一）犯罪系针对该缔约国国民；

（二）犯罪系由该缔约国国民或者在其领域内有惯常居所的无国籍人实施；

（三）犯罪系发生在本国领域以外的、根据本公约第二十三条第一款第（二）项第 2 目确立的犯罪，目的是在其领域内实施本公约第二十三条第一款第（一）项第 1 目或者第 2 目或者第（二）项第 1 目确立的犯罪；

（四）犯罪系针对该缔约国。

三、为了本公约第四十四条的目的，各缔约国均应当采取必要的措施，在被指控罪犯在其领域内而其仅因该人为本国国民而不予引渡时，确立本国对根据本公约确立的犯罪的管辖权。

四、各缔约国还可以采取必要的措施，在被指控罪犯在其领域内而其不引渡该人时确立本国对根据本公约确立的犯罪的管辖权。

五、如果根据本条第一款或者第二款行使管辖权的缔约国被告知或者通过其他途径获悉任何其他缔约国正在对同一行为进行侦查、起诉或者审判程序，这些缔约国的主管机关应当酌情相互磋商，以便协调行动。

六、在不影响一般国际法准则的情况下，本公约不排除缔约国行使其根据本国法律确立的任何刑事管辖权。

第四章　国际合作

第四十三条　国际合作

一、缔约国应当依照本公约第四十四条至第五十条的规定在刑事案件中相互合作。在适当而且符合本国法律制度的情况下，缔约国应当考虑与腐败有关的民事和行政案件调查和诉讼中相互协助。

二、在国际合作事项中，凡将双重犯罪视为一项条件的，如果协助请求中所指的犯罪行为在两个缔约国的法律中均为犯罪，则应当视为这项条件已经得到满足，而不论被请求缔约国和请求缔约国的法律是否将这种犯罪列入相同的犯罪类别或者是否使用相同的术语规定这种犯罪的名称。

第四十四条　引渡

一、当被请求引渡人在被请求缔约国领域内时，本条应当适用于根据本公约确立的犯罪，条件是引渡请求所依据的犯罪是按请求缔约国和被请求缔约国本国法律均应当受到处罚的犯罪。

二、尽管有本条第一款的规定，但缔约国本国法律允许的，可以就本公约所涵盖但依照本国法律不予处罚的任何犯罪准予引渡。

三、如果引渡请求包括几项独立的犯罪，其中至少有一项犯罪可以依照本条规定予以引渡，而其他一些犯罪由于其监禁期的理由而不可以引渡但却与根据本公约确立的犯罪有关，则被请求缔约国也可以对这些犯罪适用本条的规定。

四、本条适用的各项犯罪均应当视为缔约国之间现行任何引渡条约中的可以引渡的犯罪。缔约国承诺将这种犯罪作为可以引渡的犯罪列入它们之间将缔结的每一项引渡条约。在以本公约作为引渡依据时，如果缔约国本国法律允许，根据本公约确立的任何犯罪均不应当视为政治犯罪。

五、以订有条约为引渡条件的缔约国如果接到未与之订有引渡条约的另一缔约国的引渡请求，可以将本公约视为对本条所适用的任何犯罪予以引渡的法律依据。

六、以订有条约为引渡条件的缔约国应当：

（一）在交存本公约批准书、接受书、核准书或者加入书时通知联合国秘书长，说明其是否将把本公约作为与本公约其他缔约国进行引渡合作的法律依据；

（二）如果其不以本公约作为引渡合作的法律依据，则在适当情况下寻求与本公约其他缔约国缔结引渡条约，以执行本条规定。

七、不以订有条约为引渡条件的缔约国应当承认本条所适用的犯罪为它们之间可以相互引渡的犯罪。

八、引渡应当符合被请求缔约国本国法律或者适用的引渡条约所规定的条件，其中包括关于引渡的最低限度刑罚要求和被请求缔约国可以据以拒绝引渡的理由等条件。

九、对于本条所适用的任何犯罪，缔约国应当在符合本国法律的情况下，努力加快引渡程序并简化与之有关的证据要求。

十、被请求缔约国在不违背本国法律及其引渡条约规定的情况下，可以在认定情况必要而且紧迫时，根据请求缔约国的请求，拘留被请求缔约国领域内的被请求引渡人，或者采取其他适当措施，确保该人在进行引渡程序时在场。

十一、如果被指控罪犯被发现在某一缔约国而该国仅以该人为本国国民为理由不就本条所适用的犯罪将其引渡，则该国有义务在寻求引渡的缔约国提出请求时将该案提交本国主管机关以便起诉，而不得有任何不应有的延误。这些机关应当以与根据本国法律针对性质严重的其他任何犯罪所采用的相同方式作出决定和进行诉讼程序。有关缔约国应当相互合作，特别是在程序和证据方面，以确保这类起诉的效率。

十二、如果缔约国本国法律规定，允许引渡或者移交其国民须以该人将被送还本国，按引渡或者移交请求所涉审判、诉讼中作出的判决服刑为条件，而且该缔约国和寻求引渡该人的缔约国也同意这一选择以及可能认为适宜的其他条件，则这种有条件引渡或者移交即足以解除该缔约国根据本条第十一款所承担的义务。

十三、如果为执行判决而提出的引渡请求由于被请求引渡人为被请求缔约国的国民而遭到拒绝，被请求缔约国应当在其本国法律允许并且符合该法律的要求的情况下，根据请求缔约国的请求，考虑执行根据请求缔约国本国法律判处的刑罚或者尚未服满的刑期。

十四、在对任何人就本条所适用的任何犯罪进行诉讼时，应当确保其在诉讼的所有阶段受到公平待遇，包括享有其所在国本国法律所提供的一切权利和保障。

十五、如果被请求缔约国有充分理由认为提出引渡请求是为了以某人的性别、种族、宗教、国籍、族裔或者政治观点为理由对其进行起诉或者处罚，或者按请求执行将使该人的地位因上述任一原因而受到损害，则不得对本公约的任何条款作规定了被请求国引渡义务的解释。

十六、缔约国不得仅以犯罪也被视为涉及财税事项为由而拒绝引渡。

十七、被请求缔约国在拒绝引渡前应当在适当情况下与请求缔约国磋商，以使其有充分机会陈述自己的意见和提供与其陈述有关的资料。

十八、缔约国应当力求缔结双边和多边协定或者安排，以执行引渡或者加强引渡的有效性。

第四十五条　被判刑人的移管

缔约国可以考虑缔结双边或多边协定或者安排，将因实施根据本公约确立的犯罪而被判监禁或者其他形式剥夺自由的人移交其本国服满刑期。

第四十六条　司法协助

一、缔约国应当在对本公约所涵盖的犯罪进行的侦查、起诉和审判程序中相互提供最广泛的司法协助。

二、对于请求缔约国中依照本公约第二十六条可能追究法人责任的犯罪所进行的侦查、起诉和审判程序，应当根据被请求缔约国有关的法律、条约、协定和安排，尽可能充分地提供司法协助。

三、可以为下列任何目的而请求依照本条给予司法协助：

（一）向个人获取证据或者陈述；

（二）送达司法文书；

（三）执行搜查和扣押并实行冻结；

（四）检查物品和场所；

（五）提供资料、物证以及鉴定结论；

（六）提供有关文件和记录的原件或者经核证的副本，其中包括政府、银行、财务、公司或者商业记录；

（七）为取证目的而辨认或者追查犯罪所得、财产、工具或者其他物品；

（八）为有关人员自愿在请求缔约国出庭提供方便；

（九）不违反被请求缔约国本国法律的任何其他形式的协助；

（十）根据本公约第五章的规定辨认、冻结和追查犯罪所得；

（十一）根据本公约第五章的规定追回资产。

四、缔约国主管机关如果认为与刑事事项有关的资料可能有助于另一国主管机关进行或者顺利完成调查和刑事诉讼程序，或者可以促成其根据本公约提出请求，则在不影响本国法律的情况下，可以无须事先请求而向该另一国主管机关提供这类资料。

五、根据本条第四款的规定提供这类资料，不应当影响提供资料的主管机关本国所进行的调查和刑事诉讼程序。接收资料的主管机关应当遵守对资料保密的要求，即使是暂时保密的要求，或者对资料使用的限制。但是，这不应当妨碍接收缔约国在其诉讼中披露可以证明被控告人无罪的资料。在这种情况下，接收缔约国应当在披露前通知提供缔约国，而且如果提供缔约国要求，还应当与其磋商。如果在特殊情况下不可能事先通知，接收缔约国应当毫不迟延地将披露一事通告提供缔约国。

六、本条各项规定概不影响任何其他规范或者将要规范整个或部分司法协助问题的双边或多边条约所规定的义务。

七、如果有关缔约国无司法协助条约的约束，则本条第九款至第二十九款应当适用于根据本条提出的请求。如果有关缔约国有这类条约的约束，则适用条约的相应条款，除非这些缔约国同意代之以适用本条第九款至第二十九款。大力鼓励缔约国在这几款有助于合作时予以适用。

全球性国际公约

八、缔约国不得以银行保密为理由拒绝提供本条所规定的司法协助。

九、（一）被请求缔约国在并非双重犯罪情况下对于依照本条提出的协助请求作出反应时，应当考虑到第一条所规定的本公约宗旨。

（二）缔约国可以以并非双重犯罪为理由拒绝提供本条所规定的协助。然而，被请求缔约国应当在符合其法律制度基本概念的情况下提供不涉及强制性行动的协助。如果请求所涉事项极为轻微或者寻求合作或协助的事项可以依照本公约其他条款获得，被请求缔约国可以拒绝这类协助。

（三）各缔约国均可以考虑采取必要的措施，以使其能够在并非双重犯罪的情况下提供比本条所规定的更为广泛的协助。

十、在一缔约国领域内被羁押或者服刑的人，如果被要求到另一缔约国进行辨认、作证或者提供其他协助，以便为就与本公约所涵盖的犯罪有关的侦查、起诉或者审判程序取得证据，在满足下列条件的情况下，可以予以移送：

（一）该人在知情后自由表示同意；

（二）双方缔约国主管机关同意，但须符合这些缔约国认为适当的条件。

十一、就本条第十款而言：

（一）该人被移送前往的缔约国应当有权力和义务羁押被移送人，除非移送缔约国另有要求或者授权；

（二）该人被移送前往的缔约国应当毫不迟延地履行义务，按照双方缔约国主管机关事先达成的协议或者其他协议，将该人交还移送缔约国羁押；

（三）该人被移送前往的缔约国不得要求移送缔约国为该人的交还而启动引渡程序；

（四）该人在被移送前往的国家的羁押时间应当折抵在移送缔约国执行的刑期。

十二、除非依照本条第十款和第十一款的规定移送某人的缔约国同意，否则，不论该人国籍为何，均不得因其在离开移送国领域前的作为、不作为或者定罪而在被移送前往的国家领域使其受到起诉、羁押、处罚或者对其人身自由进行任何其他限制。

十三、各缔约国均应当指定一个中央机关，使其负责和有权接收司法协助请求并执行请求或将请求转交主管机关执行。如果缔约国有实行单独司法协助制度的特区或者领域，可以另指定一个对该特区或者领域具有同样职能的中央机关。中央机关应当确保所收到的请求迅速而妥善地执行或者转交。中央机关在将请求转交某一主管机关执行时，应当鼓励该主管机关迅速而妥善地执行请求。各缔约国均应当在交存本公约批准书、接受书、核准书或者加入书时，将为此目的指定的中央机关通知联合国秘书长。司法协助请求以及与之有关的任何联系文件均应当递交缔约国指定的中央机关。这项规定不得影响缔约国要求通过外交渠道以及在紧急和可能的情况下经有关缔约国同意通过国际刑事警察组织向其传递这种请求和联系文件的权利。

十四、请求应当以被请求缔约国能够接受的语文以书面形式提出，或者在可能情况下以能够生成书面记录的任何形式提出，但须能够使该缔约国鉴定其真伪。各缔约国均应当在其交存本公约批准书、接受书、核准书或者加入书时，将其所能够接受的语文通知联合国秘书长。在紧急情况下，如果经有关缔约国同意，请求可以以口头方式提出，但应当立即加以书面确认。

十五、司法协助请求书应当包括下列内容：

（一）提出请求的机关；

（二）请求所涉及的侦查、起诉或者审判程序的事由和性质，以及进行该项侦查、起诉或者审判程序的机关的名称和职能；

（三）有关事实的概述，但为送达司法文书提出的请求例外；

（四）对请求协助的事项和请求缔约国希望遵循的特定程序细节的说明；

（五）可能时，任何有关人员的身份、所在地和国籍；

（六）索取证据、资料或者要求采取行动的目的。

十六、被请求缔约国可以要求提供按照其本国法律执行该请求所必需或者有助于执行该请求的补充资料。

十七、请求应当根据被请求缔约国的本国法律执行。在不违反被请求缔约国本国法律的情况下，如有可能，应当按照请求书中列明的程序执行。

十八、当在某一缔约国领域内的某人需作为证人或者鉴定人接受另一缔约国司法机关询问，而且该人不可能或者不宜到请求国领域出庭时，被请求缔约国可以依该另一缔约国的请求，在可能而且符合本国法律基本原则的情况下，允许以电视会议方式进行询问，缔约国可以商定由请求缔约国司法机关进行询问，询问时应当有被请求缔约国司法机关人员在场。

十九、未经被请求缔约国事先同意，请求缔约国不得将被请求缔约国提供的资料或者证据转交或者用于请求书所述以外的侦查、起诉或者审判程序。

本款规定不妨碍请求缔约国在其诉讼中披露可以证明被告人无罪的资料或者证据。就后一种情形而言，请求缔约国应当在披露之前通知被请求缔约国，并依请求与被请求缔约国磋商。如果在特殊情况下不可能事先通知，请求缔约国应当毫不迟延地将披露一事通告被请求缔约国。

二十、请求缔约国可以要求被请求缔约国对其提出的请求及其内容保密，但为执行请求所必需的除外。如果被请求缔约国不能遵守保密要求，应当立即通知请求缔约国。

二十一、在下列情况下可以拒绝提供司法协助：

（一）请求未按本条的规定提出；

（二）被请求缔约国认为执行请求可能损害其主权、安全、公共秩序或者其他基本利益；

（三）如果被请求缔约国的机关依其管辖权对任何类似犯罪进行侦查、起诉或者审判程序时，其本国法律已经规定禁止对这类犯罪采取被请求的行动；

（四）同意这项请求将违反被请求缔约国关于司法协助的法律制度。

二十二、缔约国不得仅以犯罪也被视为涉及财税事项为理由而拒绝司法协助请求。

二十三、拒绝司法协助时应当说明理由。

二十四、被请求缔约国应当尽快执行司法协助请求，并应当尽可能充分地考虑到请求缔约国提出的、最好在请求中说明了理由的任何最后期限。请求缔约国可以合理要求被请求缔约国提供关于为执行这一请求所采取措施的现况和进展情况的信息。被请求缔约国应当依请求缔约国的合理要求，就其处理请求的现况和进展情况作出答复。请求国应当在其不再需要被请求国提供所寻求的协助时迅速通知被请求缔约国。

二十五、被请求缔约国可以以司法协助妨碍正在进行的侦查、起诉或者审判程序为理由而暂缓进行。

二十六、被请求缔约国在根据本条第二十一款拒绝某项请求或者根据本条第二十五款暂缓执行请求事项之前，应当与请求缔约国协商，以考虑是否可以在其认为必要的条件下给予协助。请求缔约国如果接受附有条件限制的协助，则应当遵守有关的条件。

二十七、在不影响本条第十二款的适用的情况下，对于依请求缔约国请求而同意到请求缔约国领域就某项诉讼作证或者为某项侦查、起诉或者审判程序提供协助的证人、鉴定人或者其他人员，不应当因其离开被请求缔约国领域之前的作为、不作为或者定罪而在请求缔约国领域内对其起诉、羁押、处罚，或者使其人身自由受到任何其他限制。如该证人、鉴定人或者其他人员已经得到司法机关不再需要其到场的正式通知，在自通知之日起连续十五天内或者在缔约国所商定的任何期限内，有机会离开但仍自愿留在请求缔约国领域内，或者在离境后又自愿返回，这种安全保障即不再有效。

二十八、除非有关缔约国另有协议，执行请求的一般费用应当由被请求缔约国承担。如果执行请求需要或者将需要支付巨额或者异常费用，则应当由有关缔约国进行协商，以确定执行该请求的条件以及承担费用的办法。

二十九、被请求缔约国：

（一）应当向请求缔约国提供其所拥有的根据其本国法律可以向公众公开的政府记录、文件或者资料；

（二）可以自行斟酌决定全部或部分地或者按其认为适当的条件向请求缔约国提供其所拥有的根据其本国法律不向公众公开的任何政府记录、文件或者资料。

三十、缔约国应当视需要考虑缔结有助于实现本条目的、具体实施或者加强本条规定的双边或多边协定或者安排的可能性。

第四十七条　刑事诉讼的移交

缔约国如果认为相互移交诉讼有利于正当司法，特别是在涉及数国管辖权时，为了使起诉集中，应当考虑相互移交诉讼的可能性，以便对根据本公约确立的犯罪进行刑事诉讼。

第四十八条　执法合作

一、缔约国应当在符合本国法律制度和行政管理制度的情况下相互密切合作，以加强打击本公约所涵盖的犯罪的执法行动的有效性。缔约国尤其应当采取有效措施，以便：

（一）加强并在必要时建立各国主管机关、机构和部门之间的联系渠道，以促进安全、迅速地交换有关本公约所涵盖的犯罪的各个方面的情报，在有关缔约国认为适当时还可以包括与其他犯罪活动的联系的有关情报；

（二）同其他缔约国合作，就下列与本公约所涵盖的犯罪有关的事项进行调查：

1. 这类犯罪嫌疑人的身份、行踪和活动，或者其他有关人员的所在地点；

2. 来自这类犯罪的犯罪所得或者财产的去向；

3. 用于或者企图用于实施这类犯罪的财产、设备或者其他工具的去向；

（三）在适当情况下提供必要数目或者数量的物品以供分析或者侦查之用；

（四）与其他缔约国酌情交换关于为实施本公约所涵盖的犯罪而采用的具体手段和方法的资料，包括利用虚假身份、经变造、伪造或者假冒的证件和其他旨在掩饰活动的手段的资料；

（五）促进各缔约国主管机关、机构和部门之间的有效协调，并加强人员和其他专家的交流，包括根据有关缔约国之间的双边协定和安排派出联络官员；

（六）交换情报并协调为尽早查明本公约所涵盖的犯罪而酌情采取的行政和其他措施。

二、为实施本公约，缔约国应当考虑订立关于其执法机构间直接合作的双边或多边协定或者安排，并在已经有这类协定或者安排的情况下考虑对其进行修正。如果有关缔约国之间尚未订立这类协定或者安排，这些缔约国可以考虑以本公约为基础，进行针对本公约所涵盖的任何犯罪的相互执法合作。缔约国应当在适当情况下充分利用各种协定或者安排，包括利用国际或者区域组织，以加强缔约国执法机构之间的合作。

三、缔约国应当努力在力所能及的范围内开展合作，以便对借助现代技术实施的本公约所涵盖的犯罪作出反应。

第四十九条　联合侦查

缔约国应当考虑缔结双边或多边协定或者安排，以便有关主管机关可以据以就涉及一国或多国侦查、起诉或者审判程序事由的事宜建立联合侦查机构。如无这类协定或者安排，可以在个案基础上商定进行这类联合侦查。有关缔约国应当确保拟在其领域内开展这种侦查的缔约国的主权受到充分尊重。

第五十条　特殊侦查手段

一、为有效地打击腐败，各缔约国均应当在其本国法律制度基本原则许可的范围内并根据本国法律规定的条件在其力所能及的情况下采取必要措施，允许其主管机关在其领域内酌情使用控制下交付和在其认为适当时使用诸如电子或者其他监视形式和特工行动等其他特殊侦查手段，并允许法庭采信由这些手段产生的证据。

二、为侦查本公约所涵盖的犯罪，鼓励缔约国在必要情况下为在国际一级合作时使用这类特殊侦查手段而缔结适当的双边或多边协定或者安排。这类协定或者安排的缔结和实施应当充分遵循各国主权平等原则，执行时应当严格遵守这类协定或者安排的条款。

三、在无本条第二款所述协定或者安排的情况下，关于在国际一级使用这种特殊侦查手段的决定，应当在个案基础上作出，必要时还可以考虑到有关缔约国就行使管辖权所达成的财务安排或者谅解。

四、经有关缔约国同意，关于在国际一级使用控制下交付的决定，可以包括诸如拦截货物或者资金以及允许其原封不动地继续运送或将其全部或者部分取出或者替换之类的办法。

第五章　资产的追回

第五十一条　一般规定

按照本章返还资产是本公约的一项基本原则，缔约国应当在这方面相互提供最广泛的合作和协助。

第五十二条　预防和监测犯罪所得的转移

一、在不影响本公约第十四条的情况下，各缔约国均应当根据本国法律采取必要的措施，以要求其管辖范围内的金融机构核实客户身份，采取合理步骤确定存入大额账户的资金的实际受益人身份，并对正在或者曾经担任重要公职的个人及其家庭成员和与其关系密切的人或者这些人的代理人所要求开立或者保持的账户进行强化审查。对这种强化审查应当作合理的设计，以监测可疑交易从而向主管机关报告，而不应当将其理解为妨碍或者禁止金融机构与任何合法客户的业务往来。

二、为便利本条第一款所规定措施的实施，各缔约国均应当根据其本国法律和参照区域、区域间和多边组织的有关反洗钱举措：

（一）就本国管辖范围内的金融机构应当对哪类自然人或者法人的账户实行强化审查，对哪类账户和交易应当予以特别注意，以及就这类账户的开立、管理和记录应当采取哪些适当的措施，发出咨询意见；

（二）对于应当由本国管辖范围内的金融机构对其账户实行强化审查的特定自然人或者法人的身份，除这些金融机构自己可以确定的以外，还应当酌情将另一缔约国所请求的或者本国自行决定的通知这些金融机构。

三、在本条第二款第（一）项情况下，各缔约国均应当实行措施，以确保其金融机构在适当期限内保持涉及本条第一款所提到人员的账户和交易的充分记录，记录中应当至少包括与客户身份有关的资料，并尽可能包括与实际受益人身份有关的资料。

四、为预防和监测根据本公约确立的犯罪的所得的转移，各缔约国均应当采取适当而有效的措施，以在监管机构的帮助下禁止设立有名无实和并不附属于受监管金融集团的银行。此外，缔约国可以考虑要求其金融机构拒绝与这类机构建立或者保持代理银行关系，并避免与外国金融机构中那些允许有名无实和并不附属于受监管金融集团的银行使用其账户的金融机构建立关系。

五、各缔约国均应当考虑根据本国法律对有关公职人员确立有效的财产申报制度，并应当对不遵守制度的情形规定适当的制裁。各缔约国还应当考虑采取必要的措施，允许本国的主管机关在必要时与其他国家主管机关交换这种资料，以便对根据本公约确立的犯罪的所得进行调查、主张权利并予以追回。

六、各缔约国均应当根据本国法律考虑采取必要的措施，要求在外国银行账户中拥有利益、对该账户拥有签名权或者其他权力的有关公职人员向有关机关报告这种关系，并保持与这种账户有关的适当记录。这种措施还应当对违反情形规定适当的制裁。

第五十三条　直接追回财产的措施

各缔约国均应当根据本国法律：

（一）采取必要的措施，允许另一缔约国在本国法院提起民事诉讼，以确立对通过实施根据本公约确立的犯罪而获得的财产的产权或者所有权；

（二）采取必要的措施，允许本国法院命令实施了根据本公约确立的犯罪的人向受到这种犯罪损害的另一缔约国支付补偿或者损害赔偿；

（三）采取必要的措施，允许本国法院或者主管机关在必须就没收作出决定时，承认另一缔约国对通过实施根据本公约确立的犯罪而获得的财产所主张的合法所有权。

第五十四条　通过没收事宜的国际合作追回资产的机制

一、为依照本公约第五十五条就通过或者涉及实施根据本公约确立的犯罪所获得的财产提供司法协助，各缔约国均应当根据其本国法律：

（一）采取必要的措施，使其主管机关能够执行另一缔约国法院发出的没收令；

（二）采取必要的措施，使拥有管辖权的主管机关能够通过对洗钱犯罪或者对可能发生在其管辖范围内的其他犯罪作出判决，或者通过本国法律授权的其他程序，下令没收这类外国来源的财产；

（三）考虑采取必要的措施，以便在因为犯罪人死亡、潜逃或者缺席而无法对其起诉的情形或者其他有关情形下，能够不经过刑事定罪而没收这类财产。

二、为就依照本公约第五十五条第二款提出的请求提供司法协助，各缔约国均应当根据其本国法律：

（一）采取必要的措施，在收到请求缔约国的法院或者主管机关发出的冻结令或者扣押令时，使本国主管机关能够根据该冻结令或者扣押令对该财产实行冻结或者扣押，但条件是该冻结令或者扣押令须提供合理的根据，使被请求缔约国相信有充足理由采取这种行动，而且有关财产将依照本条第一款第（一）项按没收令处理；

（二）采取必要的措施，在收到请求时使本国主管机关能够对该财产实行冻结或者扣押，条件是该请求须提供合理的根据，使被请求缔约国相信有充足理由采取这种行动，而且有关财产将依照本条第一款第（一）项按没收令处理；

（三）考虑采取补充措施，使本国主管机关能够保全有关财产以便没收，例如基于与获取这种财产有关的、外国实行的逮捕或者提出的刑事指控。

第五十五条　没收事宜的国际合作

一、缔约国在收到对根据本公约确立的犯罪拥有管辖权的另一缔约国关于没收本公约第三十一条第一款所述的、位于被请求缔约国领域内的犯罪所得、财产、设备或者其他工具的请求后，应当在本国法律制度的范围内尽最大可能：

（一）将这种请求提交其主管机关，以便取得没收令并在取得没收令时予以执行；

（二）将请求缔约国领域内的法院依照本公约第三十一条第一款和第五十四条第一款第（一）项发出的没收令提交本国主管机关，以便按请求的范围予以执行，只要该没收令涉及第三十一条第一款所述的、位于被请求缔约国领域内的犯罪所得、财产、设备或者其他工具。

二、对根据本公约确立的一项犯罪拥有管辖权的缔约国提出请求后，被请求缔约国应当采取措施，辨认、追查和冻结或者扣押本公约第三十一条第一款所述的犯罪所得、财产、设备或者其他工具，以便由请求缔约国下令或者根据本条第一款所述请求由被请求缔约国下令予以没收。

三、本公约第四十六条的规定以经过适当变通适用于本条。除第四十六条第十五款规定提供的资料以外，根据本条所提出的请求还应当包括下列内容：

（一）与本条第一款第（一）项有关的请求，应当有关于应当予以没收财产的说明，尽可能包括财产的所在地和相关情况下的财产估计价值，以及关于请求缔约国所依据的事实的充分陈述，以便被请求缔约国能够根据本国法律取得没收令；

（二）与本条第一款第（二）项有关的请求，应当有请求缔约国发出的据以提出请求的法律上可以采信的没收令副本、关于事实和对没收令所请求执行的范围的说明、关于请求缔约国为向善意第三人提供充分通知并确保正当程序而采取的措施的具体陈述，以及关于该没收令为已经生效的没收令的陈述；

（三）与本条第二款有关的请求，应当有请求缔约国所依据的事实陈述和对请求采取的行动的说明；如有据以提出请求的法律上可以采信的没收令副本，应当一并附上。

四、被请求缔约国依照本条第一款和第二款作出的决定或者采取的行动，应当符合并遵循其本国法律及程序规则的规定或者可能约束其与请求缔约国关系的任何双边或多边协定或者安排的规定。

五、各缔约国均应当向联合国秘书长提供有关实施本条的任何法律法规以及这类法律法规随后的任何修订或者修订说明。

六、缔约国以存在有关条约作为采取本条第一款和第二款所述措施的条件时，应当将本公约视为必要而充分的条约依据。

七、如果被请求缔约国未收到充分和及时的证据，或者如果财产的价值极其轻微，也可以拒绝给予本条规定的合作，或者解除临时措施。

八、在解除依照本条规定采取的任何临时措施之前，如果有可能，被请求缔约国应当给请求缔约国以说明继续保持该措施的理由的机会。

九、不得对本条规定作损害善意第三人权利的解释。

第五十六条　特别合作

在不影响本国法律的情况下，各缔约国均应当努力采取措施，以便在认为披露根据本公约确立的犯罪的所得的资料可以有助于接收资料的缔约国启动或者实行侦查、起诉或者审判程序时，或者在认为可能会使该缔约国根据本章提出请求时，能够在不影响本国侦查、起诉或者审判程序的情况下，无须事先请求而向该另一缔约国转发这类资料。

第五十七条　资产的返还和处分

一、缔约国依照本公约第三十一条或者第五十五条没收的财产，应当由该缔约国根据本公约的规定和本国法律予以处分，包括依照本条第三款返还其原合法所有人。

二、各缔约国均应当根据本国法律的基本原则，采取必要的立法和其他措施，使本国主管机关在另一缔约国请求采取行动时，能够在考虑到善意第三人权利的情况下，根据本公约返还所没收的财产。

三、依照本公约第四十六条和第五十五条及本条第一款和第二款：

（一）对于本公约第十七条和第二十三条所述的贪污公共资金或者对所贪污公共资金的洗钱行为，被请求缔约国应当在依照第五十五条实行没收后，基于请求缔约国的生效判决，将没收的财产返还请求缔约国，被请求缔约国也可以放弃对生效判决的要求；

（二）对于本公约所涵盖的其他任何犯罪的所得，被请求缔约国应当在依照本公约第五十五条实行没收后，基于请求缔约国的生效判决，在请求缔约国向被请求缔约国合理证明其原对没收的财产拥有所有权时，或者当被请求缔约国承认请求缔约国受到的损害是返还所没收财产的依据时，将没收的财产返还请求缔约国，被请求缔约国也可以放弃对生效判决的要求；

（三）在其他所有情况下，优先考虑将没收的财产返还请求缔约国、返还其原合法所有人或者赔偿犯罪被害人；

四、在适当的情况下，除非缔约国另有决定，被请求缔约国可以在依照本条规定返还或者处分没收的财产之前，扣除为此进行侦查、起诉或者审判程序而发生的合理费用。

五、在适当的情况下，缔约国还可以特别考虑就所没收财产的最后处分逐案订立协定或者可以共同接受的安排。

第五十八条　金融情报机构

缔约国应当相互合作，以预防和打击根据本公约确立的犯罪而产生的所得的转移，并推广追回这类所得的方式方法。为此，缔约国应当考虑设立金融情报机构，由其负责接收、分析和向主管机关转递可疑金融交易的报告。

第五十九条　双边和多边协定和安排

缔约国应当考虑缔结双边或多边协定或者安排，以便增强根据公约本章规定开展的国际合作的有效性。

第六章　技术援助和信息交流

第六十条　培训和技术援助

一、各缔约国均应当在必要的情况下为本国负责预防和打击腐败的人员启动、制定或者改进具体培训方案。这些培训方案可以涉及以下方面：

（一）预防、监测、侦查、惩治和控制腐败的有效措施，包括使用取证和侦查手段；

（二）反腐败战略性政策制定和规划方面的能力建设；

（三）对主管机关进行按本公约的要求提出司法协助请求方面的培训；

（四）评估和加强体制、公职部门管理、包括公共采购在内的公共财政管理，以及私营部门；

（五）防止和打击根据本公约确立的犯罪的所得转移和追回这类所得；

（六）监测和冻结根据本公约确立的犯罪的所得的转移；

（七）监控根据本公约确立的犯罪的所得的流动情况以及这类所得的转移、窝藏或者掩饰方法；

（八）便利返还根据本公约确立的犯罪所得的适当而有效的法律和行政机制及方法；

（九）用以保护与司法机关合作的被害人和证人的方法；

（十）本国和国际条例以及语言方面的培训。

二、缔约国应当根据各自的能力考虑为彼此的反腐败计划和方案提供最广泛的技术援助，特别是向发展中国家提供援助，包括本条第一款中提及领域内的物质支持和培训，以及为便利缔约国之间在引渡和司法协助领域的国际合作而提供培训和援助以及相互交流有关的经验和专门知识。

三、缔约国应当在必要时加强努力，在国际组织和区域组织内并在有关的双边和多边协定或者安排的框架内最大限度地开展业务和培训活动。

四、缔约国应当考虑相互协助，根据请求对本国腐败行为的类型、根源、影响和代价进行评价、分析和研究，以便在主管机关和社会的参与下制定反腐败战略和行动计划。

五、为便利追回根据本公约确立的犯罪的所得，缔约国可以开展合作，互相提供可以协助实现这一目标的专家的名单。

六、缔约国应当考虑利用分区域、区域和国际性的会议和研讨会促进合作和技术援助，并推动关于共同关切的问题的讨论，包括关于发展中国家和经济转型期国家的特殊问题和需要的讨论。

七、缔约国应当考虑建立自愿机制，以便通过技术援助方案和项目对发展中国家和经济转型期国家适用本公约的努力提供财政捐助。

八、各缔约国均应当考虑向联合国毒品和犯罪问题办事处提供自愿捐助，以便通过该办事处促进发展中国家为实施本公约而开展的方案和项目。

第六十一条　有关腐败的资料的收集、交流和分析

一、各缔约国均应当考虑在同专家协商的情况下，分析其领域内腐败方面的趋势以及腐败犯罪实施的环境。

二、缔约国应当考虑为尽可能拟订共同的定义、标准和方法而相互并通过国际和区域组织发展和共享统计数字、有关腐败的分析性专门知识和资料，以及有关预防和打击腐败的最佳做法的资料。

三、各缔约国均应当考虑对其反腐败政策和措施进行监测，并评估其效力和效率。

第六十二条 其他措施：通过经济发展和技术援助实施公约

一、缔约国应当通过国际合作采取有助于最大限度优化本公约实施的措施，同时应当考虑到腐败对社会，尤其是对可持续发展的消极影响。

二、缔约国应当相互协调并同国际和区域组织协调，尽可能作出具体努力：

（一）加强同发展中国家在各级的合作，以提高发展中国家预防和打击腐败的能力；

（二）加强财政和物质援助，以支持发展中国家为有效预防和打击腐败而作出的努力，并帮助它们顺利实施本公约；

（三）向发展中国家和经济转型期国家提供技术援助，以协助它们满足在实施本公约方面的需要。为此，缔约国应当努力向联合国筹资机制中为此目的专门指定的账户提供充分的经常性自愿捐款。缔约国也可以根据其本国法律和本公约的规定，特别考虑向该帐户捐出根据本公约规定没收的犯罪所得或者财产中一定比例的金钱或者相应价值；

（四）酌情鼓励和争取其他国家和金融机构参与根据本条规定所作的努力，特别是通过向发展中国家提供更多的培训方案和现代化设备，以协助它们实现本公约的各项目标。

三、这些措施应当尽量不影响现有对外援助承诺或者其他双边、区域或者国际一级的金融合作安排。

四、缔约国可以缔结关于物资和后勤援助的双边或多边协定或者安排，同时考虑到为使本公约所规定的国际合作方式行之有效和预防、侦查与控制腐败所必需的各种金融安排。

第七章 实施机制

第六十三条 公约缔约国会议

一、特此设立公约缔约国会议，以增进缔约国的能力和加强缔约国之间的合作，从而实现本公约所列目标并促进和审查本公约的实施。

二、联合国秘书长应当在不晚于本公约生效之后一年的时间内召开缔约国会议。其后，缔约国会议例会按缔约国会议通过的议事规则召开。

三、缔约国会议应当通过议事规则和关于本条所列活动的运作的规则，包括关于对观察员的接纳及其参与的规则以及关于支付这些活动费用的规则。

四、缔约国会议应当议定实现本条第一款所述各项目标的活动、程序和工作方法，其中包括：

（一）促进缔约国依照本公约第六十条和第六十二条以及第二章至第五章规定所开展的活动，办法包括鼓励调动自愿捐助；

（二）通过公布本条所述相关信息等办法，促进缔约国之间关于腐败方式和趋势以及关于预防和打击腐败和返还犯罪所得等成功做法方面的信息交流；

（三）同有关国际和区域组织和机制及非政府组织开展合作；

（四）适当地利用从事打击和预防腐败工作的其他国际和区域机制提供的相关信息，以避免工作的不必要的重复；

（五）定期审查缔约国对本公约的实施情况；

（六）为改进本公约及其实施情况而提出建议；

（七）注意到缔约国在实施本公约方面的技术援助要求，并就其可能认为有必要在这方面采取的行动提出建议。

五、为了本条第四款的目的，缔约国会议应当通过缔约国提供的信息和缔约国会议可能建立的补充审查机制，对缔约国为实施公约所采取的措施以及实施过程中所遇到的困难取得必要的了解。

六、各缔约国均应当按照缔约国会议的要求，向缔约国会议提供有关其本国为实施本公约而采取的方案、计划和做法以及立法和行政措施的信息。缔约国会议应当审查接收信息和就信息采取行动的最有效方法，这种信息包括从缔约国和从有关国际组织收到的信息。缔约国会议也可以审议根据缔约国会议决定的程序而正式认可的非政府组织所提供的投入。

七、依照本条第四款至第六款，缔约国会议应当在其认为必要时建立任何适当的机制或者机构，以协助本公约的有效实施。

第六十四条　秘书处

一、联合国秘书长应当为公约缔约国会议提供必要的秘书处服务。

二、秘书处应当：

（一）协助缔约国会议开展本公约第六十三条中所列各项活动，并为缔约国会议的各届会议作出安排和提供必要的服务；

（二）根据请求，协助缔约国向缔约国会议提供本公约第六十三条第五款和第六款所规定的信息；

（三）确保与有关国际和区域组织秘书处的必要协调。

第八章　最后条款

第六十五条　公约的实施

一、各缔约国均应当根据本国法律的基本原则采取必要的措施，包括立法和行政措施，以切实履行其根据本公约所承担的义务。

二、为预防和打击腐败，各缔约国均可以采取比本公约的规定更为严格或严厉的措施。

第六十六条　争端的解决

一、缔约国应当努力通过谈判解决与本公约的解释或者适用有关的争端。

二、两个或者两个以上缔约国对于本公约的解释或者适用发生任何争端，在合理时间内不能通过谈判解决的，应当按其中一方请求交付仲裁。如果自请求交付仲裁之日起六个月内这些缔约国不能就仲裁安排达成协议，则其中任何一方均可以依照《国际法院规约》请求将争端提交国际法院。

三、各缔约国在签署、批准、接受、核准或者加入本公约时，均可以声明不受本条第二款的约束。对于作出此种保留的任何缔约国，其他缔约国也不受本条第二款的约束。

四、凡根据本条第三款作出保留的缔约国，均可以随时通知联合国秘书长撤销该项保留。

第六十七条　签署、批准、接受、核准和加入

一、本公约自 2003 年 12 月 9 日至 11 日在墨西哥梅里达开放供各国签署，随后直至 2005 年 12 月 9 日在纽约联合国总部开放供各国签署。

二、本公约还应当开放供区域经济一体化组织签署，条件是该组织至少有一个成员国已经按照本条第一款规定签署本公约。

三、本公约须经批准、接受或者核准。批准书、接受书或者核准书应当交存联合国秘书长。如果某一区域经济一体化组织至少有一个成员国已经交存批准书、接受书或者核准书，该组织可以照样办理。该组织应当在该项批

准书、接受书或者核准书中宣布其在本公约管辖事项方面的权限范围。该组织还应当将其权限范围的任何有关变动情况通知保存人。

四、任何国家或者任何至少已经有一个成员国加入本公约的区域经济一体化组织均可以加入本公约。加入书应当交存联合国秘书长。区域经济一体化组织加入本公约时应当宣布其在本公约管辖事项方面的权限范围。该组织还应当将其权限范围的任何有关变动情况通知保存人。

第六十八条　生效

一、本公约应当自第三十份批准书、接受书、核准书或者加入书交存之日后第九十天起生效。为本款的目的，区域经济一体化组织交存的任何文书均不得在该组织成员国所交存文书以外另行计算。

二、对于在第三十份批准书、接受书、核准书或者加入书交存后批准、接受、核准或者加入公约的国家或者区域经济一体化组织，本公约应当自该国或者该组织交存有关文书之日后第三十天起或者自本公约根据本条第一款规定生效之日起生效，以较晚者为准。

第六十九条　修正

一、缔约国可以在本公约生效已经满五年后提出修正案并将其送交联合国秘书长。秘书长应当立即将所提修正案转发缔约国和缔约国会议，以进行审议并作出决定。缔约国会议应当尽力就每项修正案达成协商一致。如果已经为达成协商一致作出一切努力而仍未达成一致意见，作为最后手段，该修正案须有出席缔约国会议并参加表决的缔约国的三分之二多数票方可通过。

二、区域经济一体化组织对属于其权限的事项根据本条行使表决权时，其票数相当于已经成为本公约缔约国的其成员国数目。如果这些组织的成员国行使表决权，则这些组织便不得行使表决权，反之亦然。

三、根据本条第一款通过的修正案，须经缔约国批准、接受或者核准。

四、根据本条第一款通过的修正案，应当自缔约国向联合国秘书长交存一份批准、接受或者核准该修正案的文书之日起九十天之后对该缔约国生效。

五、修正案一经生效，即对已经表示同意受其约束的缔约国具有约束力。其他缔约国则仍受本公约原条款和其以前批准、接受或者核准的任何修正案的约束。

第七十条　退约

一、缔约国可以书面通知联合国秘书长退出本公约。此项退约应当自秘书长收到上述通知之日起一年后生效。

二、区域经济一体化组织在其所有成员国均已经退出本公约时即不再为本公约缔约方。

第七十一条　保存人和语文

一、联合国秘书长应当为本公约指定保存人。

二、本公约原件应当交存联合国秘书长，公约的阿拉伯文、中文、英文、法文、俄文和西班牙文文本同为作准文本。

兹由经各自政府正式授权的下列署名全权代表签署本公约，以昭信守。

|区域性国际公约和条约|

一、《美洲国家禁止非法制造和贩运火器、弹药、爆炸物和其他有关材料公约》[1]

第1条 定义

7. 控制下交付，是指在其主管当局知情和监督下，允许非法或可疑的火器、弹药、爆炸物和其他有关材料运出、通过或进入一国或多国领土的技术，其目的是查明涉嫌实施本公约第4条所规定的犯罪行为的人。

第18条 控制下交付

1. 如果国内的法律制度许可，缔约方应当在可能的范围内采取必要的措施，在协议或者相互同意的安排的基础上于国际一级适当适用控制下交付，

---

[1] 1997年，《美洲国家禁止非法制造和贩运火器、弹药、爆炸物和其他有关材料公约》得以签署，该公约第1条、第18条规定了控制下交付。根据该公约第1条的规定，所谓"非法制造"，是指火器、弹药、爆炸物和其他相关材料的制造或组装。具体包括以下三种情形：一是使用来自非法贩运的零部件制造前述物质；二是制造或组装没有获得缔约国政府主管部门的许可；三是在制造枪支时要求标记却没有标记。所谓"非法贩运"，是指从一个国家领域内进口、出口、获取、销售、交付、移动或转移火器、弹药、爆炸物和其他相关材料到另一个国家领域内，或者穿过另一个国家的领域，但是任何有关缔约国均没有对此进行授权。所谓"火器"，是指任何将要被设计成或已经被设计成或可能很容易被设计成通过爆炸物的作用转化为发射子弹或抛射物的管式武器，但是，20世纪以前制造的古董火器或其复制品不包括在内；或任何其他武器或破坏性装置，如任何爆炸物、燃烧物或汽油弹、手榴弹、火箭、火箭发射器、导弹、导弹系统或地雷。所谓"弹药"，是指整发子弹或其部件，包括弹壳，任何枪支中使用的底火、推进剂粉末、子弹或投射物。所谓"爆炸物"，是指用于制造、组装或产生爆炸、引爆、推进或烟火效果的任何物质或物品，但是以下物质和物品除外：本身不具有爆炸性的物质和物品；或本公约附件所列物质和物品。所谓"其他有关材料"，是指枪支的任何部件、零件或替换零件，或者是可以附在枪支上的配件。

其目的是辨认实施了第4条所规定的犯罪行为的人，并对其提起诉讼。

2. 缔约方应当在逐案判断的基础上作出适用控制下交付的决定，如果有可能，应当考虑财政安排以及由有关缔约方行使管辖权的谅解。

3. 经各有关缔约方同意，可以在对控制下交付的货物实施拦截后允许其原封不动地继续运送或将其全部或部分取出替换后继续运送之类的办法。

二、《禁止非法贩运麻醉药品与精神药物阿拉伯公约》

第 11 条

（1）在其国内法律制度基本原则允许的情况下，缔约国应在可能的范围内采取必要措施，允许对麻醉药品和精神药物实施控制下交付，以识别涉嫌犯罪以及参与走私行动的人，并对他们提起指控。

（2）控制下交付的决定应当在逐案判断的基础上作出，如果有必要，可以考虑财政安排以及由有关缔约国行使管辖权的谅解。

（3）经有关缔约国同意，可以对控制下交付的货物实施拦截，尽可能地进行核实，并且允许继续对麻醉药品和精神药物实施控制下交付。

（4）经有关缔约国同意，对于控制下交付的麻醉药品，如果允许其转运，为了防止其流向非法走私市场，可以用类似物质予以替代。

三、《海关事项行政互助国际公约》

第 12 条

根据第48条第2款的规定，在相互约定的基础上，在知情与监督的前提下，缔约方可以允许非法或者可疑货物运入、通过或运出本国领域，其目的是侦查与打击违反海关法的犯罪。如果该行动无法在海关的控制下实施，就应当与其他主管当局开展合作，或者将该案件移交给其他主管当局。

四、《欧盟成员国刑事司法互助公约》

第 12 条

（1）每个成员国应承诺确保应另一成员国的要求，在对可引渡罪进行刑事调查的框架内，允许在其领土上开展控制下交付；

（2）实施控制下交付的决定必须由被申请成员国的主管当局通过逐案判断

作出,同时适当考虑申请国的法律;

(3) 控制下交付必须依据被请求国的程序执行,申请国主管当局拥有采取行动的权力,以及指挥和控制行动的权力。

五、《东南欧警察合作公约》

第 15 条

(1) 在收到了缔约国的申请书以后,如果系针对可引渡罪开展的侦查,其他缔约国认为符合适当性条件的,应当允许在其领域内实施控制下交付。尤其是当运输的物品是毒品、化学前体、火器、爆炸物品、伪造货币、赃物或者预备用来犯罪的物品,如果提出申请的缔约国阐明假如不实施控制下交付,那么识别犯罪嫌疑人与运销路线将不可能或者面临巨大障碍时。如果控制下交付的物品对涉案人员存在特别风险,或者对公众构成危险,被申请的缔约国在批准申请以前有权要求满足某些特殊的条件,否则可以拒绝申请。

(2) 被申请的缔约国应当在货物穿越边境时或者执法当局商定的地点接管交付,以避免控制的中断,同时还必须保证对货物随时可以实施干预。被申请国在接管以后,申请国的官员根据与被申请国达成的协议可以与被申请国的官员共同对控制下交付进行跟踪。

(3) 申请国的官员有义务遵守被申请国的法律。

(4) 被申请国的主管执法当局如果不能在适当的时间进行干预,而控制下交付的持续将会给有关人员的生命或健康带来严重风险,或者给财产带来严重损害,或者无法实施控制,那么申请国官员可以对控制下交付的货物实施扣押。如果有必要,申请国的官员可以在被申请国官员实施干预以前拦截并逮捕送货人。在任何情况下,申请国均应当毫不迟延地向被申请国的执法当局报告执行情况。

(5) 控制下交付的货物在被申请国被扣押以后,被申请国可以根据申请国的要求将其移交给申请国。

(6) 根据第 3 项之规定,行为人被主管地方当局逮捕以后,不论其国籍均必须接受审讯。国家法律的有关规则经过必要修正后一并适用。

(7) 如果行为人并非缔约国的国民,但是在缔约国的领域内被逮捕,那么该行为人应当最迟在逮捕后 6 小时被释放,该期间不包括午夜至早上 9 点之间的时间。除非主管地方当局事先已经收到针对该人的临时逮捕而提出的引渡请求，该引渡请求不问其形式如何。

（8）在控制下交付过程中，第 14 条第 4（a）至（c）项，第（e）至（h）项适用于申请国的官员。

（9）要求控制下交付的官方申请书，如要求在第三国启动控制下交付或者进入第三国继续进行控制下交付，则该申请必须载明符合第 2 项的批准。

六、《环孟加拉湾经济合作组织成员国关于打击恐怖主义、跨国有组织犯罪与非法贩运毒品的合作公约》

第 5 条　（打击非法贩运毒品的合作）

在遵守其国内法律和国际义务的情况下，应当促进对非法麻醉药品、精神药物与化学前体实施控制下交付，以便尽可能地逮捕涉案人员。

七、《实施申根协定公约》

第 73 条

（1）缔约国应当根据其本国宪法和法律制度的规定，采取措施允许对非法贩运的麻醉药品和精神药物实施控制下交付；

（2）在决定对每一个案件实施控制下交付之前，必须获得有关缔约国的先行授权；

（3）任何缔约国有责任对发生在该国领域内的控制下交付实施控制，同时有权实施干预。

八、《欧洲刑事司法互助条约第二附加议定书》

第 18 条

（1）应其他缔约国申请，在侦查可引渡罪的框架内，任何缔约国应当允许在其领域内开展控制下交付；

（2）实施控制下交付的决定应当由被申请国的主管当局逐案进行决定，同时适当考虑申请国的法律；

（3）控制下交付应当按照被申请国的程序执行，采取行动、指挥和控制控制下交付的权力由申请国主管当局负责；

（4）缔约国应当在签署或者交存批准书、接受书、同意书或者加入书时向欧洲委员会总秘书长指明为实现本条目的的主管当局。此后，他们可以在任何时候以相同方式改变申请书的条款。

九、《欧盟成员国海关互助与合作条约》

第22条

（1）应其他成员国申请，每个成员国均应当承诺确保允许在侦查"可引渡罪"的框架内允许实施控制下交付；

（2）实施控制下交付必须由被申请成员国的主管当局通过逐案判断的方式做出，同时适当考虑申请国法律；

（3）控制下交付的被申请当局应当在货物过境点或者同意的交接点接管交付的控制，以避免监视遭到中断。在余下的行程中，它必须确保对货物实施持续监视，以便能够在任何时候逮捕犯罪嫌疑人与扣押货物。

（4）经有关成员国同意，可以对拟交付货物实施拦截后，允许让货物原封不动地继续运送，或者对货物实施全部或者部分替代后再继续运送。

十、《南亚区域合作联盟麻醉药品和精神药物公约》

第1条　定义

…………

（d）控制下交付，系指一种技术，即在一国或多国主管当局的知情和监督下，允许货物中非法或可疑的麻醉药品、精神药物、1988年《联合国公约》表一和表二所列物质或它们的替代物质运出、通过或运入其领土，以期查明涉及按本公约第3条第1款确定的犯罪的人；

第13条　打击犯罪

1. 各成员国应当遵循各国的国内法律制度和行政制度，相互密切合作，以期提高执法行动的效力，打击实施了第3条第1款确立的罪行。为了实现该目的，他们可以在其主管机构之间建立和保持沟通渠道，以便安全、快速地交换有关此类犯罪各方面的情报。

2. 各成员国可以采取必要的措施，允许在双边协定的基础上适当使用控制下交付，以查明涉及按第3条第1款确立的犯罪的人员，并对他们采取法律行动。

|国际协定|

一、《拉脱维亚共和国政府与丹麦王国政府海关互助协定》

第 7 条

1. 在缔约方国内法律制度基本原则允许的情况下，缔约方海关当局根据订立的相互协议和安排，可以在国际一级针对麻醉药品和精神药物适用控制下交付的方法，其目的是查明参与非法贩运麻醉药品和精神药物的人。

2. 经两国海关同意，可以截获非法托运的麻醉药品或精神药物，并允许其继续原封不动地运输，或全部或部分移出或替换后继续运输。

3. 关于使用控制下交付的决定应当在逐案判断的基础上做出，必要时双方海关主管部门可以考虑财务安排和订立协议。

二、《芬兰共和国政府与拉脱维亚政府海关事务互助协定》

第 4 条

控制下交付的决定必须在逐案判断的基础上作出，如果有必要，还必须考虑财务安排以及两国海关当局之间的协议。

三、《哈萨克斯坦共和国政府和阿塞拜疆共和国政府海关事务合作协定》

第 1 条 定义

控制下交付，是指为了查明参与非法贩运麻醉药品和精神药物的人员，在缔约方主管当局的许可和监督下，允许批量的麻醉药品和精神药物运入、通过或者运出缔约国领土的一种方法。

第5条 打击非法贩运毒品和精神药物

（1）为了启动预防、调查和制止贩运麻醉药品、精神药物和前体的行动，无需事先申请，海关部门应当尽可能在短时间内相互报告数据：

a）已知参与或涉嫌参与贩运麻醉药品、精神药物和前体的人；

b）已知被用于贩运麻醉药品、精神药物和前体的车辆，包括集装箱和邮件，以及控制麻醉药品、精神药物和前体的新方法。

（2）无需事先提出申请，海关部门应当相互通报贩运麻醉药品、精神药物和前体的方法及其新的管制方法。

（3）任何一方收到本条第1项和第2项规定的数据、电文和文件，均应当转交给从事打击吸毒成瘾和贩运麻醉药品、精神药物和前体的执法机关和其他国家机关。

（4）根据缔约国的法律并在相互同意的情况下，海关部门在必要时可以对麻醉药品和精神药物实施控制下交付，以查明参与非法贩运的人员。使用控制下交付方法由缔约方逐案作出决定，必要时可考虑缔约方的财务安排。

四、《古阿姆集团参加国政府打击恐怖主义、有组织犯罪和其他危险犯罪领域的合作协定》[1]

第4条

缔约方应当制定并采取协调措施，以便：

防止恐怖组织和团体的活动，并切断向其提供财政、军事、技术和其他援助的渠道；

侦查恐怖分子的基地、训练营和治疗地点；

制止恐怖集团和涉案人员在古阿姆集团成员国境内的行动；

侦查和查明与恐怖组织和团体活动有关的人员；

对有组织犯罪集团进行有效调查，包括那些从事非法贩运武器和麻醉药

---

[1] 古阿姆集团［GU（U）AM］，原是由独联体内的5个国家在1999年组成的区域性集团，其国家包括：格鲁吉亚、乌克兰、阿塞拜疆、摩尔多瓦和乌兹别克斯坦，名字以各个国家的第一个字母组成，为GUUAM。在前成员乌兹别克斯坦于2005年4月正式退出之后改为GUAM。2005年4月格鲁吉亚脱离了GUAM，阿塞拜疆也与GUAM保持了距离，2006年5月成立了"为了民主与发展的国际机构"，加强了与北约的协作关系，是抗衡俄罗斯联邦在该区域影响的重要组织。

品以及非法移民的犯罪集团；

实施控制下交付；

交流情报，包括关于非法贩运中出现的新型麻醉药品和精神药物的信息、制造技术和被非法贩运的物质，以及研究和鉴别麻醉药品、前体和精神药物的新方法的信息；

在考虑到行动情报和当前犯罪情势的状况下，采取以目标为导向的行动预防措施，以制止国际有组织犯罪集团的活动；

采取紧急措施，处理可能的恐怖行为、其他非法行动，并消除其后果；

缔约方应相互通报所采取的协调措施的结果。

五、《哈萨克斯坦共和国政府和立陶宛共和国政府海关事务合作与互助协定》

第 1 条

（4）控制下交付，是指为了辨别参与非法贩运麻醉药品和精神药物的人员，在缔约方国家主管部门的许可和控制下，允许批量的麻醉药品和精神药物运进、通过或运出缔约国领土的一种方法。

第 5 条

（1）在不与缔约国法律制度相抵触的情况下，为了识别参与非法贩运麻醉药品、精神药物的人员，在相互同意和安排的基础上，海关可以在国际层面使用控制下交付。

（2）按照达成的协议，经双方海关同意，对被非法转移的批量麻醉药品、精神药物可以实施扣押，或保留或者取出后实行全部或部分替代后再继续运输。

（3）使用控制下交付的决定必须在逐案判断基础上做出，如有必要，可以考虑由双方海关达成财务安排。

六、《拉脱维亚共和国政府与匈牙利共和国政府海关事务合作与互助协定》

第 9 条

1. 经双方同意，并在国家法律确定的职权范围内，海关当局可以采用控制下交付，以查明参与犯罪的人员。如果使用控制下交付的决定超出了海关当局的职权范围，海关当局应当与享有这种权限的国家当局进行合作，或将案件移交给该当局。

2. 经双方同意，主管当局可以截获麻醉药品、精神药物或者其替代物质并允许原封不动地继续运送，或在符合条件的情况下全部或部分移出或替换后继续运送。

3. 使用控制下交付的决定应当在逐案判断的基础上做出，必要时可以考虑到国家主管当局之间的财务安排和谅解。

七、《哈萨克斯坦共和国政府与土库曼斯坦政府海关事务合作与互助协定》

第 1 条　定义

为了查明参与非法贩运麻醉药品和精神药物的人员，在缔约方主管当局的许可和监督下，允许批量的麻醉药品和精神药物运进、通过或者运出缔约国领土的一种方法。

八、《罗马尼亚共和国政府与阿尔巴尼亚共和国政府海关事务合作与互助协定》

第 1 条　（定义）

（i）控制下交付系指一种技术，在主管当局的知情与监督下，允许非法或者可疑货物中的麻醉药品、精神药物与易制毒化学品，或者它们的替代物质运出、通过或者进入一国或者多国的领土。

第 5 条　（控制下交付）

（1）海关当局应当在其职权范围内为控制下交付的执行提供合作；

（2）应当根据缔约国的生效法律在逐案判断的基础上作出实施控制下交付的决定。

九、《奥地利共和国政府和阿塞拜疆共和国政府海关行政互助与合作协定》

第 1 条　定义

9. 控制下交付系指一种技术，在其主管当局的知情和监督下，允许非法或可疑货物中的麻醉药品、精神药物、易制毒化学品或者它们的替代物质运出、通过或进入一国或者多国领土，以识别和侦查涉嫌实施犯罪的人员。

第 14 条　控制下交付

1. 缔约各方应在力所能及的范围内采取必要措施，允许为刑事侦查目的适当使用控制下交付。

2. 控制下交付的决定应当在逐案判断的基础上作出，并应当按照被请求缔约方的国内法律和程序执行，同时还应当遵守就具体情况达成的任何安排或协议。

3. 经过主管当局双方同意，可以拦截非法货物中的麻醉药品或精神药物并允许其原封不动地继续运送，或全部或部分移出或替换后继续运送。

十、《克罗地亚共和国政府与黑山共和国海关事务互助协定》

第 14 条　控制下交付

1. 海关当局在执行控制下交付方法时应当相互合作。

2. 应当视具体情况，并根据各缔约方的国内立法逐案作出适用控制下交付的决定。

十一、《阿尔巴尼亚共和国与斯洛伐克共和国部长理事会海关事务合作与互助协定》

第 1 条　定义

（i）控制下交付系指一种技术，在缔约国主管当局的知情和监督下，允许非法或可疑的麻醉药品、精神药物和前体以及濒危野生动植物物种或替代它们的物质运入、通过或者运出缔约国的领土，以便查明参与非法贩运麻醉药品、精神药物和前体以及濒危野生动植物物种的人。

第 5 条　控制下交付

（1）根据国家的法律，经双方同意，海关当局可以在其职权范围内使用控制下交付，以查明参与非法贩运麻醉药品、精神药物或濒危野生动植物物种的人员，并对其采取法律行动。

（2）适用控制下交付行动的决定必须在逐案判断的基础上作出，如果有必要，必须遵循就特殊情况所达成的任何安排与协定。

（3）经主管当局双方同意，可以截获同意适用控制下交付的非法货物，并允许麻醉药品、精神药物或者他们的替代物质原封不动地继续运送，或者在具备条件时全部或部分移出或替换后继续运送。

十二、《印度共和国政府与西班牙政府海关协助和合作条约》

第 15 条

应其他缔约方的请求，在刑事侦查的框架内，任何缔约方均应当采取措施允许在其领域内实施控制下交付。实施控制下交付的决定应当由被请求方根据其相关的国内法律经过逐案判断的方式作出。实施控制下交付必须遵循被请求方的程序。控制下交付的实施、指挥和行动控制必须与被请求方主管当局的权限一致。

十三、《塔吉克斯坦共和国政府和阿塞拜疆共和国政府海关事务合作与互助协定》

第 6 条

1. 经双方同意并做好与缔约国其他执法机构的互动安排，主管海关当局可以使用控制下交付。

2. 对作为实施犯罪的工具、手段的其他物品，或者以犯罪方式获得的物品或者属于用来从事走私违法行为的物品，可以对其实施控制下交付。

3. 各缔约国立法应当规定使用控制下交付及其实施形式的决定应当在逐案判断的基础上作出，并在必要时考虑有关财务问题和实施程序的安排。

十四、《奥地利共和国政府与阿尔巴尼亚部长理事会海关事项互助合作协定》

第 1 条　定义

9. 控制下交付，系指一种技术，在主管当局的知情和监督下，允许非法或可疑货物中的麻醉药品、精神药物和前体或者它们的替代物质运入、通过或运出一个或多个国家的领土，以期查明参与犯罪的人。

第 14 条　控制下交付

1. 缔约各方应在力所能及的范围内采取必要措施，允许为刑事侦查目的适当使用控制下交付。

2. 实施控制下交付的决定应当在逐案判断的基础上作出，同时还应当遵守国内法与被申请的缔约国的程序，以及就特殊案件所达成的任何安排与协议。

3. 经过主管当局双方同意，可以拦截非法货物中的麻醉药品或精神药物或者经过海关许可的其他货物，并允许其原封不动地继续运送，或全部或部分移出或替换后继续运送。

十五、《日本国政府与俄罗斯联邦海关事项合作与互助协定》

第1条　定义

（h）控制下交付，系指在日本和俄罗斯联邦主管当局的知情与监督下，根据日本和俄罗斯联邦的法律和条例的规定，允许非法或者可疑货物在日本和俄罗斯联邦之间移动的一种技术，其目的是侦查犯罪以及查明犯罪行为人。

第7条　控制下交付

如果有必要，海关当局与有关执法机构经蹉商可以就控制下交付进行合作与交换情报。

十六、《日本国政府与西班牙政府海关合作与互助协定》

第1条　定义

（h）控制下交付系指在一国主管当局的知情和监督下，允许非法或可疑货物运入、通过或运出该国关税区，以便侦查犯罪行为和查明参与犯罪的人员身份。

第5条　控制下交付

经咨询相关执法机构，海关当局可以就控制下交付交换情报和开展合作，但是执行时必须依据各自国家的法律与条例。

十七、《荷兰王国与毛里求斯共和国海关事务行政互助协定》

第11条

海关当局根据国家法律和行政规定，并在其控制下，相互安排被非法运输的货物进出该国领土或从该国领土过境，以制止这种非法运输。如果海关当局无权批准，那么海关当局应当努力与履行这种职责的国家主管部门进行合作，否则就应该将案件移交给那些当局。

十八、《奥地利共和国政府和以色列国家政府海关互助协定》

第1条

控制下交付系指一种方法，在这些国家主管当局的知情和监督下，允许非法或可疑货物中的麻醉药品、精神药物、易制毒化学品或者它们的替代物质，或者经过海关当局同意的货物运出、通过或进入一国或者多国领土，以识别和侦查违反海关法的人员。

第12条

1. 缔约双方应在各自可能的范围内采取必要措施允许适当使用控制下交付对可引渡罪开展刑事侦查，目的是查明和侦查参与非法贩运麻醉药品和精神药物以及经过海关当局同意的货物的行为人。

2. 实施控制下交付的决定应当在逐案判断的基础上作出，并应根据被请求国的法律和程序实施，同时还应当遵循就特定案件达成的任何协议或者安排。

3. 经过双方主管当局的同意，可以拦截已同意对之实行控制下交付的麻醉药品或者精神药品或者经过海关当局同意的其他货物，并允许将其原封不动地继续运送或在将其完全或部分取出或替代后继续运送。

十九、《西班牙王国政府与阿尔巴尼亚共和国海关事务合作与互助协定》

第1条　定义

控制下交付系指一种技术，为了促进侦查活动，允许非法或者可疑货物中的麻醉药品、精神药物及其替代物质或者敏感货物在主管当局的同意和监视之下运出、通过或者运入缔约国的领域。

第5条　控制下交付

（1）为了查明实施非法贩运麻醉药品、精神药物和敏感货物的行为人，并对上述物品实施扣押，两国的海关当局在遵守国家的法律、条例和程序的基础上，根据相互达成的安排，可以对麻醉药品、精神药物及其敏感货物实施控制下交付。

（2）可以对拟实施控制下交付的非法货物实施拦截，也可以允许非法货物原封不动地继续运送或者在将其完全或部分取出或者替代后继续运送。

（3）实施控制下交付的决定必须经逐案判断作出。

二十、《日本国政府和意大利共和国政府海关行政互助与合作协定》

第 1 条

（14）控制下交付系指一种技术，在该国主管当局知情并在其监督下，允许非法或可疑货物运出、通过或进入该国关税区，其目的是调查犯罪并查明参与犯罪的人。

第 7 条

海关总署根据其本国法律和条例规定的权限和程序，在逐案判断的基础上，就控制下交付加强合作并交换有关信息。

二十一、《奥地利共和国政府和亚美尼亚共和国政府海关行政互助与合作协定》

第 1 条 定义

（11）控制下交付系指一种技术，在其主管当局的知情和监督下，允许非法或可疑货物中的麻醉药品、精神药物或者它们的替代物质以及被认为是走私对象的其他货物离开、通过或进入缔约国领土，以识别和侦查参与非法贩运这些货物的人员。

二十二、《芬兰共和国政府与白俄罗斯共和国政府海关事项互助协定》

第 1 条

（K）控制下交付是指一种技术，在其主管当局的知情和监督下，允许非法货物运出、通过或进入领土缔约国的领土，目的是查明和识别涉嫌违反海关法的人员。

第 7 条

（1）经过双方同意，且在国家法律确定的权限范围内，海关应当使用控制下交付，以识别涉嫌实施违反法律行为的人员。当使用控制下交付的决定超越了海关的权限范围时，海关应当与享有此类权限的国家当局开展合作或将案件移交给该国家当局。

（2）经过主管国家机关同意，可以拦截已同意对之实行控制下交付的非法货物，并允许将其原封不动地继续运送或者在将其完全或部分取出或替代后继续运送。

（3）使用控制下交付的决定应当在逐案判断的基础上作出，必要时可以考虑国家主管当局之间的财务安排和谅解。

二十三、《南非共和国政府与巴西共和国联邦政府海关互助协定》

第8条

根据各缔约方现行的国内法律和行政规定，海关当局在逐案判断的基础上，确定了财务方式和实务做法以后，可以同意对麻醉药品和精神药物适用控制下交付，以查明违反海关法的犯罪嫌疑人。

二十四、《黑山共和国政府与马其顿共和国政府海关合作与互助协定》

第1条

控制下交付，是指一种技术，在其主管当局的知情和监督下，允许非法或可疑的麻醉药品、精神药物、化学前体、野生动植物的濒危物种或经双方事先同意的其他货物或者它们的替代物质离开、通过或进入缔约国领土，其目的是侦查实施违反海关法的犯罪人。

二十五、《南部非洲海关同盟行政互助协定》

第1条　定义

（a）控制下交付，系指一种行动，成员国的海关当局根据其国内的法律制度对麻醉药品、精神药物以及经常被用来制造麻醉药品、精神药物的物质实施监控，其目的是侦查输入或输出这些物质的犯罪行为，同时查明涉嫌参与实施此类犯罪的人。

第12条　控制下交付

1. 根据每个成员国的国内法规定，各成员国海关当局应加强合作，如果有必要，应当对麻醉药品、精神药物或者经常被用于非法制造麻醉药品、精神药物的物质开展国际控制下交付，以便调查与这些货物有关的犯罪和查明实施这些犯罪的行为人。

2. 根据成员国主管当局订立的相互协定，可以对控制下交付的货物实施拦截并且允许货物原封不动地继续运送，也可以将本条第 1 款规定的麻醉药品或物质取出进行全部或部分替代后再进行运送。

3. 有关使用控制下交付的决定应该在逐案判断的基础上作出，必要时在成员国主管当局之间可考虑财务安排以及达成谅解。

4. 如果海关当局不能对货物的移动实施控制的话，就应该与国家的主管部门开展合作，或者将案件移交给他们。

二十六、《哈萨克斯坦共和国政府和吉尔吉斯斯坦共和国政府禁毒合作协定》

第 5 条

缔约国的执法机构和特殊机构将根据国家法律制度的规定，考虑联合使用控制下交付方法和（或）其他类似方法的可能性。

二十七、《乌兹别克斯坦共和国国家海关委员会与格鲁吉亚税收部关于合作打击非法贩运麻醉毒品和精神药物的协定》

第 5 条

缔约方在认为适当的情况下，根据各国的国内立法，共同采用控制下交付方式或其他类似方式。使用控制下交付的决定由缔约方根据各自国家立法规定的程序逐案作出。

二十八、《俄罗斯联邦政府和乌兹别克斯坦共和国政府合作打击非法贩运麻醉药品和精神药物的协定》

第 3 条

双方的主管当局可以就下列事项进行情报交流：被非法贩运毒品的形态以及识别毒品来源的方法；关于将毒品从一方国家领土非法转移或意图非法转移到另一方国家领土的具体事实和事件；被揭露的毒品制造商和携带者、涉嫌参与贩毒的个人、组织以及他们在另一方国家境内的可疑联系；关于在运输过程中使用的毒品藏匿方法和检测方法等。

第 4 条

如果代表根据缔约国主管当局的立法认为有利，将共同采取控制下交付方法或其他类似方法。

二十九、《塔吉克斯坦共和国政府和吉尔吉斯斯坦共和国政府关于就毒品及其前体管制开展合作的协定》

第 4 条

由于毒品非法流通渠道的重叠性，缔约方经批准可以实施包括控制下交付在内的行动和交易。实施控制交付的决定应当逐案作出，并在必要时考虑缔约方的财务安排。

三十、《加拿大和德意志联邦共和国刑事司法协助条约》

第 11 条

可以由法院、检察官和负责刑事调查或起诉的当局或者其代表提出协助请求。请求和回应应通过加拿大司法部长和德国联邦司法部传达。在紧急情况下，可以通过国际刑警组织来传送援助请求。如果加拿大要求德国的警察或海关官员参与联合调查、控制下交付或秘密行动的合作，则加拿大警察局可以直接向德国联邦司法部提出请求。在紧急情况下，加拿大警察局可以通过德国联邦警察局向德国联邦司法部提出请求。如果德国要求加拿大与其展开这种合作，则德国有关司法机关可以直接向加拿大皇家骑警提出要求。

三十一、《斯洛文尼亚共和国和匈牙利共和国警察合作协议》

第 13 条

控制下交付是主管当局在国际合作的框架下，为了开展合作而实施的秘密行动，被监视人员的物品被允许进入成员国的领土，也可以允许这些物品运出成员国的领土而进入其他成员国的领土，或者允许这些物品通过成员国的领土，其目的是侦查犯罪和尽最大可能识别涉嫌实施了犯罪的人员。

三十二、《黑山共和国与塞尔维亚共和国刑事和民事司法协助条约》

第 3 条

就本条约而言，法律协助包括提交文件、通知和物品，以及采取程序上的行动（听取当事方、证人、专家证人和其他人的证词，临时扣押物品，搜查，犯罪现场调查，专家证人评估等），采取某些措施（控制下交付，聘请秘密调查员等），认可和执行司法判决和仲裁的裁决以及指控的转移和承担。

三十三、《摩洛哥王国和荷兰王国司法合作协定》

第 18 条

应一方的要求，另一方应当按照其国内法律所限制的范围，允许在其领域内实施控制下交付；采用控制下交付的决定应当由被请求方主管当局在尊重其国内法律规定的基础上逐案作出；控制下交付应当按照被请求方规定的规则执行，作出该决定的适当性，以及行动的实施和控制应由被请求国主管当局自行决定。

三十四、《匈牙利政府与土耳其共和国政府安全合作协议》

第 2 条　合作形式

匈牙利与土耳其之间开展安全合作的形式主要包括以下三种：
（1）信息、经验与犯罪情报的共享；
（2）控制下交付；
（3）失踪人员与物品的搜查，查明人员与无名尸体。

第 6 条　控制下交付

（1）根据特别安排，主管当局可以在监视非法或者可疑货物运出、通过或者运入各国领域时提供合作，以便侦查犯罪以及查明实施犯罪的行为人。所谓"主管当局"，根据协议第 3 条（主管当局）的规定，对匈牙利政府而言系指"警察局""国家税收与海关总署"，对土耳其政府而言，系指"土耳其国家警察局"。

（2）控制下交付的实施必须确保随时可以中断。缔约方可以决定由申请当局的成员陪同实施控制下交付，目的是不间断地实施控制下交付。

在控制下交付的实施过程中,申请的主管当局的成员必须根据本条之规定、被申请的主管当局国家的法律以及被申请主管当局的负责人的指示实施。主管当局的成员不得携带军用武器与军用装备,也不得在其他参与方的国家领域内使用禁止的手段。

(3)中央联络点也可以允许控制下交付的执行从第三国开始并抵达另一国。在此种情况下,申请的中央联络点必须提前获得有关国家的同意,并通知被申请的中央联络机构。

三十五、《荷兰王国政府与拉脱维亚政府海关事项互助协定》

第4条 控制下交付

(1)如果缔约方的国内法律制度的基本原则许可,根据相互达成的协议与安排,可以针对麻醉药品和精神药物适用国际控制下交付,其目的是查明非法贩运麻醉药品和精神药物的行为人。

(2)经双方海关当局同意,可以对拟实施控制下交付的非法货物实施拦截,并可以允许对麻醉药品或者精神药物原封不动地继续运送或者在将其完全或者部分取出或替代后继续运送。

(3)控制下交付决定必须在逐案判断的基础上作出,如果有必要,还必须考虑财政安排以及两国海关当局之间的协议。

三十六、《日本国与荷兰王国海关事项合作与互助协定》

第1条 定义

(j)控制下交付,系指一种技术,它是指在一国主管当局的知情和监督下,允许非法或可疑货物运出、通过或者进入该国领土,其目的是侦查犯罪,查明实施犯罪行为之人。

第6条 控制下交付

海关当局与有关执法机关进行磋商以后,根据各国的法律与条例,可以就控制下交付开展合作与交流情报。

三十七、《大不列颠及北爱尔兰联合王国与土耳其共和国海关行政互助协定》

第15条 控制下交付

1. 海关当局可经相互安排，允许非法或可疑货物在其控制下运入、通过或运出其各自领土，以侦查和打击涉及海关的犯罪行为。

2. 如果海关当局无权给予这种许可，海关当局应当努力与享有这种权限的国家当局展开合作，或将案件移交给这些当局。

三十八、《中华人民共和国政府和哈萨克斯坦共和国政府海关合作与互助协定》

中华人民共和国政府和哈萨克斯坦共和国政府（以下简称"双方"），

愿意发展，尤其是通过在海关事务领域的合作发展两国间的睦邻关系；

力求通过两国海关当局间的合作，便利和加快两国间货物和人员的往来；

认识到违反海关法规行为有损于两国的经济、社会和财政利益；

确信两国海关当局间的合作，将使为防止和打击违反海关法规的行为所做的努力更为有效，

议定如下：

第1条 定义

本协定所用专业术语释义如下：

一、"海关法规"系指由海关当局实施的关于货物和物品进出境和过境的一切法律和法规，而无论其是否涉及关税、国内税和其他费用或涉及禁止、限制或监控措施，包括对货币进出境的管理；

二、"违反海关法规"系指任何既遂和未遂的违犯海关法规的行为；

三、"海关当局"在中华人民共和国方面系指中华人民共和国海关总署，在哈萨克斯坦方面系指哈萨克斯坦共和国海关委员会；

四、"人"系指自然人和法人。

第2条 协定的范围

一、双方海关当局将根据本协定的规定并依照双方各自国内法规，在其权限和能力范围内进行合作并相互提供协助，以：

（一）便利和加速两国间货物和人员的往来；

（二）防止、调查和惩处违反海关法规的行为；

（三）保障对进出口货物准确计征关税、国内税和其他费用；

（四）交流海关业务工作经验和信息。

二、本协定不影响双方依据其他国际条约或协定所开展的合作，其中也包括在刑事案件方面提供司法协助的有关规定。

第3条　情报交换

一、双方海关当局应主动或经请求相互提供一切现有的下列有关情报：

（一）有助于保障正确计征进出口关税、国内税和其他费用的情报；

（二）已实施或正在策划中的与下列物品进出境有关的违反海关法规的行为的情报：

1. 给环境和人类健康造成危害的货物或物质；

2. 麻醉品和精神药物；

3. 武器、弹药、炸药及爆炸器械；

4. 具有极其珍贵的历史、文化艺术和考古价值的物品；

5. 双方海关当局相互交换的重点管理物品表中所列名的重要货物和物品。

二、双方海关当局应在各自的职权和能力范围内，在尽可能短的时间内相互提供所掌握的下列情报：

（一）在其正常活动中获得并有充分理由确信有严重违反海关法规行为将在对方境内发生的情报；

（二）有助于查处违法行为的情报；

（三）一方海关当局查获的涉及另一方国家的有关走私物品的来源及贩运路线的情报。

第4条　特别监视

经一方海关当局请求，另一方海关当局应在其权限和能力范围内，就下列各种情况在规定期限内进行特别监视，并向请求方提出监视报告：

（一）有理由确信在请求方境内从事职业性或经常性地参与违反海关法规活动的具体人员的活动情况，特别是他们自被请求方进出境的情况；

（二）请求方所通报的将导致严重的非法进出境货物的情况；

（三）有理由确定在请求方境内被用于从事违法活动的具体车辆、船舶、航空器及其他运输工具。

第 5 条　核查

经一方海关当局请求，另一方海关当局应向请求方海关当局通报下列情况：

（一）对向请求方提供的官方文件，如签发的报送单的确认；

（二）被运入请求方境内的货物是否从被请求方境内合法出口；

（三）从请求方出口的货物是否合法运入被请求方境内。

第 6 条　请求方式及内容

一、根据本协定提出的请求应以书面形式提出，并随附执行所必需的材料；在紧急情况下，可接受口头形式的请求，但事后应及时用书面形式确认。

二、请求的内容包括：

（一）提出请求的海关当局；

（二）请求采取的措施；

（三）请求的事宜和理由；

（四）有关案件的实质及相关事实的概述；

（五）所涉及的法律、法规和其他法律条文；

（六）对请求事宜所涉自然人和法人的尽可能准确而详实的情况介绍。

三、请求应使用被请求方的官方语言或英语或其他被请求方可接受的语言。

四、如有必要，被请求方海关当局可要求对上述请求进行更正或补充。

第 7 条　请求的执行

一、任何依照请求所提供的协助都不应违背被请求方国内的现行法律规定。

二、经一方海关当局请求，另一方海关当局应在其职权范围内就与请求方境内正在调查的某一违反海关法规行为有关的事宜进行核实和询问。

三、提供证明材料或其他文件应被视为执行请求的一种方式。只有在经确认的副本法律效力不足时，方可请求提供原始文件，并应尽快予以返还。

四、被请求方海关当局应根据其国内法律采取一切必要的措施来执行请求。

五、如被请求方海关当局非系执行一项请求的合适部门，则该海关当局应将此请求转达给合适的部门，并将此情况及上述请求的执行结果通报请求方海关当局。但是，是否执行上述请求应由被请求方合适的部门自行酌定。

六、如被请求方海关当局拒绝执行一项请求，应以书面形式通知请求方海关当局并说明理由。同时，被请求方海关当局应向对方提供一切现有的对于进一步处理请求所涉事宜有用的情况。

第 8 条　情报和证明材料的使用

一、根据本协定所获得的情报、文件和其他材料应仅在本协定第 3 条所规定的范围内使用，并受提供方所规定的条件的约束。

二、除提供上述情报、文件和其他材料的海关当局书面同意并受该当局所规定的条件约束外，上述情报、文件及其他材料不应被用于其他目的，包括在司法或行政程序中被作为证据使用。

第 9 条　保密

根据本协定所获得的任何情报、文件或其他材料，其机密性应受到在接收方境内取得同类情报、文件或其他材料所应受到的相同程度的保护。

第 10 条　协助义务的免除

一、如一方海关当局认为，对方提出的请求侵犯该国主权，危及该国安全和其他利益，或损害任何公私企业的合法商业利益，或将妨碍被请求方境内正在进行的某一程序，则该海关当局可以拒绝提供此项协助，或在满足一定条件或要求的情况下给予协助。

二、如一方海关当局所请求的协助系其自身在被请求时所不能提供的，则该方海关当局应在其请求中声明，是否执行此项请求应由被请求方海关当局自行酌定。

第 11 条　打击麻醉品和精神药品的非法贩运

一、双方海关当局为防止、调查和惩处非法贩运麻醉品和精神药品，应主动在最短时间内通报有关下列情报：

（一）已知或涉嫌参与非法贩运麻醉品和精神药品的人；

（二）核查出被用于非法载运麻醉品和精神药品的车辆、船舶、航空器及其他运输工具、集装箱和邮件。

二、双方海关当局应主动相互交流所掌握的有关非法贩运麻醉品和精神药品犯罪动态以及打击走私的成功经验。

三、如双方商定采取控制下交付，以查缉非法贩运麻醉品和精神药品的人，双方海关当局应依照各自国内的法规，在其权限和能力范围内，尽一切努力就此方面行动的实施进行合作。

四、双方海关当局可将本条款的执行范围扩展到用于制造麻醉品和精神药品的物质。

第 12 条　简化海关手续

一、双方海关当局应相互协助，采取有效措施，简化海关手续，以便利和加快人员和货物的往来，包括货物的过境。

过往两国共同边境的货物及运输工具应由双方共同议定的验放口岸出入境。

二、双方海关当局应在兼顾现行的国际运输法规的同时，努力采取相应的行政措施确立工作制度，核定口岸的验放能力。

三、双方海关当局应就相互承认海关监管保障措施和海关单证的进行咨询和协商。

第 13 条　经验交流

一、为达到相互了解，双方海关当局应在以下领域进行相互交流：

（一）海关法规；

（二）对货物、人员及邮递品的监管办法；

（三）用于海关监管查验的技术设备；

（四）关于走私活动、走私方式、藏匿方式、新的违规手段、查缉方法及其成效；

（五）同各国海关、海关合作理事会和其他国际海关组织合作的经验；

（六）其他双方共同感兴趣的问题。

二、双方海关当局应加强下列海关事务方面的合作，包括：

（一）就双方共同感兴趣的事项，特别是为了解海关监管查验技术设备，计算机技术和其他现代科技手段的应用而进行的官员和专家的交流；

（二）海关人员的专业培训；

（三）海关业务信息和科技应用方面的信息交流；

第 14 条　费用

除根据本协定执行请求而支付给证人、专家、译员等非海关雇员的费用外，双方海关当局应放弃就执行本协定所产生一切费用获得补偿的要求。

就执行本协定第 13 条所产生费用的补偿问题由双方海关当局另行商定。

第 15 条　协定的执行

一、双方海关当局应确立其中央一级海关部门间的直接联络方式，并在双方海关当局另行商定后授权各自地方海关建立联络关系。

二、双方海关当局应本着友好合作的愿望，对实施和解释本协定过程中出现的问题进行相互咨询和协商。

第 16 条　协定的适用领域

本协定适用于中华人民共和国关境和哈萨克斯坦共和国关境。

第 17 条　协定的生效和终止

本协定自双方各自完成本协定生效所必需的国内法律手续并相互通知之日起第 30 天生效。本协定有效期为 5 年，期满前 6 个月，如任何一方未以书面通知另一方终止本协定，则本协定将自动延长 5 年，并依此法顺延。

第 18 条　协定的修改和补充

本协定通过双方协商可进行修改和补充。

本协定于 1997 年 9 月 26 日在阿拉木图签订。一式 2 份，每份均用中文、俄文和哈萨克文写成，三种文本同等作准。

如对文本的解释出现分歧，以俄文本为准。

三十九、《中华人民共和国政府和菲律宾共和国政府关于打击非法贩运及滥用麻醉药品、精神药物及管制易制毒化学品的合作谅解备忘录》

中华人民共和国政府和菲律宾共和国政府（以下简称"双方"），

认识到非法贩运及滥用麻醉药品、精神药物已对两国经济和国民身体健康造成严重威胁；

希望通过合作打击并制止非法种植毒品原植物，以及非法生产、贩运及滥用麻醉药品和精神药物；

注意到 1972 年修订的《1961 年麻醉品单一公约》《1971 年精神药物公约》，以及 1988 年《联合国禁止非法贩运麻醉药品和精神药物公约》（以下简称《1988 年公约》）所规定的义务；

根据 1998 年 6 月 10 日联合国大会特别会议通过的《政治宣言》，《减少毒品需求和加强国际合作打击世界毒品犯罪的指导原则》的有关条款；

根据国际法的基本原则，缔约双方各自承担的国际条约义务和国内立法，在相互尊重主权和平等互利的基础上，达成如下谅解：

第1条　合作的目标和范围

在遵守各自国家法律和法规的条件下，双方应加强和鼓励多种形式的合作，以有效防止和控制麻醉药品和精神药物的非法生产、销售、贩运和滥用，以及可被用于非法制造麻醉药品和精神药物的易制毒化学品流入非法渠道。

第2条　交流信息

双方应在主管部门之间建立并维持交流渠道，以便快捷、及时地就以下方面交流信息：

一、关于控制毒品供需的国家法律和其他双方的职能部门颁布的法规；

二、有关调查毒品犯罪的下列情况：

（一）有关涉嫌向双方中任何一方非法贩运麻醉药品、精神药物及将易制毒化学品用于非法用途的信息；

（二）有关麻醉药品、精神药物和易制毒化学品的非法制造、走私和贩运的方法；

（三）有关涉嫌贩运麻醉药品和精神药物的个人或组织及所使用的贩运路线和方法等情况；

（四）有关转移、隐匿、掩盖贩毒收益、财产和设施的情况；

三、有关吸毒人员的治疗、康复和吸毒人员回归社会的方案的研究成果及信息；

四、有关毒品预防工作的信息；

五、有关新型毒品的信息；

六、有关毒品地下加工方法的信息；

七、在相关领域进行经验和专业技术的交流，包括对打击滥用非法麻醉药品和精神药物的科学分析；

八、交流查处、没收通过非法贩运麻醉药品和精神药物所得的赃款、财物的办法；

九、交流因非法贩运毒品而被拘押或逮捕的双方中任何一方公民的情况。

第3条　协助调查及特别调查手段

一、一方在提出请求并经另一方同意后，可依据双方就个案达成的"授权范围"，协助或参与在另一国正在进行的调查。

二、双方应依据《1988年公约》的规定，考虑共同实施"控制下交付"

的可能性。

第4条 防止易制毒化学品流失及被非法贩运

双方应合作采取措施落实《1988年公约》关于前体化学品和基本化学品的条款，特别是涉及双方的有关此类物品的进口、出口和转口的内容。

第5条 其他形式的合作

一、双方应当对主管部门和相关机构官员、专家的互访提供方便。

二、双方应当加强情报资料的共享并制定用于打击在双方领土内活动的贩毒组织的调查策略，同时在尊重各自管辖权的前提下，就一些具体项目进行合作。

三、双方应鼓励在包括禁毒执法培训在内的相关领域为实施培训而提供专家服务和进行人员交流。

四、双方应明确国家禁毒部门间的联系渠道和程序，以方便双方的协调与合作，确保快速反应和决策。

五、双方应鼓励对那些可能与对方进行联系的官员进行适当的语言培训。

六、双方可根据需要决定在其他领域进行合作。

第6条 合作程序

本谅解备忘录第1条所规定的合作将依照下列程序进行：

（一）合作的请求应当由下列机关提出：

1. 中华人民共和国方面，由中华人民共和国公安部部长或由其指定的人员直接向菲律宾共和国内政和地方政府部部长或由其指定的人员提出；

2. 菲律宾共和国方面，由菲律宾共和国内政和地方政府部部长或由其指定的人员直接向中华人民共和国公安部部长或由其指定的人员提出。

（二）合作的请求应以书面形式正式提出，包括信件、传真或其他电子通讯方式。

（三）合作的请求应包含以下内容：

1. 负责调查的执法机关或主管当局的名称；

2. 请求合作所涉及的侦查的内容；

3. 所需信息的类型或其他合作形式的描述；

4. 请求提供信息或其他合作的目的；

5. 要求获得信息的期限。

（四）被请求方应以书面形式，将每个合作请求的办理情况通知请求方。

第7条 保密

双方应对根据本谅解备忘录提供的所有信息和文件予以保密，并根据指定的条件使用。未经提供一方书面同意，不得将所获得的信息用于指定以外的目的。

第8条 延迟和拒绝执行合作的请求

一、被请求方在下列情况下可以拒绝执行合作的请求：

（一）请求的提出与本谅解备忘录的规定不符；

（二）执行请求与被请求方本国的法律相悖。

二、如果执行请求可能妨碍本方正在进行的调查或司法程序，被请求方可以延迟执行该请求。

三、在拒绝或延迟执行请求之前，被请求方应当：

（一）迅速通知请求方拒绝或延迟的原因；

（二）与请求方协商以确定是否可以通过其他双方可以接受的形式进行合作。

四、在拒绝或延迟执行请求时，被请求方应通过书面声明的形式指出理由。

第9条 合作机制

一、双方执行部门在本国法律规定的范围内制定实施本谅解备忘录的机制和具体安排。

二、本谅解备忘录在中华人民共和国方面授权中华人民共和国公安部执行，在菲律宾共和国方面授权菲律宾共和国内政和地方政府部执行。

三、双方根据通过外交渠道商定的地点和时间，在中华人民共和国和菲律宾共和国之间轮流举行会晤。

第10条 费用

一、请求方应当负担其派出代表的所有费用。

二、被请求方应当为请求方代表执行请求提供必要的便利。

第11条 解决争议

有关执行和解释本谅解备忘录产生的争议，将由双方通过外交途径协商解决。

第 12 条　生效、修改、效力和终止

一、双方在履行本谅解备忘录生效所需的国内法律程序后，应通过外交途径书面通知对方。本谅解备忘录自第二个通知收到后生效。

二、对本谅解备忘录进行的任何修改或补充应当由双方书面协商同意。对本谅解备忘录进行的修改和补充将依据前款的规定生效。

三、若双方中任何一方未通过外交渠道以书面形式通知另一方终止本谅解备忘录，则本谅解备忘录无限期有效。本谅解备忘录在通知终止 6 个月后失效。

四、本谅解备忘录的终止不影响双方已经签署的其他协议。

本谅解备忘录于 2001 年 10 月 30 日在北京签订，一式 2 份，每份都用中文和英文写成，两种文本同等有效。

四十、《中华人民共和国政府和俄罗斯联邦政府关于禁止非法贩运和滥用麻醉药品和精神药物的合作协议》

中华人民共和国政府和俄罗斯联邦政府（以下简称"双方"），

认识到麻醉药品和精神药物的非法贩运及滥用是对两国人民健康和幸福的严重威胁，并且是政治、经济、社会、文化等社会领域上的一大问题；

按照经《修正 1961 年麻醉品单一公约的 1972 年议定书》修正的《1961 年麻醉品单一公约》《1971 年精神药物公约》《1988 年联合国禁止非法贩运麻醉药品和精神药物公约》的宗旨；

受 1987 年联合国大会上通过的《控制麻醉药品滥用今后活动的综合性多学科纲要》，1990 年联合国第十七届特别会议通过的《政治宣言》《全球行动纲领》的激励；

认识到根除非法贩运麻醉药品和精神药物是世界所有国家的共同责任，需要在双边和多边合作中采取协调行动；

决心互助给予必要的协助以有效地打击非法贩运麻醉药品和精神药物；

注意到双方合作的必要性以制止这种非法贩运，包括企图利用本国的领土、领空和领水非法运输麻醉药品和精神药物；

兹协议如下：

第 1 条

双方在遵守各自国家的现行法律、法规的前提下，在政策上和实施计划

上努力互相协调一致以防止滥用麻醉药品和精神药物，进行脱瘾和康复，禁止非法生产、贩运麻醉药品和精神药物及 1988 年《联合国禁止非法贩运麻醉药品和精神药公约》表一、表二所列入的物质。

上述政策和计划将根据两国加入的国际公约加以实施。

双方将按照《联合国宪章》和其他一些根本性的国际文件所制订的国际法准则来履行本协议所规定的义务。

第 2 条

双方在制止非法贩运麻醉药品和精神药物方面实行合作并在必要时：

（一）交换企图向其中一方走私麻醉药品和精神药物的有关情报；

（二）交换非法麻醉药品和精神药物过境时所采取的隐藏方法及发现这些药物的方法的有关情报；

（三）交换非法运输麻醉药品和精神药物的人员及其运输路线的有关情报；

（四）交换关于检查发现非法麻醉药品和精神药物方面的技术专家。

第 3 条

双方业务主管机关将根据各自国家的立法制度考虑共同采用控制下交付及其他类似方法的可能性。

第 4 条

（一）双方业务主管机关将根据各自国家的法律制度，在组织打击非法贩运麻醉药品和精神药物的斗争中进行合作。为此：

1. 交换发现进入非法贩运的麻醉药品和精神药物来源的方法及采取措施制止其扩散的有关情报信息；

2. 交流有关禁止非法贩运和滥用麻醉药品和精神药物的立法和实践经验；

3. 组织互换专家和见习人员以提高他们同非法贩运麻醉药品和精神药物作斗争的职业水平；

4. 就此题目举行联合工作会晤。

（二）双方为执行本协议而相互提供的任何情报信息，无论是口头的还是书面的，使用时都要遵照供方所提的条件。

第 5 条

双方的社会卫生保健机关和部门将在吸毒预防、脱瘾和康复方面进行合作。他们还可以参加保障监督合法贩运麻醉药品和精神药物的合作。

第 6 条

双方外交部将就相互达成的协议进行磋商，以协调并提高本协议所规定的有关主管部门之间合作的效率，包括完善这种合作的形式。协调应在本协议生效后 1 年之内进行。

第 7 条

在双方同意的基础上，可对本协议进行修改。这些修正案通过互致外交照会并符合双方国内的法律制度即可生效。

第 8 条

本协议在双方通过外交渠道交换关于完成使其生效所必须的国内法律程序的书面通知之日起第 30 天开始生效，并将相互通报各自授权落实本协议的主管部门。

第 9 条

本协议有效期为 5 年。如任何一方在协议有效期满前 6 个月内，未以书面形式通过外交途径提出终止本协议，则本协议将自动延长 5 年。

本协议于 1996 年 4 月 25 日在北京签订，共 2 份，每份都用中文和俄文写成，两种文本同等作准。

四十一、《中华人民共和国政府和墨西哥合众国政府关于禁止非法贩运滥用麻醉药品及控制化学前体的合作协定》

中华人民共和国政府和墨西哥合众国政府（以下简称"双方"），

认识到麻醉药品和精神药物的非法贩运及滥用是对两国人民健康和幸福的严重威胁，并且是政治、经济、文化等社会领域中的一大问题；

认识到本协定涉及的合作是对双方在目前或将来按照经《修正 1961 年麻醉品单一公约的 1972 年议定书》修正的《1961 年麻醉品单一公约》《1971 年精神药物公约》和 1988 年 12 月 20 日在奥地利维也纳通过的《联合国禁止非法贩运麻醉药品和精神药物公约》（以下简称《维也纳公约》）履行的国际义务的补充；

受 1987 年联合国大会通过的《控制麻醉药品滥用今后活动的综合性多学科纲要》、1990 年联合国第十七届特别会议通过的《政治宣言》《全球行动纲领》的激励；

认识到根除非法贩运麻醉药品和精神药物是国际社会所有国家的共同责任，需要在双边和多边合作中采取协调行动；

决心互相给予必要的协助以有效地打击非法贩运麻醉药品和精神药物；

注意到双方合作以制止这种非法贩运，包括企图利用本国的领土、领空和领海非法贩运麻醉药品和精神药物的必要性。

达成协定如下：

第1条

双方在遵守各自国家的法律、法规的前提下，在政策上和实施计划上努力互相协调一致以防止滥用麻醉药品和精神药物，对吸毒人员进行脱瘾和康复治疗，禁止非法生产、贩运麻醉药品和精神药物，禁止非法转用化学前体和基本化学物，包括《维也纳公约》表一、表二所列入的物质。

前款政策和实施计划将根据双方加入的国际公约加以实施。

第2条

双方在制止非法贩运麻醉药品和精神药物以及非法转用公学前体和基本化学物方面实行合作，并在必要时：

（一）交换有关企图向其中一方非法贩运麻醉药品和精神药物或非法转用公学前体和基本化学物的情报；

（二）交换有关非法贩运麻醉药品和精神药物或非法转用公学前体和基本化学物过境时所采取的隐藏方法及发现这些物质的方法的情报；

（三）交换有关在其中一方境内非法贩运麻醉药品和精神药物或非法转用公学前体和基本化学物的犯罪组织的常用贩运路线的情报；

（四）组织会谈以交流在检查、发现和控制麻醉药品、精神药物和化学前体和基本化学物方面的经验。

第3条

双方将根据各自国家的法律和《维也纳公约》所包括的原则，考虑相互采用控制下交付方式的可能性和时机。

第4条

一、双方业务主管机关将根据各自国家的法律制度，在打击在双方任何一国领土中的非法贩运麻醉药品、精神药物和非法转用化学前体及基本化学物方面的活动中进行合作。为此：

（一）交换有关发现非法入境的麻醉药品、精神药物和非法转用化学前体及基本化学物来源的方法以及有助于采取措施预防这些非法活动的情报信息；

（二）交流有关禁止非法贩运和滥用麻醉药品和精神药物的立法和实践经验；

（三）组织互换专家和见习人员并组织业务培训以提高他们同非法贩运麻醉药品和精神药物作斗争的职业水平；

（四）举行与之相关的工作会晤。

二、双方为执行本协议而相互提供的任何情报信息，无论是口头的还是书面的，使用时都要遵照提供方所提的保密条件。

三、双方可通过电话、电传、传真以及其他可行的方式在各自主管机关间建立直接联系渠道。

第 5 条

双方将在吸毒预防、脱瘾和康复方面进行合作。

第 6 条

双方将通过外交途径就有关主管机关之间合作进展进行定期磋商，以完善合作并提高其效率。协调工作应在本协定生效后 1 年之内进行。

双方将相互通报各自授权落实本协定的主管部门。

第 7 条

在双方同意的基础上，可对本协定进行修改。

双方商定的修正案应按第 8 条规定的程序生效。

第 8 条

本协定自双方通过外交途径交换关于完成为使本协定生效所必须的各自国内法律程序的书面通知之日起第 30 天开始生效。

第 9 条

本协定有效期为 5 年。如任何一方在本协定有效期满前 6 个月内，未以书面形式通过外交途径提出终止本协定，则本协定将自动延长 5 年。

本协定于 1996 年 11 月 22 日在北京签订，一式 2 份，每份都用中文和西班牙文写成，两种文本同等作准。

四十二、《中华人民共和国政府和塔吉克斯坦共和国政府关于禁止非法贩运和滥用麻醉药品、精神药物和管制化学品前体的合作协议》

中华人民共和国政府和塔吉克斯坦共和国政府（以下简称"双方"），

认识到麻醉药品和精神药物（以下简称"麻醉品"）的非法贩运及滥用不仅对两国人民生命、健康和幸福构成严重威胁，并且也是影响政治、经济、社会、文化等领域的一大问题；

认为在打击麻醉品的非法贩运及滥用领域加强合作符合两国人民的根本利益；

按照联合国制订的经修正的《1961 年麻醉品单一公约》《1971 年精神药物公约》和 1988 年《联合国禁止非法贩运麻醉药品和精神药物公约》的宗旨；

考虑到全球行动纲领所倡导的关于 1990 年就打击非法生产、供应、需求和贩运麻醉品进行国际合作的目的和任务，按照国际法公认的原则和准则；

在遵守各自国家法律和法规的条件下，在制订协调一致的战略和采取联合措施打击非法贩运麻醉品，完善执法机关在预防、调查和制止非法贩运麻醉品方面的活动，以及履行国际义务等方面进行合作。

第 1 条

本协议规定的合作通过双方职能部门之间的直接接触和协商来实施。

中华人民共和国政府方的职能部门是国家禁毒委员会、外交部、公安部、海关总署、国家药品监督管理局。

塔吉克斯坦共和国政府方的职能部门是国家麻醉品监督委员会、外交部、内务部、安全部、卫生部、海关委员会、国家边境保护委员会。

第 2 条

双方将协调各自国家的政策以防止滥用麻醉品和非法转用化学品前体。

按照各自国家法律，每一方的职能部门将根据对方的建议或请求，在尽可能短的时间内交换如下情报信息：

1. 关于发现流入非法贩运的麻醉品来源的形式和方法及为制止其扩散所采取的措施，以及组织调查麻醉品销售者的情况；

2. 关于发现在双方领土上或从双方领土非法转移麻醉品的事实或企图；

3. 在运输过程中所使用的藏匿麻醉品的手段和发现麻醉品的方法；

4. 被查明的麻醉品非法贩运人和已发现的麻醉品转移路线;

5. 关于违反禁止滥用和非法贩运麻醉品法律的人或团伙的情况;

6. 使麻醉品非法交易的所得合法化的活动和方法。

第 3 条

双方提供的口头或书面情报信息,都均应视为机密,并仅允许在本协议范围内使用。

每一方要对另一方转交的信息保密,如果转交方不希望其扩散。信息的保密程度由转交方确定。

没有另一方的同意,双方不能将本协议规定的信息提供给大众新闻媒介,如果其扩散可能使另一方的利益或双方联合行动的利益遭受损失。

第 4 条

双方采取协调一致的措施和行动堵塞非法转移麻醉品的渠道,包括使用控制下交付。

以个案解决的办法使用控制下交付,必要时可考虑双方的财政协议。

第 5 条

双方可转交在本国领土没收的麻醉品样品,并提交按照国际标准成立的实验室进行分析和研究,以确定其发源地、化学和物理特性。双方相互提供通过这种方式获取的信息。

第 6 条

按照各自国家法律,双方职能部门根据对方请求采取调查措施。

第 7 条

双方按照经修正的《1961 年麻醉品单一公约》的规定,在发现、监督和铲除用于生产麻醉品的原植物及种植园方面进行合作。

第 8 条

双方将确定职能部门之间的直接联系渠道,以保障为实施本协议所进行的有成效的合作。

第 9 条

双方职能部门在吸毒预防、脱瘾治疗和康复方面进行合作。

双方协助并鼓励在此领域交换情报信息,以及交换专家代表。

第 10 条

双方通过各自的职能部门在执法人员学习和培训方面进行合作，交换麻醉品监督领域的专家和技术顾问。

第 11 条

双方交换处于监督下的麻醉品和管制化学品前体的清单，并相互通知其中的变化。

第 12 条

双方根据通用的麻醉品监督领域的国际公约，按照各自所承担的义务实施用于合法目的的麻醉品进出口贸易。

第 13 条

双方交换各自国家在麻醉品监督领域的法律和实践的信息。

第 14 条

两国外交部将根据预先的协议举行协商，以协调和提高本协议所规定的合作效率。

第 15 条

为了执行本协议，双方的职能部门可以成立工作组，举行专家会晤，签署相互间的协议。

第 16 条

本协议不妨碍双方在麻醉品监督领域确定或鼓励使用其他互利的合作形式和方法。

第 17 条

本协议自双方通过外交途径交换关于完成为使本协议生效所必须的各自国内法律程序的书面通知之日起第 30 天开始生效。

经双方同意，可对本协议进行修改和补充。

第 18 条

本协议有效期 5 年，如任何一方在协议有效期满前 6 个月内，未以书面形式通知另一方终止本协议，则本协议将自动延长到下一个 5 年。

本协议不影响双方在其他国际条约和协议中所承担的义务。

本协议于 1999 年 8 月 13 日在大连签订，一式 2 份，每份都用中文、塔吉克文和俄文写成，三种文本同等作准。如在解释上产生分歧，以俄文本为准。

四十三、《中华人民共和国政府和尼日利亚联邦共和国政府关于加强麻醉药品、精神药物和易制毒化学品管制的合作协定》

中华人民共和国政府与尼日利亚联邦共和国政府（以下简称"缔约双方"），为进一步巩固和发展两国间的友好关系，根据国际法的基本原则、各自国家承担的国际条约义务和各自国内法、在相互尊重主权和平等互利的基础上，达成协议如下：

第 1 条　合作义务

缔约双方在遵守各自国家的法律、法规并根据双方缔结或者共同参加的其他双边条约或多边国际公约享有权利和承担义务的前提下，在本协定执行机关各自的职权范围内，应实施对方根据本协定提出的协助请求。

第 2 条　合作范围

一、缔约双方根据各自国家现行的法律、法规和国际条约，在预防和打击非法贩运麻醉药品和精神药物、非法转移、使用易制毒化学品，以及预防教育、对吸毒人员进行脱瘾和康复治疗方面进行合作。

二、缔约双方各自授权的执行机关根据各自国家现行的法律、法规，组织侦查和搜捕犯罪嫌疑人和罪犯，向缔约另一方通报犯罪嫌疑人和罪犯的身份、案情和证据，并应请求递解犯罪嫌疑人和罪犯。

第 3 条　政策和战略协调

缔约双方在遵守各自国家法律、法规的前提下，根据双方缔结或者参加的国际公约的规定，在防止滥用麻醉药品和精神药物、对吸毒人员进行脱瘾和康复治疗、禁止非法转移、使用包括 1988 年《联合国禁止非法贩运麻醉药品和精神药物公约》表一和表二所列的易制毒化学品方面，协调政策和战略的实施。

第 4 条　情报交换

缔约双方通过各自授权的执行机关，在必要时交换下列情报信息：

（一）有关企图向或从其中一方非法贩运麻醉药品和精神药物，以及非法转移、使用易制毒化学品；

（二）有关非法贩运麻醉药品和精神药物及非法转移、使用制毒化学品所采取的隐蔽手段，以及发现和预防此类非法活动的方法；

（三）有关在其中一方境内非法贩运麻醉药品和精神药物，以及非法转移、使用易制毒化学品的犯罪组织及其常用贩毒路线；

（四）其他缔约双方都感兴趣的情报信息。

第 5 条　经验交流

缔约双方在下列立法和执法领域交流经验：

（一）有关打击非法生产、贩运麻醉药品和精神药物及非法转移、使用易制毒化学品的法律、法规、出版物和科研成果；

（二）检查、发现和控制非法生产、贩运麻醉药品和精神药物，以及非法转移、使用易制毒化学品；

（三）有关预防滥用麻醉药品和精神药物，以及对吸毒人员进行脱瘾和康复治疗。第 6 条技术合作 缔约双方应促进在禁止非法贩运、滥用麻醉药品和精神药物、非法转移、使用易制毒化学品，以及对吸毒人员进行脱瘾和康复治疗方面开展的科学研究和技术交流合作。

第 7 条　互派专家

一、为执行本协议，缔约双方可以互派专家和见习人员，交流、学习、借鉴对方先进经验，以提高他们打击非法生产、贩运麻醉药品和精神药物及非法转移、使用易制毒化学品的能力。

二、缔约双方经协商，可在必要时共同举办专家讲座和研讨会，或以双方认为合适的其他方式加强合作与交流。

第 8 条　控制下交付

缔约双方根据各自国家的法律、法规和 1988 年《联合国禁止非法贩运麻醉药品和精神药物公约》规定的原则，考虑联合采用控制下交付的可行性。

第 9 条　通过国际组织的合作

缔约双方可以考虑通过联合国禁毒署、国际刑警组织和世界海关组织等有关国际组织，加强在打击非法生产、贩运麻醉药品和精神药物方面的合作。

第 10 条　联络方式

一、缔约双方可在各自授权的执行机关之间通过电话、传真、邮寄及其他合适的方式直接进行联系。

二、有关非法贩运、滥用麻醉药品和精神药物及非法转移、使用易制毒化学品的详细信息以及有关人员的档案资料应通过信函传递。

三、经授权的执行机关可以就禁止非法贩运、滥用麻醉药品和精神药物及非法转移、使用易制毒化学品方面的问题定期举行会晤。

第 11 条　保密措施

一、如缔约一方提出需另一方对其提供的情报和资料保密时，缔约另一方应采取必要的保密措施。

二、根据本协议相互提供的情报、数据、资料或技术手段，非经提供一方事先书面同意，另一方不得转让给第三方。

第 12 条　执行机关

一、中华人民共和国公安部代表中华人民共和国政府执行本

地址：中国北京东长安街 14 号，100741。

二、代表尼日利亚联邦共和国政府执行本协定的授权机关：

（一）联邦司法部（负责政策、法律和法规方面信息）

地址：尼日利亚，阿布加，麦塔纳，舍胡香格里路，PMB192，新联邦秘书处，10 楼，联邦司法部；

（二）国家禁毒执法局（负责执法、情报交流和行动方面事宜）

地址：尼日利亚，拉各斯，法劳莫，PMB4004，少路 4 号，国家禁毒执法局。

第 13 条　协定修改

经缔约双方同意，可对本协定进行修改和补充。对本协定进行的修改或补充须经双方以换文确认后生效。

第 14 条　协定生效

本协定自双方签字之日起临时适用，并自双方完成各自国内法律程序并相互书面通知之日起生效。

如缔约任何一方意欲终止该协定，应提前 6 个月以书面形式通知另一方。

本协定终止后，所有依据本协定实施或执行的未到期或现存义务和项目将根据本协定条款及相关的独立议定书、协定、合同和补充性协议继续履行，直至终结。

下列全权代表各秉承本国政府正式授予签字之权谨签字于本协议，以昭信守。

本协定于 2002 年 7 月 2 日在北京签订，一式 2 份，每份都用中文和英文写成，两种文本同等作准。

四十四、《上海合作组织成员国关于合作打击非法贩运麻醉药品、精神药物及其前体的协议》

上海合作组织（以下简称"本组织"）成员国（以下简称"各方"），

对非法贩运和滥用麻醉药品和精神药物（以下简称"麻醉品"）及其前体大范围的扩散表示忧虑，

认识到非法贩运麻醉品及其前体对各方人民的健康和福祉构成严重威胁，

基于对利用本协议各方领土进行走私和非法过境贩运麻醉品及其前体日趋增加的担忧，

考虑到各方在打击非法贩运和滥用麻醉品方面加强合作符合本组织成员国人民的利益，

按照 2002 年《上海合作组织宪章》和经《修正 1961 年麻醉品单一公约的 1972 年议定书》修正的《1961 年麻醉品单一公约》《1971 年精神药物公约》、1988 年《联合国禁止非法贩运麻醉药品和精神药物公约》、1998 年联合国大会第二十次特别会议通过的《政治宣言》和决议，以及涉及此问题的联合国其他决议和建议，

根据各方采取有效措施打击非法贩运麻醉品及其前体的共同意愿，

遵循本国法律和公认的国际法原则和准则，

达成如下协议：

第 1 条

一、各方根据本国法律开展合作，制定打击非法贩运麻醉品及其前体的协商一致的战略和共同措施，在本组织框架内协调各方在此方面的活动，联合所有国家机关、社会和其他组织、公民的力量，以及利用大众媒体防止吸毒和非法贩运麻醉品及其前体。

二、各方促进在针对非法贩运麻醉品及其前体和禁吸戒毒领域中的双边和多边国际合作的开展。

三、各方努力在国际场合就禁止非法贩运麻醉品及其前体的问题协调立

场，并与执行禁止非法贩运麻醉品及其前体方面的国际组织进行合作。

第 2 条

一、各方在打击非法贩运麻醉品及其前体以及滥用麻醉品的合作中遵循以下基本原则：

（一）对涉及麻醉品及其前体流通的所有形式的活动实行国家管制；

（二）对涉及非法贩运麻醉品及其前体的违法行为予以惩罚；

（三）优先采取措施，预防吸毒及与非法贩运麻醉品及其前体有关的违法行为；

（四）国家支持对吸毒成瘾者的脱瘾治疗及医学和社会康复的新方法开展科学研究。

二、各方根据各自国家法律的规定，可以明确非医疗使用麻醉品责任，以此作为防止吸毒和减少麻醉品需求的预防性手段。

第 3 条

各方在打击非法贩运麻醉品及其前体以及滥用麻醉品方面的主要合作内容如下：

（一）分析与非法贩运麻醉品及其前体有关的犯罪状况；

（二）对麻醉品及其前体的流通实行严格管制；

（三）采取协商一致的措施，落实有关打击非法贩运麻醉品及其前体的公约和其他国际条约的各项规定；

（四）组织各方主管机关在打击非法贩运麻醉品及其前体方面开展合作；

（五）制定防止吸毒和非法贩运麻醉品及其前体的联合计划；

（六）完善各方打击非法贩运麻醉品及其前体合作的法律基础，根据国际条约调整该领域的国内法律；

（七）预防吸毒，研究和运用对吸毒成瘾者进行治疗以及社会和医学康复的新方法；

（八）禁止做导致吸毒蔓延的宣传和广告。

第 4 条

一、各方在打击非法贩运麻醉品及其前体以及滥用麻醉品方面采取如下合作形式：

（一）交换以下有关防止非法贩运麻醉品及其前体问题的情报：

1. 所有在各方领土上已经实施或准备实施的非法贩运麻醉品及其前体的犯罪行为；

2. 与非法贩运麻醉品及其前体有关的犯罪嫌疑人；

3. 从各方中的一方领土向另一方领土非法运输或准备运输麻醉品及其前体的具体事实和经过；

4. 参与非法贩运麻醉品及其前体的带有跨国性质的犯罪集团的机构、人员名单、活动范围、管理和联络情况；

5. 个人与在各方领土上实施非法贩运麻醉品及其前体的犯罪团伙接触或可能接触的情况；

6. 有关非法贩运麻醉品及其前体犯罪活动的形式和方法；

7. 将非法贩运麻醉品及其前体获取的收入合法化的活动（洗钱）；

8. 发现流入非法贩运渠道的麻醉品及其前体来源的形式和方法以及制止其非法贩运的措施；

9. 违法者对非法贩运的麻醉品及其前体所采用的藏匿和掩护的手法及查缉方法；

10. 其他共同关心的问题。

（二）一方根据另一方的请求，对涉及非法贩运麻醉品及其前体的活动采取专业侦查措施；

（三）采取措施在反对非法贩运麻醉品及其前体方面相互协作，包括进行控制下交付；

（四）通过举行会议和研讨会等方式交流工作经验；

（五）交换防止非法贩运麻醉品及其前体方面的法律和法规及其执行情况的材料、统计数据及方法建议；

（六）培训和提高相关人员的职业素质；

（七）提供物资技术和咨询帮助，协助举行专家鉴定；

（八）就打击非法贩运麻醉品及其前体问题共同开展科学研究；

（九）必要时，交换收缴的非法贩运的麻醉品及其前体的样品和研究结果；

（十）根据各方参加的国际条约的规定提供司法协助；

（十一）就在合作过程中产生的问题进行协调，包括成立工作组和交换代表，以开展侦查等活动；

（十二）吸收非政府组织和公民参与防止吸毒活动蔓延，发展社会医疗戒毒机构网点。

二、本条第 1 款第 6、7、8 项规定的合作具体形式，包括经费问题，可由各方单独商定。

三、本协议不妨碍各方研究和采取其他相互接受的合作方式。

第 5 条

一、各方根据本国法律确定的中央主管机关通过直接接触、按本协议的规定开展合作。各方中央主管机关为：

外交部；

麻醉药品和精神药物流通管制部门；

总检察院（检察院）；

内务部（公安部）；

国家安全机关和特种部门；

边防部门；

海关部门；

司法部；

卫生部；

教育部；

其他与落实本协议有关的职能部门。

二、为提高落实本协议的效率，各方指定各自负责协调在本协议框架内开展合作的被授权机关。

三、各方必要时通过外交渠道向本协议保存方通报有关中央主管机关和被授权机关的资料，注明它们的邮寄地址、电话号码、传真和电子邮件地址。

本协议保存方向各方通报中央主管机关和被授权机关变化情况。

第 6 条

经本国中央主管机关同意后，边境地区主管机关之间可以直接开展本协议框架内的合作。其协作程序由各方中央主管机关根据各自的国内法律另行协商。

第 7 条

一、在本协议框架内开展的合作应建立在一方提出合作请求或一方向其认为感兴趣的另一方提出协作倡议的基础上。

（一）协助请求以书面形式提出；

（二）在紧急情况下可以口头提出协助请求，但应在此后的 72 小时内以书面形式确认，必要时可利用通信技术手段传递；

（三）如对协助请求的真实性或内容产生疑问，可请求对方以书面形式对真实性予以补充确认或对文件实质内容做详细说明。

二、协助请求应包括以下内容：

（一）请求方与被请求方中央主管机关的名称；

（二）提出请求的目的及根据；

（三）请求协助的内容；

（四）希望执行请求的期限；

（五）有利于及时和适当执行协助请求的其他信息；

（六）如有必要，标明请求或被请求方采取个别行动的密级；

（七）如有必要，请求书应译成中文或俄文。

三、有关请求的情报只能用于在请求书中注明的目的。

第 8 条

一、被请求方中央主管机关采取一切必要措施以保证快速、尽可能圆满地执行请求。请求一般应在送达之日起 30 日内执行。

二、被请求方中央主管机关有权要求请求方提供其认为适当地执行请求所需的补充信息。

三、如不违背本国法律，被请求方中央主管机关在本国境内执行请求时可允许请求方中央主管机关的代表在场。

第 9 条

一、被请求方中央主管机关在不可能或拒绝执行请求时，应立即以书面形式通知请求方中央主管机关，并告知有碍执行请求的原因，同时退还请求书和所有相关附件。

二、如被请求方中央主管机关认为完成协助请求可能给其本国主权、安全或其他重大利益造成损失，或违背本国法律，则可以完全或部分拒绝执行请求。

三、如被请求方中央主管机关认为立即执行请求可能妨碍在其境内进行的刑事诉讼或其他诉讼进程，则可以推迟执行请求或提出执行请求必须遵守的、经与请求方中央主管机关协商后确定的条件。如请求方中央主管机关同意按被请求方提出的条件协作，则须予以遵守。

第 10 条

一、各方应对其得到的非公开或提供方不愿公开的信息和文件保密。这些信息和文件的密级由提供方确定。

二、一方根据本协议从另一方获得的信息和文件，如事先未得到提供方的书面同意，不得转交。

第 11 条

各方在本国法律框架内采取必要措施，在相互可以接受的协议的基础上，对麻醉品及其前体适当利用控制下交付办法，以达到查明参与非法贩运麻醉品及其前体的人员并追究其刑事责任等目的。

第 12 条

一、如无另行商定，各方将自行承担在本国境内执行本协议所需的费用。

二、各方将承担各自中央主管机关的代表的国际旅费和在接待方境内所有的逗留费用。

三、请求方中央主管机关的代表前往被请求方时，需与被请求方中央主管机关事先商定方可执行

第 13 条

一、为了检查本协议的执行结果和完善本协议所规定的合作，各方遵循《上海合作组织成员国务部门领导人会议条例》，按照俄文字母顺序轮流在成员国境内举行被授权机关领导人会议，每年不少于一次。

二、必要时，各方中央主管机关举行联合工作会晤和磋商。此类工作会晤和磋商经相互商定后一般在倡议方境内举行。

三、举办上述会议、会晤和磋商应事先通报本组织秘书处，结束后向秘书处通报结果。

第 14 条

一、如各方对本协议条款的解释和适用产生争议，将通过协商和谈判解决。

二、本协议不妨碍各方加入的其他国际条约中涉及的权利和承担的义务。

第 15 条

各方在本协议框架内进行合作时以中文和俄文作为工作语言。

第 16 条

一、本协议自保存方收到第 4 份关于各方已完成为使本协议生效所必需的各自国内程序的书面通知之日起生效。对于在此后完成国内程序的各方，协议自其将有关通知书交付保存方之日起生效。

二、经各方决定，可形成单独的议定书对本协议进行修改和补充，该议定书构成本协议不可分割的一部分，并按本条第 1 款规定的程序生效。

三、各方不得对本协议提出任何保留意见。

四、本协议自生效之日起 5 年内有效。此后，如各方无其他决定，本协议有效期将自动延长 5 年，并依此法顺延。

五、本协议对赞同本协议条款和愿意承担本协议规定义务的其他国家开放。对于加入国，本协议自保存方收到其加入书之日起生效。

第 17 条

本协议由本组织秘书处保存，秘书处将核对无误的副本提交各方。

本协议于 2004 年 6 月 17 日在塔什干市签订，正本一式 1 份，分别用中文和俄文写成，两种文本同等作准。

四十五、《中华人民共和国政府和俄罗斯联邦政府海关合作与互助协定》

中华人民共和国政府和俄罗斯联邦政府（以下简称"双方"），

根据 1992 年 12 月 18 日签署的关于中华人民共和国和俄罗斯联邦相互关系基础的联合声明；

愿意发展，尤其是通过在海关事务方面的合作发展两国间的睦邻关系；

希望通过两国海关当局间的合作便利和加快两国间货物和人员的往来；

认识到违反海关法规行为有损于两国的经济、社会和财政利益；

确信两国海关当局间的合作将使为防止和打击违反海关法规行为所做的努力更为有效，

议定如下：

第1条　定义

在本协定中：

一、"海关法规"系指由海关当局实施的关于货物和物品进出境和过境的一切法律和法规，而无论其是否涉及关税、国内税和其他费用或涉及禁止、限制或监控措施，包括对货币进出境的管理；

二、"违法"系指任何既遂或未遂的违犯海关法规的行为；

三、"海关当局"在中华人民共和国方面系指中华人民共和国海关总署，在俄罗斯联邦方面系指俄罗斯联邦国家海关委员会；

四、"人"系指自然人和法人。

第2条　协定的范围

一、双方海关当局将根据本协定的规定并依照双方各自国内法规在其权限和能力范围内进行合作并相互提供协助，以：

（一）便利和加速两国间货物和人员的往来；

（二）防止、调查和惩处违反海关法规的行为；

（三）保证正确计征对进出口货物和物品所征收的关税、国内税和其他费用；

（四）交流海关事务方面的专业经验和信息。

二、本协定不应影响双方根据其他国际协定或安排所开展的合作，特别是在刑事案件方面进行司法协助的规定。

第3条　情报交换

一、双方海关当局应主动或经请求相互提供一切现有的关于下列事项的情报：

（一）可能有助于正确计征关税、国内税和其他费用的情报；

（二）关于已实施的或策划中的与下列物品进出境有关的违反海关法规行为的情报：

1. 对环境或健康有害的货物或物质；

2. 麻醉品和精神药物；

3. 武器、弹药、炸药和爆炸器械；

4. 艺术品和具有历史、文化和考古价值的文物；

5. 双方海关当局相互通报的敏感性物品表中的货物和物品。

二、双方海关当局应主动并应在最短的时间内相互提供关于下列事宜的一切现有情报：

（一）海关当局在其正常活动中发现并有理由确信在另一方境内将发生某一严重违反海关法规行为的情报；

（二）可能有助于查处违反海关法规活动的情报；

（三）一方海关当局查获的涉及另一方案件的有关私货来源和非法贩运路线的情报。

第 4 条　特别监视

经一方海关当局请求，另一方海关当局应在其权限和能力范围内就下列各种情况进行一定时期的特别监视，并向请求方海关当局提出监视报告：

（一）有理由确信曾在请求方境内从事职业性或惯常性违反海关法规活动的特定人员的活动情况，尤其是他们自被请求方进出境的活动情报；

（二）请求方海关当局所通报的将导致自请求方非法进出境的特定货物的移动情报；

（三）有理由确信在请求方境内被用于实施违反海关法规行为的车辆、船舶、航空器及其他运输工具。

第 5 条　核查

经一方海关当局请求，另一方海关当局应向请求方海关当局通报关于下列事项的情况：

（一）作为附件随货物申报单递交给请求方海关当局的官方文件是否属实；

（二）运到请求方境内的货物是否系从被请求方境内合法出口；

（三）从请求方出口的货物是否合法运入被请求方境内。

第 6 条　请求的方式和内容

一、根据本协定所提请求应以书面形式提出，并应随附执行上述请求所必需的文件。如因情况紧急，可接受口头请求，但请求方海关当局必须立即以书面形式加以确认。

二、根据本协定所提请求应包括以下内容：

（一）提出请求的海关当局；

（二）请求采取的措施；

（三）请求的事宜和理由；

（四）关于案件和有关事实的概述；

（五）所涉法律、法规和其他法律要素的说明；

（六）关于所请求事宜项下的自然人和法人的尽可能详尽的情况。

三、请求应采用被请求方的官方语言或英语或其他被请求方海关当局可接受的语言。

四、如必要，被请求方海关当局可要求对上述请求进行更正或补充。

第 7 条　请求的执行

一、为回复请求所执行的任何协助应依照被请求方国内法律予以实施。

二、经一方海关当局请求，另一方海关当局在其权限范围内应就与请求方境内正在调查的某一违反海关法规行为有关的事宜进行核实和询问。

三、提供文件或其他材料应被视为执行请求的一种方式。只有在经确认的副本法律效力不足时，方可要求提供原始文件，并应尽快予以返还。

四、被请求方海关当局应根据其国内法律采取一切必要的措施来执行请求。

五、如被请求方海关当局非系执行一项请求的合适部门，则该海关当局应将此请求转达给合适的部门，并将此情况及上述请求的执行结果通报请求方海关当局。但是，是否执行上述请求应由被请求方合适的部门自行酌定。

六、如被请求方海关当局拒绝执行一项请求，该海关当局应将拒绝执行请求的理由书面通知请求方海关当局。同时，被请求方海关当局应向对方提供现有的对于进一步处理请求所涉事宜有用的情况。

第 8 条　情报和文件的使用

一、根据本协定所获得的情报、文件和其他材料应仅用于本协定所规定的目的，并受提供上述情报、文件和其他材料的海关当局所规定的条件的约束。

二、除提供上述情报、文件和其他材料的海关当局书面同意并受该当局所规定的条件约束外，上述情报、文件及其他材料不应被用于其他目的，包括在司法或行政程序中被作为证据使用。

第 9 条　保密

根据本协定所获得的任何情报、文件或其他材料，其机密性应受到在接收方境内取得同类情报、文件或其他材料所应受到的相同程度的保护。

第10条 协助义务的免除

一、如一方海关当局认为，执行一项请求将侵犯其主权、安全和其他国家利益，或将损害该国公私企业的正当商业利益，或将妨碍被请求方境内正在进行的某一程序，则该海关当局可以拒绝提供此项协助，或在满足一定条件或要求的情况下给予协助。

二、如一方海关当局所请求的协助系其自身在被请求时所不能向对方提供者，则该方海关当局应在其请求书中声明此点，提请注意。是否执行此项请求应由被请求方海关当局自行酌定。

第11条 打击麻醉品和精神药物的非法贩运

一、为加强在防止、调查和惩处麻醉品和精神药物非法贩运方面所采取的行动，双方海关当局应主动并应在最短的时间内相互提供关于下列事项的情报：

（一）已知或涉嫌参与麻醉品和精神药物非法贩运活动的人；

（二）已知或涉嫌被用于非法贩运麻醉品和精神药物的车辆、船舶、航空器及其他运输工具、集装箱和邮件。

二、双方海关当局应主动相互提供一切现有的关于麻醉品和精神药物非法贩运手段及新的有效打击麻醉品和精神药物非法贩运方法的情报。

三、如双方同意采取控制下交付以查缉涉嫌参与上述麻醉品和精神药物非法贩运的人，则双方海关当局应依照各自的国内法律并在其权限和能力范围内尽可能就此方面行动的实施进行合作。

四、双方海关当局可将本条规定的执行扩展到用于制造麻醉品和精神药物的物质。

第12条 简化海关手续

一、经双方同意，双方海关当局应采取必要的措施简化海关手续以便利和加速两国间人员和货物的往来，包括货物的过境。

二、通过两国共同边界的货物、物品和运输工具应从双方协议所确定的检查口岸进出。双方海关当局应尽力采取相应的行政手段并在考虑到现行国际运输协定的情况下就设在共同边界地区对应海关的办公时间和工作进程进行协调。

三、双方海关当局应就相互承认各自的海关封志、标识和海关单证另行协商并做出安排。

第 13 条　经验交流

一、为达到相互了解，双方海关当局应在下列领域内进行经验交流：

（一）海关法规；

（二）海关对货物、旅客行李和邮件的监管办法；

（三）用于海关监管的技术装备；

（四）关于走私活动、走私形式、藏匿方式、新的走私工具和方法的情报、查缉方法及其成果；

（五）同各国海关、海关合作理事会和其他国际组织合作的经验；

（六）其他双方共同感兴趣的问题。

二、双方海关当局应在海关事务方面进行合作，包括：

（一）就共同感兴趣的事项，尤其是为获得海关监管技术装备、计算机和其他现代化科技手段应用方面的经验而进行海关官员和专家的交流；

（二）海关人员的业务培训；

（三）交流与海关业务有关的专业和科技资料。

第 14 条　费用

一、除支付给专家和证人或译员等非海关雇员的费用外，双方海关当局应放弃就执行本协定所产生一切费用获得补偿的要求。

二、双方海关当局可就执行本协定第 13 条所产生费用的补偿问题另行做出安排。

第 15 条　协定的执行

一、双方海关当局应相互直接提供本协定所规定的协助，并应为此目的做出具体安排。

二、双方海关当局应安排中央一级海关部门之间保持直接联络，并授权各自地方海关进行联络。为此，双方海关当局将另行协商并做出安排。

三、双方海关当局应本着友好合作的精神协商解决本协定解释或执行过程中所产生的问题。

第 16 条　适用领域

本协定应适用于中华人民共和国的关境和俄罗斯联邦的关境。

第 17 条　生效和终止

一、本协定在通过外交途径收到关于双方业已完成本协定生效所必需的国内法律手续的最终通知之日起 30 天后生效。

二、本协定长期有效。双方可以通过外交途径书面通知终止本协定，本协定将于上述通知发出之日起 6 个月后失效。

本协定于 1994 年 9 月 3 日在莫斯科签订，一式 2 份，每份均用中文和俄文写成，两种文本同等作准。

四十六、《中华人民共和国政府和意大利共和国政府关于打击犯罪的合作协议》

中华人民共和国政府和意大利共和国政府（以下简称"双方"），

意识到各种犯罪给两国带来的影响和对本国公共秩序与安全以及人民的生命与财产安全构成的威胁，

按照 1990 年 12 月 14 日联合国大会关于进行国际合作打击有组织犯罪的第 45/123 号决议及经 1972 年修正的《1961 年麻醉品单一公约》《1971 年精神药物公约》和 1988 年《联合国禁止非法贩运麻醉药品和精神药物公约》的宗旨，为进一步巩固和发展两国之间的友好关系，加强双方在国际领域打击犯罪的合作，加强两国警察部门之间的合作，在相互尊重主权和平等原则的基础上，达成协议如下：

第 1 条

双方根据本协议和各自国家的法律，在各自指定的本协议执行机构的职权范围内，为制止和打击各种犯罪活动相互进行合作，特别是下述犯罪：

一、有组织犯罪；

二、国际恐怖活动；

三、非法贩运文物、烟制品、贵重金属，以及根据双方国家法律规定均为犯罪的物品贩运；

四、各种形式的洗钱犯罪；

五、伪造货币、有价证券、商标和专利；

六、伪造护照、签证等证件或者使用伪造的护照、签证等证件；

七、非法贩运武器、弹药、爆炸物品、剧毒物品、核材料和其他放射性物品；

八、偷渡或者组织、协助他人偷越国境；

九、贩运、拐卖、扣留人口，强迫劳动等非法活动；或者胁迫妇女、儿童从事卖淫等色情活动；

十、在金融、保险领域的跨国犯罪以及利用银行等金融机构出具的信用卡等结算、支付工具实施的犯罪；

十一、计算机犯罪以及利用互联网和其他通讯设施进行的犯罪。

第 2 条

双方在各自法律和职权范围内，按照联合国制订的经 1972 年修正的《1961 年麻醉品单一公约》《1971 年精神药物公约》和 1988 年《联合国禁止非法贩运麻醉药品和精神药物公约》的宗旨，为预防和打击非法生产，贩运和贩卖麻醉药品和精神药物及易制毒化学品，在以下方面相互进行合作：

一、相互提供新的各类麻醉药品、精神药物、易制毒化学品及相关原料和原植物的信息、毒品市场动向情况，交流预防和打击毒品贩运，包括在边境口岸所用的侦查技术和经验；

二、相互组织专家和执法人员进行专业培训，交流训练和使用缉毒犬的技术和经验；

三、在中华人民共和国公安部和意大利共和国内政部职权范围内交流在预防麻醉药品和精神药物的滥用和戒毒治疗方面的经验和措施；

双方在本条款的合作中应当采用控制下交付的手段。

第 3 条

双方根据各自国家法律，就以下领域交换情报：

一、关于本协议第 1 条和第 2 条所列举的合作内容的情报；

二、关于两国公民在对方国家犯罪或受到侵害的情报；

三、关于本国制止和打击犯罪立法方面的情报；

四、双方都感兴趣的其他犯罪领域的情报。

提出提供情报的要求必须附简要目的说明。

第 4 条

双方通过互派专家访问、举办培训班等多种形式，就以下方面的工作经验进行交流：

一、对本协议第 1 条和第 2 条所确定的合作领域方面；

二、武器弹药、爆炸物品、剧毒物品、核材料和其他放射性及危险物品方面；

三、出入境管理，包括在本国境内的外国人管理方面；

四、道路交通、铁路、航运和民航安全管理方面；

五、警察的组织、管理、教育和培训方面。

第 5 条

双方在科学研究、技术交流与开发、选用警用技术、器材和装备等方面进行合作。

第 6 条

双方扩大和加强国际刑警组织中华人民共和国国家中心局和国际刑警组织意大利共和国国家中心局之间的密切合作。

第 7 条

双方在本国法律规定的范围内，共同磋商、制定并实施制止和打击本协议第 1 条和第 2 条所列的各种犯罪活动的对策和措施。打击犯罪合作包括对在逃罪犯和犯罪嫌疑人的追查和实行驱逐，有引渡条约规定的除外。

双方在各自领土上组织侦查犯罪嫌疑人和罪犯，并交换有利于侦查的所有信息，包括与案情有关的电话号码、机主姓名和扣押、没收犯罪资产的情况。

应一方请求，另一方可以派遣警务人员到对方境内协助进行掩盖身份的调查活动（根据有关国际公约和通行惯例）。

双方愿意探讨将来互派警务联络官的可能性。

第 8 条

中华人民共和国公安部和意大利共和国内政部分别是双方对本协议的执行部门，负责商定本协议的具体合作的内容、时间和实施办法。

就本协议的具体实施，在中华人民共和国方面，由公安部外事局具体负责。在意大利共和国方面，有关刑事犯罪的内容由内政部刑警总局国际警务合作局具体负责；有关本协议的其他内容由意大利共和国内政部警察协调与规划总局国际联络局负责。

就交换信息，有关刑事犯罪内容由中华人民共和国公安部外事局通过国际刑警组织意大利国家中心局渠道与意大利共和国刑警总局国际警务合作局联系，涉及本协议的其他内容与意大利共和国内政部警察协调与规划总局国际联络局联系。

第 9 条

中方专家组和意方专家组，一方根据本协议提供的个人数据和信息，另一方必须按本国的法律规定进行处理和保密。

根据本协议相互提供的个人数据和信息，非经提供一方书面同意，不得转让给第三方。

第 10 条

双方中的任何一方认为对方提出的合作请求有损其国家主权、安全或公共秩序、公共利益等国家根本利益时，可全部或部分拒绝该请求。

在此情况下，拒绝方应当将拒绝的理由以书面形式及时通知对方。

第 11 条

双方每两年一次轮流在北京和罗马举行会晤，交流履行本协议的情况，确定下一步的执行计划。

第 12 条

本协议不影响双方根据两国缔结或者参加的其他双边、多边国际条约所规定的权利和义务。

第 13 条

经双方协商同意，可对本协议进行修改和补充，并通过外交途径使之生效。

第 14 条

在解释、执行本协议产生分歧时，由双方通过外交途径协商解决。

第 15 条

本协议自双方各自履行本协议生效所必须的国内法律程序并通过外交途径相互通知并收到最后确认书之日起生效，无限期有效。双方中任何一方要求终止本协议，可通过外交途径至少提前 6 个月书面通知对方。

本协议由双方政府授权的代表签署。

本协议于 2001 年 4 月 4 日在罗马签订，一式 2 份，每份都用中文和意大利文写成，两种文本同等作准。

四十七、《上海合作组织成员国政府海关合作与互助协定》

上海合作组织成员国政府（以下简称"各方"），

希望通过包括海关事务方面的合作发展睦邻友好关系；

力求通过海关当局间的合作促进各方国家间货运的进出和人员的往来；

注意到在海关事务方面的违法行为有损于各方国家的经济利益；

确信各方国家海关当局间的合作将使遵守海关法律法规和打击在海关事务方面的违法行为更为有效地得以实施；

希望支持和鼓励各种形式的区域性经济合作，协助创造贸易和投资的良好条件，以逐步实施商品、资本、服务和技术在各方国家的自由流通；

议定如下：

第1条

本协定所用专业术语释义：

（一）"海关法"系指各方国家海关当局所执行的调整有关货物（物品）进口（境）、出口（境）、移动秩序的规范性法规性文件的总称；

（二）"海关当局"系指各方国家的中央海关机构；

（三）"在海关事务方面的违法行为"系指任何违反各方国家海关法的行为；

（四）"人"系指任何自然人或法人；

（五）"麻醉药品"系指被列入《1961年麻醉品单一公约》表一和表二以及《修正1961年麻醉品单一公约的1972年议定书》中的任何天然或合成物质；

（六）"精神药物"系指被列入《1971年精神药物公约》附表一、二、三、四中的任何天然或合成物质；

（七）麻醉药品和精神药物的易制毒化学品（简称"易制毒化学品"）系指被列入各方国家法律管制的，包括列入1988年《联合国禁止非法贩运麻醉药品和精神药物公约》表中经常用于生产、制造和加工麻醉药品和精神药物的物质；

（八）"请求方当局"系指就海关问题提出请求协助的海关当局；

（九）"被请求方当局"系指就海关问题收到请求协助的海关当局；

（十）"海关税费"系指各方国家海关根据各自国家法律规定计征的所有海关关税、进口环节税、海关手续费和其他费用；

（十一）"控制下交付"系指一种技术，即在一国或多国的主管当局知情或监督下，允许货物中非法或可疑的麻醉药品、精神药物和其易制毒化学品或它们的替代物质运出，通过或运入其领土，以期查明参与非法贩运麻醉药品、精神药物及易制毒化学品的犯罪人。

第2条

一、各海关当局根据本协定的规定，依照各自国家的法律并在其职权范围内进行合作，以：

（一）确保正确计海关税费和合法使用海关优惠政策；

（二）防止、消除和调查在海关事务方面的违法行为。

二、本协定不应影响各方国家参与的其他国际协定规定其应承担的义务。

第3条

海关当局在职权范围内应：

（一）采取必要措施简化海关手续；

（二）相互承认海关封志（铅封、印签、印章、印模）和海关单证的样式，通报关单证、印模、印章样式变更的情况，必要时在进出境货物上施加海关封志；

（三）采取措施相互简化各方国家过境货物和过境运输工具的程序和条件。

第4条

一、为促进消除非法贩运麻醉药品、精神药物及其易制毒化学品行动的开展，海关当局未经预先请求应在最短的时间内相互通报信息：

（一）已知或涉嫌参与非法贩运麻醉药品、精神药物及其易制毒化学品活动的人；

（二）已知或涉嫌被用于非法贩运麻醉药品和精神药物的运输工具（包括集装箱）和邮件。

二、海关当局未经预先请求应相互提供麻醉药品、精神药物及其易制毒化学品非法贩运的方法和新的监管办法的情报。

三、一方根据本条第 1、2 款所获取的信息和文件可提供给其查缉非法贩运麻醉药品、精神药物及其易制毒化学品的执法部门。

四、根据各自国家的法律并经协商一致，各方海关当局必要时可对麻醉药品、精神药物和易制毒化学品采取控制下交付的方式。

第 5 条

一、包括未经预先请求，海关当局在尽可能短的时间内相互告知对方重点打击的在海关事务方面可能存在的违法行为的信息。

二、海关当局主动或应请求在最短时间内相互通报策划中或已实施的与下列货物、物品进出境有关的、违反一方国家海关法行为的一切必要的情报：

（一）对自然环境或居民健康有害的货物或物品；

（二）武器、弹药、炸药、有毒物质、爆炸装置和核材料；

（三）带有恐怖主义和（或）极端主义倾向，或煽动种族间和（或）宗教间矛盾和仇恨的书籍、视听材料；

（四）具有很高的历史、艺术、文化和考古价值的艺术品；

（五）根据各方国家法律规定应征收高额关税，进口环节税的货物或物品；

（六）各方所商定的货物、物品表中所列明的具有特别重要意义并对其采取非关税限制的货物或物品；

（七）有理由判断为侵权的货物或物品；

（八）麻醉药品、精神药物和其易制毒化学品，以及对自然环境和居民健康有危险的物质；

（九）各种濒危动植物及其衍生物。

第 6 条

本协定生效后 3 个月内海关当局应相互提供关于各自国家现行海关法律和其他海关规范性文件的复印件，且以后应相互及时通报海关法的一切变更信息。

第 7 条

一、海关当局应：

（一）交流各自的工作经验、海关事务方面新的违法手段和方法的信息，以及共同感兴趣的其他问题；

（二）相互通报海关当局使用技术辅助手段的情况。

二、海关当局应在海关事务方面相互提供帮助：

（一）为了解海关使用科技手段情况，在共同感兴趣的情况下进行官员交流；

（二）开展培训，提供帮助，提高各自工作人员的专业技能和交流海关事务专家；

（三）交换与海关事务有关的专业和科技信息。

第8条

一、为执行请求，海关当局可根据各自国家的法律并在其职权和资源范围内相互给予协助。

二、执行请求给被请求方国家的主权、安全和经济利益造成损害或与其国家法律、国际义务相悖，可予以拒绝。

如不能或拒绝执行请求，被请求方当局应以书面形式立即通知请求方当局，并告知影响请求执行的原因。

三、一方海关当局所请求的协助系其自身在类似请求时所不能向对方提供的，则该方海关当局应在其请求中予以说明，提请注意。在此情况下，被请求方当局有权拒绝执行请求，并告知请求方。

第9条

根据一方海关当局的请求，另一方海关当局根据本协定第 11 条规定的程序提供：

（一）确认用于海关事务的信息，官方文件和报关单随附单证真实性的书面信息；

（二）确认进出各方国家关境的货物和运输工具系根据各方国家海关法要求运入各方国家境内或从其境内运出的信息。

第10条

一、根据本协定的规定，以任何方式提供的信息都具有保密性。

二、根据本协定各方海关当局获得的情报、文件和其他材料仅用于本协定所规定的目的，只有在提供方海关当局书面同意时才可转交或用于其他目的。

根据本协定规定所获取的情报、文件和其他材料其机密性应受到在接受方国家境内取得同类情报、文件和其他材料所受到的相同程度的保护。

第 11 条

一、请求方当局直接向被请求方当局提出请求。

请求应以书面形式提出，并应随附完成请求所必需的原件或官方核对后的复印件。

在紧急情况下，可接受口头申请，但请求方当局应立即以书面形式加以确认。

二、请求应包括以下内容：

（一）请求方当局名称；

（二）请求中涉及的当事人姓名、地址和其他资料；

（三）请求的事项和理由；

（四）案件性质的概述和其法律定性。

三、请求使用的语言是 2002 年 6 月 7 日签署的《上海合作组织宪章》中所规定的工作语言。

第 12 条

如各方未就有关事宜达成其他议定，各方应自行承担其执行本协定所产生的费用。

第 13 条

根据需要，海关当局代表进行协商讨论有关执行本协定的问题。

第 14 条

各方通过协商可以单独议定书的形式对本协定进行修改和补充，议定书是本协定不可分割的一部分。

第 15 条

本协定解释或执行过程中各方间所产生的争议和分歧由各方通过谈判和协商解决。

四十八、《中华人民共和国政府和柬埔寨王国政府关于禁止非法贩运和滥用麻醉药品、精神药物和易制毒化学品的合作谅解备忘录》

中华人民共和国政府和柬埔寨王国政府（以下简称"双方"），为进一步巩固和发展两国之间的友好关系，根据国际法的基本原则、各自国家承担的国际条约义务和国内立法，在相互尊重主权和平等互利的基础上，达成谅解备忘录如下：

第1条

双方在遵守各自国家法律、法规的前提下，根据双方均已参加的联合国有关禁毒公约的规定，在本谅解备忘录执行部门各自的职权范围内，应履行对方根据本谅解备忘录提出的合作请求。

第2条

双方在遵守各自国家法律、法规的前提下，根据双方均已参加的联合国有关禁毒公约的规定，在预防和打击非法贩运麻醉药品和精神药物及非法转移、使用易制毒化学品方面的违法犯罪，替代种植与发展以及预防教育、脱瘾和康复治疗方面，进行相互合作；双方各自授权的执行机关在各自的职权范围内，在各自国家的领域内组织侦查和搜捕犯罪嫌疑人和罪犯。一方根据另一方的请求，可向另一方通报犯罪嫌疑人和罪犯的身份、案情和证据，并递解犯罪嫌疑人和罪犯。

第3条

双方在遵守各自国家法律、法规的前提下，根据双方均已参加的联合国有关禁毒公约的规定，在防止滥用麻醉药品和精神药物，替代种植与发展，禁止非法使用易制毒化学品，包括1988年《联合国禁止非法贩运麻醉药品和精神药物公约》表一和表二所列物质的政策和实施计划上努力相互协调一致。

第4条

双方通过各自授权的执行机关，在必要时交换下列情报信息：

（一）有关企图向其中一方非法贩运麻醉药品和精神药物，以及非法转移、使用易制毒化学品的情报；

（二）有关非法贩运麻醉药品和精神药物及非法转移、使用易制毒化学品过境时所采取的隐蔽方法，以及发现这些物质的方法和预防这些非法活动的情报信息；

（三）有关在其中一方境内非法贩运麻醉药品和精神药物，以及非法转移使用易制毒化学品的犯罪组织及其常用贩运路线的情报信息；

（四）在双方领土上发现和铲除种植非法毒品原植物的种类、数量及位置和其他有关信息。

（五）替代种植与发展相关信息。

（六）其他双方都感兴趣的有关情报信息。

第5条

双方在下列立法和执法领域交流经验：

（一）交流有关打击非法生产、贩运麻醉药品和精神药物及非法转移、使用易制毒化学品的法律、法规、出版物和科研成果，以及这方面的立法经验；

（二）交流在检查、发现和控制非法生产、贩运麻醉药品和精神药物，以及非法转移、使用易制毒化学品方面的经验；

（三）交流在预防滥用麻醉药品和精神药物，以及对吸毒人员进行脱瘾和康复治疗方面的经验；

（四）交流在替代种植与发展及相关领域方面的经验。

第6条

双方在禁止非法贩运、滥用麻醉药品和精神药物及非法转移、使用易制毒化学品，替代种植与发展以及对吸毒人员进行脱瘾和康复治疗方面开展科学研究和技术交流合作。

第7条

（一）为执行本谅解备忘录，双方可以互派专家和见习人员，交流、学习、借鉴双方先进经验，以提高他们同非法生产、贩运麻醉药品和精神药物及非法转移、使用易制毒化学品的违法犯罪活动做斗争及开展替代种植与发展方面的水平；

（二）双方经协商，必要时，可以共同举办专家讲座和研讨会，以加强合作与交流；

（三）以双方都认为合适的其他方式进行合作与交流。

第8条

双方在遵守各自国家法律、法规的前提下，根据双方均已参加的联合国有关禁毒公约的规定，本着平等、互利、互惠的原则，在发现、监督和铲除用于生产麻醉品的原植物以及替代种植与发展方面进行下列合作：

（一）双方将替代种植与发展列入本国及两国经济合作规划，开放各自相关市场，并为替代发展产品的销售提供便利措施和政策；

（二）双方设立专门机构，负责替代种植与发展的信息交流、合作协调及监督指导；

（三）根据需要，双方将就替代种植与发展开展具体项目的合作。

第 9 条

双方在遵守各自国家法律、法规的前提下，根据双方均已参加的联合国有关禁毒公约的规定，考虑相互采用控制下交付方式的可能性。

第 10 条

双方可以考虑通过有关的国际组织，包括联合国毒品和犯罪问题办公室、国际刑警组织和世界海关组织等，扩大和加强在打击非法生产、贩运麻醉药品和精神药物犯罪活动、替代种植与发展方面的合作。

第 11 条

（一）双方根据需要，可在各自授权的执行机关之间通过电话、电传及其他方式直接进行联系；

（二）有关非法贩运、滥用麻醉药品和精神药物及非法转移、使用易制毒化学品的详细情报和有关人员的档案资料应通过信函传递；

（三）双方经授权的执行机关，可以就禁止非法贩运、滥用麻醉药品和精神药物及非法转移、使用易制毒化学品、替代种植与发展方面的问题，定期举行工作会晤。

第 12 条

如一方提出，其提供的情报和资料需对方保密时，另一方需要采取必要的保密措施。

根据本谅解备忘录相互提供的情报、数据、资料和技术手段，非经提供一方书面同意，不得转让给第三方。

第 13 条

双方分别授权中华人民共和国国家禁毒委员会和柬埔寨王国国家禁毒委员会执行本谅解备忘录。

第 14 条

双方执行机构每年会晤一次，在两国轮流举行，以商榷禁毒有关事宜。如遇紧急情况，双方可另行协商确定会晤时间、地点。

双方根据本合作谅解备忘录互派代表团访问的国际旅费由派遣一方负担，在接待国国内停留所需食宿及交通费用由接待方负担。

双方事先另有协议的除外。

第 15 条

经双方同意，可对本谅解备忘录进行修改和补充。对本谅解备忘录进行修改或者补充的修正案通过双方换文确认后生效。

第 16 条

本谅解备忘录于 2008 年 11 月 4 日在北京签署，自签字之日起生效，有效期为 5 年。如双方中任何一方在谅解备忘录期满前 6 个月未以书面形式通知另一方终止本谅解备忘录，则本谅解备忘录自动延长 5 年，并依此法顺延。

本谅解备忘录一式 2 份，每份都用中文、高棉文和英文写成，三种文本同等作准。如对文本的解释发生分歧，以英文本为准。

亚洲国家控制下交付立法

一、日本《毒品特例法》

第3条 （入境手续的特殊规定）

1. 被怀疑是《出入境管理及难民认定法》（1951 年第 319 号政令，以下简称《移民管理法》）第 5 条第 1 项第 6 目所规定的外国人依据《移民管理法》第 6 条第 2 项的规定提出申请时，如果法务大臣就毒品犯罪的侦查通知入境审查官已经收到了检察官的通报或者司法警察官（仅限于缉毒官、缉毒员、警察或海上保安官，下一项及下一条第 1 项中的司法警察与此相同）的请求，以及已经采取了防止管制药物的散失及针对该外国人可能逃跑已经建立了充分的监视体系，那么不管《移民管理法》第 9 条第 1 项的规定如何，入境审查官依据《移民管理法》第 7 条第 1 项的规定，对该法第 5 条第 1 项第 6 目以外的事项进行审查以后，可以在该外国人的护照上加盖该法第 9 条第 1 项规定的登陆许可印章。

2. 根据《移民管理法》第 14 条第 1 项，第 15 条第 1 项、第 2 项或第 16 条第 1 项的规定提出申请的外国人被怀疑属于《移民管理法》第 5 条第 1 项第 6 目规定的情形，如果法务大臣通知入境审查官已经收到了检察官的通报或者司法警察官的请求，基于侦查毒品犯罪的需要，在采取了防止管制药物散失及针对该外国人可能逃跑已经建立了充分的监视体系时，入境审查官可以允许该外国人入境。

3. 如果法务大臣通知入境审查官，指出根据本条第 1 项的规定已经获得登陆许可印章或者根据前项规定已经获得入境许可的外国人继续逗留在日本领土是不合适的，入境审查官应当立即审查该外国人在登陆日本领土时是否符合《移民管理法》第 5 条第 1 项第 6 目的规定。

4. 如果入境审查官根据前项规定进行审查后发现前项所指的外国人属于《移民管理法》第 5 条第 1 项第 6 目的情形,入境审查官应当撤销本条第 1 项规定的登陆许可印章或者本条第 2 项规定的入境许可。

第 4 条 (海关手续的特例)

1. 根据《关税法》(1954 年第 61 号法律)第 67 条的规定(包括比照适用第 75 条的规定;本项全部适用),在对货物进行检查时,如果发现货物中藏匿了管制药物,那么海关总署署长可以采取下列措施,以满足检察官或者司法警察官的要求,即有必要将管制药物运往国外或运入日本境内,以便调查毒品犯罪如此处置的前提是海关总署署长认为已经建立了充分的监控系统足以防止该管制药物的遗失。

(1)根据《关税法》第 67 条的规定对该货物(将隐匿于该货物中的管制药物排除在外)进行申报,海关总署署长视申报情况签发许可;

(2)采取符合申请要求的其他必要措施。但是,根据有关海关法律的目的认为采取措施还不适当时,则不得采取。

2. 依照《关税法》第 76 条第 1 项的但书规定,当通过对藏匿在邮件中的物品(信件除外)进行检查发现了管制药物时,前项规定[第(1)目除外]可以比照适用。在这种情况下,《关税法》第 74 条的规定不适用该管制药物。

二、印度《1985 年麻醉药品与精神药物法》

第 2 条 (定义)

第 (vii) 项

(viib)控制下交付,系指一种技术,即在获得授权的官员或者根据第50A 条规定获得正式授权的官员的知情和监督下,允许非法或者可疑货物中的麻醉药品、精神药物、管制物质及其替代物质运出、经过或者运入印度领域,以期查明实施了本法规定的犯罪行为的人员。

第 50A 条 实施控制下交付的权力

除非本法另有规定,根据第 4 条第(3)款组建的毒品管制局局长或者由其授权的任何其他官员,均有权对任何托运货物实施控制下交付:

(a)在印度的任何目的地;

157

(b) 在外国的话,应该以规定的方式与货物运往的目的地的外国主管当局进行协商。

三、泰国《2008 年毒品案件程序法》

第 8 条

为了实现本法施行的目的,如果有必要,泰国皇家警察局长、麻醉药品管制局总秘书长或者获得其授权的人员可以视情况通过书面方式授权主管官员在王国境内或境外持有或提供管制药品,其目的是侦查与禁毒法有关的犯罪。

第 1 款规定的任何获得授权的人员均应为负责相关事务的官员。获得授权人的职责级别由授权来决定。

控制下交付是指在主管官员的监督、指挥或监视下,将临时持有的毒品运送给涉嫌实施犯罪的嫌疑人。上述运输包括运入、运出王国或者从王国通过。

许可的申请、许可、持有、持有期间或者在监控下提供毒品应当符合部长条例规定的规则、程序和条件。上述部长条例应当具有控制和检查权力行使的标准措施。

本条中主管官员的活动和从行动中获得的证据应被采纳。

四、孟加拉《2018 年毒品控制法》[1]

第 2 条 释义

(15) 控制下交付,是一种特殊的侦查策略,在执法机构(政府)的知情和监督下,允许运输、配送或转运毒品至最终目的地,其目的在于查明参与实施毒品犯罪的人员以及被运输的非法或可疑的毒品及其源头成分或者混合物,以便能最终逮捕涉嫌参与了从毒品的来源地到目的地的犯罪活动的所有人员。

---

〔1〕 孟加拉《1990 年毒品控制法》最早规定了该国的控制下交付制度,该法第 2 条规定:控制下交付系指为了控制毒品在国内的移动,或者是毒品从外国输入本国及从本国输出,其目的是辨别涉及违反本法规定的人。伴随着孟加拉《1990 年毒品控制法》的被废止,该法第 2 条也已被废止。

第 35 条　特工行动与控制下交付

（1）为了收集贩毒证据，根据第 2 款的规定和孟加拉国与任何外国政府签署的协议或谅解或者外国的法律，可以书面形式授权实施控制下交付。

（2）不得根据第 1 款予以批准，除非政府：

（a）怀疑任何人，无论其身份是已知的还是未知的，已经实施、正在实施或者将要实施本法或外国的任何类似法律所规定的毒品犯罪；和

（b）确信通过采取控制下交付能够揭露该人的行为或能够获得与这些行为有关的任何其他证据。

（3）政府可不时给予此类批准，期限不超过 3 个月。

（4）在不损害第 1 款的一般规定的情况下，根据该款授权的任何人可以在实施控制下交付和特工行动的过程中执行以下职能，即：

（a）允许任何车辆进入孟加拉国或被允许离开孟加拉国；

（b）允许任何车辆供应或运输毒品；

（c）在当时情况下使用合理的武力进入和搜查任何车辆；

（d）在任何车辆上安装追踪装置；和

（e）允许持有或保管毒品的人进入或离开孟加拉国。

（5）不管其他现行法律作出任何规定，参与特工行动或控制下交付的获得授权的人员，根据授权条款参与特工行动或控制下交付，不得因此对任何麻醉品犯罪承担法律责任。

五、《巴勒斯坦刑事诉讼法》

第 43 条

内政部长根据警察局长的报告，依据控制下交付制度，如果其认为有助于揭露参与合作运输货物的人和收货人，可以授权总检察长并且通知海关，以书面形式批准本国领土内藏有毒品的货物被运输至另一个国家。

第 45 条

1. 自由区应当与国家的其他部分一样接受同样的控制和监督措施。

2. 主管部门应当依据现行法律或本国缔结的公约所确立的义务阻止麻醉药品或精神药物的贩运与贩卖。

六、巴基斯坦《1997 年毒品管制法》

第 2 条

(j) 控制下交付系指一种技术，即在联邦政府的知情和监视之下，允许非法或者可疑货物中的麻醉药品、精神药物或者前体化学品运出或者运入巴基斯坦，其目的是辨别实施了本法所确认的犯罪行为的人。

第 24 条

(1) 在本条第 2 款的规定以及巴基斯坦与外国不定期订立的条约、协定或者协议的基础上，为了在巴基斯坦国内或者其他地方收集违反本法或者外国类似法律所规定的犯罪行为的证据，联邦政府可以书面形式批准控制下交付行动。

(2) 第 1 项的批准不得被给予，除非联邦政府：

(a) 怀疑行为人（知道或者不知道其身份）已经实施，正在实施或者即将实施违反本法或者外国类似法律所规定的行为；并且

(b) 相信拟议的行动是经过适当设计的，可以向行为人提供实施该行为的机会或者获取实施该行为的证据。

(3) 在通常情况下，联邦政府可以批准不超过 3 个月的期间。

(4) 在第 1 项的一般性规定没有作出限制时，获得授权的参与人为了实现控制下交付和特工行动的目的，在其过程中可以实施：

(a) 允许运输工具进入或者离开巴基斯坦；

(b) 允许任何装载于运输工具之内或者之上的麻醉药品、精神药物、人造药品、管制物质、财产或其他物质被交付或者接收；

(c) 在合理的条件下允许使用武力进入并且搜查运输工具；

(d) 在运输工具之内或者之上安装追踪装置；并且

(e) 允许持有或者保管麻醉药品、精神药物、人造药品、管制物质、财产或者其他物质的任何人进入或者离开巴基斯坦。

(5) 虽然目前其他法律中的规定暂时继续有效，但是获得授权的任何人员只要依照批准的条件参与特工行动或者控制下交付，将不会因此承担刑事责任。

(6) 在获得批准的特工行动或者控制下交付的实施过程中被输入巴基斯

坦的所有依赖药物、前体化学品、管制设备或者管制材料将按照《1969 年海关法》（1969 年第 4 号法律）的规定被当作非法进口加以处理。

七、巴勒斯坦《反洗钱和恐怖主义融资法》

第 1 条

控制下交付，该方法能够使用各种证明手段调查和证实走私犯罪。这种方法不需要扣押海关范围内外的货物。当有迹象表明存在走私犯罪的时候，在海关申报被提交以后，有关部门可以检查和审查货物，但是不做评价和保留，旨在允许海关调查走私货物犯罪。

八、不丹《2015 年麻醉药品、精神药物和药物滥用法》

第 101 条

经过批准获得授权的机构可以采取必要措施允许在不丹境内使用控制下交付与特工行动，在国际层面使用控制下交付与特工行动，必须以相互协商一致的协议或者安排为基础，其目的是发现实施了本法所规定的犯罪的行为人或者收集起诉他的情报与证据。

第 102 条

控制下交付与特工行动应当在逐案判断的基础上予以考虑，必要时还必须考虑财政安排以及由关国家行使管辖权的谅解。

第 103 条

经有关国家同意，控制下交付的非法货物被拦截后，允许麻醉药品、精神药物或者化学前体原封不动地或将其全部或者部分取出替换后继续运输。

第 104 条

不丹皇室政府应当在机构的年度预算中为控制下交付与特工行动配置足够的资金。

九、菲律宾《控制下交付行动执行条例》

根据第Ⅸ条第 81（b）和 81（s）款，执行控制下交付行动的政策和纲领颁布如下：

第1条 术语的定义

1. 定义。本法规中使用的下列术语是指：

（a）委员会，危险药物委员会；

（b）控制下交付，系指一种侦查技术，在获得授权官员的监督下，允许非法或可疑货物中的任何危险药物和（或）管制前体和必需化学品、设备或用具或被认为直接或间接通过犯罪获得的财产进入、穿过或离开国家的领域，其目的是收集证据识别涉嫌与危险毒品犯罪有关的任何人，或促进对该罪行的起诉；

（c）管制前体和必需化学品，包括1988年《联合国禁止非法贩运麻醉药品和精神药物公约》表一和表二附表中所列的物质，以及第RA 9165号法律的附件所列举的物质；

（d）危险药物，包括经《修正1961年麻醉品单一公约的1972年议定书》修正的《1961年麻醉品单一公约》和《1971年精神药物公约》附表所列的那些物质，以及第RA 9165号法律附表中列举的物质；

（e）非法贩运，任何危险药物和（或）管制前体和必需化学品的非法种植、养殖、运送、管理、配药、制造、销售、交易、运输、分配、进口、出口和持有；

（f）实验室设备，使用、打算使用或设计用于制造任何危险药物和（或）管制前体和必需化学品的用具、器具、材料，例如反应容器、预备设备、纯化设备、发酵罐、分液漏斗、烧瓶、加热套、气体发电机或其替代品；

（g）LEO/s，执法人员；

（h）PDEA，菲律宾禁毒局。

第2条 控制交付行动的目的、要求和授权范围

2. 控制交付行动的目的，一般而言，使用控制下交付的目的是延迟扣押危险药物和（或）管制前体、必需化学品或者其替代物质或犯罪所得的财产，并迟延逮捕快递员，目的是：

（a）查明、逮捕和证明行为人有罪；

（b）破坏和打击从事走私毒品或其他违禁品活动的犯罪组织；

（c）扩大调查范围，确定更多和更高层次的犯罪嫌疑人，并收集进一步的证据；

（d）收集证据证明嫌疑人被犯罪组织所雇用从事运送毒品和其他违禁品的活动，明知系非法物质并且持有；

（e）在没收资产诉讼中查明违法者的资产。

3. 批准控制下交付的权力，授权的要求和范围：

（a）在菲律宾进行控制下交付需要获得事先授权；

（b）菲律宾禁毒局的各部门提交的控制下交付书面申请，或国内外对口执法机构提交的在菲律宾中转的控制下交付书面申请或者因为特定目的以任何方式涉及菲律宾的控制下交付书面申请，均由菲律宾禁毒局局长批准，同时载明期间。

（c）菲律宾禁毒局局长可以要求请求方提供以下信息：

（i）行动的原因或正当化的理由；

（ii）正在被运输的毒品的种类和数量；

（iii）预计的入境点，如果可能的话还应该包括在菲律宾境内的出口（过境）点；

（iv）拟使用的运输方式和预期的路线；

（v）嫌疑犯的情况（身份、国籍、下落、同谋、家庭住址等）；

（vi）请求国提供信息并负责行动的组织名称和联系方式；

（vii）参加行动的执法机构的详细信息（警察、海关、海岸警卫队等）；

（viii）将使用的特殊技术的详细信息（秘密特工、线人、特殊监视设备等）；

（ix）不定时需要的其他信息。

（d）出现以下某些或全部原因，菲律宾禁毒局局长有权拒绝批准执行控制下交付：

（i）有关货物或运输人员的信息不足；

（ii）其他过境国不同意；

（iii）存在失去嫌疑人和毒品的风险；

（iv）缺乏资源；

（v）最终目的地未知或不确定；

（vi）是否提出起诉存在不确定性；

（vii）由于临时通知，没有足够的时间根据要求采取行动；

（viii）运输的规模不能证明行动耗费的合理性；

（ix）装运涉及的危险药物数量小，不符合检方或接收案件的司法管辖区的标准；如果控制下交付要培育成更为重要的侦查活动，就必须基于下列情形中的任何一个：

- 先前的犯罪记录与包裹收件人有关
- 多次、类似的先前的货物运输给同一个人或到达同一位置
- 各方同意实施控制下交付具有必要性

（x）可能会不时规定的其他条款。

（e）菲律宾禁毒局局长应将他或她批准的所有控制下交付通知委员会。

4. 管理问题：计划与协调。作为领导机构的菲律宾禁毒局和其他有关执法机构应：

（a）在实施控制下交付之前权衡成本、收益；

（b）在开始实施控制下交付之前就人力资源、设备支持和资金分配建立切实可行的标准；

（c）制定一份行动计划和简介表，详细说明每个执法人员或官员的任务；

（d）就联合侦查和（或）协调侦查包括控制交付行动达成机构间的协议/谅解。

菲律宾禁毒局应针对控制下交付的执行颁布标准操作规程。该标准操作规程应提供规划和管理控制下交付行动的操作指南，包括但不限于人员、设备的要求和控制下交付行动的启动与协调，控制下交付的组织，执行调查，证据处理，危险药物或管制化学品和必需化学品丢失时应采取的行动，规定的报告格式。

5. 外国执法机构的参与。在执行控制下交付的行动时，菲律宾禁毒局局长：

（a）在以下条件下可以允许外国执法机构参加：

（i）事先提出授权申请并获得菲律宾禁毒局局长的批准；

（ii）外国官员同意按照菲律宾禁毒局局长的授权开展行动。

（b）可以接受技术资源，在适当的管辖范围内授权使用包括但不限于视音频跟踪和监视设备。

6. 行动计划的变更和最新获取的情报。

如果由于意外延迟而无法按计划执行控制下交付，例如毒品或其他违禁品丢失，交付地点或路线更改，预期的收件人变化，负责监督的菲律宾禁毒

局官员应该尽快将此信息报告给菲律宾禁毒局局长及其过境或目的地管辖区的同行。此通知程序也适用于最新获取的信息，而在控制下交付启动时并未获悉。

第 3 条　证据处理

7. 证据处理。根据控制下交付的类型应予以考虑以下内容，对官员安全的潜在风险以及运营完整性的要求：

（a）在进行控制之前尽可能识别、处理和获取所有被扣押的证据；

（b）无论是发现证据还是将证据从隐藏的处所转移，都必须进行拍照、录像和复制；

（c）如果可行，标记证据和容器以备将来识别；

（d）现场检测任何麻醉证据；

（e）控制下交付完成后对案件档案进行实验室分析；

（f）如果可行，按照 2002 年委员会条例第 1 条的规定，除了规定可以保留的数量以外，移走所有的其他物品，用惰性物质代替以防止破坏证据，并遵守检方的指导方针、法律和政策；

（g）出于检控的考虑，与适当的检察机关协调所有决定用于控制下交付中的违禁品数量；

（h）在检查或其他执法活动中发现违禁品，允许其继续前往原定目的地，但是必须处于执法人员或特工的在监视下，禁止任何潜在的对抗，防止犯罪分子使用任何监视设备或武器；

（i）在适当的辖区可以获得并且使用跟踪设备，可以将跟踪设备安装在证据的上面或内部；

（j）确保采取特殊措施以保证与犯罪嫌疑人建立联系直到交付终止；

（k）在对大量货币实施控制交付的情况下，使用货币（金融工具）的程序必须有利于实现问责目的；

（l）获取有关任何公司的背景信息以及有关可疑驾驶员的个人信息；

（m）在需要并具备条件时安排空中监视。

8. 追查丢失的违禁品。如果违禁品在执法行动中遗失，必须采取以下措施：

（a）立即通知菲律宾禁毒局局长和适当的执法机构负责人。

（b）在 24 小时内或在切实可行的范围内尽快由菲律宾禁毒局局长作为牵头机构与其他执法机构进行联合调查并提出适当的建议。菲律宾禁毒局局长应书面通知委员会有关损失和采取的行动。

9. 控制下交付行动的完成。当控制下交付行动完成时，危险药物或管制前体和必需化学品或实验室设备被扣押，犯罪嫌疑人被逮捕，并随后在适当的管辖范围内提起诉讼，负责执行行动的菲律宾禁毒局官员应确保遵守委员会 2002 年第 1 号法规的相关规定：保管和处置查获的危险药物或管制前体和基本化学实验室设备纲要，存货清单、报告和实验室分析也理所当然地遵守有关规定。此外，菲律宾禁毒局局长也应当向委员会提交一份完整的控制下交付行动的报告。

第 4 条 有效性

10. 本条例在广泛发行的两份报纸上刊登，并且在菲律宾大学法律中心国家行政登记处登记 15 天以后才生效。

十、菲律宾《海关管辖与行使警察权行政命令》

第 3 条（术语的定义）

第 3.2 条控制下交付系指一种技术，在获得授权官员的监督下，为了收集证据以辨别任何参与危险毒品犯罪的人或促进对该犯罪的起诉，允许非法或可疑货物中的任何危险毒品和（或）管制前体以及必不可少的化学药品、设备或用具，以及认为是直接或间接来源于犯罪的财产进入、通过或者运出国家领域。

第 4.8 条 控制下交付

在下列情况下专员可以授权实施控制下交付：

（a）输入危险药物、管制前体以及必不可少的化学药品、原植物或实验室设备，用于制造危险药物；

（b）未经菲律宾国家警察局的许可进口枪支、零件和弹药；和

（c）进口其他违禁物品。

十一、哈萨克斯坦《打击贩运和滥用麻醉药品、精神药物、类似物和前体对策法》

第 28 条 控制下交付

1. 为了查明麻醉药品、精神药物及其类似物和前体的非法交易的来源和

渠道以及参与人员，哈萨克斯坦共和国获得授权的机构有权开展侦查业务活动，通过与外国有关机构签订的协议或者根据国际条约的规定，在逐案判断的基础上，可以使用控制下交付的方法，也即在这些机构的控制下，允许麻醉药品、精神药物及其类似物和前体运进、运出国家领土或者从本国过境。

2. 对于在国境内进行的麻醉药品、精神药物、类似物、前体的非法运输、转运，也可以实施控制下交付。

3. 控制下交付的程序由哈萨克斯坦共和国法律和国际条约确定。

十二、黎巴嫩《麻醉药品、精神药物和前体法》

第 2 条

控制下交付是指在主管当局知情并受其控制的情况下，允许在国境内或者跨越国境继续运输非法毒品的方法，其目的是揭露参与毒品犯罪的人员的身份。

第 220 条

对于来自国外的货物或者拟运往国外目的地的货物，如果在管辖权方面能够获得尊重，并就财务安排与有关国家的主管当局达成了协议，那么中央禁毒局局长在获得最高上诉法院的检察官和海关总署署长的授权以后，可以决定采取控制下交付。

中央禁毒局局长应当指导或者监督黎巴嫩境内的行动，同时确保最高上诉法院的检察官能够了解其进程。

必要时，经有关国家主管当局批准，中央禁毒局局长应当作出拦截非法货物的决定，并允许其原封不动地继续运送，也可以在缴获麻醉药品以后将其完全或者部分取出或替代后继续运送。

十三、卡塔尔《反洗钱与恐怖主义融资法》

第 50 条

公诉机关应根据现行法律命令使用特殊侦查手段调查洗钱、资助恐怖主义及其上游犯罪，包括：

1. 特工行动；

2. 音频和视频监控；

3. 访问信息系统；

4. 截取通讯；

5. 控制下交付。

十四、马尔代夫《预防洗钱和资助恐怖主义法》

第 10 条

控制下交付系指一种技术，是指在主管当局的全面监督下，允许非法或可疑货物和与任何犯罪有关的资金通过、进入或运出马尔代夫的领土，其目的是调查洗钱或资助恐怖主义行为，并查明涉嫌实施这些罪行的行为人。

十五、尼泊尔《1976 年毒品控制法》

第 3 条

(j1) 控制下交付，系指一种禁毒技术，允许藏匿在包裹中的毒品以原始状态或者其替代物品在毒品侦查当局的直接监控下贩运，其目的是发现最终目的和涉嫌非法贩运毒品的接收人，该接收人企图将毒品由尼泊尔输出到其他国家或者使毒品通过尼泊尔。

十六、沙特阿拉伯《打击麻醉药品与精神药物法》

第 11 条（控制下交付）

1. 控制下交付，是指对于进入、通过或离开沙特王国领域的大量的麻醉药品或精神药物或其替代品，经过与有关国家当局协调，沙特王国的主管当局可以允许其进入、通过或离开沙特王国领土，以识别和逮捕参与了贩运和买卖上述物质的人。加强与国家相关当局的协调，以便侦查和逮捕参与走私和贩运前述物质的人员，包括：

A. 就货物控制下交付的检查、验证和授权与其他国家的当局达成协议。

B. 为了避免运输过程中货物的遗失，与其他国家当局签订协议，使用类似物质替代被批准装运的麻醉药品或精神药物的。此外，如有必要，还应考虑关于实施控制交付程序的财务事项。

2. 控制下交付的决定应当通过逐案判断的方式作出。

十七、《土库曼斯坦海关法典》

第 348 条　跨越土库曼斯坦边境的货物控制下交付

1. 跨越土库曼斯坦边境实施货物控制下交付是一项侦查措施，该措施系指在侦查机构的知情和监督下，允许货物进入土库曼斯坦的海关区域，或者从土库曼斯坦的区域内运出，或者允许被输入的货物在区域内移动。

跨境控制下交付中货物移动的实施，其目的是预防、侦查和阻止、解决与货物非法贩运相关的犯罪。

海关当局负责协调货物控制下交付的执行。协议的规则由获得授权的负责海关事务的国家机构和执行侦查活动的政府部门共同制定。

2. 从土库曼斯坦海关区域输出的，如果要对该货物实施控制下交付，就必须建立在土库曼斯坦签订的国际公约的基础上，或者与外国的主管当局就刑事程序达成协议。一旦作出控制下交付的决定，执行货物控制下交付的侦查当局负责人应当立即通知土库曼斯坦检察官。

第 349 条　在跨越土库曼斯坦边境的控制下交付中移出或者替换货物

1. 跨越土库曼斯坦边境执行控制下交付时，根据土库曼斯坦的法律的规定，禁止或者限制翻查货物，如果要将这些物品完全或者部分移出或者替代，则需要由土库曼斯坦的内阁部长决定。

2. 如果大规模杀伤性武器对人类的健康或者环境构成的风险日益增加时，经过土库曼内阁部长的批准可以对其实施替换。

十八、《塔吉克斯坦海关法典》

第 62 章　跨越塔吉克斯坦边境的货物控制下交付

第 507 条

1. 对跨越海关边境运输的货物实施控制下交付是一项侦查措施，当货物被运进塔吉克斯坦共和国的海关领域时，从塔吉克斯坦共和国的海关领域运出，或者已经被进口的货物跨境中转，允许在海关当局的知情和控制下实施有效的侦查活动。

当发生跨越海关边境运输货物时，实施控制下交付的目的是预防、揭露和阻止与货物的非法贩运相关的犯罪。

其他开展侦查活动的机构对货物实施控制下交付应与海关当局协调，这种协调程序应由在海关事务方面获得授权的机构与开展侦查活动的其他有关国家机构决定。

2. 根据塔吉克斯坦共和国的国际条约或者获得外国主管机构的同意，如果对从塔吉克斯坦共和国海关领域出口的货物作出控制下交付的决定，则不得在塔吉克斯坦共和国境内提起刑事诉讼，负责货物控制下交付的机构负责人应立即将根据塔吉克斯坦共和国法律规定作出的决定通知检察官。

第508条

对跨越海关边界运输的货物实施控制下交付时，根据塔吉克斯坦共和国的法律规定，禁止自由销售或者经特别许可允许其流通的货物可根据塔吉克斯坦共和国政府确定的程序全部或部分撤回或更换。如果货物危害人类健康、环境或作为生产大规模杀伤性武器的材料，应按照塔吉克斯坦共和国政府确定的程序进行替换。

十九、《乌兹别克斯坦海关法典》

第三部分　控制下交付

第127条　麻醉药品、精神药物与其他物质的控制下交付

为了消除麻醉药品、精神药物在国际范围内的非法流通，以及为了辨别参与犯罪的人，根据与外国海关或者其他主管机关达成的适当协议，或者是乌兹别克斯坦签署的国际条约，海关当局可以在逐案判断的基础上适用控制下交付。

控制下交付也可以适用于怀疑是通过实施犯罪所获得的物品，还可以适用于怀疑是非法所得的物品，或者非法进口、出口或者中转的违禁品。

适用控制下交付的决定由本法所载明的乌兹别克斯坦共和国的国家海关委员会决定。

控制下交付的决定一旦作出，乌兹别克斯坦海关委员会就必须立即通知共和国的总检察长。

第128条　适用控制下交付方法后货币资金的处置和财产没收

根据乌兹别克斯坦共和国海关委员会和外国主管当局达成的适当协议，

在刑事案件中由本国或者外国法院没收的货币资金，其揭露和打击的过程与适用控制下交付方法密切相关。货币资金也来源于被没收财产的拍卖，所以货币资金应该在适用控制下交付方法的国家海关和主管当局之间进行分配。

二十、《阿塞拜疆海关法典》

第 36 章　麻醉药品和精神药物的控制下交付

第 222 条　阻止麻醉药品和精神药物的非法流通

为了阻止麻醉药品和精神药物的非法国际流通，以及揭露参与了该流通活动的人，根据与外国海关和其他主管当局达成的协议，或者根据阿塞拜疆签署的国际条约，在逐案判断的基础上，阿塞拜疆海关当局可以适用控制下交付。也即在监控之下允许麻醉药品和精神药物进入、输出阿塞拜疆的领域，或者通过阿塞拜疆的领域中转，包括非法流通。

适用控制下交付由阿塞拜疆负责海关事务的行政权力机构作出决定。

如果适用控制下交付方法的决定已经作出，而且麻醉药品和精神药物的最终目的地在国外，阿塞拜疆将不再提起刑事诉讼。根据阿塞拜疆的法律，阿塞拜疆的总检察长应当立即被告知已经作出的决定。

第 223 条　对其他物品适用控制下交付方法

控制下交付的方法也可以适用于其他物品，这些物品可以是犯罪工具或者被用作实施犯罪的手段，也可以适用于通过犯罪方法所获得的其他物品。

阿塞拜疆负责海关事务的行政权力机构在做出对其他物品适用控制下交付的决定以后，必须通知阿塞拜疆的总检察长。

第 224 条　控制下交付结束后资金的处置和财产没收

根据阿塞拜疆的法院规则和外国的刑事程序，如果适用了控制下交付方法，被没收财产拍卖后所得的资金将在参与控制下交付的有关国家的海关当局和其他主管当局之间进行分配。

二十一、阿富汗《2004 年打击洗钱与犯罪收益法》

第 48 条　（特工行动与控制下交付）

（1）为了收集本法第 4 条所列举的犯罪的证据，或者追踪犯罪收益，司法当局或者其他主管当局在实施特工行动或者控制下交付的过程中，其行动可能构成洗钱或者恐怖主义、融资，但是不得因此而遭受处罚。司法当局或者其他主管当局不得诱惑犯罪嫌疑人实施任何犯罪。

（2）在启动前款规定的任何行动之前，都必须获得主管司法当局的授权。行动一旦结束，则必须向主管司法当局提交详细报告。

（3）根据负责侦查"上游犯罪"与洗钱犯罪的主管司法当局的请求而签发的具体裁定，当局可以延缓冻结或者扣押现金，或者所有其他资金与财产或者利益，直至调查终结。如果有必要，从确保安全出发可采取特殊措施。

在获得法院签发的冻结或者扣押资金或财产及其收益命令以后，司法当局或者其他当局可以作出决定，如果有必要，还可以签发命令采取特殊措施保管资产与财产。

二十二、阿富汗《2006 年打击毒品法》

第 3 条　定义

3. 控制下交付，是指在主管执法当局的知情与监督下，允许非法或者可疑货物中的违禁品包括毒品、化学前体、类似物品及其代替物质、秘密实验室装备或者清洗过的资金进入或者通过阿富汗或者一个或者多个国家。

第 47 条　秘密监视

1. 为了收集情报或者犯罪活动或犯罪的证据，执法机关及其获得其授权的代理人可以开展秘密侦查和监视活动。秘密侦查和监视活动可能包括：

- 公共场所的谈话录音；
- 使用或不使用电子或摄影设备实施动态或静态监视；
- 根据司法部长颁布的书面规则，收集与使用、提供和传输电信和其他与电信相关联的数据；
- 对违禁物品或其他物品实施控制下交付。

2. 应保存秘密监视的记录。

3. 通过授权使用秘密侦查和监视方法适当获得的证据在所有法院和其他法律程序中，都应被采纳。

二十三、阿富汗《2010年打击和控制酒类饮料、毒品法》

第5条（定义）

控制下交付，是指为了识别涉嫌走私的行为人和发现证人，根据特定法规的规定，在主管执法当局的知情与监督下，允许非法或者可疑货物中的违禁品包括毒品、化学前体、设备、实验室和其他物品从阿富汗走私到一个或多个其他国家。

第23条

为了收集证据、文件和其他所需信息，警察可以在工作和调查过程中开展侦查和秘密活动，包括：

1. 记录公共区域的对话；

2. 使用或不使用电子和摄影设备进行固定或移动监控；

3. 根据总检察长的书面指示，收集与远程通信手段的使用、供应和传输有关的信息；

4. 根据提供国和接收国之间的正式书面协议或阿富汗加入的国际条约，移交毒品和对毒品实施控制下交付。

（2）为了向毒品犯罪组织渗透，并根据本法逮捕犯罪嫌疑人，警察可以在获得总检察长事先许可的情况下开展秘密活动。

二十四、阿联酋《反洗钱和打击资助恐怖主义和非法组织法》

第1条

主管当局允许非法或可疑资金或者犯罪收入输入或运出阿联酋，其目的是侦查犯罪或辨别犯罪者的身份。

第7条

1. 如果有足够的依据表明犯罪已经发生，检察机关可以主动或应执法当局的请求，直接要求查阅第三方持有的账户、记录和文件，并要求查阅计算机系统中存储的数据和信息技术程序、备忘录、信件和包裹，在不影响适用于阿联酋的法律的情况下，识别、追踪和扣押资金、控制账户、发布旅行禁令和其他有助于揭露犯罪及其犯罪人的程序。

2. 执法机关可以实施特工行动，并采取其他侦查方法，还可以启动旨在侦查犯罪或收集证据或查明犯罪嫌疑人的控制下交付行动，其目的是查明资金、收益的来源和目的地或者犯罪手段，或者逮捕犯罪人以免危及阿联酋的法律。

3. 当局不应追究参与执法部门的特工行动或控制下交付行动的任何人的刑事责任，除非该人已经煽动实施犯罪或者超出了执法当局授予的权力。

4. 阿联酋有关部门应当全面统计可疑交易报告，侦查情况和与犯罪有关的判决，扣押、冻结或没收的资金，国际合作请求和与打击犯罪的效率和充分性有关的任何统计数据。

第 18 条

1. 应另一国家司法机关提出的请求，根据与阿联酋签订的有效协议或根据互惠原则，主管司法机关应当提供有关犯罪的侦查、法庭审判或程序方面的司法协助，并发布下列命令：

（a）根据阿联酋的现行立法，查明、冻结、扣押或没收产生于犯罪、用于或预备用于犯罪的任何资金、收益和工具，或采取任何其他程序，包括提供金融机构或指定的非金融企业和行业或非营利组织保留的记录，检查人员和建筑物，收集证人的陈述，收集证据，使用包括特工行动、监听通信、收集财务报表和电子数据、控制下交付在内的侦查方法。

（b）根据阿联酋现行法律，迅速引渡、移交和归还与犯罪有关的人员和物品。

2. 根据与阿联酋签订的有效协议或根据互惠原则，应外国主管当局提出的请求，阿联酋主管当局应及时与外国交换与犯罪有关的信息。主管当局应从阿联酋有关机构收集信息并采取必要行动确保信息的机密性，并且该信息应仅被用于请求中述明的预期目的并遵守阿联酋的现行法律。

二十五、格鲁吉亚《特工侦查行为法》

第 1 条　特工侦查行为

（e）控制下交付——是指为了打击犯罪并查明犯罪人，允许确切的证据或者被法律禁止或限制自由销售的物品在格鲁吉亚境内（或在国际协议规定的情况下，也包括在格鲁吉亚境外）控制下移动，或者从外国进入格鲁吉亚或通过格鲁吉亚。

二十六、格鲁吉亚《执法国际合作法》

第 12 条　控制下交付

1. 根据收到的请求，为了预防和消除犯罪和（或）查明犯罪人，格鲁吉亚适当的执法当局应当对法律禁止和限制自由销售的产品执行控制下交付，允许此类物证或物品运入、运出或者通过格鲁吉亚。

2. 除本法第 7（4）条规定的数据外，控制下交付申请书应包括以下信息：

（a）货物成分、可能的路线、运输距离、运输类型和车辆识别数据；

（b）护送类型；

（c）使用的技术工具；

（d）必要时，参与护送的人数以及请求执法机构行动人员的参与；

（e）与控制下交付参与者的联络方式；

（f）货物收发条件；

（g）遇到延误和不可预测的情况时应采取的措施。

3. 有关执法当局应与格鲁吉亚司法部和格鲁吉亚国家安全部必须就每一个具体案件的控制下交付作出决定，运入、运出格鲁吉亚的控制下交付，也应与格鲁吉亚财政部商定。

4. 执行控制下交付必须要能确保随时终止。

5. 控制下交付的方法和细节应当根据行动目的与有关法律逐一签订协议予以确定。有关执法当局应监控和管理格鲁吉亚境内的控制下交付。

6. 在格鲁吉亚境内，由适当的执法机构根据各个外国执法机构的申请，对有关外国执法机构代表和行动人员参与控制下交付作出决定，并对行动人员执行保护措施。

二十七、土耳其《防止洗钱法》

第 2 条　释义

（C）控制下交付，是指在主管当局的知情和监督下，允许货物中的麻醉药品和精神药物，1988 年《联合国禁止非法贩运麻醉药品和精神药物公约》表一和表二所列物质，以及修改这些附表增加的物质，与前述物质有关的资金或赃款，构成黑钱来源的各种走私货物或者可疑的走私货物在土耳其境内交付，或者允许这些物质运入土耳其并在土耳其国内分销，或者在土耳其境内制造以后运往国外，或者通过土耳其过境，其目的是查明犯罪人，发现和收集各种证据，收缴走私货物或可疑的走私货物和资金。

第 10 条　适用控制下交付必须具备的条件

（a）拟适用控制下交付的属于非常严重的、有组织的走私犯罪活动；

（b）没有其他方法揭露组织者、出资人和参与成员并收集有关他们的所有证据；

（c）确保对走私货物或资金的监视，直到它们到达最终目的地，而没有任何中断；

（d）具备实施控制下交付的时间；

（e）此外，对于处于土耳其境内准备走私出境或者通过土耳其中转的货物或者资金，必须满足下列条件：

1. 请求国必须保证控制下交付的持续进行，并起诉和调查犯罪嫌疑人；

2. 控制下交付已经结束且土耳其国民已被抓获时，承诺引渡土耳其国民和返还物品、资金以及用于运输的车辆。

第 11 条　控制下交付的决定与程序

只要第 10 条规定的条件具备，就可以由安卡拉国家安全法院的检察长决定实施控制下交付。

在控制下交付执行中，如果后续行动和监视行动处于危险之中，或者出现证据湮灭或犯罪嫌疑人逃跑的可能性，应当立即终止行动，无需依据前述程序作出决定。

控制下交付的管辖权属于行动终止地的法院。控制下交付行动不应废除土耳其法院的管辖权。

二十八、印度《1962 年海关法》

第 109A 条　实施控制下交付的权力

即使本法有任何其他规定，适当的官员或者经过其授权的任何其他官员可以规定的方式对任何托运货物实施控制下交付：

（a）在印度的任何目的地；

（b）在外国的话，应该与货物运往的目的地的外国主管当局进行协商。

二十九、印度《2022 年控制下交付（海关）条例》

第 1 条　简称和生效

（1）本条例可以被称为《2022 年控制下交付（海关）条例》。

（2）该条例自《政府公报》公布之日起生效实施。

第 2 条　定义

（1）在本条例中，除非条文另有所指，否则：

（a）"法律"是指《1962 年海关法》（1962 年第 52 号）。

（b）"表格"系指本条例所附的表格。

（c）"货物"是指托运货物中包含的下列一种或多种物质，无论其性质、数量或描述是否被正确申报，即：

（i）麻醉药品、精神药物、前体化学品、受管制物质或者其替代物；

（ii）各种形式的黄金，包括其珠宝；

（iii）各种形式的银，包括其珠宝；

（iv）宝石和半宝石；

（v）酒和其他令人陶醉的饮料；

（vi）货币和流通票据，包括赝品；

（vii）香烟、烟草及烟草制品；

（viii）野生动物产品；

（ix）古董和古物。

（d）"指定当局"是指税务情报总局的首席总局长助理或总局长助理。

（e）"可疑货物"是指第 c 项所述包括乘客行李在内的货物，根据本法或任何其他有效法律应当实施没收，并且根据本条例应当对其采取控制下交付。

（2）本条例中使用却没有界定的词语和词组，如果法律（指海关法）[1]对其作出了界定，那么该词语和词组的含义与法律中的含义相同。

第 3 条　执行控制下交付的方式

根据法律第 109A 条的规定，为了执行控制下交付的目的：

---

[1]　此处的"法律"即指印度《1962 年海关法》（the Customs Act, 1962），下同。

（1）有关官员有理由相信可疑货物正在以行李或者其他形式被运入或运出印度时，他应按照附表一的要求提交一份报告，[1]建议对该货物实施控制下交付。有关官员应将报告提交给有权批准实施控制下交付的指定机构。

（2）指定当局经适当考虑后可以批准对可疑货物实施控制下交付，并授权有关官员执行该控制下交付。[2]但是，如果是在外国执行控制下交付，指定当局应当根据本法第109A条（b）项的规定与该货物要运往的目的地国家的主管当局进行协商后再批准。

（3）在收到指定当局允许执行控制下交付的批准书以后，根据需要，有关官员可以在可疑货物上贴上任何标记或安装任何特殊的侦查工具，包括在控制下交付作业过程中安装对可疑货物进行跟踪和追踪监控的装置，并尽可能不要影响或改变上述货物的性状。

（4）在印度政府、任何州政府、联邦领地或外国的控制下，如果根据当时有效法律建立的任何其他执法机构提出请求，拟收缴涉嫌违法的货物，指定当局在批准对可疑货物实施控制下交付时，也可以视情况签发一般性授权，该授权可以被给予前述任何其他执法机构。指定官员也可以按照可疑货物要运往的目的地的外国主管当局规定的任何其他形式发出授权书。

（5）有关官员可以在某个时间和地点完成控制下交付，只要其确定有理由相信行为人参与实施了与可疑货物有关的犯罪或违反法律的行为。

（6）有关官员有理由相信有可能对有关官员本人或任何其他人的生命构成严重且迫在眉睫的威胁时，经指定当局批准，有关官员可随时终止控制下交付。如果控制下交付是在外国执行时，指定当局要与该货物运往的目的地国家的主管当局进行协商后再批准。如果在终止控制下交付之前无法获得该批准，批准可以在所述控制下交付之后立即获得，但不迟于终止后72小时。

（7）针对运往外国的可疑货物实施控制下交付，该控制下交付即指可疑货物运出印度的关区，或海关的港口或海关机场或陆地海关站，并在前往外国目的地的时间和地点：

---

[1]《印度2022年控制下交付（海关）条例》的附表一是专门为申请实施控制下交付的有关官员准备的，如果有关官员要申请实施控制下交付，那么就依照规定的事项填写表一（实际上就是一份申请报告），再将其提交给有权批准控制下交付的指定当局。

[2]《印度2022年控制下交付（海关）条例》规定，指定当局批准实施控制下交付需要依照规定的事项填写附表二（实际上就是一份批准授权书）。

（a）根据第（5）项的规定被执行完毕；或

（b）根据第（6）的规定被终止。

但是，如果控制下交付在完成之前被终止，那么有关官员应当采取在正常情况下本来应当对可疑货物采取的必要行动，这些规则将不适用于上述可疑货物。

（8）在控制下交付完成或终止以后，有关官员应视情况向指定当局提交报告。

（9）如果可疑货物将要被运往外国，指定当局应当在收到有关官员提交的报告以后，视情况通知该外国的主管当局完成或终止控制下交付的情况。

第4条　适用于其他官员

本条例规定的执行控制下交付的方式在经过必要的修改后，可以适用于经适当官员授权的任何其他官员，以便执行法律第109A条规定的诸如此类的控制下交付。

三十、泰国《司法部部长根据 2013 年〈预防和打击参与跨国有组织犯罪集团法〉第 20 条颁布的控制下交付条例》

为了侦查参与跨国有组织犯罪，《预防和打击参与跨国有组织犯罪集团法》授权司法部长为每个相关组织发布关于申请许可、授予许可和执行控制下交付的标准、程序和条件的条例，为此特发布该权宜之条例。

根据《预防和打击参与跨国有组织犯罪集团法》第20条第3款赋予的权力，该法的某些规定对个人权利和自由作了限制。根据《预防和打击参与跨国有组织犯罪集团法》第29条与《泰国王国宪法》第32条、第33条、第36条、第41条和第45条的许可，司法部长经内阁批准，特此发布以下条例：

第1条　本条例被称为《司法部部长根据 2013 年〈预防和打击参与跨国有组织犯罪集团法〉第 20 条颁布的控制下交付条例》。

第2条　本法规自在政府公报上公布之日起生效实施。

第3条　本条例的实施直接关系到生命、身体、财产的安全，家庭生活，以及侦查人员或行动人员的隐私，所以每道程序都需要秘密进行。

第4条　在本条例中：

"授权官员"是指司法部长、泰国皇家警察局局长或者其视情指定的人员。

第5条　司法部长应负责本条例并有权对与本条例执行有关的问题作出解释和决定。

第1章　申请许可

第6条　侦查人员或官员申请授权实施控制下交付可向授权官员提交以下申请：

（1）向司法部长或者其指定的人员申请许可，申请人应当是三级以上检察官或者担任行政职务、管理职务的公务员，专业级别或更高级别的知识型员工，高级或更高级别的常规职位的知识型员工，或担任督察或同等职位或更高职位的警官，或担任连长或同等职务或更高职务的军官；

（2）向泰国皇家警察局局长或者其指定的人员申请许可，申请人须为担任督察职位或者同等职位或更高职位的警务人员。

第7条　在申请执行控制下交付的授权许可时，申请人必须按照司法部长规定的格式向授权官员提交申请书，陈述侦查的理由和必要性、细节、计划或方法以及实施期间，申请书必须经过其申请人的上级批准，并附随以下文件和证据：

（1）如果在泰国境内交付，必须附上一封信，说明起源地的国家组织承诺就交付非法或可疑货物的事宜提供合作，以预防和制止参与跨国有组织犯罪的罪行。如果该等货物已运入泰国领土，其后应要求起源地的国家组织提供该等信函；

（2）在离开泰国领土的情况下，必须要求接收国家组织提交信函，表明其允许或同意交付非法或可疑货物的意图，其目的是预防和制止参与跨国有组织犯罪的罪行。

第8条　第7条中的批准人应当担任如下职位或同等职位：

（1）如果是公务员，批准人应为局长或更高级别的上级；

（2）如属警务人员，批准人应为指挥官或更高职位的人员；

（3）如果是军官，批准人应为师长或更高级别的人员。

第 2 章　批准许可

第 9 条　授予许可，应当考虑下列必要的理由之一：

（1）侦查并逮捕罪犯或涉案人员，其目的是收集参与跨国有组织犯罪的情报；

（2）侦查和逮捕参与跨国有组织犯罪的罪犯的其他方法难以实施，或者在执行过程中可能造成危险或损害；

（3）为了进一步逮捕参与跨国有组织犯罪的幕后操纵者。

第 10 条　授权人员应当考虑申请，然后应该尽快向申请人发放许可证或拒绝令。

第 1 款中的许可证应按照司法部长规定的形式，记载姓名、详情和行动期间。

第 3 章　控制下交付的执行

第 11 条　在执行被批准的控制下交付时，被许可人应依照下列规定实施：

（1）在非法或可疑货物尚未被扣押或冻结的情况下，被许可人携带非法或可疑货物通过执法机构的审查程序时，如有必要，批准书及其副本应当被提交给该执法机构的官员，以便允许被许可人通过。

（2）在非法或可疑货物已经被任何主管官员扣押或冻结的情况下，被许可人应向该官员出示批准书及其副本，以便将被扣押或冻结的货物移交给被许可人。移交行为应作为有利于监控的证据被记录在案。倘若有规则、命令或条例对任何类型的被扣押或冻结的货物执行控制下交付作出了特殊规定，应按此规定的程序执行。

第 12 条　被许可人应记录所有详细信息，并在对非法或可疑的货物实施控制的第一时间就拍摄照片。如果有必要但是无法这样做的话，被许可人应记录非法或可疑货物的总体情况及其面临的障碍。

第 13 条　在执行控制下交付时，为了获取来自有关组织的文件或证据，授权官员应通知该有关组织以书面形式提供，并且该有关组织有义务提供配合。如果为执行控制下交付具有必要性，被许可人可以使用获得的文件或

证据

第 14 条 在执行控制下交付时，非法或可疑的货物被运进或运出泰国领土时，被许可人的上级应将该组织的证件和批准书的副本提交给海关总署署长，要求为非法或可疑的货物进入或离开泰国领土提供便利。

第 15 条 主管官员有权对被许可人或者任何执行控制下交付行动的人进行检查或搜查，被许可人可以事先与该主管官员的组织合作，以便利行动的实施。如果事先没有协调行动，被许可人必须出示批准书接受检查或搜查。

第 16 条 被许可人应当在批准的期限内完成行动。如果有合理依据需要修改或增加细节或延长批准的期限，被许可人应当在截止日期之前向授权官员发出信函。要求修改或增加细节或延长批准期限的信函应当按照总检察长规定的形式签发。

第 17 条 如果在执行控制下交付过程中非法或可疑的货物被损坏、销毁或丢失，被许可人应当自知道该损坏、破坏或损失发生之时起 24 小时内书面向负责人报告。如果这些物品被扣押或冻结，负责的官员也应当被书面告知。

第 18 条 在控制下交付行动执行完毕后，被许可人应当继续完成下列事项：

（1）从执行完毕之时起 3 日内向授权人员报告行动结果；

（2）记录将货物返回给负责官员的情况；

（3）收到目的地国家官员的行动报告后，迅速将该结果报告给授权官员。

第 19 条 授权官员应当任命一名官员执行下列工作：

（1）与有关组织协调，以利于控制和监督本条例规定的权力；

（2）编制和准备数据库系统，对文件和证据进行分类；

（3）编写年度报告，其中包含事实的主要内容、问题、障碍、行动的完成情况以及统计数据，并将此类报告提交给授权官员，以控制和检查控制下交付行动；

（4）执行与实施由授权官员指派的与本条例有关的其他行为。

欧洲国家控制下交付立法

一、《保加利亚刑事诉讼法典》

第 14 章（证据方法）

第八节　特殊情报手段

第 172 条　通过使用特殊情报手段收集的证据材料

（1）审前程序的机构可以使用特殊情报手段：技术手段－电子或机械设备及材料，用于记录被控制人员和物体的活动，以及特工方法－监视、窃听、跟踪、卧底侦查、通信与计算机信息检查、控制下交付、信托交易以及官员暗中侦查。

（2）只有当侦查下列严重故意犯罪时面临严重困难，并且不能经由其他方式查明时才能适用特殊情报手段：《刑法典》第 1 章、第 2 章第 1 条、第 2 条、第 4 条、第 8 条和第 9 条、第 3 章第 3 条、第 5 章第 1 条至第 4 条、第 6 章第 2 条至第 2 条、第 8 章、第 8a 章、第 9a 章、第 11 章第 1 条至第 4 条、第 12 章、第 13 章、第 14 章规定的犯罪，以及《刑法典》特别部分第 219 条第 4 项第 2 目，第 220 条第 2 项，第 253 条，第 308 条第 2 项、第 5 项第 2目，第 321 条，第 321a 条，第 356k 条以及第 393 条所规定的犯罪。

（3）只有当侦查第 2 项规定的犯罪有必要时，计算机信息服务的提供商有义务协助法院和审前程序的机构通过使用特殊技术手段收集与记录计算机信息数据。

（4）特殊情报手段——控制下交付与信托交易可以用于证据收集，并且官员将在隐蔽状态下作为证人接受询问。

（5）根据第1~4项所收集的材料必须附卷。

第173条 特殊情报手段使用的申请

（1）为了在审前程序中适用特殊情报手段，负责监督的检察官应当向法院提交一份有合理依据的书面申请。

（2）申请书必须包括：

1. 适用特殊情报手段去查明的犯罪的有关信息；

2. 说明迄今采取的行为及其结果；

3. 即将适用特殊情报手段的人员或者地点的数据；

4. 将要适用的特工手段；

5. 适用期间和动机，并提供证据予以证实；

6. 关于无法以其他方式收集所需证据的缘由，或者描述收集证据将带来的特殊困难。

（3）如果申请系卧底侦查官员提出，负责执行侦查的机构负责人或者他授权的人应当根据第174条第1~3项的规定，要求卧底侦查官员提交书面声明，该书面声明必须表明他/她已经知道了自己的义务以及具体的侦查任务。该书面声明应当根据第174条第1~3项规定保存在授权机构中，声明应当包括通过执行此次侦查的机构给予卧底侦查官员的身份号码，而不得披露其身份信息。

（4）在紧急情况下，如果实施侦查系唯一机会时，卧底侦查官员也可以经由负有监督职责的检察官许可后适用特殊侦查手段。如果在24小时内没有获得有关法院批准的话，卧底侦查官员的活动应当终止，同时被收集信息的保留与销毁也必须遵守有关规定。

（5）根据《刑法典》第108条、第108a条、第143条、第143a条、第159a条-第159d条、第301条-第305a条以及第321条的规定，如果在刑事诉讼中获得了证人的同意，也可以针对证人适用特殊情报手段。

（6）在第123条第7项规定的情形下，申请应当附上作为特殊情报手段适用对象的人的书面同意书。

第174条 特殊情报手段适用的批准

（1）特殊情报手段的适用应当事先获得地区法院院长的许可或者地区法

院副院长的明确授权；

（2）特殊情报手段的适用如果涉及到军人，应当事先获得军事法院院长的批准或者获得军事法院副院长的明确授权；

（3）特殊情报手段的适用如果涉及到特殊刑事法院管辖的案件时，必须事先获得该法院院长的批准，或者系由法院院长授权的副院长的批准；

（4）（2011年修改，2011年8月12日生效）第1项~第3项中的机构应当在收到申请书以后及时做出合理的裁决，在做出裁决以前，可以要求提供与申请书中包涵的信息有关的所有侦查材料；

（5）如果案件属于索菲亚市法院的管辖范围，应索菲亚上诉法院检察官办公室检察长或者其授权代表的申请，经过索菲亚上诉法院院长或者其明确授权的副院长的事先批准，允许所有参与者包括《特殊情报手段法》第12条第2项、第3项规定的个人和证人可以对实施犯罪的治安法官、检察官和侦查人员使用特殊情报手段。在所有其他情况下，应军事上诉法院检察官办公室或者特别刑事上诉法院检察官办公室的检察长或者其授权代表的申请，军事上诉法院院长或特别刑事上诉法院院长或者其授权代表可以根据具体情况予以授权。

（6）应最高上诉法院检察长办公室副检察长的申请，最高上诉法院领导刑事分庭的副院长可以事先授权所有参与者包括《特殊情报手段法》第12条第2项、第3项规定的个人和证人对索菲亚上诉法院、军事上诉法院或特别刑事上诉法院的院长及其副院长犯下的罪行使用特殊情报手段。

（7）通过卧底警察进行侦查的命令必须列明被授权侦查的刑事犯罪，以及当局根据第1项至第3项的规定提供的官员的身份证号码。

（8）各法院应该保留一份特殊的登记，包含第1项~第3项所规定的申请与签发批准的信息，上述登记不应当公开。

第175条　为了实现刑事诉讼法之目的而适用特殊情报手段的程序与期间

（1）国家技术行动局、国家安全局的有关机构依据《特殊情报手段法》签发的命令可以适用特殊情报手段；

（2）国家技术行动局局长或其书面授权的副局长，国家安全局局长或其书面授权的副局长，内政部部长，根据第174条规定的授权发布书面命令，要求第 1 项所述机构适用特殊情报手段；

（3）适用特殊情报手段的期间为：

①对于《特殊情报手段法》第 12 条第 1 项第 4 目规定的情形，最长可达 20 天；

②在其他情形下，最长可达两个月。

（4）如果有必要，本条第 3 项规定的期间可以依照第 174 条进行延长：

①在第 3 项第 1 目的情形下，最多 20 天，但是总计不超过 60 天；

②在第 3 项第 2 目的情形下，总计不超过 6 个月。

（5）在第 4 项所述的情形下，延长期间的申请书应当全面详尽地说明适用特殊情报手段获得的结果。

（6）特殊情报手段的适用应当终止，如果：

1. 计划的目标已经达成；

2. 特殊情报手段的适用不会产生任何结果；

3. 批准的期间已经届满；

4. 存在暴露行动技术的危险；

5. 适用已经变得不具有可能性；

6. 当卧底侦查人员或者其尊亲属或者卑亲属、兄弟、姐妹、配偶或者关系特别亲密的人面临生命或者健康的威胁，而该威胁来自特工的任务；

（7）如果特殊情报手段的适用面临终止，应当毫不迟延地以书面形式通知授权许可的机构，并且陈述终止的原因。如果收集的信息不能被用作证据，上述机构应当命令将其销毁。

第 176 条　适用特殊情报手段所获得的物证的准备

（1）使用特殊情报手段所获得的物证应当准备两份复制件，并且应当在 24 小时密封送至提出申请许可的检察官与批准许可的法官；

（2）如果根据刑事诉讼目的来看在第 177 条第 3 项的情况下适用特殊情报手段是正当的，那么申请授权的检察官可以命令将物证制成两份复制件，并在 24 小时内将加封的物证复制件送给批准授权的法院，另一份剩下的复制件将被移交给检察官，以便在有关的刑事诉讼中加以运用。

第 177 条　通过特殊情报手段获得的数据的证明力

（1）指控与裁决不能仅仅根据特殊情报手段获取的数据；

（2）未根据第 173 条的规定提出申请而获得的材料不得在刑事诉讼程序中使用，除非他们的数据中涉及到了第 172 条第 2 项中的严重故意犯罪；

（3）为了证实第 172 条第 2 项中的严重故意犯罪，通过适用特殊情报手段所获得的信息可以在其他诉讼程序中使用，或者应《特殊情报手段法》第 13 条第 1 项规定的机构的申请可以使用通过特殊情报手段所获得的信息。

二、爱尔兰《2008 年刑事司法（协助）法》

第四章　控制下交付

第 88 条

（1）本章中

"指定国家的主管当局"，在向指定国家提出控制下交付的申请或者从指定国家发出控制下交付的申请时，指的是该国主管当局有权接收或提出请求的行为人或者机构。

"国家的主管当局"，在向指定国家提出控制下交付的申请或者从指定国家发出控制下交付的申请时，即指：

（a）国家警察局局长或经国家警察局局长授权临时行使本章规定的其职能的国家警察局成员；或

（b）如果控制下交付涉及税收犯罪，税务专员或经税务专员授权临时行使本章规定的其职能的人员。

"控制下交付"，是指为侦查犯罪，根据本章的规定在国内允许实施的交付或根据有关国际文书的规定在指定的国家允许实施的交付。

"管制药物"，指的是《1977 年滥用药物法》所规定的药物。

"犯罪"包括有合理依据怀疑已经实施或者即将实施的犯罪。

（2）根据本章的要求，如果指定国家的主管当局要求由司法机构提出或接收申请，申请应寄交给部长或者由部长发出申请，为了实现此目的，本章提及的国家的主管当局应当被解释为部长。

第 89 条

（1）国家的主管当局可以向指定国家的主管当局提出申请，允许：

（a）在该国实施控制下交付；并且

（b）指定的人或具体描述的人，包括爱尔兰警察局的成员以及海关和消费税局的官员，参加与交付有关的行动。

（2）请求应包括与控制下交付有关犯罪的细节。

第 90 条

（1）本条适用于指定国家的主管当局向国家的主管当局提出申请以允许：

（a）在该国实施控制下交付；并且

（b）来自指定国家的指定人员或具体描述的人员，参加控制下交付行动。

（2）申请应包括与控制下交付有关的犯罪的细节。

（3）如果满足以下条件，则国家的主管当局可以批准该请求：

（a）出于侦查犯罪的目的而实施控制下交付；或者

（b）有合理的理由相信，必须存在公共利益，也就是考虑到很有可能有利于侦查，才能准许实施该项控制下交付。

（4）如果控制下交付涉及管制药品的非法进口，与控制下交付有关的行动则应当按照以下规定进行管理：

（a）1996 年 1 月 12 日签署的谅解备忘录，内容涉及海关和消费税局税收专员与爱尔兰警察局之间关于毒品执法的关系，并由爱尔兰警察局局长与海关和消费税局局长达成协议；并且

（b）爱尔兰警察局、海关与消费税局、海军部队之间在毒品执法方面进行合作的行动协议书，包括目前有效的备忘录或协议的任何修改或扩展。

（5）如果交付涉及税收犯罪（非法进口管制药物构成的犯罪除外），这些行动应当在被派往执行交付的海关和消费税官员的指挥和控制下进行。

（6）如果交付涉及其他任何罪行，则应由爱尔兰警察局的官员负责指导和控制交付行动。

（7）应指定国家参与行动的人员提出的请求，爱尔兰警察局的成员或者海关和消费税局的官员在参与控制下交付行动时所采取的行动对成员或者官员来说应当是公开的。

（8）谅解备忘录和行动议定书的副本已放在爱尔兰议会图书馆中。

《2005 年爱尔兰警察法》修正案

第 91 条

修正了《2005 年爱尔兰警察法》第 51 条（国际服务）：

（a）在第（2）（a）款中，删去"国家或"，而代之以"国家"；以及

（b）用下列各项代替（b）和（c）项：

（b）作为《2004年刑事司法（联合调查小组）法》所定义的联合调查小组的成员，该法经《2008年刑事司法（协助）法》第96条修订；

（c）根据上述2008年法第89条的要求在国家以外进行控制下交付；或

（d）经部长的同意借调到一个国际组织。

《2004年刑事司法（联合调查小组）法》在控制下交付方面的适用

第92条

《2004年刑事司法（联合调查小组）法》第11条（情报的使用）、第12条（刑事责任）和第13条（民事责任）经过必要的修改，如果该法所指的联合侦查小组成员或借调成员参加控制下交付行动的话，也可以适用于他们。

三、奥地利《联邦与欧盟成员国刑事司法合作法》

第六部分　控制下交付

第71条　一般原则

控制下交付是指从本国领土运入、运出或通过本国领土运输受到限制或禁止流通的货物，条件是检察官获得授权根据《刑事诉讼法典》第99条第4款进行诉讼。

第72条　主管和程序

1. 控制下交付的可能过境地或始发地的地区法院的检察官，应当负责对通过奥地利的控制下交付作出决定。如果无法查明控制下交付的过境地，则由维也纳的检察官办公室负责。刑警应当毫不延迟地将计划实施的控制下交付告知主管的检察官。

2. 应成员国的要求或与另一成员国达成协议，通过奥地利的控制下交付或者从奥地利到另一成员国的控制下交付可以获得准许，如果：

（1）控制下交付所依据的理由或外国刑事诉讼符合签发欧洲逮捕令的先决条件；

（2）控制下交付将有利于促进彻底消灭此类犯罪或者调查参与犯罪的人员，而不仅仅局限于低层次的人员。

3. 在下列情况下，不得批准控制下交付：

（1）由于商品或犯罪集团的特殊属性，可能对人的生命、健康、人身安全或自由造成严重威胁，

（2）违反《刑事诉讼法典》第 5 条第 3 项的规定；

（3）另一国似乎不能确保对运输的进一步监视及其接近犯罪嫌疑人和货物。

4. 通过本国领土的控制下交付或从本国领土运出的控制下交付应当获得奥地利当局的同意，并接受奥地利当局的指挥。设计的方式应尽可能确保随时接近嫌疑人和货物。只有在遵守《刑事诉讼法典》第 5 条第 3 项所规定的原则的情况下，才应由官员或由其陪同执行控制下交付。

5. 在完成控制下交付之后，检察官应审查是否有理由要求逮捕犯罪嫌疑人的国家接管刑事诉讼。

四、《比利时刑事诉讼法典》

第 40（2）条

出于侦查的目的，国王检察官可以授权警察机构推迟扣押其他犯罪嫌疑人及第 35 条规定的所有物品。授权应当书面写明理由。

在紧急情况下，授权也可以口头作出。应当尽快以书面理由进行确认。

五、波兰《国内安全局与情报局法》

第 30 条

1. 为了查明与第 5 条第 1 项第 2 目所规定的犯罪，或者为了查明参与这些犯罪的人的身份或者为了扣押犯罪物品，如果不会危害人类的生命或健康，国内安全局局长可以在提起刑事诉讼之前命令对犯罪物品的生产、运输、储存和贸易进行秘密监控。

2. 国内安全局局长应当立即将依据前项规定签发的命令执行过程和结果通知总检察长，总检察长可以撤销该命令。

3. 根据第 1 项规定所签发的命令，在邮政和运输领域中营运的办公室、机构和实体，海关当局和边防警卫部门有义务允许继续完好无损地运输藏匿有犯罪物品的货物，或者将犯罪物品全部或部分移走或更换后继续运输货物。

4. 如果确认了有关犯罪的信息，国内安全局局长应当向总检察长提供因开展行动所收集的所有材料。在法庭程序中，《刑事诉讼法》第 393 条第 1 款的规定适用于这些材料。

5. 首相应当颁布条例，规定执行和证实第 1 项所述活动的方式。条例应考虑到行动的秘密性质，确定通过执行第 1 项所述行动而获得的有关材料和文件的储存、转移和销毁方式，同时列明所使用的表格和登记的模式。

六、《俄罗斯联邦海关法典》

第 42 章　对跨越海关边界的货物实施控制下交付

第 435 条

1. 对跨越海关边界运输的货物实施控制下交付是一项侦查业务活动。当货物通过海关边界时，在侦查业务机构的知情和控制下，允许货物进口到俄罗斯联邦海关区域，允许进口的货物从该区域运出或者通过该区域，其目的是预防、发现、制止和揭露与非法贩运货物有关的犯罪。

2. 实施货物的控制下交付，需要与海关当局协调。这种协调的程序应由在海关事务领域获得授权的联邦行政机构与从事侦查业务活动的其他联邦行政机构之间的协议确定。如果根据俄罗斯联邦缔结的国际条约或者与外国主管当局签订的协议，决定对从俄罗斯联邦海关区域出口的货物实施控制下交付，则不在俄罗斯联邦提起刑事诉讼。执行货物控制下交付的国家应根据俄罗斯联邦法律立即通知检察官。

第 436 条

根据俄罗斯联邦法律，在对禁止自由销售或经特别许可才可以流通的货物实施控制下交付时，俄罗斯联邦政府可以决定扣押或更换跨越海关边界运输的货物，还可以全部或部分撤回或替换这些货物。对人类健康和自然环境构成严重危险或者构成制造大规模毁灭性武器基础的物品，应按照俄罗斯联邦政府确定的方式予以更换。

七、《法国海关法典》

第四章 海关官员的权限

第 7 节 控制下交付

第 67 条之二

为了确定在进口、出口或持有麻醉品的药物或植物方面已经实施了违反《海关法典》的犯罪，为了查明此类犯罪的实施者和共犯，还有作为第 399 条规定的利害关系方参与的人，并为了实行本法规定的扣押，获得海关署长授权的海关官员，在法令规定的情况下，通报政府检察官之后并在其控制下，可以监测此类药物或植物的运输。

他们为此目的，经政府检察官授权之后并在其控制下，购买、持有、运输或交付此类药物或植物，或者为持有此类药物或植物或从事前款所说海关犯罪的人提供法律支持或交通、存放或通信手段，则不承担刑事责任。授权只能给予不包含实施第 1 款所说犯罪的行动。

出于同样的目的，前两款的规定应适用于列入法令所定名单的麻醉品非法制造所用药物，也适用于此类生产所用设备。

海关官员，若对第 415 条所述犯罪涉及的资金，并为了确定此类犯罪已经实施，采取前两款所述行为，不受刑事处罚。

八、芬兰《警察、海关和边境警卫合作法》

第 4 条 控制下交付的程序

（1）警察、海关和边境警卫当局应当立即通知负责的有关警察、海关和边境警卫当局，并就货物通过国境负责提出司法或者行政申请，该申请必须建立在国际协议或其他对芬兰具有约束力的国际义务基础上。

（2）警察、海关和边境警卫当局应视具体情况逐案判断决定是否适用控制下交付，控制下交付不得对健康、生命或自由造成任何严重的直接危险，也不得对环境、财产或资产造成重大的直接危险。

（3）当申请涉及越境的非法货物时，警察、海关和边境警卫当局对采取措施的请求也适用上述第 2 项规定的程序。

（4）政府可根据法令发布本条中有关决策程序的进一步规定。

九、《捷克刑事诉讼法典》

第 86 条 （货物扣押）

为了查清与刑事诉讼有关的重要事项，有必要确定未交付的邮递货物、其他货物或者电报的内容。法官与审前程序中的检察官应当命令邮政局或者负责运输的行为人将货物交付给首席法官或者审前程序中的检察官或警察机构。

第 87 条 （开启货物）

上述第 86 条提及的货物只有首席法官或者获得法官同意的审前程序中的检察官才有权开启。

第 87a 条 （替代货物）

为了查明行为人运输的货物中是否有麻醉药品、精神药物、前体化学品、毒物、放射性物质、伪造的货币、伪造的有价证券、火器或者具有重大破坏力的武器、弹药，或者爆炸物及所有其他必须获得特别许可才可以持有的物质、用于企图实施犯罪的物质，或者犯罪所得，首席法官或者审前程序中的检察官应在获得法官的同意后用其他货物对该货物予以替换，并且被替换后的货物可以终止运输。

第 87b 条 （货物监视）

1. 初步程序中的检察官有合理依据怀疑，包含货物中第 87a 条中的物质，如果有必要查清犯罪或者发现所有犯罪团伙，并且查明要求的细节，而采用其他方式将是无效的，或者存在巨大困难，那么他可以实施监视。警察机构应当按照检察官的指示安排对货物的监视。负责监视货物的行为人不得放弃或者拿走货物。货物监视必须作出记录，并且按照要求制作音频或者其他记录。

2. 根据上述第 1 款之规定，如果情况紧急不得延误，而又不能提前获得命令，警察机构可以在没有命令的情况下启动控制下交付。警察机构应当毫不迟延地将该情况报告给检察官，并且按照后者的指示行动。

3. 警察机构可以采取必须的措施以达成目的，确保本法第 87a 条第 1 款所指的货物及其替代品在海关的知情和监管下从捷克共和国境外进入捷克共和国境内，或者从捷克共和国境内运至境外，或者从境外经由捷克共和国到达第三国。

4. 警察机构根据检察官的命令终止对货物的监视，并且如果处理货物将对生命或者健康构成严重危险，或者对财产造成巨大损害，或者该货物面临巨大危险将不能继续监视，也可在未获得命令的情况下终止监视。警察机构在终止货物监视的同时，应该对隐藏于货物中的物品采取措施，予以保全。如果监视的货物穿越边境，并且外国的主管机构在国际协作的框架内采取了监视措施，那么就没有必要采取此种措施。

第 87c 条 （共同规定）

第 86~87c 条中的货物是指以任何方式运输的物品，无论是使用邮局还是其他人，包括以秘密方式运输。

十、《克罗地亚刑事诉讼法典》

第 12 章　特殊证据收集

第 332 条

（1）如果有理由怀疑行为人已经实施了或者参与了本法第 334 条所规定的犯罪，而无法以其他任何方式开展侦查或者将带来极大的困难，那么侦查法官可以根据国家检察官提交的书面申请陈述的理由，命令执行暂时限制公民某些宪法权利的措施，具体如下：

1）监视和监听电话对话和其他方式的远程技术通讯；
2）截取、收集和记录电子数据；
3）为了进行监视和技术记录而进入该场所；
4）对个人和物品进行秘密跟踪和技术记录；
5）使用卧底侦查人员和线人；
6）假装买卖某些物品，假装行贿和假装受贿；
7）提供虚假业务服务或关闭虚假法律业务；

8）对来源于刑事犯罪的物品实施控制下运输和控制下交付。

（2）在例外情况下，如果情况需要立即采取行动，国家检察官可以在侦查开始前24小时，由国家检察官发布本条第1款的命令。

国家检察官必须在发出命令后的8小时内向侦查法官提交命令，并附上签发时间和理由的说明。侦查法官应立即决定命令的合法性。如果侦查法官认可了国家检察官的命令，则其应按照本条第1款的规定进行诉讼。如果侦查法官拒绝该命令，国家检察官可以在8小时内提出上诉。审判人员应在12小时内就上诉作出决定。

（3）如果审判人员不同意该命令，则应通过裁决命令立即停止行动，并将国家检察官命令收集的数据移交给侦查法官，由侦查法官销毁这些数据。侦查法官应当记录数据的销毁情况。

（4）如果有理由怀疑行为人向本法第334条所规定的犯罪人发出与犯罪有关的信息或者短信，或者收到本法第334条所规定的犯罪人发出与犯罪有关的信息或者短信，或者犯罪人使用电话或其他电信设备的行为，或者通过隐藏犯罪行为的方式、痕迹或者赃物或者其他方式来掩盖犯罪行为，以帮助他不被发现，那么就可以命令对行为人实施本条第1款第1项所规定的行为。

（5）根据本条第1款所规定的条件，经过该人的书面同意，本条第1款第1、2、3、4、6、7、8项所规定的措施可适用于其本人，也可以适用于该人的处所和物品。

（6）如果对犯罪行为中的共犯身份一无所知，可以根据刑事犯罪的目标来确定本条第1款第8项所规定的措施。

（7）实施本条第1款第5项和第6款所规定的措施不应构成引诱犯罪。

第333条

（1）通过实施本法第332条第1款第1项至第8项所规定的措施而获得的记录、文件和物品，在刑事诉讼中可以被用作证据。

（2）本法第332条第1款第5项至第8项所规定的措施适用的行为人及其所有犯罪同谋，如果他们与其羁押在一起的卧底特工和线人的交谈内容以及适用的收集证据的措施被披露的话，那么卧底特工和线人可以作为证人接受询问，并且其陈述可以在诉讼中被用作证据。

（3）对于证据不可采的裁决和评估，不能仅仅基于本条第2款所规定的证人证词。

第 334 条

（1）对于《刑法》所规定的下列刑事犯罪，可以命令实施本法第 332 条第 1 款所规定的特殊证据收集行动：

1）危害克罗地亚（第十二章），违反国际法保护的价值观（十三章），侵害性自由和性道德（十四章）和侵害克罗地亚共和国武装部队的罪行（第二十六章）可处以 5 年及以上有期徒刑；

2）谋杀（第 90 条），绑架（第 125 条），介绍卖淫（第 195 条），在计算机系统或网络上的儿童色情活动（第 197a 条），抢劫（第 218 条第 2 款），违反电子数据、程序和系统保密性、完整性和可用性的犯罪（第 223 条），利用计算机伪造（第 223a 条），利用计算机欺诈（第 224a 条），损害欧盟的欺诈行为（第 224b 条），勒索（第 234 条），勒索（第 235 条），严重危害公共安全的犯罪（第 271 条），伪造货币（第 274 条），洗钱（第 279 条），在经济交易中受贿（第 294a 条），在经济交易中行贿（第 294b 条），逃避海关管制（第 298 条），妨碍证据（第 304 条），对从事司法行政工作的官员的胁迫（第 309 条），以实施刑事犯罪为目的的结社（第 333 条），以及通过犯罪团伙或组织同时实施的刑事犯罪，非法持有武器和爆炸性物质（第 335 条），滥用职权和官方权力（第 337 条），滥用公职（第 338 条），非法仲裁（第 343 条），受贿（第 347 条）和行贿（第 348 条）；

3）滥用儿童或未成年人制作色情制品（第 196 条），向儿童介绍色情制品（第 196 条），侵犯版权和表演艺术家的权利（第 229 条），非法使用作者的作品或艺术表演（第 230 条），侵犯音像制品的生产者的权利和与广播有关的权利（第 231 条），侵犯专利权（第 232 条），侵犯工业产权和未经授权使用他人的公司名称（第 285 条），如果这些犯罪行为是通过使用计算机系统或网络实施的；

4）可处以长期监禁的罪行。

（2）本法第 332 条第 1 款所指的特殊证据收集措施，也可命令对犯有危害儿童或未成年者的刑事犯罪实施。

第 335 条

（1）本法第 332 条第 1 款所规定的命令应当陈述要对其采取措施的人员

的可用数据，用事实说明采取措施的必要性，持续的期限应与目标的实现、措施的方式、范围和实施地点成比例。这些措施应由警察机关执行。参加决策过程和执行本法第 332 条所规定的措施的官员及其负责人，应当对在此过程中所获悉的信息保守秘密。

（2）技术运行中心负责电信监管，它负责与克罗地亚共和国的电信服务提供者进行技术协调，电信服务提供者必须向警察当局提供必要的技术援助。如果在过程中违反此项义务，侦查法官应在动议中向国家检察官陈述理由，建议对电信服务提供商处以 100 万克罗地亚库纳的罚款。并对负责电信监管的技术运行中心的负责人和克罗地亚共和国境内的电信服务提供商提供不超过 5 万克罗地亚库纳的罚款。如果不遵守该裁决，则责任人可能会受到监禁，直至该裁决执行为止，但监禁不得超过 1 个月。合议庭就罚款和监禁的上诉作出裁决。对罚款和监禁裁决的上诉不得中止执行。

（3）特殊证据收集措施最多可持续 6 个月。根据国家检察官的动议，侦查法官基于重要理由可以将此类措施的期限延长 6 个月。在特别复杂的案件中，侦查法官可将措施再延长 6 个月。如果侦查法官驳回了国家检察官延长措施的动议，侦查法官应作出裁决，国家检察官可以在 8 小时内提出上诉。合议庭应在 12 小时对上诉作出决定。

（4）一旦本法第 332 条第 1 款所规定的条件不复存在，侦查法官必须命令停止执行该措施。如果国家检察官不提起诉讼，或者因采取措施而获得的数据和信息与诉讼无关，则应在侦查法官的监督下销毁这些数据和信息，并另作记录。

（5）本条第 1 款所规定的命令应单独存放。在该措施终止之后，甚至在该措施终止之前，如果该措施所适用的行为人提出要求，则可以将该命令交付给其，如果这样做有利于诉讼程序的话。

（6）如果在本法第 332 条第 1 款所规定的措施的执行过程中，记录了与本法第 334 条所规定的其他犯罪和犯罪嫌疑人有关的数据和信息，则该记录应被予以复制和移交给国家检察官，并可在该刑事犯罪的诉讼中用作证据。

（7）本法第 75、76、114 条的规定应被适用于被告与辩护律师的适当交谈。

（8）如果违反本法第 332 条的规定采取本法第 332 条所规定的措施，派生于以这种方式获得的数据和信息的证据不得被用作刑事诉讼的证据。

第 336 条

（1）国家检察官和侦查法官应当以适当方式（记录抄本或官方记录中不得有个人数据，排除档案中的官方记录）防止未经授权的人员、犯罪嫌疑人及其辩护律师查明实施本法第 332 条第 1 款第 4 项和第 5 项所指措施的人员的身份。如果这些人被作为证人接受询问，法院可以按照本法第 294~299 条的规定进行诉讼。

（2）以任何方式发现有关措施内容的数据的人员或参与执行本法第 332 条所规定措施的人员，均应对此保密。

第 337 条

（1）本法第 332 条所规定的措施应由警察机关执行。警察当局应当起草有关执行过程的每日报告和技术记录的文件，并应其要求将其发送给国家检察官。

（2）措施终止后，警察当局为国家检察官办公室和侦查法官起草一份特别报告，内容如下：

1）措施的开始时间和终止时间；

2）该措施所涵盖人员的人数和身份；

（3）警察当局应当拟制技术记录文件副本一式 2 份，一份副本保存在警察档案中，随附特别报告的另一份副本应当由警察当局移交给国家检察官，并应当将收集到的记录和文件一并移交给国家检察官。

（4）法律规定警察没有获得法院命令也可以进入行为人的住所，如果符合该条件，可以使用卧底探员，卧底探员有权进入行为人的住所。

（5）如果除本法第 332 条第 1 款所规定的条件之外，有证据怀疑行为人预备实施或者已经实施本法第 334 条规定的刑事犯罪，特别是严重的刑事犯罪，侦查法官可以决定卧底探员除了进入行为人的住所外，还可以使用技术设备来记录不公开的对话。如果侦查法官拒绝该动议，其应当作出裁决。国家检察官可以在 8 小时内针对该裁决提起上诉。合议庭应当在 12 小时内对上诉作出决定。

（6）本法第 332 条第 1 款所规定措施的适用，应当在其根据的理由失效后尽快终止。国家检察官和法院应通过其办事处关注被命令采取的措施之依据是否存在。

（7）经过司法部长的事先同意，内政部长可以制定法规规范本法第332条所述的行为方式。

第 338 条

（1）通过执行本法第332条第1款规定的措施而获得的记录、文件和物品，只能在针对本法第332条第1款或第337条第5款所述的人的诉讼中被用作证据。

（2）完整的录音、记录和文件应当被保存在国家检察官办公室。在某些可能的情况下，根据国家检察官的动议，侦查法官应当命令仅仅将涉及该刑事诉讼的那部分录音、记录和文件排除在案件档案之外。

（3）为了实现该目的，国家检察官应当将附带有陈述理由的动议移交给侦查法官，侦查法官在排除涉及该刑事程序的部分录音后应当返回完整记录，排除应当在侦查法官的监督下由专家助手执行。

（4）应辩护律师的动议，完整的录音、记录和文件应当可以被复制或者大声宣读。

第 339 条

（1）如果有现象表明这些货物很有可能在诉讼中被用作证据，应国家检察官的动议，侦查法官可以命令邮递和其他通信机构在收到交货以后保存和递送发给被告或者由被告发送的信件、电报和其他货物，该命令应包含其本法第335条第1款提及的信息。

（2）暂时扣押可以最长持续4个月，在国家检察官提出动议并陈述了理由以后，侦查法官可以将其再延长2个月。

（3）对于《刑法典》所规定的下列刑事犯罪，可以命令执行本条第1款所规定的措施：

1）违反受国际法保护的价值观念（第十三章），可处以5年以下有期徒刑，过失杀人（第90条），加重谋杀（第91条），绑架（第125条第2、3款），叛国罪（第135条），占领或投降（第136条），危害国家独立（第137条），暗杀国家最高官员（第138条），绑架国家最高官员（第139条），反对国家的恐怖主义（第141条），披露国家机密（第144条第1、3款），以侵害克罗地亚共和国为犯罪目的的结社（第152条），针对克罗地亚共和国的犯罪行为的预备（第153条），洗钱（第279条）。

2）滥用儿童或未成年人制作色情制品（第 196 条），向儿童介绍色情制品（第 196 条），侵犯版权和表演艺术家的权利（第 229），非法使用作者的作品或艺术作品（第 230 条），侵犯音频或视频录制者的权利以及与广播相关的权利（第 231 条），侵犯专利权（第 232 条），侵权的工业产权和未经授权使用他人公司名称的情况（第 285 条），如果这些犯罪行为是通过使用计算机系统实施的，则临时扣押的最长期限可以为 1 年。

3）以犯罪为目的的结社（第 333 条），以及该团体或犯罪组织同时犯下的犯罪。

（4）国家检察官只能命令保留货物，但是如果本条第 1 款所指的组织在收到命令后的 3 天内未收到侦查法官的裁定，则必须停止保留。

（5）在有两个证人在场的情况下，国家检察官可以打开保留的货物。在打开时，应注意不要损坏密封件，同时应保留盖子和地址。

（6）如果诉讼程序的利益允许的话，可以全部或部分地将该货物的内容通知被告人或收信人，也可以将其交付给他。如果被告缺席且存在正当利益，则应将货物的内容告知给其某位亲属，或者将装运货物交付给其某位亲属，如果没有亲属，则应将装运货物退还给寄件人，除非这会损害诉讼程序的利益。

（7）本条第 1~5 条的规定不适用于被告与其辩护律师之间的信件、电报和其他货物。

（8）如果诉讼程序违反了本条第 1~5 款的规定，经由此材料而收集的证据不得被用于刑事诉讼。

第 340 条

（1）警察当局可以将数据库和其他登记册中保存的公民的个人数据与警察数据记录、登记册和自动数据处理库进行比较，条件是有理由怀疑其已经实施了可能要被提起公诉的刑事犯罪。一旦对于成功推进诉讼不再需要，就应从上述记录中删除由此收集的信息以及向国家检察官提交的报告，但不得迟于存储之日起的 12 个月。如果根据国家检察官的动议，有可能以这种方式成功实施对某人或某物的搜查，则侦查法官可以例外延长期间 3 个月。

（2）如果侦查法官驳回本条第 1 款的动议，其应就此作出裁决。国家检察官可以对该裁决提出上诉。

十一、罗马尼亚《预防与打击非法贩运与使用毒品法》

第 1 条　释义

（j）控制下交付，系指一种方法，它是指获得正式授权的机构或者组织在获得检察官授权与控制下，允许涉嫌非法运输的麻醉药品或前体化学品或其替代品通过或者中转、穿过国家领土，以便发现犯罪活动并查明参与此类活动的人。

第 20 条　控制下交付

经过特殊的法定机构之申请，最高法院检察官办公室可以授权实施控制下交付，无论是毒品还是前体化学品都可以被全部替换。

十二、罗马尼亚《警察组织与功能法》

第 32 条

（1）为了打击有组织犯罪或者追求犯罪收益而实施的犯罪，警方可采取控制下交付方式。

（2）控制下交付是在检察官的授权和控制下，所有获得合法授权的机构或组织所使用的方法，它包括允许毒品或前体、通过犯罪所获得的赃物或被禁止持有和销售的商品过境该国，以揭示犯罪活动并查明涉案人员。

十三、罗马尼亚《预防与打击有组织犯罪法》

第 16 条

（1）应具有法律资格的机构或组织的申请，驻最高法院的检察官办公室的总检察长指定的检察官可以授权实施监视下交付，无论是否全部或部分移走或替代将要交付的货物。

（2）监视下交付应通过命令的方式授权，并陈述依据，除了遵循《刑事诉讼法》第 203 条的规定以外，还必须包含以下内容：

（a）采取该措施有充分的依据以及采取该措施的必要性理由；

（b）有关监视下交付的货物的详细信息，并视情况需要移出或替换的货物，以及将要代替这些货物的物质；

（c）交付的时间和地点，或视情况要求完成交付所需的运输路线（如果知道的话）；

（d）负责监督交货的人员的辨别资料。

（3）如果出现危及国家安全、公共秩序或公共健康的情况，则不得授权进行监视下交付。

十四、《罗马尼亚刑事诉讼法典》

第四章 监控或者特殊侦查手段

第138条 一般规定

（1）监控或者特殊侦查手段包括：

a）通信截取或任何类型的远距离的通信截取；

b）访问计算机系统；

c）视频监控、音频监控或照相监控；

d）通过技术设备进行跟踪或追踪；

e）获取公民金融交易的信息；

f）邮件交付的控制、运输或者搜查；

g）使用卧底侦查人员和线人；

h）授权参与特定活动；

i）控制下交付；

j）获取由公共电信网络提供商或公共电信服务提供商产生和处理的数据，而非通信的内容。根据关于存储公共电信网络提供商或公共电信服务提供商产生和处理的数据的特别法律，这些数据被这两个机构存储。

（2）通信截取或任何类型的远距离的通信截取，是指通过电话、计算机系统或任何其他通信设备实施窃听、访问、监控、收集或记录通信。

（3）访问计算机系统，是指为了收集证据，通过专门程序或网络直接或者远程潜入计算机系统或者其他数据存储设备。

（4）计算机系统是借助功能关系互连的任何设备或设备的组合，其中一个或多个设备通过计算机程序提供自动数据处理。

（5）计算机数据是指通过计算机系统专门处理的事实、信息和概念，包括通过计算机系统决定执行功能的程序。

（6）视频监控、音频监控或照相监控，是指对人员的拍照、观察或记录他们的谈话、手势或其他活动。

（7）通过技术设备进行跟踪或追踪，就是使用设备确定人或物体的位置，此类设备被固定在人或物体上。

（8）递送邮件的搜索，是指通过物理或技术方法对递送的信件或其他邮件，或者通过任何其他方式传递的物品进行的检查。

（9）获取公民金融交易的信息，是指通过信贷机构或其他金融实体查明已经实施的、将要实施的金融交易的内容，并查明从事金融交易或者行动的人员持有的来自信贷机构或其他金融实体的文件或信息。

（10）使用卧底侦查人员和线人，是指使用具有非真实身份的人，以获取与犯罪有关的数据和信息。

（11）获得授权参与特定活动，是指为了获取证据，根据主管司法机构的授权，实施下列行为：实施类似于腐败犯罪客观构成部分的行为；针对资产或被推定失踪的人、贩运人口或绑架行为的受害者实施的交易、行动或任何其他类型的安排；执行涉及毒品的行动；为了获取证据根据主管司法当局的授权提供服务。

（12）控制下交付，系指一种监视和侦查技术，对于非法持有或者获取货物的可疑行为，在主管当局的监督或者授权下，允许非法货物进入、通过和运出一国领域，其目的是为了侦查犯罪或者辨认实施犯罪行为的人。

（13）电子监控，是指使用第 1 项第 a~e 目所列的任何方法。

第 139 条　电子监控

（1）满足下列所有要件时，自由与权利法官可以命令实施电子监控：

a）存在将要实施或者已经实施第 2 项所列罪行之一的合理怀疑；

b）该措施与对基本权利和自由的限制符合比例性，必须考虑到案件的特殊性，将要获得的信息或证据的重要性或者犯罪的严重性；

c）以任何其他方式都无法获取证据或者证据的获取意味着存在危害侦查的特殊困难，或者对人或贵重物品的安全构成威胁；

（2）行为人实施《刑法典》和特别法律规定的危害国家安全、贩运毒品、贩运武器、贩运人口、恐怖主义、洗钱、伪造货币或证券、伪造电子支付工具、侵犯财产、勒索、强奸、剥夺自由、逃税、腐败犯罪和类似于腐败的犯罪、侵犯欧盟金融利益的犯罪、通过计算机系统或电子通信设备实施的犯罪，以及法律规定不少于 5 年监禁的犯罪，将被命令执行电子监控。

（3）本章规定的记录，如果系由当事人或其他人制作，并且记录中涉及他们自己的谈话或与第三方的通信，那么该记录具备证据效力。任何其他记录也都可能成为证据，除非被法律所禁止。

（4）除非有情报表明律师将要实施或已经实施第 2 项列举的任何罪行，才能对律师及其协助者或代表人执行电子监控。如果在执行电子监控期间或之后的结果表明，针对律师和由其辩护的犯罪嫌疑人或被告实施了电子监控，那么以这种方式获得的证据不得被用于刑事诉讼，并且应当由检察官立即销毁。检察官应当立即通知命令执行电子监控的法官。当认为必要时，法官可以要求提供律师的信息。

第 140 条　签发电子监控令的程序

（1）在刑事侦查期间，应检察官的申请，负责审理一审案件的法院或者提出申请的检察官所在地区的相应法院的权利和自由法官，可以下令执行电子监控，最长期限为 30 天。

（2）检察官提交的申请书必须包含：要求授权的电子监控措施；姓名或者将对其采取电子监控的人的身份识别资料；存在证据或者材料导致合理怀疑实施了犯罪，而该犯罪可以被命令实施电子监控；事实和指控；对于视频、音频或照相监控而言，还需要提出申请的是，执行电子监控措施时是否允许刑事侦查机构进入私人处所激活和停用要使用的技术设备；电子监控措施的运用满足比例性和附属性的正当化要求。检察官必须将案件的档案提交给权利与自由法官。

（3）申请批准使用电子监控，法庭应当在当天裁决，无需传唤当事人。检察官必须出席法庭。

（4）如果认为申请具有合理性，则权利和自由法官应当通过法院下令接受检察官的申请，并立即签发电子监控令。将批准过程写入会议记录是强制性的。

（5）法院的权利和自由法官作出的决定和许可证必须包含：

（a）法院名称；

（b）许可证签发日期、时间和地点；

（c）决定和签发许可证的人的姓氏、名字和身份；

（d）对具体批准措施的描述；

（e）批准该措施的期限和目的；

（f）适用电子监控措施的人员的姓名或其识别数据（如果已知）；

（g）鉴于已批准措施的性质，必要时需要指明每个电话设备的识别元素，计算机系统的接入点，以及用于识别通信频道或账号的数据；

（h）就对私人处所进行视频监控、音频监控或照相监控而言，需要表明的是，执行电子监控措施时允许刑事侦查机构进入私人处所激活和停用要使用的技术设备；

（i）法官的签名和法院的印章。

（6）如果权利和自由法官认定第 139 条和本条第 1 项规定的条件没有得到满足，应当通过法院决议驳回电子监控的申请。

（7）对权利和自由法官作出的关于电子监控措施的决定不得上诉。

（8）只有在出现或发现新的事实或情节，而权利和自由法官在对先前的申请作出裁决时并不知晓的情况下，才能再次提出申请适用同一措施。

（9）如果被害人的申请具有正当性，检察官可以要求法官授权截取或记录通信，以及通过任何通信设备截取或记录任何类型的通信，而不论所侦查的罪行的性质如何。本条第 1~8 项的规定应当相应适用。

第 141 条　检察官授权的电子监控措施

（1）检察官可以授权最长不超过 48 小时的电子监控措施，当：

（a）出现紧急情况，并且获得第 140 条规定的电子监控令将导致出现重大的侦查迟延，证据丢失、更改或损毁，或者会危及被害人、证人或其家人的安全；并且

（b）符合第 139 条第 1 项和第 2 项规定的条件。

（2）检察官授权电子监控措施的命令必须包含第 140 条第 5 项规定的内容。

（3）电子监控措施期限届满后最长 24 小时内，检察官有义务通知负责审理一审案件的法院或者下达命令的检察官所在地区的相应法院的权利和自由法官，以便他们追认该措施，同时应当提交一份报告，概述已经执行的电子

监控活动和案件材料。

（4）如果权利和自由法官认为满足第 1 项规定的条件，应当在 24 小时内通过法院决议确认检察官下令采取的措施，无需传唤当事方。

（5）关于通过访问计算机系统识别的计算机数据，检察官可下令：

（a）制作和保存此类计算机数据的副本；

（b）通过计算机系统阻止对计算机数据的访问和删除。

应通过适当的技术手段和程序制作副本，以确保其中所含信息的完整性。

（6）如果权利与自由法官认为未满足第 1 项规定的条件，则应当取消检察官采取的措施，并且应当下令销毁由此获得的证据。检察官应当销毁以这种方式获得的证据，并应当准备一份报告。

（7）在申请对电子监控措施进行追认的同时，检察官可以申请权利与自由法官根据第 140 条的规定签发电子监控令，也可以单独向权利与自由法官提出申请。

（8）权利与自由法官通过法院决议，对检察官采取电子监控措施所做的裁决不得上诉。

第 142 条　电子监控令的执行

（1）检察官应当执行电子监控措施，或者命令刑事侦查机构或者执法机构或其他国家专门机构的特殊雇员执行电子监视措施。

（2）为了执行电子监控令，公共电子通信网络提供者或者面向公众的公共电子通信网络提供者，或者通信或金融机构有义务在权力的范围内与刑事侦查机构、第 1 项列举的当局开展合作。

（3）为执行监控措施提供技术支持的人员有义务就被执行的行动保守秘密，否则将被依据刑法规定进行处罚。

（4）在电子监控令期限届满前，如果执行该措施的正当理由已经不再存在，检察官有义务停止执行电子监控，并立即通知签发电子监控令的权利与自由法官。

（5）如果通过电子监控措施获得了有说服力的、有益的数据或信息，能够证明行为人将要实施和已经实施第 139 条第 2 项规定的犯罪，那么电子监控措施获得的数据也可被用于其他刑事案件。

（6）如果监控措施产生的数据与侦查的行为无关，或者无助于人员的识别或定位，也不能用于第 5 项规定的其他刑事案件，那么这些数据应当被存放在检察官办公室的特殊场所，以便确保它们的机密性。如果有新的证据表明部分密封数据与侦查的行为有关，根据职权或当事人的申请，获得授权的法官或司法小组可以申请获得密封数据。在案件最终解决 1 年后，检察官应当销毁这些文件，并对此作好记录。

第 142-1 条

（1）根据本法，任何获得授权执行电子监控的人员，基于经官方认可的认证服务供应商颁发的合格证书，通过使用扩展的电子签名确保对电子监控活动产生的数据进行电子签名。

（2）根据本法，任何获得授权传输电子数据的人员，基于经官方认可的认证服务供应商颁发的合格证书，通过使用扩展的电子签名对被传输的数据进行签名。经官方认可的认证服务供应商必须对获得授权人员的身份进行明确识别，以此确保传输数据的完整性。

（3）根据本法，任何获得授权接收电子数据的人员，基于经官方认可的认证服务供应商颁发的合格证书，通过使用扩展的电子签名检查和证明被接收的数据的完整性。经官方认可的认证服务供应商必须对获得授权人员的身份进行明确识别。

（4）根据本法，每个通过电子签名认证数据的人都有责任保障此类数据的安全性和完整性。

第 143 条　电子监控活动记录

（1）检察官或刑事侦查机构应当针对每次电子监控活动拟制一份报告，报告应当记录执行侦查活动的结果，或者该结果有助于识别人员的身份或位置，电子监控活动结果的介质中应当包含人员的姓名（如已知）或其他识别数据，以及（如适用）监控活动开始的日期和时间与结束的日期和时间。

（2）载有电子监控结果的介质副本应当被附在报告之后，装在密封的信封中。此类介质或经核准的副本应当被装在密闭的信封中，保存在检察官办公室的特殊地点，并应根据要求提供给法院。在法院控制后，电子监控活动的介质副本和报告副本应当被保存在法院登记处的特殊处所，并装在密封的信封中，只有被授予案件处理权的法官或司法小组才有专属处置权。

（2-1）任何获授权的人员在制作包含电子监控活动结果的计算机数据存

储介质时，均可以检查原始介质中包含的数据的完整性，并在制作副本后，基于经官方认可的合格证书供应商颁发的合格证书，通过使用扩展的电子签名在电子数据上签名。经官方认可的合格证书供应商必须对获得授权人员的身份进行明确识别，以此确保数据的完整性。

（3）使用其他非罗马尼亚语进行电话交谈、通信或讨论的，应通过口译员转录成罗马尼亚语，口译员有义务对此保密。

（4）对被调查的行为或有助于人员识别或定位的电话对话、通信或讨论进行窃听和录音，检察官或刑事侦查机构应当在报告中记录执行许可证、电话号码、计算机系统的识别数据、接入点的识别数据。如果知道的话，还应记录每次对话的日期和时间。该报告应当由检察官核准，以证明其真实性。

（5）监控措施终止后，检察官应当告知权利与自由法官所执行的活动。

第 144 条　延长电子监控许可证

（1）如果有充分的依据，在检察官提出合理请求的情况下，满足第 139 条规定的要件，主管法院的权利和自由法官可以允许延长电子监控许可证的期限。但是，每次电子监控许可证期限的延长不能超过 30 日。

（2）权利与自由法官应当通过法院决议作出裁决，而无需传唤当事人，该决议不得上诉。必须编制会议记录。

（3）针对相同的人员和行为，在同一案件中，电子监控措施的总期间不得超过 6 个月。除非系对私人空间实施的视频、音频或照相监控措施，不得超过 120 日。

第 145 条　被监控人员的通知

（1）在电子监控措施终止后，最长期间在 10 天以内，检察官应当将执行对话电子监控许可证的情形以书面形式告知每个对象。

（2）根据该通知，被监控的人经申请有权了解已经执行的电子监控对话录音。此外，经申请后，检察官必须确保被监控的人能够听取讨论、通信或对话，或观看每次电子监控活动产生的图像。

（3）从这个意义上讲，提交请求的期限为自第 1 项规定的书面通知送达之日起 20 日内。

（4）如果可能导致出现以下情况，检察官可以通过合理的方式推迟通知被储存的电子监控活动或者会议纪要，或者推迟媒体报道：

（a）扰乱或危害有关刑事侦查的正常进行；

（b）危及被害人、证人或其家属的安全；

（c）导致对涉案的其他有关人员执行电子监控出现困难。

（5）第 4 项规定的延期最晚可以延迟至刑事侦查结束或案件结案后才执行。

第 146 条　电子监控材料的保存

（1）如果宣布了终结某个案件的决定，针对该决定并没有在第 340 条规定的法律期限内提出申诉或提出申诉后被驳回，检察官应将此事立即告知权利与自由法官。

（2）权利与自由法官应下令保存介质材料或经其核准的副本，将其存在法院的特殊场所，装在密封的信封里，以确保机密性。

（3）如果在某个案件中，法院作出了定罪判决、放弃处罚或缓刑、无罪释放或终止刑事诉讼，且该判决是最终判决，那么材料介质或其副本应与案件档案一起存放于法院的特殊场所，并确保机密性。

第 146-1 条　获取个人金融交易数据

（1）有管辖权审理一审案件的法院或检察官办公室所在地区的相应法院的权利和自由法官可以获得关于犯罪人、嫌疑人、被告进行金融交易的数据，或者任何人涉嫌与犯罪人、嫌疑人或被告进行金融交易的数据，如果：

（a）有合理的理由怀疑将要实施或者已经实施了刑事犯罪；

（b）鉴于案件的特殊性，采取该措施是必要的，且与限制基本权利和自由相称，还需要考虑的是所需信息或证据的重要性或罪行的严重性；

（c）无法以其他方式获取证据，或者会给侦查带来特别困难，或者对人员或贵重物品的安全构成危险。

（2）有管辖权审理一审案件的法院或检察官办公室所在地区的相应法院的权利和自由法官可以获取将要进行的金融交易数据，最长期限为 30 天，如果第 1 项规定的条件得到满足的话。

（3）第 140 条第 2~9 项的规定应相应适用。

（4）授权获取将要进行的金融交易数据的授权可以根据第 144 条的规定延长，在同一案件下，就同一个人而言，该措施的总期间不得超过 6 个月。

（5）在紧急情况下，如果遵循第 1 项或第 2 项的规定会导致侦查的重大延误，导致证据的丢失、更改或损毁，或会危及被害人或其他人的安全，检察官可以命令获取已进行或将要进行的金融交易的数据。第 141 条的规定应相应适用。

（6）禁止获取律师与嫌疑人、被告或与其辩护的任何其他人之间的金融交易数据，除非有证据表明律师正在实施或准备实施第 139 条第 2 项所规定的犯罪。

（7）开展金融交易的信贷机构或金融实体应被要求交出法官或检察官签发的授权书中提及的文件或信息。

（8）检察官在执行经授权的活动后，应在 10 天内以书面形式将对其采取的措施通知各对象。从事金融交易的人在获得通知后，有权了解已经被执行的活动。

（9）第 145 条第 4 项和第 5 项的规定应当相应适用。

第 147 条　扣押、移交和搜查邮件

（1）有管辖权审理一审案件的法院或检察官办公室所在地区的相应法院的权利和自由法官可以命令扣押、移交和搜查犯罪人、嫌疑人、被告人以任何方式接收或发送的信件、邮件或物品，如果：

（a）有合理的理由怀疑将要实施或者已经实施了刑事犯罪；

（b）鉴于案件的特殊性，采取该措施是必要的，且与限制基本权利和自由相称，还需要考虑的是所需信息或证据的重要性或罪行的严重性；

（c）无法以其他方式获取证据，或者会给侦查带来特别困难，或者对人员或贵重物品的安全构成危险。

（2）禁止扣押、移交和搜查律师与嫌疑人、被告人或其辩护的任何其他人之间收发的信件或邮件，但有资料表明律师实施或准备实施第 139 条第 1 款所规的犯罪的情况除外。

（3）第 140 条的规定应相应适用。

（4）在紧急情况下，如果根据第 140 条获得扣押、移交和搜查邮件的搜查令将导致侦查的重大延误，导致证据丢失、更改或损毁，或会危及被害人或其他人的安全，检察官可以命令采取第 1 项和第 2 项规定的措施，最长不得超过 48 小时。第 141 条第 2~8 项的规定应相应适用。

（5）对于法官签发的许可证或检察官签发的授权书中提到的信件、邮递

物品或物品，邮政或运输单位以及从事运输或信息传递活动的任何其他自然人或法人有义务保留，并将其移交给检察官。

（6）被扣押和搜查的信件、邮件或物品，如果与案件无关，应当返还收件人。

（7）检察官在执行授权活动后，最多于 10 天内以书面形式通知依据许可证对其采取措施的对象。行为人在被告知信件、邮件或物品被扣押和搜查后，有权了解所执行的活动。

（8）第 145 条第 4 款和第 5 款的规定应相应适用。

（9）根据第 144 条规定的条件，在同一案件中，就同一人而言，该措施的总期限不得超过 6 个月。

第 148 条　使用卧底侦查人员或真实身份的侦查人员和线人

（1）在下列情况下，监督或执行刑事侦查的检察官可以命令授权使用卧底侦查员，最长期限为 60 天：

（a）有理由怀疑准备实施或已经实施了《刑法》和其他特别法律规定的危害国家安全犯罪，以及贩运毒品和武器、贩运人口、恐怖主义行为或类似行为，恐怖主义融资、洗钱、伪造货币或其他证券、伪造电子支付工具，勒索、剥夺自由、逃税、腐败犯罪或者类似于腐败的罪行，侵犯欧盟金融利益的犯罪，通过计算机系统或电子通信设备实施的犯罪，或者依据法律规定可能被判处不低于 7 年监禁的犯罪，或者有合理怀疑某人涉嫌实施上述罪行；

（b）采取该措施是必要的，与基本权利和自由的限制成比例，考虑到犯罪的特殊性，所需信息或证据的重要性或罪行的严重性；

（c）不能以其他方式获得证据或犯罪嫌疑人或被告的定位或身份，或者获得证据或犯罪嫌疑人或被告的定位或身份意味着会存在损害侦查的极端困难，或者会危及人员或高价值货物的安全。

（2）这种措施由检察官依职权或应刑事侦查机构的请求签发命令，除第 286 条第 2 款规定的内容外，还应当包括以下内容：

（a）卧底侦查人员被授权执行的活动；

（b）授权采取该措施的期间；

（c）授予卧底侦查人员的身份。

（3）如果检察官认为卧底侦查人员有必要使用技术设备获取图片、音频和视频，他们应当通知权利与自由法官要求签发电子监控许可证。第141条的规定相应适用。

（4）卧底侦查人员属于司法警察范畴的情报人员。在侦查危害国家安全罪行和恐怖主义罪行时，根据法律为了确保国家安全，国家机构内从事情报活动的情报人员也可以被用作卧底侦查人员。

（5）卧底侦查人员应根据基于第1~3项的规定发布的命令收集数据和信息。其应将收集的数据和信息提供给执行或监督刑事侦查的检察官，并起草一份报告。

（6）如果侦查人员需要获得授权参与特殊活动，检察官应当按照第150条的规定行事。

（7）司法机构可以使用或向卧底侦查人员提供实施授权活动所必需的任何文件或物品。提供或使用此类文件或物品的人员的活动不会构成犯罪。

（8）卧底侦查人员可以在刑事诉讼中作为证人出庭，其适用的条款和条件与受到威胁的证人相同。

（9）基于充分的理由，在满足第1项规定的条件的情况下，卧底侦查的持续时间可以延长，延期不得超过60天。此类措施的总期间，在同一案件中，就同一人而言，不得超过1年，但是危害生命罪、危害国家安全罪、贩毒罪、武器贩运罪，贩运人口、恐怖主义行为、洗钱以及侵犯欧盟金融利益的除外。

（10）在特殊情况下，如果第1项规定的要求能够得到满足，并且使用卧底侦查人员难以获取数据或信息，或者获取数据或信息是不可能的，监督或实施刑事侦查的检察官可以授权使用线人，线人的身份与真实身份不同。第2~3项和第5~9项的规定应当相应适用。

第149条 保护卧底侦查人员和线人的措施

（1）不得披露卧底侦查人员和线人的真实身份。

（2）检察官、权利与自由法官、预审法官或法院有权了解卧底侦查人员和线人的真实身份，但是必须遵守职业保密的规定。

（3）因为卧底侦查人员、线人或合作者的有关活动导致卧底侦查人员、合作者、线人及其家人或其他人受到威胁、恐吓或暴力的，可以根据法律的规定适用关于证人的特殊保护措施。

第 150 条 授权参与特定活动

（1）根据第 138 条第 11 项的规定，监督或执行刑事侦查的检察官可以授权参与特定活动，最长期限为 60 天，如果：

（a）有合理怀疑将要实施或者已经实施毒品贩运、武器贩运、人口贩运、恐怖主义、洗钱、伪造货币或其他证券，勒索、剥夺自由、逃税、腐败犯罪、与腐败类似的犯罪和侵犯欧盟金融利益的犯罪，或可被判处不少于 7 年监禁的其他犯罪行为，或者根据第 43 条的规定有理由怀疑行为人涉嫌参与了前述犯罪。

（b）这种措施是必要的，并且不限制基本权利和自由，考虑到犯罪、信息或要获得的证据的重要性或罪行的严重性；

（c）无法以其他方式获得证据，或获取证据意味着存在可能会损害调查的极端困难，或存在威胁人员或高价值货物的安全。

（2）该措施由检察官依职权或应刑事侦查机构的请求下达命令，除第 286 条第 2 款规定的内容外，还应当包括以下内容：

（a）卧底侦查人员被授权执行的活动；

（b）授权采取该措施的期间；

（c）执行授权行动的人员。

（3）经批准的活动可以由刑事侦查机构执行，或者由真实身份的侦查人员执行，或者由卧底侦查人员或线人执行。

（4）第 2c 项所列举的任何人员执行授权活动不构成违法或犯罪行为。

（5）该措施的执行情况应当被记录在报告中，报告应当包含：措施开始和结束的日期，执行授权活动的人员，对被使用的设备所做的技术说明，电子监控设备的使用是否由权利与自由法官授权，适用措施的人员的身份。

（6）执行授权行动的人员可以在刑事诉讼中作为证人出庭，其适用的条款和条件与受到威胁的证人相同。

（7）司法机构可以使用或向执行授权行动的人员提供执行授权行动所必需的任何文件或物品。提供或使用此类文件或物品的人员的活动不会构成犯罪。

（8）具备充分理由的，在满足第 1 项规定的条件的情况下，检察官可以下令延长采取措施的期间，但是每次延期不得超过 60 天。

（9）就同一个人和同一行为而言，此类措施的总期间不得超过1年。

第 151 条　控制下交付

（1）根据有管辖权的机构的申请，监督或执行刑事侦查的检察官可以通过签发检察令的方式批准实施控制下交付。

（2）只有在符合以下条件时，才能授权实施控制下交付：

（a）行为人涉嫌实施非法运输毒品、武器、被盗物品、爆炸性材料或核材料、放射性材料、现金和非法活动产生的其他收益或用于犯罪的物质，且不能通过其他方法发现或逮捕，或者意味着存在极度困难会损害侦查，或者将对人员或高价值货物的安全构成威胁；

（b）通过其他方式发现或证明运输非法或可疑货物是不可能的，或者是极度困难的。

（3）监督或执行刑事侦查的检察官根据已经确立的条件可以授权实施控制下交付，并确保过境国家的当局：

（a）同意非法或可疑货物运入其领土以及离开其领土；

（b）主管当局必须保证对非法或可疑货物的运输进行持续监控；

（c）保证检察官、执法机构或其他主管国家当局能够获悉针对犯罪嫌疑人实施控制下交付的结果。

（4）如果罗马尼亚作为公约的缔约方作出了相反的规定，那么第3项的规定不得适用。

（5）检察令必须包括：如果知道的话，必须列明嫌疑人或者被告人的姓名；证明将要运入、过境或离开该国领土的货物具有非法性质的证据；执行监视的方式。检察官必须为每一次控制下交付发布授权命令。

（6）控制下交付由执法机构或其他主管当局负责执行。检察官负责安排、协调和监控控制下交付的实施。

（7）控制下交付的实施并不会构成犯罪。

（8）在罗马尼亚境内完成控制下交付后，第6项所列机构有义务就执行的活动编制一份报告，并应当将其提交给检察官。

第 152 条　获取并存储由公共电信网络提供商或公共电信服务提供商产生或处理的数据，但通信内容除外

（1）对于由公共电信网络提供商或公共电信服务提供商产生或处理的数

据，如果有合理怀疑表明该数据与已经发生的犯罪存在关联，并且有理由相信要求提交的数据构成了数据储存法规定的犯罪类型的证据，在获得权利和自由法官的事先授权的基础上，根据公共电信网络提供商或公共电信服务提供商存储数据的特别法的规定，刑事侦查机构可以要求公共电信网络提供商或公共电信服务提供商传输其存储的数据，但是通信内容除外。

（2）根据刑事侦查机构提出的要求传输数据的申请，权利和自由法官应在 48 小时内通过合理的法院决议作出裁决。

（3）与刑事侦查机构开展合作的公共电信网络提供商或公共电信服务提供商有义务对执行的行动保守秘密。

第 153 条　获取公民金融交易的数据

（1）如果有合理怀疑表明该数据与已经发生的犯罪存在关联，并且有理由相信要求提交的数据会成为证据的话，根据权利和自由法官的事先批准，检察官可以请求信贷机构或任何其他机构将其持有的个人账户和其他财务状况的数据传递给检察官。

（2）根据职权或应刑事侦查机构的要求命令实施第 1 项规定的措施，该命令除了包括第 286 条第 2 项规定的内容以外，还应当包括以下内容：持有或控制数据的机构，嫌疑人或被告的姓名，满足第 1 项列明的规范，机构有义务根据保密条款立即传输所要求的数据。

（3）第 1 项规定的机构有义务立即提供被请求的数据。

十五、马耳他《1939 年危险药物条例》

第 30B 条

（1）不论其他法律是如何规定的，经总检察长或者法官的同意，行政警察以及在适当的时候允许海关实施控制下交付均是合法的；

（2）控制下交付系一种方法，也即为了发现实施了本条例所规定的犯罪行为人，或者在其他国家领域内实施了生效法律所规定的犯罪行为人，在行政警察以及在适当的时候允许海关、其他国家的主管当局的知情与监督下，允许非法或者可疑货物中的危险药物（第 12 条规定），或者现金、财产或者第 22（1C）条规定的收益运出、通过或者进入马耳他，从马耳他的一个地方或者行为人到另一个地方或者另一个行为人，或者进入另一个国家的领域。

这里所提到的"危险药物",根据本条例第五部分(外贸管制)第 12 条的规定,是指本条例第四部分所包括的各种危险药物。

(3)根据本条例,为了发现犯罪行为人,获得总检察长或者法官的同意,行政警察或者在行政警察的监督或者指挥下的行为人获取危险药物(第 12 条所界定的范围)或者可疑货物中的现金、财产或者收益是合法的。

十六、《马耳他刑事法典》

第 435E 条 控制下交付和与其他国家主管当局的联合侦查

(1)不论其他法律作出任何规定,在适当的条件下,总检察长均有权授权行政警察和海关当局实施控制下交付,其目的是查明实施了马耳他法律或其他国家的法律所规定的犯罪的人员。

在本款中,控制下交付与已作修改的《1939 年危险药物条例》第 30B(2)条规定的含义相同,就本款规定而言,非法或可疑货物包括任何物品,可以拦截该货物并允许继续原封不动地运输,也可以移出或者替换全部或部分货物。

(2)基于同样的目的,为了查明实施了马耳他法律或其他国家的法律所规定的犯罪的人员,总检察长可以授权行政警察或在行政警察监督或指导下的行为人从任何人或任何地方取得或购买任何非法或可疑的货物。

(3)根据马耳他加入的或者适用于马耳他的所有条约、公约、协定或谅解备忘录等任何制度安排,如果总检察长已经确信官员的真实身份和有关官员的能力,并被充分告知了保障、证明或确认任何此类人员的虚假身份的文件状况,总检察长可以授权另一国家的主管当局与马耳他的行政警察或者在马耳他的行政警察监督或指导下以秘密或虚假身份共同对刑事犯罪进行调查。无论其他法律作出何种规定,上述主管当局或者获得授权的侦查官员制造或使用此类文件的行为均应被视为合法且不得对此承担任何民事、刑事或其他责任。

(4)参加了第 1~3 款所规定的行动的他国任何官员,如果该官员的行为或其他人对其实施的行为可能导致本法典或者任何其他法律规定的任何刑事责任,则该官员应被视为公职人员。

(5)第 4 款的规定可以比照适用于在马耳他参加第 3 款所规定的行动的任何其他国家或地区的官员,即使参与行动的官员没有以秘密或虚假身份行动。

（6）就本条而言，"另一个国家的主管当局"和"来自另一个国家的官员"应该解释为根据《欧盟法》第2条界定的欧盟条约所建立的机构的官员。

（7）经过总检察长授权设立的第3款规定的联合侦查小组，在获得行政警察局的主管官员授权以后，在采取侦查措施时，参加前述侦查的官员有权在场，并采取侦查措施。

十七、马耳他《1901年医疗和类似职业条例》

第121c条

对《1939年危险药物条例》第30B条的规定作必要修改后可以对本条例附表3所列举的任何药物或第120A（1D）（a）条所提及的金钱、财产或收益实施控制下交付，其目的是查明涉嫌实施本条例或者他国领土内相关有效法律所规定的犯罪的人员，而同样的规定亦可以比照适用于行政警察取得或采购任何该等药物。

十八、《马其顿刑事诉讼法典》

第142-b条

（1）当有充分的怀疑表明正在预备犯罪，正在实施犯罪或者已经实施犯罪，且该犯罪依据法律规定至少可被判处4年监禁，如果适用特殊侦查措施有利于查明犯罪嫌疑，法官可以命令启动特殊侦查措施。另外，如果有组织犯罪集团、团伙或者其他犯罪组织正在预备实施犯罪，正在实施犯罪或者已经实施犯罪完毕，为了成功指控该犯罪，有必要收集、提供情报或者证据，经法官批准可以启动特殊侦查措施。但是还必需遵循另一条件，即情报与证据不能经由其他方式获得，或者情报与证据的获得将面临更大困难。

1）根据法定的条件与程序，监听通信与进入房间或者其他处所或者使用运输工具为监听通信创造条件；

2）访问与搜查计算机系统，没收计算机系统或者计算机系统的一部分或者是贮存在计算机系统中的数据库；

3）运用技术设备对人或者物进行秘密监视、监听或者秘密录音、录像；

4）虚假购买物品，也包括虚假行贿与虚假受贿；

5）对人与物的控制下交付与运输；

6）行为人隐匿身份实施监视并且收集情报与数据；

7）开设虚假的银行账号，如果这样做的结果可以导致查明已经实施的犯罪；

8）注册虚假的公司或者利用已经存在的公司收集数据。

（2）为了获取成功刑事指控所需要的情报与证据，而且通过其他方式不能获得或者它们的获得将导致较大困难时，法官可以对《马其顿刑法典》规定的下列犯罪，批准实施特殊侦查措施：

未经授权生产与销售麻醉药品、精神药物与前体化学品（第215条）；

勒索（第258条）；

敲诈（第259条）；

清洗黑钱与其他犯罪收益（第273条）；

走私（第278条）；

海关诈骗（第278-a条）；

滥用官方职权（第353条）；

贪污（第354条）；

诈骗（第355条）；

盗窃（第356条）；

受贿（第357条）；

行贿（第358条）；

非法斡旋（第359条）；

对证人施加非法影响（第368-a条）；

参加犯罪组织（第394条）；

参加恐怖组织（第394-a条）；

恐怖主义（第394-b条）；

背叛国家罪（第28章）；

反人类罪与反国际法罪（第34章）；

通过电讯方式实施的其他犯罪。

（3）如果没有掌握犯罪人的身份，那么本条第1项规定的特殊侦查措施可以针对犯罪行为的对象。

（4）当根据本条第1项第4、6、7、8目采取特殊侦查措施时，不得强迫实施犯罪行为。

（5）根据本条第1项中的第4、6、7、8目之规定，针对行为人采取必要的侦查措施时，如果认为存在诱人犯罪行为则不得对其提起刑事指控。该诱人犯罪行为系为了实现本条第1项以及本法规定的目标而实施。

第142-c条

（1）根据本法第142-b条规定的条件与方式适用特殊侦查行为所收集的数据、口供、文件与物品，可以在刑事诉讼中被用作证据；

（2）第142-b条第1项中的行为人可以作为证人就特殊侦查措施的执行接受询问；

（3）本条第2项提及的行为人的身份应当被视为官方秘密。

第142-d条

（1）在法律规定的情况下，在侦查前程序中，由检察官或侦查法官通过命令的方式决定特殊侦查措施，在侦查程序中，只能由侦查法官通过命令的方式决定特殊侦查措施。

（2）在侦查前程序中，如果要使用本法第142-b条第2项规定的第2～8种特殊侦查措施，检察官必须事先向侦查法官提交合理的书面申请，侦查法官以附带解释的书面命令方式作出裁决。

（3）在侦查前程序中，在不知道犯罪行为实施者身份的情况下，如果内政部提交合理的书面申请要求适用本法第142-b条第1项规定的第3～8种特殊侦查措施，检察官应当以附带解释的书面命令的方式作出裁决。

（4）在本条第2项规定的情况下，委员会决定检察官与侦查法官之间的分歧（本法第22条第6项）。

第142-e条

（1）本法第142-d条的命令由内政部、马其顿海关和其他法律规定的获得授权的国家机关负责执行。

（2）本法第142-d条命令的内容包括：特殊侦查措施适用的人员的信息；怀疑实施犯罪行为的依据；适用特殊侦查措施的事实以及执行的方式、范围和持续时间。

（3）执行本法第142-b条第1项规定的第2～8种特殊侦查措施最多可以持续4个月。根据检察官的建议，如果系侦查法官下达的命令，或者根据内政部的建议，系检察官下达的命令，有正当理由的话，特殊侦查措施的期限可以再次延长 3 个月。如果检察官和侦查法官之间存在分歧（本法第 22 条第 6 项），则由理事会决定。

（4）如果没有获得检察官或者侦查法官的命令实施了本法第 142-b 条规定的特殊侦查措施，或者是违反了本法的规定实施了特殊侦查措施，那么执行特殊侦查措施所获得的证据不能在刑事诉讼中被使用。

（5）检察官和调查法官可以采取相应的方式（附有会议纪要和缺乏个人数据的正式说明，并配备了来自文件的官方说明等）阻止未经授权的人员采取本法第 142-b 条第 1 项规定的特殊侦查措施，同时犯罪嫌疑人及其辩护人也可以防止行为人采取本法第 142-b 条第 1 项规定的特殊侦查措施。

第 142-f 条

（1）如果出现终止执行的原因，必要的侦查措施的执行就必须终止。

（2）执行特殊侦查措施的期限届满以后，内政部、马其顿海关和其他法律规定的获得授权的国家机关应当提交一份特殊报告，包含以下内容：

执行特殊侦查措施的开始时间和停止时间；

执行特殊侦查措施的官员人数和工作说明；

使用的技术设备的类型和数量；

执行特殊侦查措施所包括的人员的人数和身份；

执行特殊侦查措施最终防止的犯罪行为的类型；

简短描述执行特殊侦查措施在何种程度上促进了法院判决的作出或没有完成的原因。

（3）根据本条第 2 项制作的报告应当被提交给侦查法官，如果命令系由检察官签发，或者仅仅只是由检察官签发命令，也应当将报告提交给检察官。

（4）根据本条第 2 项对本报告进行补充时，执行特殊侦查措施时收集的全部文件应当上交。

（5）如果检察官在收到全部文件后认为没有进行刑事指控的必要，前述材料应当在其监督下销毁，并做好记录。如果在报告与所有记录被提交给侦查法官以后，侦查没有启动或已经停止，这些材料将在法院的监督下销毁，并做好记录。

十九、《摩尔多瓦刑事诉讼法典》

第138-2条 控制下交付

（1）控制下交付是指对来源于犯罪或准备用于犯罪的物品、货物和其他资产（包括物质、支付手段或其他金融工具）实施监视，允许其在摩尔多瓦的领域内移动或者运出摩尔多瓦的边境。控制下交付的目的是调查犯罪或在有合理怀疑行为人非法持有或获取此类物品的情况下查明参与犯罪的人。

（2）控制下交付只能被命令用于侦查或逮捕涉嫌贩运人口、非法运输毒品、枪支、赃物、爆炸物、核材料、其他放射性物质、金钱和来源于非法活动的其他物质或用于犯罪目的的类似物质。

（3）控制下交付的前提条件是正在被运输的非法或可疑货物的所有过境国均应以明确方式：

1）同意非法或可疑托运货物运入其领土，并同意从该特定国家的领土上运出；

2）必须确保非法或可疑货物处于主管当局的持续监督之下；

3）确保向检察官、刑事调查机构或其他国家主管当局告知针对被指控犯罪的人采取的刑事调查的结果，这些犯罪也就是第1款所提及的特殊调查措施的目标。

（4）如果已经批准的国际公约或国际协定另有规定，则不得适用第3项的规定。

（5）除了第255条规定的条件以外，检察官发布的命令还应包括：犯罪嫌疑人或被告人的姓名（如果已知）；证明即将进入、过境或离开该国领土的货物具有非法性质的证据；执行交付的方式。检察官应当对组织实施的每起控制下交付提出意见。

（6）在摩尔多瓦共和国境内完成控制下交付后，负责机构应对所执行的行动做好记录，并将其提交给检察官。

二十、葡萄牙《禁毒法》

第61条 控制下交付

1. 检察部门可根据个案情况授权刑警对经过葡萄牙境内的麻醉药品和精

神药物的携带者不采取措施，以便于该国或目的地国和任何其他过境国合作，确定并控告所有参与贩运和分销行动的人，但不妨碍对葡萄牙法律所适用范围内的活动提出刑事诉讼。

2. 只有在目的地国家的请求下才能授予上述权力，条件如下：

（a）详细了解药物携带者可能采取的路线，掌握有关其身份的充分资料；

（b）目的地国家和过境国主管部门确保相关药物安全，防止被盗或转移；

（c）目的地国家或过境国主管部门确保本国立法充分规定对被告的刑事制裁，并确保提起刑事诉讼；

（d）目的地国家或过境国主管司法部门承诺即刻传达有关行动结果的详细资料以及所有犯罪参与者行为的详细情况，特别是在葡萄牙境内活动的犯罪参与者。

3. 即使是在授予上述权力后，如果安全程度明显下降，或药物携带者突然改变路线，或发生其他任何可能妨碍没收药物和逮捕罪犯的情况，刑警均应进行干预；如果该干预行动未提前通知授予权力的实体，则应在之后的 24 小时内提出书面报告。

4. 征得目的地国家同意后，部分过境药物可能由无害物质代替，为此正在草拟官方报告。

5. 如果目的地国家或过境国没能履行各自承担的义务，可能导致未来授权申请遭到拒绝。

6. 国际刑警组织国家办事处应通过刑警建立国际联系。

7. 通过海关合作理事会或其相应国外单位收到控制下交付请求的任何其他实体，特别是海关总署，应在不妨碍处理海关信息的情况下，将该要求迅速传达给刑警，以便执行。

8. 控制下交付的请求应被递交给里斯本地区的主管检察官。

二十一、葡萄牙《刑事司法国际合作法》

第 160A 条　控制下交付和监督

1. 为了最大限度地查明犯罪嫌疑人并确定其刑事责任，应当与一个或多个外国合作，检察机关有权根据一个或多个外国的请求，特别是在常规文书中有规定的情况下，逐案授权刑事警察机构在跨界刑事侦查中放弃对可引渡罪的侦查。

2. 葡萄牙当局享有法定权力对前项规定框架内进行的刑事侦查活动进行监督和控制，但是不得影响与外国主管当局的必要合作。

3. 根据上述第1项作出的授权，不得妨碍依据葡萄牙正在适用的法律就事实提起刑事诉讼，而且该授权只有在以下情况下才能获得：

目的地国家和途径地国家的主管机关要确保其立法能够追究被告的刑事责任且能提起刑事诉讼；

目的地国家和途径地国家的主管机关要确保那些可能存在被盗或转移风险的物品的安全；

目的地国家和途径地国家的司法机关应保证能够及时地通报执行的结果、每个犯罪行为人的行为，尤其是发生在葡萄牙的行为。

4. 即使已经获得上述授权，如果安全边际明显降低，或者出现任何情形使逮捕犯罪嫌疑人或扣押物质或货物更加困难，刑事警察机构应当采取行动，如果警察机构事先未将此类行动通知批准授权的当局，则应当在随后的24小时内以书面形式通知。

5. 在与目的地国订有协议的情况下，可以将运输途中的违禁物质或危险物质部分替换为无害物质，但是应当提交书面报告。

6. 如果外国当局不遵守所承担的义务，那么在将来提出请求时可能会构成被拒绝授权的理由。

7. 国际刑警组织国家局通过刑事警察组织签订国际协定。

8. 任何收到控制下交付请求的实体，特别是海关总署通过海关合作理事会或通过其外国相应机构收到控制下交付请求的，在不影响处理海关特定数据的情况下，应当向刑事警察组织提出此类请求，以便采取行动。

9. 里斯本地区的检察院有权对控制下交付的请求作出决定。

二十二、塞尔维亚《2009年刑事司法协助法》

第83条（其他形式的互助项目）

（1）执行程序性活动，例如发出传票和送达令状，讯问被告、审查证人和专家，勘查犯罪现场，搜查处所和人员，临时扣押物体；

（2）实施诸如监视，和窃听电话及其他，对话或通信以及对人员进行拍照或录像，控制下交付，提供模拟商业服务，完成模拟法律业务，从事秘密调查员的活动，自动的数据处理；

（3）交换信息，并交付与请求方待决的刑事诉讼有关的令状和案件，在没有信件要求的情况下交付数据，使用音频和视频会议电话，组成联合调查组；

（4）为了实现请求方主管机构的审查而暂时移交在押人员。

二十三、《塞尔维亚刑事诉讼法典》

第 161 条　命令的条件

如果有证据怀疑行为人实施了第 162 条所规定的刑事犯罪，并且无法以其他方式获得刑事起诉的证据，或者收集证据的活动将遭到严重阻碍，可以命令采取特殊取证行为。

如果有理由怀疑行为人正在预备实施第 162 条所规定的刑事犯罪，案件的情况表明，刑事犯罪无法通过其他方式侦查、预防或证实，否则会导致不成比例的困难或重大危险。

在决定签发特殊取证行为的命令和持续时间时，执行诉讼程序的主管机关应当特别考虑是否可以采取较少限制公民权利的方式获得相同的结果。

第 162 条　特殊取证行为的适用案件范围

在本法第 161 条所规定的条件下，特殊取证行为可以被命令适用于以下刑事罪行：[1]

（1）根据单独的法律属于专门检察官办公室管辖范围的刑事罪行；

（2）加重谋杀（《刑法典》第 114 条），绑架（《刑法典》第 134 条），展示、获取和持有色情材料并对青少年进行性剥削（《刑法典》第 185 条第 2 款和第 3 款），敲诈勒索（《刑法典》第 214 条第 4 款），伪造货币（《刑法典》第 223 条第 1~3 款），洗钱（《刑法典》第 231 条第 1~4 款），麻醉药品的非法生产和流通（《刑法典》第 246 条第 1~3 款），威胁独立（《刑法典》第 305 条），威胁领土完整（《刑法典》第 307 条），叛乱（《刑法典》第 308 条），煽动叛乱（《刑法典》第 309 条），颠覆（《刑法典》第 313 条），破坏

---

〔1〕 该部分中的《刑法典》，即指《塞尔维亚刑法典》，译者注。

活动（《刑法典》第 314 条），间谍活动（《刑法典》第 315 条）），泄露国家机密（《刑法典》第 316 条），煽动国家、种族和宗教仇恨或不宽容（《刑法典》第 317 条），妨碍领土主权（《刑法典》第 318 条），共谋采取行动违反塞尔维亚的宪法（《刑法典》第 319 条），共谋实施犯罪危害塞尔维亚的宪法秩序和安全（《刑法典》第 320 条），实施严重罪行违反塞尔维亚的宪法秩序和安全（《刑法典》第 321 条），制造、拥有和销售武器和爆炸材料（《刑法典》第 348 条第 3 款），非法入境者和人口贩运（《刑法典》第 350 条第 2 款和第 3 款），滥用职权（《刑法典》第 359 条），影响力交易（《刑法典》第 366 条），收受贿赂（《刑法典》第 367 条），行贿（《刑法典》第 368 条），贩运人口（《刑法典》第 388 条），危害享有国际保护的人员（《刑法典》第 392 条和《资料保密法》第 98 条第 3～5 款所规定的罪行，妨碍司法公正（《刑法典》第 336 条第 1 款）。

（3）卧底侦查只能适用于本条第 1 款第 1 项所述的刑事犯罪。

（4）在遵守本法第 161 条提及的条件下，第 166 条规定的特殊取证行为也即秘密监听通信可以适用于下列犯罪：未经授权利用受版权保护的作品或受类似权利保护的其他作品（《刑法典》第 199 条），破坏计算机数据和程序（《刑法典》第 298 条第 3 款），计算机破坏活动（《刑法典》第 299 条），计算机欺诈（《刑法典》第 301 条第 3 款）以及未经授权访问受保护的计算机、计算机网络和电子数据处理（《刑法典》第 302 条）。

第 163 条　收集材料的处理

如果检察官在首次审查通过特殊取证行为收集的材料 6 个月内决定不提起刑事诉讼，或者声明其将不会在诉讼中使用这些材料，或者其将不会对犯罪嫌疑人提起诉讼，初审程序的法官将作出销毁所收集的材料的裁定。如果执行第 166 条所规定的特殊取证行为。

适用的对象的身份在诉讼期间已经查明，并且不存在威胁刑事诉讼进行的可能性的，初审程序的法官可以通知行为人。同时，在负责初步程序的法官的监督下销毁这些材料，并予以记录。

如果在执行特殊取证行为时违反了本法的规定或执行诉讼当局的命令，法院不得依据所收集的证据作出裁定，并且所收集的材料将被依据本法第 84 条第 3 款处理。

第 164 条　偶然发现

如果通过特殊取证行为收集了并非特殊取证行为的裁定或者命令所涵盖的刑事犯罪或犯罪人的材料，此类材料仅在涉及本法第 162 条所规定的刑事犯罪时才可以在诉讼中被使用。

第 165 条　资料的保密

要求采取特殊取证行为的动议和对动议的决定必须被记录在特殊登记册中，并与特殊取证行为的材料一起被保存在特殊的文件中，文件的封面必须盖有"特殊取证行为"的标记，并根据机密数据条例的规定盖上相应机密级别的印戳。申请、决定和实施特殊取证行为的数据属于机密数据。不管何种职位的其他人员，只要了解了本条第 2 款所规定的数据，就必须保守秘密。

第 181 条　签发命令的条件

如果满足本法典第 161 条第 1 款和第 2 款规定的条件，基于诉讼程序收集证据和发现嫌疑人的目的，在主管当局的知情和监督下，共和国检察官或具有特殊管辖权的检察官可以签发命令，允许对非法或可疑的包裹实施控制下交付：

（1）在塞尔维亚共和国境内交付；

（2）进入、通过或运出塞尔维亚共和国领土。

本条第 1 款所规定的检察官可以通过命令确定实施控制下交付的方式。

第 182 条　实施控制下交付

本法典第 181 条第 1 款所规定的检察官可以指定警察和其他指定的公共当局实施控制下交付。

本法典第 181 条第 1 款第 2 项所指的控制下交付，必须获得有关国家主管当局的同意并遵循互惠原则，并且还要遵循已经批准的国际协议中订立的更加详细的规定。

控制下交付结束后，警察或其他公共机构必须向检察官提交一份报告。其中应包含以下内容：控制下交付开始和终止时间的数据，执行行动的官员的数据，所采用的技术手段的说明，有关人员的数据以及实施控制下交付的结果。

二十四、《斯洛伐克刑事诉讼法典》

第 111 条　控制下交付

（1）对于由发货人运交收货人的货物，如果有证据证明在未经批准的情况下，货物中藏匿有麻醉药品、精神药物、前驱化学品、毒物，核物质或者其他放射性物质，危险的化学物品，伪造或者变造的货币，伪造或者变造的证券，伪造、变造或者非法生产的海关印章，邮票、邮签与邮政印章，电子支付卡或者其他支付卡或者其他具有支付功能的物品，火器或者大规模破坏性武器，弹药与爆炸物，文化遗产或者其他必须获得特别许可方可持有的物质，犯罪工具或者赃物，为了抓获参与处理该物质的行为人，而对货物在进口、出口、中转期间的移动实施监视。

（2）在刑事检控启动之前，或者是在检察官主持的初步听审开始以前，根据上述第 1 项开展的控制下交付必须获得法院院长签发的许可证。

（3）交付的监视由警方负责实施，海关为交付行动提供合作，海关必须将有关程序提前知会警方。

（4）根据上述第 2 项之规定，如果物品的运输不能延误，也不能提前取得许可证，警方可以在无许可证的情况下启动对货物的监视。警方必须毫不迟延地将该行动通知检察官，如果检察官未能根据本条第 2 项之规定在 48 小时之内签发许可证，对货物的监视必须立即终止，而获得的信息在将来的刑事诉讼中不得被用作证据，并且必须按照规定的方式毫不迟延地销毁。

（5）在对货物进行监视期间，在海关当局的知情与控制下，警方可以采取必要的措施以确保货物及其替代品顺利离开斯洛伐克到达外国，反之亦然，或者从外国经由斯洛伐克领域到达第三国。

（6）如果货物处理显而易见地会对生命或者健康构成严重威胁，或者存在重大风险以致于不可能继续进行货物监视，警方在收到检察官的书面命令以后应当终止对货物的监视。即使没有收到书面命令，警方也可以决定终止对货物的监视。如果有必要，警方在终止对货物监视的同时，应当采取行动扣押货物。如果被监视的货物处于跨国转运途中或者监视系他国主管当局国际合作的一部分，警方不得扣押。

（7）如果有必要，可以采取措施对第 1 项中的行动过程进行记录。

二十五、斯洛文尼亚《欧盟成员国刑事司法合作法》

第 55 条　控制下交付

1. 控制下交付是指为了揭露更大范围的犯罪活动，经协商一致，主管当局对运入、运出或通过斯洛文尼亚领土的人员、禁止或限制交易的物品或商品实施的秘密监控，暂时推迟执行剥夺自由的措施以及刑事诉讼法规定的其他措施。

2. 作出控制下交付的决定应当属于控制下交付过境地或者执行地的地区国家检察官的职责，或者属于斯洛文尼亚国家检察官特殊办公室的职责。

3. 应成员国主管当局的申请或与另一成员国达成的协议，如果涉嫌的刑事犯罪符合签发欧洲逮捕令的条件，那么应当允许实施控制下交付。

4. 在斯洛文尼亚共和国境内，控制下交付应由斯洛文尼亚主管当局执行，必须确保持续监视并采取适当的行动。

5. 不得批准控制下交付，或者中止控制下交付的进一步执行，如果：

（1）人们的生命或健康受到威胁；或者

（2）另一成员国可能无法确保采取进一步的监视或行动，或不会产生效果。

6. 控制下交付执行完毕后，主管的国家检察官必须证实存在将刑事起诉移交给该成员国的条件，且在该成员国内犯罪嫌疑人已经被剥夺自由。

二十六、《西班牙刑事诉讼法典》

第 263a 条

1. 主管的预审法官和检察官办公室、中央和省的司法警察组织机构及其高级官员有权授权对毒物、麻醉药品和精神药物或者其他违禁品进行控制下交付或者允许其移动。

控制下交付措施的批准必须有合理依据，并以决定的形式明确陈述（如果有可能的话）控制下交付的事项或者授权的事宜，目标物质的类型与数量，采取控制下交付措施调查严重犯罪的必要性和控制的可能性也必须予以考虑。作出决定的法官必须向其辖区内的高级法官提交一份复印件，并由该高级法官对控制下交付的授权决定进行登记。

对于《刑法典》第 371 条所规定的装备、材料与物质，第 301 条所规定的财产和收益，第 332 条、334 条、第 386 条、556 条、568 条、569 条所规定的财产、材料、物品和动植物物种也可以按照上述条件获得批准，实施控制下交付或者允许其移动。

2. 控制下交付或者移动系指一种技术，在有关当局或者其特工不采取预防性干预措施并进行监控的情况下，允许非法或可疑货物中的毒物、精神药物和其他违禁品，上述规定中的装备、材料和物质及其替代物质以及实施《刑法典》第 301~304 条、第 368~373 条规定的犯罪活动所获得的财产及其收益通过、离开或者运入西班牙领域，以便查明和辨别实施了与毒物、精神药物、装备、材料、财产或者收益相关的所有犯罪活动的行为人，同时为了实现相同的目的，可以为外国当局提供协助。

3. 控制下交付的决定必须在逐案判断的基础上作出，在国际层面执行控制下交付应当遵守国际条约的规定，中央或者各省的司法警察组织的首长或者他们的高级官员应当立即根据本条第 1 项的规定向检察官报告授权的情况，如果处于法庭程序中，则应该向主管的预审法官报告授权情况。

4. 对怀疑藏有毒品的邮件的拦截和开启以及在适当的条件下对毒品的替代可以随时进行，但是必须遵守法律制度中的司法保障措施，不过本法第 584 条的规定除外。

第 588d 条　适用技术工具或者设备进行追踪

1. 如果有理由证明具有必要性并且符合比例性的要求，主管法官可以授权适用技术工具或者设备进行追踪。

2. 授权必须详细列明即将采用的技术工具的类型。

3. 第 588 之三条（e）项所规定的服务提供者、特工和人员应当向法官、检察官办公室和受指派执行任务的司法警察官员提供必要的协助和合作，以便促进追踪令的执行，如果不履行协助和合作的义务，将会因违反命令而被提起刑事诉讼。

4. 在紧急情况下，如果有合理的根据认为，如果不立即安装技术工具或者设备将会使侦查遭致挫败，司法警察可以执行安装技术工具或者设备工作，并且尽可能迅速地在 24 小时内向法庭提交一份报告，法庭可以确认已经执行的措施，也可以命令立即撤销正在执行的措施。如果系后者，所有通过装备所获得的信息均将被排除在诉讼之外。

二十七、希腊《第 2145/1993 号法律——规范刑罚的执行，加快司法程序和其他事项的现代化》

第 38 条

（1）根据 1988 年联合国维也纳公约的规定，外国提交的申请可以任何通信方式（但通常是书面申请形式）直接或者间接通过国际刑警组织转交给中央禁毒协调中心。由中央禁毒协调中心查清申请来源的合法性，以及申请是否合法以后，应当立即以秘密文件的形式通知雅典上诉法院的检察官，并附上电报或者包含申请书在内的任何其他文件的复印件。

（2）如果申请国能够保证对运输实行监视，并对涉案嫌疑人实施逮捕，雅典上诉法院的检察官应当立即通知货物即将通过其辖区的治安法院的检察官，治安法院的检察官在收到通知以后，他们应当放弃刑事指控，并有义务采取一切必要措施防止货物被拦截。

（3）中央禁毒协调中心在从毒品进入本国直至离开的整个期间内，负责对货物实施控制。

（4）一旦毒品离开本国，上述机构最多在 48 小时内应当制作一份报告，载明运输货物的日期、时间与进入、离开本国的地点等详细信息，同时向雅典上诉法院检察官提交一份报告的机密复制件。

（5）国家当局拟在希腊领域之外实施控制下交付的，应当经过雅典上诉法院的总检察长向中央禁毒协调中心提交申请，上述程序也同样适用于此类案件。

二十八、匈牙利《警察法》

第 64 条　无需司法授权秘密收集情报

（1）为了完成第 63 条第 1 款规定的警察执法任务，可以实施下列措施：

（a）求助于线人、受托人或者与警方秘密合作的其他人；

（b）通过隐瞒诉讼的目的或者使用隐藏其身份的秘密侦探来收集情报和核实数据；

（c）建立、保护和维持掩护机构，以掩饰和保护警察机构的工作人员以及与之合作的人员和警察的身份；

（d）观察、收集犯罪嫌疑人和相关人员的情报，以及可能与犯罪有关的场所、建筑物和其他物体、地形和路线、车辆、事件，并使用技术装置记录声音、图像、其他迹象或线索；

（e）使用不会造成伤害或健康损害的陷阱来揭露罪犯或证实罪犯；

（f）线人、受托人、与警方秘密合作的其他人或者卧底侦查人员，以及在获得检察官许可的情况下实施虚假购买、受托购买、潜入犯罪组织或在符合第2条第4项规定的情况下，可以使用秘密侦探继续实施控制下运输；

（g）如果没有其他手段预防、威慑、侦查、逮捕或查明犯罪行为人，那么警官可以代替被害人以保护其生命和身体完整；

（h）从通信系统和其他数据存储设备收集信息。

（1a）警方在追回资产过程中，为了侦查犯罪收益：

（a）可以适用第64条第1项第a~c目和第f~g目的规定；

（b）观察并收集与犯罪收益有关的人的信息，以及与犯罪收益有关的处所、建筑物和其他物体、地形和路线、车辆、可能与犯罪收益有关的事件，并通过技术手段记录检测到的信息；

（c）使用不会造成伤害或损害健康的陷阱。

（2）为了遵循第1款至第1a款的规定，警察可以与自然人、法人或非法人组织订立秘密合作协议。在该框架内，警察可以与对执法具有特殊重要性的此类组织的雇员建立专业服务、公共服务、公务员法律关系或雇佣法律关系（以下简称"雇佣关系"）。

（3）为了执行本法规定的任务，在根据单独协议确定的期限内，警察可以雇佣第2款规定的组织。

（4）警察不得在法院、检察院、宪法法院、国家审计署、国家数据保护和信息自由管理局、基本权利专员办公室、共和国总统办公室和国民议会办公室雇用雇员。

（5）有关警察雇用性质的特别规则，应当在现行法律的框架内由警察与有关组织另行签订协议。

（6）如果生命、肢体、财产面临威胁或出现敲诈勒索、煽动犯罪的情况，警方可以在请求载明的期限内，使用技术手段了解用户设备上通过电话交谈传输的通信内容。应当立即销毁案件中产生和记录的无关信息。

（7）执法机构和国家安全机构作为掩护机构，其文件只有在通知主管部长和有关组织的国家负责人后才能被作为掩护文件。

（8）警方应保护线人、受托人、与警方秘密合作的其他人员、卧底侦探和掩护文件以及行政记录中的掩护机构，特别要保护个人资料和地址登记册、身份证登记册、旅行证件登记册、驾驶执照和车辆登记册、房地产登记册和公司登记册。如果执法利益已经不存在，那么应删除掩护数据。

（9）线人、受托人、与警方秘密合作的其他人员在秘密收集信息的情况下对第三方造成损害的，如果系人身伤害，应当比照适用第 67 条第 2 项的规定履行赔偿责任。

二十九、意大利《毒品统一法令》

第 98 条　迟延或不执行拘留、逮捕或扣押行为–国际合作

1. 无论任何时候，只要有必要，根据合理的法令，司法机关均可以迟延签发或命令迟延执行逮捕令或扣押令，其目的是获得有关证据以识别或逮捕第 73、74 条所规定的刑事犯罪行为人。

2. 出于同样的原因，专门禁毒部门的司法警察和海关当局可以迟延履行或者不履行他们的职责，但是应当立即通过电话通知司法当局，以便司法当局可以作出其他决定，并通知中央药物管制局，以便在国际范围内进行必要的协调。负责调查的机关应当在 48 小时内向司法机关提交合理的报告。

3. 司法当局应向司法警察发布所需要的一般性指示，以监视犯罪活动的发展，将采取的措施告知行动终结地的主管司法当局或第 70 条所规定的麻醉药品和精神药物的入境地、出境地或中转地的主管司法机关。

4. 在紧急情况下，也可以口头发布第 1、2、3 项规定的决定，应在延迟或放弃执行逮捕令或扣押令后的 24 小时内签发采取有关措施的命令。

三十、英属直布罗陀《2006 年打击跨国有组织犯罪法》

第 13 条　控制下交付

（1）在任何有关犯罪的侦查中，如果有合理依据认为托运货物中藏匿有非法物品，警察局局长或海关总监可以通过书面授权的方式允许其通过：

（a）这样做将有助于查明在直布罗陀或其他地方实施了有关犯罪的人；并且

（b）已通知下一个过境国的主管当局承担监视货物的责任，或者如果它

是货物的目的地国，就将进行必要的监视，直至货物被交付。

（2）在任何有关犯罪的侦查中，如果以直布罗陀作为托运货物的目的地，有合理依据认为托运货物中藏匿有非法物品，那么警察局局长或海关总监就可以通过书面授权的方式允许其官员进行调查。如此处理的目的在于查明在直布罗陀或其他地方实施有关犯罪的人。

三十一、芬兰《**警察法**》[1]

第三章　收集情报的法规

第 28 条定义（只适用于本法）

（1）技术监测：通过录音或录像手段监控或监听公众成员、驾驶员或行人的活动。

（2）监控：对特定的人或人群及其行为进行连续或重复的监控。

（3）技术监控：通过各种技术设备和手段，包括录音（窃听）、录像（技术观察）等捕捉特定人员的活动情况和车辆及货物的运动情况。

（4）机密活动：连续和重复地收集某个人或某个人群的情报，用假情报和假身份渗透，以便掩护渗透人的真实身份。

（5）假购买：警方通过对嫌犯的假购买，来获得犯罪证据并没收其赃物。

（6）通信追踪：根据《通讯市场法规》（396/1997）的适用范围，警方可以根据《强制措施法》，通过对账号使用者和网络终端的监控获得数据，以便于侦破案件。

第 29 条　技术监控的先决条件

通过预先通知，警方有权对公共场所或道路进行技术监控，以保障公共秩序和安全，阻止犯罪，识别嫌疑犯和对特定目标进行监视。

第 30 条　监视的先决条件

如果某人的行为或其他情节使警察有正当的理由怀疑其会实施犯罪，警察有权在其居所以外的地方对其进行监视，以防止或制止犯罪行为。根据本

---

[1]　节选自刘伯祥主编：《外国警察法》，中国法制出版社 2007 年版，第 668~672 页。

法第 1 款的规定，如果犯罪嫌疑人有可能犯最高刑罚超过 6 个月监禁的罪，对其的监视还可扩大到其住处以外的地方。

第 30a 条　外国警察进行的监视

根据《实施申根协定公约》第 40、41 条的规定，外国警察有权在芬兰领土上继续实施其开始于本国的，为调查犯罪而对嫌疑人进行的人工或技术监视。对此，下列条件必须具备：芬兰警察无法立即在芬兰领土内继续实施上述人工或技术监视。监视中可使用芬兰警察按照技术监视的规定经批准使用的技术设备，但此行动必须向所在地的芬兰警察署提交人工或技术监视报告。

第 31 条　技术监视的先决条件

警察有权在房间用于长久居住的空间以外的地方对人、车辆或货物进行技术监视，但须有正当理由相信采取该种措施可获取防止犯罪所需的信息。在同样的先决条件下，对于在监狱服刑的人、因预防性拘留或审前拘留而被羁押的人，可在其被拘于监狱或其他用于监禁人员的地点期间进行技术监视。如果技术监视要求，可根据第一附加条款的规定，对上述地点进行技术监视的地点放置用于技术监视的设备。在执行警长的命令下，警察可进入该地点放置、拆卸设备。如果设备会消耗车辆或放置地点产生的能源，应对这些能源消耗进行补偿，其补偿金额应高于最低限额。技术监视的另一个先决条件是，被监视人的行为或其他情节使警察有正当理由怀疑其会犯最高刑罚超过 4 年监禁的罪行或进行贩毒。相应地，技术观察和技术跟踪的先决条件是，被监视人的行为或其他情节使警察有正当理由怀疑其会犯最高刑罚超过 6 个月监禁的犯罪。根据第一附加条款的规定，如果技术观察的对象是监狱管理局所羁押的人，则其要求为：其行为或其周围情况使警察有理由怀疑其会从事最高刑至少为 4 年监禁的犯罪或会从事毒品犯罪。另外，警察还有权对将要逮捕或要保护的人的居所进行技术监控，以保护他们的生命安全。

第 31a 条　秘密监视的先决条件

根据《强制措施法》第五章 a 部第 2 条的规定，如果需要阻止、发现或调查犯罪活动，警察就有权进行秘密监视，以便搜集与嫌疑人相关的证据。如果居所的占用人积极为进入其居所或在其居所内停留提供协助，则允许在该居所实施秘密监视。当然，《强制措施法》的规定也适用对房屋场所的搜查。根据第一附加条款的规定，如果被监视的犯罪活动部分或全部开始于外国领土并延续到芬兰境内，而且这种活动应该受法律严惩，警察就有理由进行秘密监视活动。

第31b条 假购买的先决条件

为防止、发现和调查买赃卖赃或一项最高刑罚至少为2年监禁的犯罪活动，警察有权实施假买，以便找到非法占有或销售的物品、物质或其他财产并收回其犯罪所得。根据第一附加条款的规定，如果犯罪活动开始于国外并延续到芬兰境内，执法人员就有权实施假买，以便在取证后没收赃物。

第31c条 电子监控的先决条件

如果嫌疑犯的言谈举止具有威胁性或可能进行犯罪，为防止或发现其犯罪，警察有权对其实施电子监控。如果有理由相信嫌疑犯可能犯监禁超过4个月监禁的罪或威胁将要出庭作证或检举起贩毒罪行的证人，警察可中断嫌犯所进行的交易和其可能用于与交易的电脑终端。另外，根据第18款第2部分的规定，警察有权使用电子监控，以便保护相关人员的健康和生命。

第31d条 禁止窃听

根据《强制措施法》第五章A部第10款的规定，上述与电子监控有关的规定也适用于多数的窃听活动。

第32条 对技术监视的决定

根据第31（1）条，实施技术监视的命令应由警察长或被指定为案件的负责警官作出。如果窃听持续超过3天，则须由警区长官一级的警察人员、国家警队总长或副总长作出。依据第31（4）条，在技术监视中采取的任何措施，均应立即向警察长通报。

第32a条 对进行秘密活动、假购买，监督秘密活动的决定

根据第28（1）（4）条的规定，针对开展秘密活动、记录秘密活动或制作假文件所作的决定应由内政部任命的警队总长作出。进行假购买的决定由警长作出。决定开展秘密活动的警队应该向内政部提交详细报告，内政部则向国家议会监察官提交秘密活动的年度报告。

第32b条 法院对进行电信监控、技术监视和其他形式监视的决定

根据《强制措施法》第一章第9条的规定，法庭或可处理该事项的特别法庭，将对电信监视和技术监控作出决定。这包括《强制措施法》第31（2）

条所述的各种情况，比如在被监视人的住处或使用的车辆中安放监视器，以及对被监狱管理局羁押的人进行窃听或技术监视。对上述第一附加条款所述事项，法庭可以在不经听取被窃听或观察设施的占有人意见的情况下作出决定。

但是，如果法院处理的案件中被窃听或被实施技术观察的人员被监狱管理局羁押，监狱长则保留对窃听或技术监视等事项处理结果的听证机会。《强制措施法》第五章 a 部，第 5~9、11（1）、12、14 条的规定也在适当的情况下适用于处理以上第一附加条款所述案件。

第 32c 条　紧急情况下警察决定进行电信监控和技术监视的权利

如因情况紧急而立即启动电信监控或技术监视确属必要，则警察长有权按照第 32b（1）条的规定决定启动电信监控或技术监视。在此情况下，根据第 32b 条的规定，其应立刻向法院就此情况进行通报，通报时间不得晚于法庭批准监听开始后的 24 小时。如果想在法院收到通报后继续进行电信监控或技术监视，监听人则应在通报中附上要求进行电信监控或技术监视的申请。第一附加条款所赋予的权利不适用于对被监狱管理局羁押的人员进行窃听或技术监视。

第 32d 条　警官决定继续电信监控和技术监视的情况

根据第 32c（1）条的规定，法庭在接到电信监控和技术监视的通报时，可以视情况禁止继续进行电信监控和技术监视或对此作出限制，或设定特殊条件。在适当的情况下，《强制措施法》第五章 a 部，第 5~9、11（1）、12、14 条的规定也适用于在法院办理的相关案件。

第 33 条　对监视、技术监视和电信监控的通报

警察根据第 31（1）条的规定进行技术监控，或根据第 31（2）条的规定设置技术监视装置，或根据第 32 条的规定使用电信监控，或已经向法院通报其活动情况，应通知被监视人它们已被监视，除非这种通知会损害收集证据或在审判前对犯罪的调查。根据第 31（4）条使用的人工监控或技术监控不需要通报，其理由也不必说明。警察按照第 31 条的规定实施窃听或按照 32b、32c 条的规定实施电信监控，应就其所采取的具体措施作出书面的报告，不得迟疑。法庭对此报告将给予法律上的裁决。根据此款规定，警察报告将被提交给内政部，内政部将把有关使用窃听、电信监控的情况汇总，做一个年终

报告，提交给国家议会监察官。在提交年终报告的同时，内政部还将提交关于在监狱中使用技术监视的报告。

第 33a 条　修改已提交报告的内容

根据第 28（1）（4）条，在不损害搜集证据和开庭前调查的前提下，对提交报告的不当之处应予立即修改。

第 34 条　材料处理

对于警察根据第 30~31 条而获取的情报，以及依据第 31 条而取得的技术监视记录，警长应立即予以检查核实。仅与第三人有关的信息，如果犯罪调查不需要这些信息，则应在检查后立刻销毁。对于其他根据第一附加条款获得的信息，归入警察局的个人数据档案。已获取的信息、记录（如未归人数据档案或审前调查材料），已宣布对破案无甚帮助的，应在 1 年内予以销毁。

第 35 条　从权力机关获取信息

尽管有保密的义务，但警方有权从公共权力机关或被指定履行公共职能的机构处免费获取任何为履行公职所需要的信息和文件，除非法律禁止或限制向警方披露此信息、文件或将该信息采作证据。如果警察有理由怀疑证照持有人不再符合获持该证所需满足的条件，则在履行保密义务的前提下，警察在评估驾照、持枪证件或其他此类证件是否继续有效时，有权要求获取关于持证人的健康状况、麻醉品使用情况或暴力行为的信息。上述第 1、2 款所列案件中获取秘密信息之事宜应由警察长决定。凡根据以上 2 条的规定收到的秘密信息，警察均只能用于开展以下评估事项，即证照持有人的可信性和适当性、证照有效的其他条件或证照中包含的条件是否满足等。

第 36 条　从私营组织或个人获取信息

在警察长的要求下，警方有权获取所需的信息，以便防止和调查犯罪。获取信息的对象可以是公司的成员、审计人员、常务董事、董事会成员或某组织的成员。同样，如果出于重大公共或私人利益的要求，警方有权按照第 37 条的规定获取警察调查所需的信息。在执行警务过程中，警方有权从电信公司那里获取那些没有被列入公共电话簿的用户的消息，以便执行公务。同样，警方有权在从事邮政服务的组织处获取邮政地址的信息。在执照管理方面，警方有权按照第 35 条（2）~（4）款的规定从私人组织或个人处获取信息。

三十二、《荷兰刑事诉讼法典》[1]

第四章之一　特殊的侦查权

第一节　系统监视

第 126g 条

1. 如果怀疑可起诉犯罪已经实施，检察官可以为了侦查，命令侦查员系统地跟踪某人或观察其出没或行为。

2. 如果怀疑涉及第 67 条第 1 款界定的犯罪（鉴于其性质或与嫌疑人实施其他犯罪的联系，严重扰乱了法律秩序），检察官可以为了侦查决定，为了执行第 1 款所述之命令，不经所有权人许可而进入一个非住处的封闭地方。

3. 检察官可以决定，为了执行第 1 款所述之命令，应使用技术装置，但不是用来记录保密通信。未经本人允许，不得把技术装置置于某人身上。

4. 发出的命令有效时间不超过 3 个月，并且可以每次再延长 3 个月。

5. 监视令应以书面形式发出，且应：

a. 包括犯罪，并且如果知道，还包括嫌疑人的姓名或者尽可能准确的称呼；

b. 证明第 1 款所述条件得到满足的事实或情节；

c. 包括第 1 款所说之人的姓名或者尽可能准确的称呼；

d. 如果第 2 款适用，则包括证明该款所述条件得到满足的事实或情节和要进入的地点；

e. 包括命令执行的方式；

f. 包括命令有效期。

6. 在紧急情况下，命令可以口头下达。果真如此，则检察官接着应在 3 天之内把命令笔之于书。

7. 一旦第 1 款所述条件不再得到满足，检察官就应终止执行命令。

---

[1] 引自联合国毒品和犯罪问题办公室发布的《打击有组织犯罪示范立法条文》（2012 年版）。

8. 命令可以以书面形式修改、补充、延期或终止，但要给出理由。在紧急情况下，决定可以口头作出。果真如此，检察官接着应在 3 天之内把决定笔之于书。

9. 第 1 款所述命令可以对另一国家公务部门的人员发出。某些要求可以通过枢密令加给此人。第 2 条至第 8 条应比照适用。

第二部分　渗透

第 126h 条

1. 如果怀疑第 67 条第 1 款界定的犯罪（鉴于其性质或与嫌疑人实施其他犯罪的联系，严重违犯了法律秩序）已经实施，则检察官可以在侦查迫切需要的情况下，命令第 141b 条所述侦查员加入或者协助可以合理地怀疑在筹划或实施犯罪的人的团伙。

2. 在执行第 1 款所述之命令时，侦查员不得诱使人实施其已经在打算实施的犯罪之外的犯罪。

3. 渗透令应以书面形式下达且应包括：

a. 包括犯罪，并且如果知道，还包括嫌疑人的姓名或者尽可能准确的称呼；

b. 对该团伙的描述；

c. 证明第 1 款所述条件得到满足的事实或情节；

d. 在命令发出之时可能预见的程度上，执行命令的方式，包括任何构成犯罪的活动；

e. 命令有效期。

4. 第 1 款所述命令还可以下达给：

a. 另一国家公务部门遵守枢密令所述要求的人；

b. 第 142 条所述之侦查员，条件是该侦查员正根据 1993 年《警察法》第 11 节第 2 小节的规定与第 141（b）条所述之侦查员合作。

第 2 款和第 3 款应比照适用。

5. 第 126g 条第 7 款和第 8 款应比照适用，有一项理解是不得口头续延渗透令。

第 126p 条

1. 在第 126o 条第 1 款所述之情况下，检察官可以在侦查迫切需要的情况下命令第 141（b）条所述之侦查员加入或协助有关组织。

2. 在执行第 1 款所说命令时，侦查员不得诱使人实施其已经在打算实施的犯罪之外的犯罪。

3. 渗透令应以书面形式下达且应包括：

a. 有关组织说明；

b. 证明第 1 款所述之条件得到满足的事实或情节；

c. 在命令发出之时可能预见的程度上，包括执行命令的方式，任何构成犯罪的活动；

d. 命令有效期。

4. 第 1 款所述之命令还可以下达给：

a. 另一国家公务部门遵守枢密令所述之要求的人；

b. 第 141（c）条或第 142 条所述之侦查员，条件是该侦查员遵守枢密令关于培训和与第 141（b）条所述之侦查员合作的要求。第 2 款和第 3 款应比照适用。

5. 第 126g 条第 7 款和第 8 款应比照适用，有一项理解是不得口头续延渗透令。

三十三、《瑞士刑事诉讼法典》

第五节　卧底调查〔1〕

第 285a 条　定义

卧底调查是指警方人员或临时受雇执行警察任务的人员，使用基于各种证件的虚假身份（虚构身份），通过欺骗行为与他人建立联系，目的是建立信任关系，以便潜入犯罪环境，从而侦破特别严重的犯罪。

---

〔1〕 第五节（卧底调查）除了第 286 条第 2 项引自《世界各国刑事诉讼法》编辑委员会编译的《世界各国刑事诉讼法》［欧洲卷·中］以外，其他条文均引自联合国毒品和犯罪问题办公室发布的《打击有组织犯罪示范立法条文》（2021 年版）。

第 286 条　要求

1. 出现下列情形时，检察官即可命令展开卧底调查：

a. 涉嫌犯有第 2 项所列罪行；

b. 所涉罪行的严重程度证明有必要进行卧底调查；和

c. 之前进行的调查活动均未获成功，或者若不采用卧底调查手段，则调查工作就没有成功的希望或者就会变得异常复杂。

2. 在侦查下列条文规定的犯罪时，允许采用卧底调查：

a. 《瑞士刑法典》第 111~113 条、第 122 条、第 124 条、第 129 条、第 135 条、第 138~140 条、第 143 条第 1 款、第 144 条第 3 款、第 144^2 条第一部分第 2 款和第二部分第 2 款、第 146 条第 1 款和第 2 款、第 147 条第 1 款和第 2 款、第 148 条、第 156 条、第 160 条、第 182~185 条、第 187 条、第 188 条第一部分、第 189 条第 1 款和第 3 款、第 190 条第 1 款和第 3 款、第 191 条、第 192 条第 1 款、第 195 条、第 197 条第 3 节和第 3^2 节、第 221 条第 1 款和第 2 款、第 223 条第一部分、第 224 条第 1 款、第 227 条第一部分第 1 款、第 228 条第一部分第 1~4 款、第 230^2 条、第 231 条第一部分、第 232 条第一部分、第 233 条第一部分、第 234 条第 1 款、第 237 条第一部分、第 238 条第 1 款、第 240 条第 1 款、第 242 条、第 244 条第 2 款、第 251 条第一部分、第 260^2~260^5 条、第 264~267 条、第 271 条、第 272 条第二部分、第 273 条第 274 条第一部分第 2 款、第 301 条、第 305^2 条第二部分、第 310 条、第 322^3 条、第 322^4 条和第 322^7 条；

b. 2005 年 12 月 16 日《关于外国人的联邦法》第 116 条第 3 款和第 118 条第 3 款；

c. 2001 年 6 月 22 日《关于海牙收养公约和关于国际收养案件儿童保护措施的联邦法》第 24 条；

d. 1996 年 12 月 13 日《战争材料法》第 33 条第 2 款和第 34~35b 条；

e. 2003 年 3 月 21 日《核能法》第 88 条第 1 款和第 2 款、第 89 条第 1 款和第 2 款以及第 90 条第 1 款；

f. 1951 年 10 月 3 日《麻醉药品法》第 19 条第一部分第二句和第二部分，以及第 20 条第一部分第二句；

g. 1996 年 12 月 13 日《货物管制法》第 14 条第 2 款；

h. 2012 年 6 月 17 日《体育促进法》第 22 条第 2 款。

3. 如果属于军事法院管辖的犯罪审判被分配给民事法庭审理，也可对 1979 年 3 月 23 日《军事刑事诉讼法典》第 70 条第 2 款规定的犯罪下令进行特工侦查。

第 287 条　对卧底人员的要求

1. 下列人员可担任卧底调查员：

a. 瑞士或外国警察部队成员；

b. 临时受雇履行警察职能的人员，即使他们并未接受过警察培训。

2. 只有警察部队的成员才能在行动部署中担任指挥人员。

3. 如果部署了外国警察部队的成员，则他们通常由其正规指挥官领导。

第 288 条　掩护和保证匿名性

1. 警方可以为卧底调查员提供身份掩护，使他们拥有与其真实身份不同的身份。

2. 检察官可向卧底调查人员保证，即使他们以提供信息或以证人的身份出现在法庭诉讼中，也不会披露他们的真实身份。

3. 如果卧底调查人员在执行任务期间犯下罪行，则应由强制措施法院决定针对其何种身份提起刑事诉讼。

第 289 条　授权程序

1. 部署卧底调查员需要获得强制措施法院的授权。

2. 检察官应在命令开展卧底调查后的 24 小时内向强制措施法院提交下列文件：

a. 相关命令；

b. 理由陈述以及与授权有关的案件文件。

3. 强制措施法院应在下令进行卧底调查的 5 天内作出决定并提供一份简要的理由说明。它可在规定时间限制或附加其他条件的情况下批准授权，或要求提供进一步信息或展开进一步调查。

4. 授权中应当明确说明是否准许采取以下行动：

a. 编制或修改官方文件，以创建或维持一个掩护身份；

b. 保证匿名性；

c. 部署未经警察培训的人员。

5. 强制措施法院应批准最长为 12 个月的授权。授权可一次或多次延长，每次最长为 6 个月。如果需要延期，检察官应在当前授权到期前提出延期申请，并说明理由。

6. 如果授权未获批准或没有获得授权，则检察官应当立即终止部署。所有记录必须立即销毁。通过卧底调查行动得出的结论不得被使用。

第 290 条　部署前的情况通报

检察官应在部署前向指挥官和卧底调查员通报情况。

第 291 条　指挥官

1. 在部署期间，卧底调查员要听从指挥官的直接指示。在部署期间，检察官与卧底调查员之间的任何接触都应完全通过指挥官进行。

2. 指挥官的具体职责如下：

a. 应向卧底调查员详细和持续地介绍任务和权限以及如何进行伪装和掩护。

b. 应向卧底调查员发布指令和提出建议，并不断评估风险情况。

c. 应当保留卧底调查人员口头报告的书面记录和有关该行动的完整档案资料。

d. 应当定期向检察官全面通报行动开展情况。

第 292 条　卧底调查人员的职责

1. 卧底调查人员应当按照其职责和接到的指示开展行动。

2. 他们应定期向其指挥官全面报告其活动情况和调查结果。

第 293 条　准许的影响范围

1. 卧底调查人员一般不得鼓励他人犯罪或煽动已经愿意犯罪的人实施更严重的犯罪。他们必须将其活动限制在确证现有的犯罪决定范围内。

2. 他们的活动在决定实施具体犯罪时只能具有无足轻重的意义。

3. 如果为了实现所涉主要交易，他们可以进行试购或提供其有能力支付的证据。

4. 如果卧底调查人员超出了其授权行动的权限，则法院在评估对受调查人员影响的人员的判决时必须适当考虑到这一点，或者可以不判处任何刑罚。

第 294 条　在根据《麻醉品法》展开的调查行动中进行部署

依照 1951 年 10 月 3 日《麻醉品法》第 19 条和第 20~22 条的规定，如果卧底调查人员是在授权的卧底调查过程中行事，则不得被判定为犯罪。

第 295 条　模拟交易的资金

1. 应检察官的要求，联邦可通过国家银行提供所需金额、形式和面额的资金，用于模拟交易和提供支付能力的证明。

2. 这一请求必须与案情摘要一并提交给联邦警察署。

3. 检察官应当采取必要的预防措施来保护为此目的提供的资金。如果发生损失，则应由联邦或检察官所属的州承担责任。

第 296 条　意外发现

1. 如果在卧底调查过程中发现了调查令所列罪行以外的其他罪行的证据，则可以使用这些证据，但前提是为了调查这些新披露的罪行，开展相应的卧底调查的申请本应是会得到准许的。

2. 检察官应立即下令开展卧底调查并启动授权程序。

第 297 条　行动的结束

1. 在下列情况下，检察官应当立即终止所涉行动：

a. 该行动不再符合要求；

b. 授权或延长授权的申请被否决；或

c. 卧底调查人员或指挥官不听从指示或以其他方式不履行其职责，尤其是出现故意向检察官提供虚假信息的情形。

2. 在第 1 款 a 项和 c 项所述情形中，检察官应将行动的终止通知强制措施法院。

3. 终止行动时，必须确保卧底调查人员或参与调查的任何第三方都不会面临任何可避免的风险。

第 298 条　通报

1. 检察官应最迟在初步诉讼程序结束时通知被告，其是秘密调查的对象。

2. 在以下情形中，经强制措施法院同意，可以推迟或免除通知：

a. 调查结果不作为证据使用；以及

b. 为了保护压倒一切的公共或私人利益，推迟或免除通知是必要的。

3. 秘密调查的对象可根据第393~397条的规定提出异议。提出异议的期限自收到调查通知之日起计算。

三十四、《拉脱维亚刑事诉讼法典》[1]

第十一章　特殊侦查行为

第210条　执行特殊侦查行为的规定

（1）为了查明在刑事诉讼中需要被证明的要件，获取与事实有关的信息，在必要的时候，可以在不通知刑事诉讼所涉人员和可能提供这种信息的人员的情况下，对其采取本章规定的特殊侦查行为。

（2）指挥诉讼程序的人或受其指派的机构和人员，应根据预审法官的决定采取特殊侦查行为。如果为实施该特殊侦查行为而必须使用侦查行动的手段和方法，那么该行动的执行应当只能交由获得法律特别授权的国家机构（本章下称——专门的国家机构）。

（3）只有在侦查较重、严重或特别严重的罪行时，才允许采取特殊侦查行为。

第211条　通过特殊侦查行为获得的信息

（1）在执行特殊侦查行为过程中，只能记录与较重、严重或特别严重罪行有关的信息，这旨在：

1）查明在刑事诉讼中需要被证明的要件；

2）证实实施了其他刑事犯罪或实施该犯罪的条件；

3）防止对公共安全的直接和重大威胁具有必要性。

（2）指挥诉讼程序的人及其有关人员、检察官和监督特殊侦查行为的预审法官应采取一切必要措施，避免收集和使用不符合本条第1款规定目的之信息。

---

〔1〕　该部分内容由本书作者依据英文版的《拉脱维亚刑事诉讼法典》（Code of Criminal Procedure of Latvia）翻译而成。另有倪润博士翻译的《拉脱维亚刑事诉讼法》也包涵了有关特殊侦查行为的介绍，可做参照与比较，具体参见《世界各国刑事诉讼法》编辑委员会编译：《世界各国刑事诉讼法》〔欧洲卷·中〕，中国检察出版社2016年版，第1026~1152页。

第 212 条　执行特殊侦查行为的许可

(1) 特殊侦查行为应当根据预审法官的决定进行，但本章规定的情形除外。

(2) 如果在执行特殊侦查行为期间，在公众无法进入的处所工作或居住的所有人员都同意执行这种行动，那么无需获得预审法官的许可。

(3) 依据本章的规定，对于不得进入或不得停留的处所，如果未经所有者、占有人或使用者同意，公众不得进入。

(4) 在紧急情况下，指挥诉讼程序的人可以在征得检察官的同意后启动特殊侦查行为，但是应当在下一个工作日前获得预审法官的许可。

第 213 条　关于执行特殊侦查行为的决定

(1) 针对指挥诉讼程序的人提出的有证据支持的建议和刑事案件材料进行审查以后，预审法官应当就是否采取特殊侦查行为作出决定。

(2) 决定应当载明的内容包括某项特殊侦查行为、被指派执行此次行动的机构或个人、执行该行动的目的和允许的持续时间，以及对确保执行该行动具有重要意义的所有其他条件，包括允许假装参与实施刑事犯罪或者以支持者的形式参与实施刑事犯罪。

(3) 在不允许公众进入的地点实施特殊侦查行为的持续时间不得超过 20 天。如果存在延长期限的理由，预审法官可以延长该期限。

第 214 条　违反获得批准程序的后果

(1) 如果指挥诉讼的人没有遵守本条规定的获得批准的程序，那么通过特殊侦查行为获得的证据不得被用于证据程序。

(2) 如果根据本法第 212 条第 4 款规定的程序开始实施特殊侦查行为，那么预审法官必须认为具备开始实施这种侦查行为的理由，以及如果这种行为尚未结束，那么继续这种行为就必须具备必要性。如果侦查行为没有正当理由或者是非法的，法官应当对所获证据的可采性以及扣押物品的行动作出裁定。

第 215 条　特殊侦查行为的类型

(1) 应当按照本章的规定采取下列特殊侦查行为：

1) 邮件控制；

2) 通信手段的控制；

3) 控制自动数据处理系统中的数据；

4) 控制传输数据的内容；

5) 网站或个人的音频控制；

6) 现场视频控制；

7) 监视和跟踪人员；

8) 监视物体；

9) 特殊侦查实验；

10) 以特殊方式获取比较研究所需的样品；

11) 控制犯罪活动；

（2）为了执行本条第 1 项规定的侦查行动，或者为了确保该行动安排必要的技术手段，如果预审法官作出许可决定后，对于公众无法进入的场所，应当允许进入。

第 216 条　特殊侦查行为的记录

（1）如果系指挥诉讼程序的人亲自执行特殊侦查行为，那么应当撰写会议记录。

（2）如果国家专门机构采取特殊侦查行为，那么其代表应当撰写一份报告，并将该报告连同通过该行动所获材料一并提交给指挥诉讼程序的人。

（3）如果系指挥诉讼程序的人指派的人员去执行特殊侦查行为，那么该人应当以书面形式向指挥诉讼的人提交一份报告，并向他提交通过该行动获得的材料。

（4）特殊侦查行为的执行者应当尽一切可能以技术手段记录与侦查有关的事实。

（5）指挥诉讼的人应当将有关刑事犯罪或犯罪情况的材料通知对其他刑事犯罪的侦查有管辖权的机构。

（6）对于预防公共安全面临的迫在眉睫的重大威胁具有必要性时，指挥诉讼程序的人或专门机构应当将有关信息立即通知国家安全机构。

第 217 条　邮件控制

（1）如果有理由相信托运货物包含或可能包含与待证事实有关的信息，并且如果不采取该行动，就不可能获取必要的信息或者存在困难，那么邮政机构或提供托运货物的人应当根据预审法官的决定，在不告知寄件人和收件人的情况下，对该托运货物实施控制。

（2）邮政机构或提供托运投递服务的人应当通知根据事实作出的决定中提及的官员，告知该官员负责处置受到管制的货物。该官员应当立即熟悉货物的内容，无论是否复制、拍照或以其他方式记录，应当在不迟于收到信息之时起的 28 小时之内决定是扣押该货物还是继续交付该货物。在任何情况下，该官员都应当在交付方代表在场的情况下编写货物检查记录。

（3）只有有理由相信在证明过程中，货物原件将比复制品或录像具有更大意义，才能扣押货物。

（4）如果货物被扣押或被扣押的货物在移交给收件人或递送人存在严重延误，那么应尽可能在不损害刑事诉讼利益的情况下，将货物迟延的原因和控制的理由告知收件人或递送人。

第 218 条　通信手段的控制

（1）如果有理由相信对话或传递的内容可能包含与待证事实有关的信息，并且如果不采取该行动，就不可能获得必要的信息，那么应当根据预审法官的决定，在对话成员或信息发送者和接收者不知情的情况下，对电话和其他通信手段实施控制。

（2）如果有理由相信系针对某人或其亲属实施刑事犯罪，或者如果该人涉嫌参与刑事犯罪或可能被招募去实施刑事犯罪，那么在获得对话成员或信息发送者或接收者的书面同意后，可以对其电话和其他通信手段进行控制。

第 219 条　控制处于自动数据处理系统中的数据

（1）如果有理由相信处于具体系统中的信息可能与待证事实有关，则应当根据预审法官的决定，在不通知该系统或数据的所有者、持有者或维护者的情况下，对自动数据处理系统（包括部分系统）、其中积累的数据、数据环境进行搜索、访问和删除。

（2）如果有理由相信所寻找的数据被存储在拉脱维亚其他领域的系统中，而该系统可以通过使用预审法官决定中提及的授权方式进行访问，则无需作出新的决定。

（3）在开始实施侦查行动时，指挥诉讼程序的人可以要求监督系统运作或者履行处理、存储或传输数据职责的人提供必要的信息，确保系统中存在的信息和技术资源的完整性，并使其他用户无法获得被控制的数据。指挥诉讼的人可以禁止该人对受控制的数据采取其他行动，并应当通知该人不得泄漏侦查秘密。

（4）在关于控制自动数据处理系统中的数据的决定中，预审法官可以允许指挥诉讼程序的人删除或存储自动数据处理系统的资源，以及复制这些资源。

第 220 条　控制传输数据的内容

如果有理由相信从数据传输中获得的信息可能与待证事实有关，那么应当根据预审法官的决定，在自动数据处理系统的帮助下，使用位于拉脱维亚境内的通信设备（以下简称"传输数据的控制"）在自动数据处理系统的帮助下对传输的数据进行拦截、收集和记录（以下简称"传输数据的控制"），而无需通知该系统的所有者、持有者或维护者。

第 221 条　网站的音频或视频控制

如果有理由相信在该网站发生的对话、其他声音或事件可能与待证事实有关，那么应当根据预审法官的决定，在不通知该网站所有者、持有者和访问者的情况下，对无法公开访问的网站执行音频或视频控制。只有在不采取该行动就无法获取必要信息的情况下才能实施。

第 222 条　人员的音频控制

（1）如果有理由相信该人的谈话或其他声音可能与待证事实有关，并且如果不执行该行动就无法获得必要的信息，那么应当根据预审法官的决定，在不通知该人的情况下对其实施音频控制。

（2）如果有理由相信系针对某人或其亲属实施刑事犯罪，或者如果该人涉嫌参与刑事犯罪或可能被招募去实施刑事犯罪，那么在获得对话成员或信息发送者或接收者的书面同意后，可以对其音频实施控制。

第 223 条　监视和跟踪人员

（1）如果有理由相信该人的行为或其与他人的接触可能与待证事实有关，那么应当根据预审法官的决定，对该人进行监视和跟踪，期限最长为 30 天，如果有必要的话，预审法官可延长该期限。

（2）预审法官应当在决定中说明是否有权继续监视和跟踪与被监视人有过接触的其他人员，期限不得超过 48 小时。

第 224 条　物体或场所的监视

如果有理由相信可以通过监视获得与待证事实有关的信息，那么应当根据预审法官的决定对物体或场所进行监视。

第 225 条　特殊侦查实验

（1）特殊侦查实验应当根据预审法官的决定实施，如果有理由相信：

1）行为人以前实施过犯罪，并且准备实施或已经实施了相同的犯罪；

2）在已经启动的刑事诉讼程序的框架内，具体的犯罪可以被中断；

3）如果实验的结果可能获得与待证事实有关的信息，并且不实施该行动就不可能获得必要的信息或者信息的获取会遭遇阻扰。

（2）特殊侦查实验创造了一种境况或条件，体现行为人日常活动的特点，可以促进犯罪意图的暴露，并记录此人在该条件下的行为。

（3）禁止对行为人进行引诱，禁止以暴力、威胁或勒索的方式影响行为人，禁止利用行为人的弱点对其施加影响。

（4）如果特殊侦查实验结束时公开记录了行为人的犯罪活动，那么应当在该人在场的情况下编写一份记录。

第 226 条　以特殊方式采集比较样本

（1）出于诉讼利益的考量，在不向行为人披露其与实施犯罪存在嫌疑的情况下，可以根据预审法官的决定获取样本进行比较研究，并无需通知有关人员获得样本的情况。

（2）在刑事诉讼中可能需要反复获取的具有证据价值的样本，在不再需要对侦查事实保密时，应当公开扣押。

第 227 条　控制犯罪活动

（1）根据预审法官的决定，如果单一刑事犯罪或者相互关联的刑事犯罪的某一阶段已经被查明，但是如果立即终止该犯罪阶段，则会使阻止另一刑事犯罪的机会，或者查明所有涉案人员尤其是刑事犯罪的组织者或者委托人，或者查明所有犯罪活动目的之机会消失的话，那么可以对犯罪行为进行控制。

（2）如果无法完全防止下列情况的发生，那么不允许为控制的目的而阻止刑事犯罪的中断：

1）对人们的生命和健康构成威胁；

2）危害多人生命的物质的传播；

3）危险罪犯的逃跑；

4）生态灾难或不可逆转的经济损失。

（3）如果为控制犯罪活动而必须采取其他特殊侦查行为，应按照一般程序获得执行该行动的许可。

（4）控制行为人应当按照特殊侦查行为的进程向指挥诉讼程序的人提交报告，但不得少于决定中规定的要件。

第 228 条　特殊侦查行为的保障措施

（1）为了确保特殊侦查行为的进行，参与特殊侦查行为的官员和人员可以使用事先特别准备的信息和文件、事先专门设立的组织或企业、物品和物质的仿制品、专门准备的技术手段，以及假装参与刑事犯罪，或者以支持者的方式参与刑事犯罪。

（2）在假装参与犯罪活动时，禁止危及人们的生命和健康。除了对揭露更严重、更危险的犯罪属于绝对必要之外，不得允许造成任何损失。

（3）为了执行特殊侦查行为超越了必要的范围，行为人必须依照本条第1款提及的使用安全措施的一般程序承担责任。

第 229 条　利用特殊侦查行为的结果进行证明

（1）有关特别侦查行为的协议、说明、录音和图像记录、照片、其他运用技术手段记录的结果，以及扣押的物品和文件或者其副本被用予证明时，其方式应当与其他侦查行动的结果相同。

（2）如果在证明时使用了秘密记录的某人的言论或活动，那么应当就该言论或活动强制讯问该人。当某人知道在其不知情的情况下获得的事实时，应当将实施的秘密行动通知该人，只要该行动直接影响到了有关人员。

（3）如果未遵守获得许可的规定而实施了特殊侦查行为，那么不得将获取的信息用于证明。

第 230 条　将特殊侦查行为的结果用于其他目的

（1）通过特殊侦查行为获得的证据，只能被用于实施了有关行动的刑事诉讼程序。如果获得了与事实关联的信息表明实施了另一刑事犯罪，或在另一刑事诉讼中存在需要证明的情节，那么只有在获得刑事诉讼中负责监督特殊侦查行为的检察官或预审法官的同意后，才能在相关案件中将此类信息作为证据。如果在另一刑事诉讼框架内，通过特殊侦查行为获得的证据只是用作辅助证据的话，那么前述限制不得适用。

（2）如果将特殊侦查行为所获得的信息用于防止公共安全面临的迫在眉睫的重大威胁，那么不需要获得预审法官或检察官的许可。

第231条　查阅未附录在刑事案件中的材料

（1）关于特殊侦查行为的记述，以及执行人通过技术手段记录的在刑事诉讼中不具有证据意义的材料，不得被附录在刑事案件中，而应被存放在完成预审程序的机构。

（2）参与刑事诉讼的人有权在预审程序结束后查阅刑事案件的材料，可以向预审法官提出建议，请求允许其查阅未附录的材料。

（3）预审法官应当评估该建议，同时考虑到材料在刑事诉讼中可能具有的重要意义，以及针对人权的被许可的限制，如果查阅可能严重威胁到参与刑事诉讼的人的生命、健康或受法律保护的利益，或者如果查阅仅仅影响到了第三人的私人秘密，就可以禁止查阅未附录的材料。

（4）参与刑事诉讼的人在已经查阅刑事案件未附录的材料以后，可以向指挥诉讼程序的人提出将这些材料附录于刑事案件中的请求。该请求应按照与预审程序结束后提出的其他请求相同的程序作出决定。

（5）在审判期间提出的请求，应当由同一法庭决定是否能查阅未附录在刑事案件中的特殊侦查行为的材料，是否亲自查阅该请求和刑事案件的材料，并在必要时要求提交请求人和检察官作出解释。

第232条　在刑事诉讼中不具有证据意义的特殊侦查行为结果的处理

（1）如果指挥诉讼程序的人认为报告、录音和录像、照片、使用技术手段记录的其他材料以及扣押的物品和文件及其副本不具有证据意义，那么负责监督特殊侦查行为的检察官或预审法官应当作出销毁决定，以尽量避免侵犯人权。

（2）如有可能，应当将扣押的文件和物品归还所有人，并告知这些所有人，只要采取特殊侦查行为就会对其产生影响。

（3）对以技术手段记录的报告、副本、材料，经查明不具有刑事诉讼证据意义的，应当销毁。

（4）在刑事诉讼中，如果应负刑事责任的人尚未查明，那么在特殊侦查行为结束后的6个月内，可以决定对本条所述材料采取上述行动。

（5）在已经完成的刑事诉讼中，应当在上诉期限届满后对此类材料的处置作出决定。

（6）移送法院审理的刑事诉讼，应当在法院判决生效后对上述材料作出处理的决定。

第233条　刑事诉讼中的信息保护措施

（1）在特殊侦查行为执行完毕之前，有关执行特殊侦查行为的事实的数据属于机密侦查资料，参与执行该行动的官员或人员应当依法负责披露。自诉讼开始之日起，有权查阅刑事案件全部材料的代表在特殊侦查行为完成之前，不得查阅特殊侦查行为的文件。

（2）指挥诉讼程序的人应当采取法律规定的一切措施，以限制采取特殊侦查行为而获得的、在刑事诉讼中具有重要证据意义的信息的传播，如果这些信息会影响到个人的私人秘密或会影响到受法律保护的其他限制访问的信息。

（3）只有在法律规定的情况下，才允许制作采取特殊侦查行为所获材料的副本，并在有关行动的报告书中注明。

第234条　未附录在刑事案件材料中的信息保护措施

（1）执行特殊侦查行为的方法、技术和手段，以及由此获得的在刑事诉讼中不具有证据意义的信息，或者禁止在另一刑事诉讼中使用该信息，或者对于预防公共安全面临的迫在眉睫的重大威胁并非必需的信息，均属于国家秘密或侦查秘密，如果未经许可披露将按照《刑法》规定的程序追究责任。

（2）指挥诉讼程序的人应当将本条第1款规定的责任通知参与执行特殊侦查行为的人员。如果执行特殊侦查行为是行为人的职责，其雇主应当确保提交报告。

（3）行为人查阅未附录在刑事案件中的材料，检察官或预审法官应当将责任通知该人。

（4）检察官和预审法官决定对刑事案件未附录的材料采取行动时，应当审查是否已经通知所有人，是否采取了必要措施以防止不正当信息的传播，并应当指派人员负责承担纠正失误的任务。

三十五、《列支敦士登刑事诉讼法典》[1]

第 104a 条

1. 为便利对刑事犯罪进行调查或确定被告的下落，国家警察有权主动秘密监视某人的活动（监视）。

2. 为支持监视活动，使其取得成效或顺利进行，准许采取以下行动：

（1）秘密使用用于记录或传输公共空间图像的设备，以及

（2）秘密使用通过传输信号能够确定某人所在位置的装置，并为安装此种装置而打开车辆和车厢。

3. 只有在有理由怀疑一项可判处 1 年以上监禁的故意犯罪，且由于具体的重大事实，相信被监视人员已经犯罪或将与被告人接触，或者如果监视可以确定逃犯或缺席被告人下落的情况下，才准许进行下列方式的监视：

（1）使用第 2 款中规定的装置；或

（2）持续时间超过 48 小时。

4. 在检察机关的要求下，调查法官授权根据第 3 款在据信为实现其目的所需的时间段内进行监视，但无论如何不得超过 3 个月。进行监视的请求必须向国家警察部队提出（第 10 款）。在危险迫在眉睫的情况下，国家警察部队有权主动展开监视行动；须毫不拖延地通知检察机关；其后检察机关必须向法院请求授权，除非监视行动已经结束。只有在前提条件继续具备的情况下，且可基于具体的重要事实相信进一步的监视将是有效的，才能准许延长授权。在这一节点上，不得就此向刑事诉讼的当事人和其他参与者进行通报。

（5）如果前提条件不复存在，或者监视行动的目的已经达到，或者认为目的已无法达到，或者调查法官下令予以终止，则必须终止监视行动。

在根据第 3 款终止监视后，必须向那些身份已知或身份不难确定的被告人和其他受到影响的人通报，告知已对其采取了监视行动。如果此种通报会危及本案的调查目的或其他诉讼程序，则可推迟通报。

---

〔1〕 参见联合国毒品和犯罪问题办公室发布的《打击有组织犯罪示范立法条文》（2021 年版）。

三十六、塞浦路斯《1995 年打击犯罪（控制下交付与其他特殊规定）法》

第 1 条　简称

本法可以被引称为《1995 年打击犯罪（控制下交付与其他特殊规定）法》。

第 2 条　释义

除非本法另有规定：

"警察局长"系指塞浦路斯的警察局长。

"控制下交付"系指在主管当局的知情和监督下，允许禁用物质或者违禁品运入、通过或者运出一个或者多个国家领土的一种技术，旨在发现、识别实施了法定犯罪的行为人。

"公约"系指 1988 年 11 月 19 日通过、1988 年 11 月 20 日由塞浦路斯共和国代表签署的 1988 年《联合国禁止非法贩运麻醉药品和精神药物公约》，1990 年《联合国禁止非法贩运麻醉药品和精神药物公约（批准）法》批准了该公约。

"海关总署署长"系指塞浦路斯海关总署署长。

"法定之罪"系指本法第 3 条所规定的犯罪。

"违禁品"系指实施了第 3 条规定之罪所涉及的物品。

"禁用物质"系指《1977 年麻醉药品和精神药物法》所规定的麻醉药品和精神药物，或者公约附件表一、表二所包含的其他物质。

"世界海关组织"，自 1994 年 10 月 1 日以来，海关合作理事会已经更名为"世界海关组织"。"海关合作理事会"系指《设立海关合作理事会公约》中的理事会。《设立海关合作理事会公约》于 1950 年 12 月 15 日在布鲁塞尔签署，1967 年 8 月 1 日塞浦路斯共和国加入了该公约。

第 3 条　法定之罪

（1）除非本法或者其他法律另有规定，本法之规定仅仅适用于本条第 2 项所规定的犯罪。

（2）第 1 项中提及的犯罪系：

（a）公约第 3 条第一款所规定的犯罪并且根据塞浦路斯共和国法律也构成犯罪；

（b）非法进口、出口、持有、使用、买卖、运输或者走私火器或者爆炸物犯罪；

（c）进口、出口、持有、使用、买卖、运输或者贩卖赃物；

（d）为了履行本法，根据本法第 10 条签署的条例所规定的任何其他犯罪。

第 4 条　控制下交付及其关联行为

（1）根据本法规定执行控制下交付将被许可。

（2）下列行为或者行动构成控制下交付，或者系在国内或国外实施控制下交付的附随行为。

（a）扣押或者破坏，抑或扣押并且破坏非法进口或者在塞浦路斯运输的违禁品或者禁用物质的一部分或者全部，或者系它们的替代物质；

（b）在监视和控制下，对运入、经过或者运出塞浦路斯的禁用物质或者其他物质的进口、出口、持有、运输或者运送，这些行为可以单独实施也可组合实施。

（c）在监视和控制下，对运入、经过或者运出塞浦路斯的违禁品或者或者其他物质的进口、出口、持有、运输或者运送，这些行为可以单独实施也可组合实施。

（d）与实施法定犯罪之人达成协议或者合作；

（e）为使申请实施的控制下交付更为有效而实施的必要的任何行为或者行动。

（3）在申请实施上述本条第 2 项之规定时，分发、交付或者接受交付：

（a）禁用物质或者违禁品的一部分；或者

（b）禁用物质或者违禁品的其他替代物质，将被视为在实质上禁用物质或者违禁品被分发、交付或者接受交付，如同它们没有被其他物质或物品全部或者部分替换一样。

第 5 条　建立于共同协议基础上的控制下交付

（1）与其他国家合作实施控制下交付的前提是塞浦路斯共和国与其他国家已经签署了互助协议或者已经做了安排，目的是确定实施法定犯罪行为之人并且对之提起控诉。

（2）本条第 1 项中的所指的国家应当由"司法与公共秩序部长"决定并在共和国官方文件上公告。

（3）为了执行本条第 1 项中的规定，如果没有签署互助协议或者没有达成别的制度安排，控制下交付可以依据司法与公共秩序部长以通知的形式签发并在塞浦路斯共和国官方出版的报纸上公告的相互合作之条款范本实施，也可以基于海关行政互助协议实施，或者根据海关合作理事会的建议实施。

第 6 条　控制下交付的决定

（1）控制下交付的决定必须逐案作出，对于要采取或者可能采取的特殊措施要尽可能详列。

（2）控制下交付将依据下列条件作出决定：

（a）警察局长或者获得其特别授权的代表将其决定通知海关总署署长；

（b）海关总署署长或者获得其特别授权的代表将其决定知会警察局长；

（c）上述（a）与（b）的联合。

（3）共和国的总检察长应该被告知每一个控制下交付的决定，如果其认为有必要或者适当的话，可以给予某些指示。

第 7 条　参与控制下交付的行为人的责任

在任何阶段参与控制下交付的行为人均不必为导致任何人员或者任何财产遭受损害而承担责任，如果这源于信息在传递中所产生的善意错误。

第 8 条　推定某些特定行为具有合法性

从塞浦路斯法院审理任何法定犯罪的证据出发，或者从其他诉讼程序与下列实务出发，除非塞浦路斯存在或者将会制定明确的相反的规定，下列行为或者行动将被推定为合法的行为或者行动：

（a）经过批准并且在法院控制下对谈话或者通信实施监视或者根据外国法律行使司法职能的其他机构允许实施该行为；

（b）根据外国法律采取任何别的方式收集或者保全证据。

第 9 条　对外国法院已决罪的证明

（1）在任何诉讼中，行为人因刑事犯罪被定罪应当允许予以证明，该人被外国法院定罪之事实在任何诉讼中可以由适当的外国机构签署的有罪证明书加以证实，同时还必须提供犯罪人身份的附随证据，以证实有罪证明书中的行为人即为定罪证据所指之人。

（2）为执行本条之规定，签署有罪证明书的主管机构应当为塞浦路斯作为成员国的双边或者多边法律互助协议中所指明的机构，该机构为司法部或其他享有司法行政权的主管机构。

（3）本条第 1 项所指的已定罪人身份的补充证据由对已定罪人特征的细节描写构成，其中包括相片、指纹、掌纹以及可以被采纳的科学证据，如果要保全这些证据，应尽可能说明照片、指纹或者其他证据获取的环境以及谁是取证人。

第 10 条　条例

（1）为了更好地实施该法有关规定，部长理事会可以签发条例。

（2）在不违背本条第 1 项基本规定的情况下，部长理事会可以通过条例对下列事项进行特别规定：

（a）控制下交付的开始和终止；

（b）监督的方式以及与贩运禁用物质或者违禁品有关记录的保存。

第 11 条　法院规则

为了更好地施行第八条之规定，最高法院可以签署法院规则。

第 12 条　本法生效日期

本法生效日期由部长理事会确定，并在共和国出版的官方报纸上公告。

三十七、《法国刑事诉讼法典》[1]

第 706-32 条

（2007 年 3 月 5 日第 2007-297 号法律第 52 条新增条文）

不影响适用本法典第 706-81~706-87 条之规定，并且唯一目的是查证取得、提供或转让《刑法典》第 222-37~222-39 条所指的毒品的犯罪行为、查明正犯与共犯、实施本法典规定的扣押行动，经共和国检察官批准，或者经受理案件的预审法官在通知检察院之后给予批准，司法警察警官以及司法警察警员在警官的领导下，可以采取以下行为且不会因此负刑事责任：

1. 取得毒品；

2. 为取得毒品，向从事贩毒犯罪的人提供可以运用的法律性质或金融

---

〔1〕 第 706-32 条选自《世界各国刑事诉讼法》编辑委员会编译：《世界各国刑事诉讼法》［亚洲卷］，中国检察出版社 2016 年版，第 724~725 页；第 706-81~706-87 条选自联合国毒品和犯罪问题办公室发布的《打击有组织犯罪示范立法条文》（2012 年版）。

性质的手段，以及为其提供运输存放、储存、保管或进行电讯联络沟通的手段。

共和国检察官或者受理案件的预审法官可以通过任何方式给予前款所指的批准；该项批准书写入笔录或者归入诉讼案卷，否则无效。但是，批准实施本条所指的行为不得成为对实施此种犯罪的一种鼓励。

第 706-81 条

（2004 年 3 月 9 日第 2004-204 号法第 1 条插入，2004 年 3 月 10 日《公报》，2004 年 10 月 1 日生效）

如果调查或侦查第 706-73 条范围内的任何重罪或轻罪的需要证明这样有理，则地方检察官，或者在听取其意见之后，办案调查法官可根据本节规定的条件，授权在其各自的监督下实行渗透行动。

渗透是一个经过特别授权的法警或特工，根据法令确定的条件并在被指定监督行动的法警的管辖下，对那些涉嫌犯下重罪或轻罪的人，冒充是他们的犯罪同伙、共犯或赃物接收人，对这些人进行监视。为此，法警或特工被授权使用假扮身份并在必要的情况下实施第 706-82 条提到的行动。这些行为不得构成实施任何犯罪的煽动，否则行动无效。

渗透行动报告由协调行动的法警起草，且只载入那些注意任何犯罪绝对需要的因素，不得危及渗透特工或那些根据第 706-82 条征聘的人员的安全。

第 706-82 条

（2004 年 3 月 9 日第 2004-204 号法第 1 条插入，2004 年 3 月 10 日《公报》，2004 年 10 月 1 日生效）

在不为其行动招致刑事责任的情况下，被授权实行渗透行动的法警或特工可以在法国国家领域各地：

1. 获取、持有、运输、分发或交付实施任何犯罪所致或所用的任何物质、货物、产品、文件或信息；

2. 利用或向那些实施这些犯罪的人提供法律或金钱帮助，还提供交通工具、储存、住宿、安全保护和电信渠道。

第 1 款规定的责任豁免，就以渗透为唯一目的而作出的行为来说，也适用于法警警员或特工为了使这种行动能够实施而征聘的那些人。

第 706-83 条

（2004 年 3 月 9 日第 2004-204 号法第 1 条插入，2004 年 3 月 10 日《公报》，2004 年 10 月 1 日生效）

根据第 706-81 条给予的授权书以书面形式给出，且必须特别说明理由，否则批准无效。

授权书详述成为选择这些程序的正当理由的一种或多种犯罪以及指挥实施行动的法警的身份。

该授权书决定渗透行动的时间长短，最长不得超过 4 个月。行动可以根据同样形式和时间的条件予以续延。授权这一行动的法官可以在固定时限期满之前随时下令中止行动。

在渗透行动完成之后，授权书附于案件卷宗。

第 706-84 条

（2004 年 3 月 9 日第 2004-204 号法第 1 条插入，2004 年 3 月 10 日《公报》，2004 年 10 月 1 日生效）

已经用假扮身份实行了渗透行动的法警或特工，其真实身份不得在诉讼的任何阶段出现。

泄露这些法警或特工的身份，处 5 年监禁和 7.5 万欧元罚款。

如果此类暴露已经导致这些人员或其配偶、子女或直系长辈遭受暴力或攻击与殴打，则处罚加至 7 年监禁和 10 万欧元罚款。

如果此类暴露已经造成这些人员或其配偶、子女或直系长辈死亡，则处罚加至 10 年监禁和 15 万欧元罚款，不影响在适当情况下适用《刑法典》第二卷第二编第一章的规定。

第 706-85 条

（2004 年 3 月 9 日第 2004-204 号法第 1 条插入，2004 年 3 月 10 日《公报》，2004 年 10 月 1 日生效）

如果已决定中止行动，或者授权实施渗透的裁决所定时期期满且不再续，则特工可以开展第 706-82 条提及的活动，不用承担刑事责任，持续时间是他在确保其安全的条件下结束其监视绝对需要的时期，最长不得超过 4 个月。此事要尽快告诉给出第 706-81 条规定授权的法官或检察官。如果 4 个月过去了，渗透特工不能在确保其安全的条件下结束其行动，则法官或检察官就授权这个时期再延长 4 个月。

第 706-86 条

(2004 年 3 月 9 日第 2004-204 号法第 1 条插入,2004 年 3 月 10 日《公报》,2004 年 10 月 1 日生效)

指挥实施渗透行动的法警,只能以证人的身份让人听取对这一行动的看法。

然而,如果从第 706-81 条第 3 款提及的报告中可以看出,接受司法调查或在 审判法庭出庭的人因为亲自实施渗透行动的特工所做的报告而被卷入,这个人可以在第 706-61 条规定的条件下,请求与该特工对质。在这种对质中,询 问特工的问题不得意图直接或间接地揭示其真实身份。

第 706-87 条

(按 2004 年 3 月 9 日第 2004-204 号法第 1 条插入,2004 年 3 月 10 日《公报》,2004 年 10 月 1 日生效)

不得只根据实施了渗透行动的法警或特工所做的陈述宣告定罪。

然而,在法警或特工以真实身份作证的情况下,不适用本条规定。

三十八、奥地利《国家安全警察法》[1]

第 54a 条　伪装身份

(1) 只要联邦机构、作为间接联邦行政机构的法定实体单位以及公法实体单位或市长经法律授权签发法律文件,其就有义务应联邦内政部长的要求,为根据第 22 条第 1 款第 5 项的规定向有关人员提供预防性保护之目的,以及为开展卧底调查行动之目的(第 54 条第 3 款),提供某人虚假身份的法律证件。

(2) 这些证件只能在法律交易中被使用,前提是为了实现第 1 款所规定的目的。联邦内政部长必须在部署令中确定签发所涉证件的目的及其使用范围。国家安全机构必须记录相关证件在法律交易中的任何使用情况,而且如果这些证件被滥用或不再需要用以实现相关目的,则必须予以收回。第 22 条第 1 款第 5 项所规定的、用于向相关人员提供预防性保护的证件,必须由联

---

〔1〕 参见联合国毒品和犯罪问题办公室发布的《打击有组织犯罪示范立法条文》(2021 年版)。

邦内政部长在规定时间内收回。在签发伪装身份之前，联邦内政部长必须向有关人员告知证件的用途并提醒他们如果证件被滥用将会被收回。

（3）在联邦内政部长的要求下，第1款所述机关必须进一步提供虚假的个人身份证件，以准备和支持执行跟踪监视活动（第54条第2款），并用于开展卧底调查行动。国家安全机构的实体单位可在法律交易中使用这些证件来获取和管理设备。第2款适用于确定部署命令和进行记录的义务。

大洋洲国家控制下交付立法

一、澳大利亚《1914 年犯罪法》[1]

第 15GD 条　控制下行动和重大控制下行动的含义

（1）"控制下行动"系指下列类型的行动：

（a）有执法人员的参与；和

（b）系为获取可能导致因严重的联邦罪行或具有联邦性质的严重州罪行而起诉某人的证据；和

（c）可能使执法人员或其他人员参与除第 15HA 条外构成联邦犯罪或违反州或地区法律的行为；

（2）重大控制下行动系指有可能导致出现以下情况的控制下行动：

（a）涉及一名或多名卧底执法人员打入有组织犯罪集团达 7 天以上；或

（b）持续 3 个月以上；或

（c）行动对象为包括对人类生命构成威胁的可疑犯罪活动。

第 15 GF 条　授权官员等的含义

（1）下列任何人员均为控制下行动的授权官员：

（a）如果所涉行动为重大控制下行动，且对控制下行动所涉犯罪的调查属于澳大利亚联邦警察局的职权范围，则授权官员即为联邦警察局长或副局长；

（b）如果所涉行动并非重大控制下行动，且对控制下行动所涉犯罪的调查属于澳大利亚联邦警察局的职权范围，则授权官员即为澳大利亚联邦警察

---

〔1〕　节选自联合国毒品和犯罪问题办公室《打击有组织犯罪示范立法条文》[2021 年版]。

局的任何授权官员；

（c）如果对控制下行动所涉犯罪的调查属于澳大利亚打击犯罪委员会的职权范围，则授权官员即为澳大利亚打击犯罪委员会的任何授权官员；

（d）如果控制下行动涉及对腐败问题的调查（在2006年《执法廉政专员法》的意义范围内），则授权官员即为澳大利亚执法廉政委员会的任何授权官员。

（2）下列人员为联邦警察局的授权官员：

（a）局长；

（b）副局长；

（c）作为雇员隶属于澳大利亚联邦警察局的高层管理人员，且有局长为本款之目的向其授予的书面授权。

（3）下列人员为打击犯罪委员会的授权官员：

（a）打击犯罪委员会的首席执行官；

（b）受雇隶属于打击犯罪委员会的员工，且有首席执行官为本款之目的向其授予的书面授权。

（4）下列人员为执法廉政委员会的授权官员：

（a）执法廉政委员会专员；

（b）执法廉政委员会助理专员；

（c）受雇隶属于执法廉政委员会的员工，且有委员会主任为本款之目的向其授予的书面授权。

二、新西兰《1978年防止滥用药物（修正）法》

第12条　警察和海关官员的特殊权力

基于侦查等目的允许交付非法进口的管制药物或前体物质：

（1）执行公务的任何海关人员若有合理依据相信任何航空器、包裹、邮件、车辆或货物之中或之上藏匿的管制药物或前体化学品，在违反主法第6（1）（a）条或第12AB条的情况下输入新西兰，为侦查此事，其可以让该管制药物或前体化学品的全部或部分亟须留在航空器、包裹、邮件、车辆或货物之中或之上，也可以对其实施替换，并采取相同的方式，如同在海关的控制下运输。

（a）允许航空器或车辆离开；或者

（b）允许包裹、货物或邮件由收货人接收或交付给收货人或其代表；或者

（ba）允许同意与海关合作的人交付包裹、货物或邮件；或者

（bb）交付包裹、货物或邮件；或者

（c）视情况而定，将包裹、货物或邮件退还给适当的承运人，以便交付给收件人。

（2）行使第 1 款规定的权力的海关官员、执法官员或者运输公司的雇员在履行职责期间根据该款规定对退还给承运人的任何包裹、货物或邮件采取的任何行为（无论其是否知道包裹、货物或邮件中藏匿有管制药物或前体化学品），均不承担任何刑事或民事责任。

第 12D 条 国际控制下交付和犯罪行为的责任

（1）在本条中，国际控制下交付是指允许管制药物或前体化学品（或管制药物或前体化学品的替代物质）通过或进入一个或多个国家的领土：

（a）获得即将通过或进入的国家有关执法机构的同意。

（b）目的是查明参与犯罪的人：

（i）根据主法第 6（1）（a）条或第 12AB 条；或者

（ii）如果是在新西兰境内实施或完成的行为，根据上述任何条款之一将构成犯罪。

（2）第 3 项的规定不影响根据主法第 6（1）（a）条或第 12AB 条或第 12AC 条被指控犯罪的任何人的责任。

（3）根据第（1）（a）条规定达成协议的任何警员、海关官员或相关执法机构的官员，在从事国际控制下交付时：

（a）不因参加该国际控制下交付而触犯主法第 6（1）（a）、12AB、12AC 条规定的罪行；并且

（b）除非其出于恶意，否则不因参加该国际控制下交付而承担任何刑事或民事责任。

三、新西兰《2013 年精神活性物质法》

第 84 条 （精神活性物质的国际控制下交付）

（1）根据第（3）（a）项规定的协议参与国际控制下交付的执法官员、

警察、海关官员或者有关执法机构的执法官员：

（a）根据本法规定参与国际控制下交付不构成犯罪；并且

（b）除非他/她出于恶意，否则参与国际控制下交付不承担民事或刑事责任。

（2）第1项并不对根据本法被指控的任何人的法律责任造成影响；

（3）在本条中，国际控制下交付系指允许精神活性物质通过或者进入一个或者多个国家：

（a）与精神活性物质即将通过或者进入的国家执法机构达成协议。

（b）目的是识别涉案人员：

（i）依据本法所构成的犯罪；或者

（ii）在新西兰领域内实施的行为，依据本法该行为将构成犯罪。

四、新西兰《2018年海关与消费税法》

第265条　第266条和第267条中的定义

在第266条和第267条中，管制物品是指：

（a）令人反感的出版物；或者

（b）设计、制造或改装用于促进实施欺诈犯罪的任何商品；或者

（c）任何烟草。

第266条　控制下交付

（1）如果海关人员相信存在合理依据，可以适用本条的规定：

（a）在任何船舶、包裹、邮件、车辆或货物里面或上面有管制物品。

（b）该管制物品系：

（i）第265条（a）或（b）项所规定的管制物品，且是违反第95条进口的；或者

（ii）输入第265条（c）项所规定的管制物品的，将构成第363条、第364条、第366~368条、第371条规定的任何犯罪。

（2）海关人员为调查此事：

（a）在船舶、包裹、邮件、车辆或货物里面或上面留下管制物品，或用替代物品代替管制物品。

（b）允许执行以下任何行为：

(i) 允许船只或车辆离开；

(ii) 交付包裹、货物或邮件；

(iii) 允许收货人或收货人的代理人收集或交付包裹、货物或邮件；

(iv) 允许同意与海关合作的人交付包裹、货物或邮件；

(v) 将包裹、货物或邮件退还适当的承运人，以便交付给收件人。

(3) 根据本条规定，海关人员对于善意地并在合理谨慎的情况下所做或未做的事情，或声称已做的事情，不承担任何刑事或民事责任。

(4) 第（2）(b)(v) 项所规定的官员或者运输公司的雇员在履行其职责的过程中将包裹、货物、邮件款退还给第（2）(b)(v) 项规定的承运人，不承担任何刑事或民事责任。

第 267 条 国际控制交付

(1) 下列人员参加国际控制下交付活动，在合理谨慎的情况下所做或未做的事情，或声称已做的事情，不承担任何刑事或民事责任。

(a) 警员；

(b) 海关人员；

(c) 根据第（2）(a) 项与之达成协议的有关执法机构的官员。

(2) 在本条中，国际控制下交付是指允许管制物品（或管制物品的替代品）通过或进入一个或多个国家的领土：

(a) 获得即将通过或进入的国家有关执法机构的同意。

(b) 为了辨别参与以下活动的人：

(i) 涉及第 371、388、389、390、391 条规定的管制物品的犯罪；或者

(ii) 如果行为是在新西兰实施的，涉及第 371、388、389、390、391 条规定的管制物品的犯罪；或者

(iii) 设计、制造或改装商品，以便利实施欺诈犯罪。

在新西兰境外走私毒品等。

于 2018 年 10 月 1 日插入《2018 年海事权力扩展法》（2018 年第 38 号）第 4 条。

第 267A 条 在新西兰境外打击走私毒品的权力

(1) 附表 5A 包含在新西兰境外打击走私毒品的权力。

(2) 附表 5A 的目的是进一步实施以下措施（与打击海上麻醉药品和精

神药物的非法贩运有关）：

（a）《联合国海洋法公约》第 108 条；

（b）《联合国禁止非法贩运麻醉药品和精神药物公约》第 17 条。

第 267A 条于 2018 年 10 月 1 日插入《2018 年海事权力扩展法》（2018 年第 38 号）第 4 条。

五、瓦努阿图《2005 年打击恐怖主义与跨国有组织犯罪法》

第 46 条　财产的控制下交付

（1）获授权官员有合理根据认为行为人已经实施、正在实施或者即将实施本法所规定的犯罪，可以适用本条规定。

（2）在有合理根据相信财产已经被用于、正在被用于或者即将被用于实施本法所规定的犯罪时，获授权官员可以允许财产进入、离开或者在瓦努阿图境内移动，其目的是收集证据以发现行为人或者是有利于促进对犯罪的检控。

（3）获授权官员如果依据本法实施下列行为不会构成犯罪：

（a）获授权官员依据本法对涉嫌犯罪开展侦查；并且

（b）获授权官员合理怀疑涉案财产，已经、正在或者可能被用于实施本法所确定的犯罪；

（c）为了侦查的目的，获授权官员可以不采取行动，而在其他情况下依据本法则应当被要求采取行动。

六、图瓦卢《2009 年打击恐怖主义与跨国有组织犯罪法》

第 33 条　财产的控制下交付

（1）获授权官员有合理根据认为行为人已经实施、正在实施或者即将实施本法所规定的犯罪，可以适用本条规定。

（2）在有合理根据相信财产已经被用于、正在被用于或者即将被用于实施本法所规定的犯罪时，获授权官员可以允许财产进入、离开或者在图瓦卢境内移动，其目的是收集证据以发现行为人或者是有利于促进对犯罪的检控。

（3）获授权官员如果依据本法实施下列行为不会构成犯罪：

（a）获授权官员依据本法对涉嫌犯罪开展侦查；并且

（b）获授权官员合理怀疑涉案财产，已经、正在或者可能被用于实施本法所确定的犯罪；

（c）为了侦查之目的，获授权官员可以不采取行动，而在其他情况下依据本法则应当被要求采取行动。

七、汤加《2003 年非法药物控制法》

第 2 条（释义）

控制下交付是指第 11 条所规定的侦查技术，其目的是收集证据以识别参与其中的任何犯罪人或者为起诉该项犯罪提供便利。

第 11 条（控制下交付）

（1）如果警佐或以上警衔的警官或警察局的局长出于合理理由怀疑任何人已经实施、正在实施或将要实施本法所规定的犯罪，其可以书面批准：

（a）执行控制下交付；并且

（b）指定人员执行或参与控制下交付。

（2）即使有任何相反的法律规定，但在控制下交付的过程中以及为实现控制下交付的目的而可能进行的活动包括：

（a）允许任何船只或车辆进入、离开汤加或者通过汤加过境。

（b）允许任何物品交付：

（i）航空器或车辆里面或上面的非法药物、管制化学药品或管制设备；或者

（ii）涉嫌直接或间接实施本法规定的任何犯罪所获得的财产，为调查此事，该官员可以让非法药物、管制化学药品或管制设备原封不动或者更换该非法药物、管制化学药品或管制设备的任何部分。

（c）在进入和搜查航空器或车辆的情况下允许使用合理的武力。

（d）在航空器或车辆上放置追踪装置。

（e）允许任何持有、保管或控制非法药物、管制化学药品或管制设备的人进入、离开或通过汤加国境。

八、汤加《2013 年打击恐怖主义与跨国有组织犯罪法》

第 32 条　财产的控制交付

（1）获授权人员有合理依据相信某人已经实施、正在实施或将要实施本法所规定的犯罪时，可以适用本条规定。

（2）获授权人员有合理依据认为财产已经、正在或者即将被用来实施本法规定的犯罪，为了收集证据以查明行为人或促进指控犯罪，获授权人员可以允许财产进入、运出或穿越汤加。

（3）在下列情况下，获授权人员不会构成本法所规定的犯罪。

（a）获授权人员根据该法侦查可疑罪行；

（b）该项罪行所涉及的财产被获授权人员合理地怀疑已经、正在或可能被用来实施本法所规定的犯罪；或者

（c）为了侦查的目的，获授权人员没有采取行动，否则获授权人员应当根据本法规定采取行动。

九、帕劳《2001 年洗钱和犯罪收益法》

第 24 条　特工行动和控制下交付

为了获取本法所规定的犯罪证据，负责调查洗钱犯罪的官员依照规定的方式执行的行动，尽管已经构成本法所规定的犯罪，但是不得给予惩处。

在实施第 12 条和第 23 条所规定的任何行动之前，应先获得最高法院的授权。监督侦查的官员在申请法院令状时应当以誓章形式向最高法院提交一份详细报告，该报告应该包括允许负责调查洗钱犯罪的官员执行上述行动，包括延迟冻结或没收金钱或任何其他财产，直至侦查结束，并在必要时采取特定措施以保全该财产。但是，如果经过侦查不构成犯罪，冻结货币、资产和财物的期间不得超过 3 个月。

十、纽埃岛《2006 年打击恐怖主义与跨国有组织犯罪法》

第 26 条　财产的控制下交付

（1）获授权官员有合理根据认为行为人已经实施、正在实施或者即将实施本法所规定的犯罪。

（2）在有合理根据相信财产已经被用于、正在被用于或者将被用于实施本法所规定的犯罪时，获授权官员可以允许财产进入、离开纽埃岛或者在纽埃岛境内移动，其目的是收集证据以发现行为人或者是有利于促进对犯罪的检控。

（3）获授权官员如果依据本法实施下列行为，不会构成犯罪：

（a）获授权官员依据本法对涉嫌犯罪开展侦查；并且

（b）获授权官员合理怀疑涉案财产已经、正在或者可能被用于实施本法所确定的犯罪；

（c）为了侦查之目的，获授权官员可以不采取行动，而在其他情况下依据本法则应当被要求采取行动。

十一、瑙鲁《2004 年非法药物管制法》

第 3 条　定义

（v）"控制下交付"，是指第 17 条所描述的侦查技术，经过高等衔级的警察或海关官员的批准，允许货物中非法或可疑的非法药物、管制化学品或管制设备进入、离开或过境瑙鲁，其目的是收集证据以识别涉案的任何人员，或者促进对该罪行的起诉。

第 17 条　控制下交付

（1）警察局长或者在警察局长缺席的情况下由部长授权的任何人员如果有合理依据怀疑任何人已经实施，正在实施或将要实施本法所规定的罪行，其可就以下事项给予书面批准：

（a）执行控制下交付；和

（b）指定执行或参与控制下交付的人。

（2）即使存在任何相反的法律规定，但是在控制下交付过程中以及为实现控制下交付目的而可能进行的活动包括：

（a）允许任何船舶、车辆或其他运输工具或交通工具进入、离开或过境瑙鲁。

（b）允许：

（i）在车辆、船舶或者其他运输工具或交通工具的上面或里面交付任何非法药物、管制化学品或管制设备；

（ii）交付任何怀疑直接或间接源自违反本法或任何其他法律的犯罪的财产。

（c）移出或替换该非法药物或管制化学药品的任何部分；

（d）在合理情况下使用适当的武力进入和搜查船只、车辆或其他运输工具或交通工具；

（e）在船只、车辆或其他运输工具或其他交通工具上放置追踪装置；

（f）允许持有、保管或控制非法药物、管制化学品或管制设备的任何人进入、离开或通过瑙鲁。

十二、库克群岛《2004 年打击恐怖主义法》

第 31 条　财产的控制下交付

警佐或以上警衔的警官或者警察局的局长基于合理理由怀疑任何人已经实施、正在实施或将要实施本法所规定的犯罪，可以书面批准执行控制下交付，并且指定人员执行或参与控制下交付。

十三、基里巴斯《2005 年打击恐怖主义与跨国有组织犯罪措施法》

第 57 条　控制下交付

（1）获授权官员有合理根据认为行为人已经实施、正在实施或者即将实施本法所规定的犯罪。

（2）在有合理根据相信财产已经被用于、正在被用于或者将被用于实施本法所规定的犯罪时，获授权官员可以允许财产进入、离开或者在基里巴斯境内移动，其目的是收集证据以发现行为人或者是有利于促进对犯罪的检控。

（3）获授权官员如果依据本法实施下列行为不会构成犯罪：

（a）获授权官员依据本法对涉嫌犯罪开展侦查；并且

（b）获授权官员合理怀疑涉案财产已经、正在或者可能被用于实施本法所确定的犯罪；

（c）为了侦查之目的，获授权官员可以不采取行动，而在其他情况下依据本法则应当被要求采取行动。

其中，"授获权官员"系指：①警察局长；②为实现本法之目的由警察局长授权的警官；③为实现本法之目的由检察长长授权的任何人。

十四、斐济《2004 年非法药物管制法》

第 14 条　控制下交付

（1）如果督察或以上警衔的警官有合理理由怀疑任何人已经实施、正在实施或者将要实施本法所规定的犯罪，或高级职位以上的海关官员有合理理由怀疑任何人已经实施、正在实施或者将要实施本法第 4 条所规定的犯罪，可以授权运输非法药物、管制化学物质、管制设备或者系怀疑直接或间接通过实施违反本法的行为所获得的财产（以下称为"控制下交付"）。

（2）尽管有其他成文法的规定，但是对控制下交付的授权包括以下各项：

（a）允许进行控制下交付的任何船只、车辆或人员到达、离开或经过斐济群岛；

（b）强制和秘密进入任何船舶或车辆以及任何藏匿属于可以被控制下交付的物品的处所，其目的是全部或部分替换这些物品，或在其上放置跟踪装置；

（3）根据前第（2）（b）款放置跟踪装置不需要第 13 条规定的许可证。

非洲国家控制下交付立法

一、阿尔及利亚《预防与打击腐败法》

第2条 定义

（K）控制下交付：该方法是指在主管当局的知情和控制下，允许非法或可疑货物入境、通行、出境，以期侦查犯罪并查明实施犯罪的人员。

第56条 特殊侦查手段

为了促进收集本法所规定的犯罪行为的证据，在获得主管法院授权的情况下，通过适当的方式可以适用控制下交付、电子监视或者渗透等其他特殊侦查手段，通过这些技术收集证据必须遵守现行的法律和法规。

二、阿尔及利亚《打击走私条例》

第40条 控制下交付

获得共和国主管检察官授权以后，在有权打击走私的当局的知情和监督下，允许非法或可疑货物移动或者进入、通过或离开阿尔及利亚国家，其目的是力图打击走私犯罪活动。

三、安哥拉《打击麻醉药品、精神药物和前体贩运和消费法》

第41条 控制下交付

1. 经检察官办公室的检察官逐案批准，刑事侦查警察或海关当局可以对过境安哥拉的麻醉药品或精神药物的持有人不采取行动，其目的是与货物的接收国或者可能的过境国加强合作，尽可能查明和起诉参与各种贩运和分销活动的人员，但是不得妨碍对根据安哥拉的法律犯有刑事罪行的那些人提起刑事诉讼。

2. 只有在目的地国提出请求时，才能予以授权，前提条件是：

（1）贩运者可能的运输路线和身份资料足够详细；

（2）目的地国和过境地国的主管当局保障不得发生泄漏或遗失的风险；

（3）由目的地国或过境地国主管当局确保执行刑事诉讼程序，并对犯罪人给予适当的刑事处罚；

（4）目的地国或过境地国的主管当局要通报行动结果的详细信息和每一个特工所采取的打击犯罪的行动细节，特别是在安哥拉采取行动的时候就更应如此。

3. 尽管上述授权已获得批准，但是如果安全边际显著降低，一旦行程发生意外变化或任何其他情况使以后的物质扣押和抓获被告变得困难，刑事侦查警察应当进行干预。

4. 如果第 1 款所述的干预措施没有提前通知授权机构，就应当在 24 小时内向授权机构提交书面报告。

5. 如果目的地国或过境地国未能遵守应当承担的义务，则未来的申请可能会遭到拒绝。

6. 刑事侦查警察通过国际刑警组织国家中心局进行国际联络。

7. 控制下交付的命令应由检察官办公室递交给刑事侦查警察或共和国省检察官。

四、博茨瓦纳《2018 年打击非法贩运麻醉药品和精神药物法》

第 24 条　控制下交付

（1）如果指定的执法人员有合理理由怀疑任何人已经实施、正在实施或将要实施本法规定的罪行，他或她可就以下事项给予书面批准：

（a）执行控制下交付；并且

（b）指定人员执行或参与控制下交付。

（2）即使有任何法律作出相反的规定，但是在控制下交付的过程中以及为实现控制下交付目的而可能进行的活动包括：

（a）允许任何飞机或车辆进入、离开或通过博茨瓦纳国境。

(b) 允许交付下列任何物品：

(i) 飞机或车辆之内或之上的非法物质、管制化学物质或管制设备；或

(ii) 涉嫌直接或间接涉及本法规定的任何犯罪的可疑财产。

为调查此事，该官员可以让该非法物质、管制化学物质或管制设备原封不动地继续运送或更换其中的任何部分。

(c) 在合理的情况下使用武力进入和搜查船只或车辆。

(d) 在飞机或车辆上放置跟踪装置。

(e) 允许持有、保管或控制非法物质、管制化学物质或管制设备的任何人进入、离开或通过博茨瓦纳国境。

五、莱索托《2008 年反毒品滥用法》

第 3 条 （释义）

控制下交付，是指一种侦查技术，即在获得授权的官员的监督下，允许非法或可疑货物中被滥用的毒品、类似物、管制化学品、无毒替代物质、管制设备、管制材料或以及被认为是从任何犯罪间接衍生而来的财产进入、通过或流出莱索托，其目的是收集证据以识别涉嫌实施严重罪行的任何人，或促进对该罪行的起诉。

第 71 条 特工行动与控制下交付

（1） 如果检察长或者警司衔级以上警官有合理根据怀疑任何人已经实施、将要实施违反本法的犯罪行为，他/她可以书面批准：

(a) 实施控制下交付；并且

(b) 指定行为人或者一定衔级的行为人实施或者参与控制下交付。

（2） 尽管其他法律有相反之规定，但是为了实施控制下交付，在行为实施的过程中可以实施下列行为：

(a) 允许任何车辆、船舶、航空器或者其他交通工具进入或者离开莱索托。

(b) 允许任何下列物品进入或者离开莱索托或者在莱索托领域内被交付或者被收集。

(i) 装载于船舶、车辆、航空器或者其他交通工具中的被滥用的毒品及类似物质、管制化学药品、管制装备或者物质或者其他物质；

（ii）通过犯罪获得的财产或者间接来源于犯罪的财物。

（c）警察进入并且搜查车辆、船舶、航空器或者其他形式的交通工具必须在当时的情景下具有合理性。

（d）在车辆、船舶、航空器或者其他形式的交通工具上安装追踪装置。

（e）允许任何人进入或者离开莱索托，虽然该行为人持有或者保管毒品及其类似物、管制化学药物、管制装备或者物质或者其他物质。

（3）如果检察长或者警司衔级以上警官有合理根据怀疑行为人已经实施、将要实施本法所规定的犯罪，他/她可以书面批准：

（a）实施特定期间范围内的特工行动；并且

（b）指定行为人或者一定级别的行为人执行或者参加特工行动，其目的是在莱索托或者其他地方收集犯罪之证据。

（4）不得给予授权，除非检察长或者警司衔级以上的警官：

（a）有合理根据怀疑行为人（无论其身份是否查明）已经实施、正在实施或者将要实施本法所规定的犯罪。

（b）被提议的特工行动在合理根据的基础上符合：

（i）被设计为向犯罪嫌疑人提供机会，以便使其暴露或者获取犯罪证据；并且

（ii）不会引发过度的风险，导致没有涉嫌犯罪活动的行为人被引诱去实施犯罪活动，而其原本并没有这样的意图。

（5）检察长或者警司衔级以上的警官可以根据本条第3项给予或续展批准的期间，每次不得超过3个月。

（6）检察长或者警司衔级以上的警官应当在14天内给予或者续展授权，将批准或者续展授权的文件复印件提交给司法部长。

（7）在获准实施特工行动或者控制下交付的过程中，被滥用的任何毒品、类似物、管制化学品、装备或者材料或者其他物质被输入莱索托，均应被视作海关法所规定的"禁止进口"予以处理，虽然从本法的正当执法目的来看不会如此。

（8）即使存在其他法律规定，在特工行动中或者控制下交付中获得授权的参与人员依据批准的条件参与活动将不会导致承担刑事责任的后果，非本项规定的行为人实施上述行为将构成犯罪。

（9）假设第4项（a）目、（b）目所规定的条件在当时已经生效，并且

特工行动或者控制下交付行动的参与者的行为符合该条件，那么本条第 8 项的规定具有溯及力。

六、利比里亚《2012 年司法协助法》

第 9.9 条　外国提出收集证据的请求

（3）（侦查技术）：在互惠的基础上，司法部可以批准在利比里亚境内适当使用控制下交付的特殊侦查手段和其他特殊侦查手段，例如电子或其他形式的监视和特工行动，并允许法院采纳根据既定证据规则所获得的证据。

七、马达加斯加《关于与犯罪收益有关的洗钱、追查、没收和国际合作的法律》

第 26 条　特工行动和控制下交付

为了获得本法所规定的犯罪证据，有权调查上游犯罪和洗钱犯罪的官员可以实施下列条款规定的行为，尽管该行为可以被视为构成第 30、31、34 条所规定的犯罪要件，但是不得予以惩处。

在实施前款所规定的任何行为之前，应当事先获得检察官的授权。行动完成后，应当将一份详细报告提交给该检察官。当局可应调查上游犯罪和洗钱罪行的官员执行该行动的申请，在依据事实的基础上作出裁决，推迟冻结或没收现金或任何其他财产或利益，直至调查结束。如有必要，可以采取特殊的措施以确保其能够被安全保存。

八、毛里求斯《2000 年危险药物法》

第 55 条　控制下交付

（1）针对正在被运输的藏匿有危险药品的可疑货物，其目的是实施本法所规定的犯罪，不低于警司职级的警务人员可授权其通过或进入毛里求斯，以查明实施该犯罪的人。

（2）警务人员如果认为适当，可安排将货物合法地拦截并允许其原封不动地或在没收其中所藏匿的危险药物之后继续运送，也可指示用危险药物以外的其他物质进行代替。

（3）被指控犯有第 30 条所规定的犯罪或串谋实施第 30 条所规定的犯罪

的任何人不得对行使本条所规定的任何权力进行抗辩。

九、塞拉利昂《2008 年国家禁毒法》

第 1 条　释义

控制下交付系指一种侦查手段，允许货物中非法或者可疑的毒品、类似物、化学药品、无害的替代物质、管制设备或者管制材料或者直接或者间接来源于任何犯罪的财产在被授权人员的监视下进入、通过或者运出塞拉利昂，其目的是收集行为人实施严重犯罪的证据，或者是有利于对该犯罪的控诉。

第 35 条　特工行动与控制下交付

（1）如果禁毒执法局局长或者助理总警监以上衔级的警官有合理根据怀疑任何人已经实施或者将要实施本法所规定的犯罪，其可以书面批准：

（a）实施控制下交付；并且

（b）指定行为人或者一定衔级的行为人执行或者参与控制下交付。

（2）虽然其他法律有相反之规定，为了实施控制下交付在行为实施的过程中可以实施下列行为：

（a）允许车辆、船舶、航空器或者其他交通工具进入或者离开塞拉利昂。

（b）允许任何：

（i）装载于车辆、船舶、航空器或者其他交通工具中的毒品、类似物、管制化学药品、管制设备或者材料或者其他物质；或者

（ii）直接或者间接来源于任何犯罪的财产进入或者离开塞拉利昂，或者在塞拉利昂境内被交付或者被收集。

（c）在车辆、船舶、管口或者其他形式的交通工具安装追踪器。

（d）允许持有或者保管毒品、类似物、管制化学药品、管制设备或者物质或者其他物质的任何人员进入或者离开塞拉利昂。

（3）如果禁毒执法局长或者助理总警监以及拥有相应衔级的警官有合理根据怀疑行为人已经实施或者将要实施本法所规定的犯罪，其可以书面形式批准：

（a）在指定期间内执行特工行动；并且

（b）指定行为人或者一定级别的行为人执行、参加特工行动，其目的是在塞拉利昂境内或者其他地方收集犯罪证据。

（4）不得授权批准，除非禁毒执法局长或者助理总警监以及拥有相应衔级的警官：

（a）有合理根据怀疑行为人已经实施、正在实施或者将要实施本法所规定的犯罪。

（b）被提议的特工行动须在有合理根据的基础上满足：

（i）被适当设计为向犯罪嫌疑人提供机会，以便使其暴露或者获取犯罪证据；并且

（ii）不会引发过度风险，导致没有涉嫌犯罪活动的行为人被引诱去实施犯罪活动，而其原本并无犯罪意图。

（5）禁毒执法局长或者助理总警监以及拥有相应衔级的警官可以根据本条第3项续展批准的期间，每次不得超过6个月；

（6）禁毒执法局长或者助理总警监以及拥有相应衔级的警官可以根据本条第3项续展批准的期间，应当在批准或者延展授权的28天内，将批准或者续展的文件复印件提交给总检察长。

（7）在获准实施特工行动或者控制下交付的过程中，当从本法的正当执法目的来看不再需要时，任何输入塞拉利昂的毒品、类似物、管制化学药品、管制设备、管制物质或者其他物质都将被视作海关法所规定的"禁止进口"予以处理。

（8）即使存在相反的任何法律，但依据批准的条件，获得授权的参与人员执行特工行动或者控制下交付行动，不会因此承担刑事责任。

十、塞舌尔《2016 年防止毒品滥用法》

第2条　释义

控制下交付是指在塞舌尔国家禁毒局或警察的知情和监督下，允许藏匿在货物中的非法或可疑的管制药品或可以扣押的物品进入、通过、运出塞舌尔，或者在塞舌尔的领域内运输，其目的是侦查和查明实施了本法所规定的罪行的人。

第34条　控制下交付

（1）依据本条规定获得授权的控制下交付并不违反本法。

（2）控制下交付可以由警察局局长、国家禁毒局局长或者获得警察局局

长、国家禁毒局局长授权的人员通过书面形式批准。

（3）可以无限制地授权实施控制下交付，也可以有条件地授权实施控制下交付，包括用其他物品全部或者部分代替货物中的管制毒品。

（4）不得授权实施控制下交付，除非授权人员有合理依据认为下列条件已经得到满足：

（a）正在实施或者可能实施本法所规定的犯罪；

（b）所实施的犯罪的性质和程度属于严重犯罪是适用控制下交付的理由；

（c）要尽可能地实施有效的控制下交付，要将执行控制下交付中的非法行为降到最低限度；

（d）执行控制下交付要确保最大限度的可能性，控制下交付中的管制毒品或者前体要在行动结束时处于官员的控制之下；

（e）不得以下列方式实施控制下交付：行为人可能被引诱实施犯罪，而其并无实施犯罪的故意，行为人面临被杀害、被伤害或者严重威胁。

十一、坦桑尼亚《2007 年预防与打击腐败法》

第 3 条　释义

控制下交付，系指在有关国家的主管当局知情并由其进行监控的情况下，允许非法或可疑货物运出、通过或运入一国或多国领土的一种做法，其目的在于侦查某项犯罪并辨认参与该项犯罪的人员。

十二、乌干达《2016 年麻醉药品和精神药物（管制）法》

第 81 条　控制下交付

任何警官在日常执行职责的过程中，如果有理由相信车辆、船只、飞机或其他运输工具上的麻醉药品或精神药物系本法第二部分或第三部分所规定的犯罪物品或系可能构成犯罪的物品，或者系本法规定的任何管制化学物品、管制设备或其他物品已经用于或可能用于犯罪，经总检察长同意，基于进一步侦查任何罪行的目的，他（她）可以允许：

（a）车辆、船只、飞机或其他交通工具离开或进入乌干达；

（b）在车辆、船只、飞机上面或里面交付或收集麻醉药品或精神药物、管制化学物品、管制设备或任何其他物品；

（c）在车辆、船只、飞机或其他交通工具上安置追踪装置；或者

（d）持有或保管麻醉药品或精神药物、任何管制化学物品、管制设备或任何其他物品的任何人进入或离开乌干达。

十三、赞比亚《2021 年麻醉药品和精神药物法》

第 2 条　释义

控制下交付，系指一种技术，是指在国家主管当局的监督下，允许藏匿在货物中的非法或可疑的毒品或替代物质离开、通过或进入一国或多国的领土，以期查明参与犯罪的人。

第 55 条　控制下交付

（1）如果毒品执法委员会的主任怀疑某人已经或即将实施本法规定的罪行，其可以书面批准：

（a）执行控制下交付；和

（b）详细列明执行或参与控制下交付的特定人员或类别。

（2）尽管其他成文法律存在不同规定，但是在控制下交付的过程中可能进行的活动包括：

（a）允许任何车辆、船只、飞机或其他交通工具进入或离开共和国。

（b）允许任何：

（i）毒品、类似物、前体化学品、设备或车辆、船只、飞机或其他运输工具之内或之上的材料或其他物品；或者

（ii）赃物进入或离开共和国，或在共和国交付或收取。

（c）使用在当时情况下合理的武力进入和搜查车辆、船只、飞机或其他交通工具。

（d）在车辆、船只、飞机或其他交通工具上放置跟踪装置。

（e）允许持有或保管毒品、类似物、前体化学品、设备或材料或其他物品的任何人进入或离开共和国。

（3）如果毒品执法委员会的主任怀疑某人已经或即将犯下本法规定的罪行，他可书面批准：

（a）在指定期限内进行特工行动；和

（b）为收集与犯罪有关的证据，开展或参与特工行动的特定人员或特定

类别的人员。

（4）毒品执法委员会的主任可以将根据第 3 款批准的期限延长，但是不超过 3 个月。

（5）在经批准的特工行动或控制下交付过程中进口到共和国的毒品、类似物、前体化学品、设备、材料或其他物品，在执行本法不再需要时，应予以处置。

（6）尽管任何其他成文法律存在不同规定，但是获得授权参加特工行动或控制下交付的人员根据批准的条件参与行动的，不会承担刑事责任。

美洲国家控制下交付立法

一、加拿大《管制药物和物质法（警察执法）条例》

第6条

为了实现第11条第1项和第12条规定的目的，在国家主管当局的知情和监督下，针对外国提出申请并且直接从外国获得的物质允许被运出或通过，目的是识别涉嫌实施或共谋实施本法所规定的犯罪或者任何其他议会制定的法律所规定的犯罪。

二、巴西《毒品控制法》

第53条

在对本法规定的有关犯罪提起刑事指控的任何阶段，除法律规定的程序外，经过司法授权并经检察机关听证以后，可以实施以下侦查程序：

1. 为了完成侦查任务，可以由有关特殊机构的警察实施卧底侦查；

2. 在巴西境内运输毒品、化学前体或者为生产毒品而使用的其他物品，为了查明案情并使更多的从事贩运和分销活动的成员承担责任，在不损害正当的刑事诉讼的情况下，警察可以不采取行动。

如果出现本条第2款的情形，只要知道可能的行程和犯罪行为人或雇员的身份，就应当给予授权。

三、巴西《打击有组织犯罪法》

第8条

监控行动是指在对犯罪组织进行观察和监视的情况下，警察或者行政机构迟延干预犯罪组织实施的犯罪行为及其关联行为，以便适时采取法律措施更有效地收集证据和获取情报。

1. 警察或行政部门应当将迟延干预提前通知主管法官，如果迟延干预是适当的，主管法官应酌情设定限制条件并通知检察官办公室。

2. 通信应当秘密发送，不得包含即将被执行的行动信息；为了确保侦查行动的成功，在诉讼程序终结之前，有权访问档案的人员应当仅仅局限于法官、检察官和警察局长；在尽职调查结束时，应当提交一份详细的行动报告。

第9条

如果监控行动跨越边界，那么警察或行政部门的迟延干预唯有在有关国家当局提供合作的情况下才可能执行，必须查明侦查对象的可能路线或目的地，以减少侦查对象逃亡、犯罪物品和工具失散、打击犯罪收益减损的风险。

四、《哥伦比亚刑事诉讼法典》[1]

第243条　控制下交付

根据本法典规定的辨别手段，当检察官有充分合理依据推断犯罪嫌疑人或者被告人指挥或者以任何形式参与武器、爆炸物、弹药、假币、依赖性药物运输，或者由卧底警察通知或确认连续进行上述活动的，经由国家总检察长办公室主任或者检察官分委员会主任批准，可以命令对禁止拥有、运输、转让、购买、租赁或者持有的物品实施控制下交付。此处所谓控制下交付，是指在受过特殊培训和训练的司法警察网络的监视之下，允许货物在国土内外进行运输。

在上述情形下，严禁卧底煽动犯罪嫌疑人或者被告人实施犯罪。卧底只有权应犯罪嫌疑人或者被告人要求或者指示，由卧底本人亲自或者委托他人促成非法交易的货物实施交付。

同样，涉及来自国外的交易的，检察官有权依据国际司法合作相关规定，命令司法警察进行特别监视。

在控制下交付过程中，可以使用适合的技术手段监控犯罪嫌疑人或者被

〔1〕《世界各国刑事诉讼法》编辑委员会编译：《世界各国刑事诉讼法》（美洲卷），中国检察出版社2016年版，第213页。

告人的，应当使用该技术手段。

无论如何，一旦控制下交付的行为结束，控制下交付的结果，特别是其证据材料及物证，应当立即在 36 小时内由监督法官复查，以便验证其形式和实质的合法性。

五、秘鲁《打击非法贩运毒品法》

第 28 条

为了尽可能获取提起刑事指控所需要的必要证据，或者出于其他目的，国家检察机构的代表可以授权特殊机构采取"控制下交付"与"卧底特工"技术对非法毒品贩运实施控制，并且对他们的执行加以监督，建议的目标一旦达成，便应命令他们结束行动。

如果在审判期间，上述手段有适用的必要，有关司法机关可以批准相关授权。这些手段的国际执行应当按照秘鲁签署的公约的规定执行。

第 29 条

为了实现本法令之目的：

控制下交付系指一种特殊技术，由国家检察机构在适当保密的情况下给予授权，由警察机构按照规定筹划，借此对被确认的或者被推定的处于运输中的毒品进行一定期间的秘密监视与控制，其目的是查明案情、目的地、直接或者间接涉案的人员，以及相关的犯罪组织。

卧底特工技术系指一种特殊手段，由国家检察机构或者有管辖权的机构在适当保密的情况下授权，由警察机构按照规定筹划，借此特工隐匿其身份潜入非法贩运毒品的组织，其目的是查明它的结构、领导者与成员、来源、作案手法及与其有关联的犯罪组织。

第 30 条

如果国家警察机构人员参与了行动、侦查活动或者作出了与非法毒品贩运相关联的陈述，或者参与了本法第 28 条所规定的侦查活动，那么主管刑事法院或者法官应当裁定其不得作为证人出席法庭，如果其与国家检察机构已经参与的诉讼有关联，必须确保该诉讼中证据的质量。

六、《秘鲁刑事诉讼法典》[1]

第340条　涉案财产控制下的流通和交付

1. 检察官可以授权对涉案财产在控制下进行流通和交付。应当通过法令授权实施该措施，并尽可能明确地规定授权或者控制下的交付对象，以及涉案财产的性质。该措施还应当考虑与案件重要性和监管可能性相关的调查目的的需要。作出授权的检察官应当将该法令的副本寄发至国家检察长办公室，以秘密存档记录该授权。

2. 所谓控制下的流通或者交付，是指在监管下允许非法或者可疑财产在国境内流通或者进出国境，免受当局或者其办事人员干预的一种措施，以便发现或者识别涉案人员，同时向外国当局开展的相同活动提供协助。控制下交付的申请应当根据具体情况而定，涉及跨国的，应当遵守国际协定的规定。

3. 含有涉案财产的可疑邮件的截获和开启，以及之后根据情况替换涉案财产的，均应当遵守本法典第226条和之后诸条的规定。邮件的处理和初步开启，在直到初步审理结束前，应当保密。根据情况，通过预审法官授权，可以延长至预审开始后15日内。

4. 成为该特别措施对象的涉案财产包括：

（1）毒药、麻醉药品或者其他精神药物，以及其他违禁物质；

（2）用于制作上述物品的原料或者物资；

（3）第27765号法提及的财产和收益；

（4）涉及海关犯罪的财产；

（5）《刑法典》第228条、第230条、第308条、第309条、第252~255条、第257条、第279条和第279A条提及的财产、材料、物品和物种。

第341条　秘密调查人员

1. 在涉及有组织犯罪活动的初步审理过程中发现存在犯案迹象时，检察官考虑到调查目的的需要，可以通过法令授权国家警察以虚假身份开展调查活动，获得和运输犯罪物品、商品和工具以及延迟扣押。虚假身份由国家警

---

〔1〕《世界各国刑事诉讼法》编辑委员会编译：《世界各国刑事诉讼法》（欧洲卷·上），中国检察出版社2016年版，第148、179~180页。

察总局提供，具有 6 个月的有效期。如果需要使用虚假身份的情况依然存在，检察官可以命令相同时长的续期，以便该办案人员有适当资格开展所有与具体调查相关的事宜，并在此身份下参与司法和社会活动。为开展调查，必要时可以制作、更换和使用相应的身份证明。

2. 指定秘密调查人员的法令应当标明警察成员的真实姓名和具体办案的虚假身份。该裁决具有机密性，并通过相应的安全措施独立于诉讼活动之外。该法令的副本寄发至国家检察长办公室。国家检察长办公室在同样的安全措施下进行秘密存档记录。

3. 该秘密调查人员在获得信息后应当尽快告知检察官及其上级，完整提交信息，并由拥有管辖权的机构作出相应评估。同样，该信息只有在对澄清案情提供必要支持时，才能运用于其他案件。

4. 调查完成后，可以隐瞒秘密调查人员的身份。同样，只要通过理由充分的司法裁决，证明身份暴露后会危及秘密办案人员或者其他人的生命、身体完整或者自由，或者证明具有继续使用该秘密身份的可能性，则可以在案件中继续隐瞒身份。

5. 调查活动影响到基本权利的行使时，应该向预审法官申请符合宪法、法律和其他应当适用的法律规定的授权。该程序应当被作为特别机密。

6. 只要秘密调查人员与调查目的维持一致且不构成明显的犯罪故意，则其开展调查的必要活动可以免除刑事责任。

第六编　控制下交付

第 550 条　向外国控制下交付的规定

1. 案件发生地的省级检察官会同国家检察长办公室审议外国相关机关提出的合理申请后，可以授权进行控制下交付，以便发现性质为国际犯罪或者跨国犯罪的涉案人员并对其提起刑事诉讼。

2. 控制下交付应当通过决定作出，并留存档，通知外国中央机关，或者出于紧急原因通知负责调查的外国机关。

3. 上述决定可以将规定已同意的控制下交付非法所得予以截留，也可以经授权继续采取行动。决定也可以对授权内容全部或者部分进行变更。

4. 控制下交付的一切程序均由审计检察官监督，警察需积极参与。

第 551 条 控制下交付和对国家管辖权的保护

1. 对于控制下交付涉案财产的授权，仅就单独个案作出。

2. 在秘鲁本国发生的属于司法合作的费用由检察院承担。但国家检察长办公室有权就此与相关方面达成特别协议。

3. 国家检察长办公室确保国家的司法管辖权不会受到不当限制。

第 552 条 国家检察长办公室的职能

1. 国家检察长办公室会同外国有关机关制定双方共同同意的控制下交付流程。

2. 同样，若控制下交付流程取得正面结果，由国家检察长办公室在尊重本国现行法律的前提下，制定检察院在本国范围内推进刑事诉讼的权限。

第 553 条 授权实施控制下交付

1. 调查本法典第 340 条所列案件的检察官会同国家检察长办公室，可以授权向外国相关机关申请实施控制下交付。

2. 在紧急情况下，可以使用与被请求国中央机关的直接通信渠道，或者在被请求国中央机关的授权下，立即与负责执行合作要求的机关直接取得联系。

七、特立尼达和多巴哥《武器法》

第 2 条 释义

（1）在本法中：

控制下交付系指一种技术，是指在主管当局的知情和监视下，允许非法或者可疑货物中的武器、弹药以及其他有关材料运出、通过或者运入一国或者多国领土，其目的是查明涉嫌实施了本法所规定的犯罪行为的人。

第 35 条 控制下交付

法庭应当采纳通过控制下交付所获取的证据。

八、阿根廷《第 27319 号法律——调查、预防和打击复杂犯罪——工具和权力》[1]

第 3 条

卧底特工是指经授权的安全部队中的任何高素质警官，他们同意并隐藏自己的身份，潜入或打入犯罪组织或犯罪团伙，目的是查明或拘留主要犯罪者、参与者或从犯，以防止犯罪完成，或在司法授权下收集调查工作所需的信息和证据。

第 4 条

一旦法官依其职权或应检察院的要求下令采取此种卧底行动，则其任命和必要保护措施将由安全部门负责，并由司法部门进行控制。国家安全部将负责遴选和培训履行这些职能的人员。被指定执行此种任务的安全部队或警察部队成员不得有犯罪记录。

第 15 条

法官依其职权或应检察官办公室的要求，在单方听证会上，如果认为立即执行上述措施可能会影响所涉调查活动的成功，则可授权推迟对人员进行拘留或对财产进行扣押。

法官甚至可以下令暂停在阿根廷境内拦截非法货物，允许其运入、运经或运离本国领土，而不受主管当局的干预，但处于其控制和监视下，以确定案件参与者的身份，收集调查所需的信息和定罪要素，其前提条件是能够确定相关调查活动随后将由目的国司法当局进行监视。这一措施必须在知情议定后下达执行。

第 16 条

如果调查活动危及人员的生命或人身或随后会危及对犯罪参与人的逮捕，则法官可随时命令暂停控制下交付，并命令逮捕所涉参与人和扣押与犯罪有关的物件，但同时避免影响以下情形，即如果在运作过程中发生危险，则负责控制下交付的公职人员须适用针对现行犯罪案件所制定的抓捕标准。

---

〔1〕 参见联合国毒品和犯罪问题办公室发布的《打击有组织犯罪示范立法条文》（2021 年版）。

国际示范立法

一、《海关行政互助双边示范协定》[1]

第 12 条

海关当局可以按照第 28 条的相互安排，在其控制下允许将非法或可疑货物运入、通过或移出其各自的国家领土，以调查和打击海关犯罪。如果给予这种许可不在海关部门的权限之内，则该部门应当努力与拥有这种能力的国家主管部门进行合作，否则应将案件移交给那些主管部门。

二、《打击有组织犯罪示范立法条文》（2021 年第 2 版）[2]

第三章 特殊侦查手段、执法合作和联合调查

第 10 条 控制下交付

1. 就本条而言，"控制下交付" 是指在［插入主管当局］的知情和监督下，允许非法或可疑货物运进、运入、运经或运出［插入国家名称］领土的手段，目的是调查和查明本［法/法律/章］适用的犯罪涉案人员。

2. 控制下交付只有在根据本条获得授权的情况下才是合法的。

3. 经执法官员［或检察官］申请，控制下交付可由［插入指定职务的任

---

〔1〕《海关行政互助双边示范协定》(Bilateral Model Agreement on Customs Administrative Mutual Assistance) 由世界海关组织（World Customs Organization）2004 年 6 月制定发布。

〔2〕 联合国毒品和犯罪问题办公室 2021 年发布。

职者或机构，诸如主管执法机构的负责人及其副手、检察官、调查法官或初始调查法官等]（"授权部门"）予以授权。

4. 进行控制下交付的申请可通过［插入提交申请的方式］提出。授权部门必须保留申请和随后根据第6款作出的决定的书面记录。

5. 实施控制下交付的申请必须说明如下各项内容：

（a）关于托运货物及其目的地的所有可用信息；

（b）先前是否就曾该事项提出过申请；以及

（c）［酌情/视需要插入其他要求］。

6. 经对申请进行审查后，授权部门可：

（a）无条件授权进行控制下交付；

（b）授权有条件地进行控制下交付，包括规定对托运货物的类型和范围进行替代；或

（c）否决进行控制下交付的申请。

7. 除非有合理的理由确信如下情形，否则授权部门不得批准申请：

（a）本［法/法律/章］适用的犯罪已经、正在或可能将发生；

（b）涉嫌犯罪活动的性质和严重程度足以证明有合理的理由进行控制下交付；

（c）任何非法活动都将被限制在实现控制下交付的目标所需要的最低限度；

（d）控制下交付的实施方式应能确保在控制下交付结束时，尽最大可能将涉及控制下交付的任何非法货物置于执法官员的控制之下；

（e）控制下交付的实施方式不得使某人很可能被诱使犯下该人本不打算犯下的罪行；以及

（f）控制下交付涉及的任何行为均不会导致任何人死亡或严重受伤，亦不会严重危及任何人的生命、健康或安全。

8. 授权部门如果基于合理理由不再满意第7款所提及的事项，则应当撤销根据第6款授予的授权。

9. 授权部门应当在收到申请人提出的取消请求后，取消根据第6款授予的授权。

10. 执法人员或其他获得授权的人员如果实施根据本条授权的行为，则不应承担该行为所涉及的刑事或民事责任。

11. 授权部门应当每年向［议会/议会委员会/公众］报告根据本条收到的申请数目，以及根据本条批准、拒绝、撤销和取消的授权数目

第 11 条 秘密调查

1. 就本条而言，"秘密调查"是指利用一名或多名执法官员［或经［插入执法机关］授权的其他人员］进行的调查；这些人员在调查本［法/法律/章］适用的罪行过程中，既不披露也不透露其官方职务或其任务。

2. 秘密调查只有在根据本条获得授权的情况下才属合法。

3. 经执法官员［或检察官］申请，［插入指定职位的任职者或机构，诸如主管执法机构的负责人及其副手、检察官、调查法官或初始调查法官］（"授权部门"）可授权进行秘密调查。

4. 进行秘密调查的申请可通过［插入提交申请的方式］提出。授权部门必须保留相关申请以及随后根据第 6 款作出的决定的书面记录。

5. 必须在秘密调查的申请中就如下内容作出说明：

（a）所寻求的授权期限；

（b）先前是否曾就该事项提出过申请；以及

（c）［酌情/视需要插入其他要求］。

6. 经对申请进行审查后，授权部门可：

（a）无条件授权进行秘密调查；

（b）授权进行有条件的秘密调查；或

（c）否决进行秘密调查的申请。

7. 除非有合理的理由确信如下情形，否则授权部门不得批准申请：

（a）本［法/法律/章］适用的犯罪已经、正在或可能将发生；

（b）涉嫌犯罪活动的性质和严重程度足以证明有必要进行秘密调查；

（c）任何非法活动都将限于实现秘密调查目标所需要的最低限度；

（d）秘密调查的进行方式不会导致任何人可能被诱使犯下该人本不打算犯的罪行；和

（e）秘密调查中涉及的任何行为不会导致任何人死亡或严重受伤，也不会严重危及任何人的生命、健康或安全。

8. 授权中必须规定授权秘密调查的期限，在任何情况下，此种期限都不得超过［插入适用期限］。授权可根据申请予以延长。

9. 授权部门如果基于合理理由不再满意第 7 款所提及的事项，则应当撤销根据第 6 款授予的授权。

10. 授权部门应在收到申请人提出的取消请求后，取消根据第 6 款批准的授权。

11. 执法人员或其他被授权人员如果实施根据本条授权的行为，则不应承担该行为的刑事或民事责任。

12. 授权部门应当每年向［议会/议会委员会/公众］报告根据本条收到的申请数目，以及根据本条批准、拒绝、撤销和取消的授权数目。

第 12 条 伪装身份

1. 就本条而言，"伪装身份"是指执法人员［或经［插入执法机构或司法机关］授权的其他人］为调查本［法/法律/章］适用的犯罪而设定、获取和/或使用的虚假或假扮身份，用以与他人建立联系并建立信任关系或打入犯罪网络。

2. 只有在根据本条获得授权的情况下，设定、获取和使用虚假身份才是合法的。

3. 经执法官员［或检察官］申请，可由［插入指定职位的任职者或机构，诸如主管执法机构的负责人及其副手、检察官、调查法官或初始调查法官等］（"授权部门"）授权设定、获取和使用伪装身份。

4. 设定、获取和使用伪装身份的申请可通过［插入提交申请的方式］提交。授权部门须保留所涉申请以及随后根据第 6 款作出的决定的书面记录。

5. 设定、获取和使用伪装身份的申请中须就如下内容作出说明：

（a）拟假扮的身份的详细信息；

（b）所申请的授权期限；

（c）先前是否曾就所涉事项提出过申请；以及

（d）［酌情/视需要插入其他要求］。

6. 经对申请进行审查后，授权部门可：

（a）无条件授权设定、获取和使用伪装身份；

（b）有条件地授权设定、获取和使用伪装身份；或

（c）否决设定、获取和使用伪装身份的申请。

7. 除非有如下合理理由，否则授权部门不得批准申请：

（a）本［法/法律/章］适用的犯罪已经、正在或可能发生；

（b）涉嫌犯罪活动的性质和严重程度足以证明有必要使用伪装身份；

（c）伪装身份的使用方式不会导致一个人可能被诱使犯下该人本不打算犯的罪行；和

（d）使用伪装身份所涉及的任何行为不会导致任何人死亡或严重受伤，也不会严重危及任何人的生命、健康或安全。

8. 授权书必须规定授权设定、获取和使用伪装身份的期限，并规定在任何情况下，这一期限均不得超过［插入适用期限］。授权可根据申请予以延长。

9. 授权部门如果基于合理理由不再满意第 7 款所提及的事项，则应当撤销根据第 6 款授予的授权。

10. 授权部门应在收到申请人提出的取消请求后，取消根据第 6 款批准的授权。

11. 根据授权设定、获取或使用伪装身份的人员可请求相关官员或机构提供协助，以获取伪装身份的证据，包括根据本条获得批准的身份和其他证明文件。尽管有其他法律，但官员或机构可应依据本条提出的请求，设定或提供伪装身份的证明文件。

12. 执法人员或其他获得授权的人员如果实施根据本条授权的行为，则不应承担该行为所涉及的刑事或民事责任。

13. 授权部门应当每年向［议会/议会委员会/公众］报告根据本条收到的申请数目，以及根据本条批准、拒绝、撤销和取消的授权数目。

第 13 条　对人员的监视

1. 就本条而言，"对人员的监视"是指执法人员为了调查本［法/法律/章］所适用的、已经、正在或可能实施的犯罪而对人员进行的观察。

2. 只有在根据本条授权的情况下，对人员的监视才是合法的。

3. 根据执法官员［或检察官］申请，［插入指定职位的任职者或机构，诸如主管执法机构的负责人及其副手、检察官、调查法官或初始调查法官等］（"授权部门"）可授权对人员进行监视。

4. 可通过［插入提交申请的方式］申请对人员进行监视。授权部门必须保留申请以及随后根据第 6 款作出的决定的书面记录。

5. 对人员进行监视的授权申请必须就以下内容作出说明：

（a）所寻求的授权期限；

（b）先前是否曾就该事项提出过申请；以及

（c）［酌情/视需要插入其他要求］。

6. 经对申请进行审查后，授权部门可：

（a）无条件地授权对人员进行监视；

（b）有条件地授权对人员进行监视；或

（c）否决对人员进行监视的申请。

7. 除非有如下合理理由，否则授权部门不得批准对人员进行监视的申请：

（a）本［法/法律/章］适用的犯罪已经、正在或可能发生；

（b）涉嫌犯罪活动的性质和范围足以证明有理由对人员进行监视；和

（c）对人员进行监视所涉及的任何行为均不会造成任何人的死亡或严重伤害，亦不会严重危及任何人的生命、健康或安全。

8. 授权书必须指明授权对人员进行监视的时间段，在任何情况下都不得超过［插入适用期限］。授权可根据申请予以延长。

9. 授权部门如果基于合理理由不再满意第 7 款所提及的事项，则应当撤销根据第 6 款授予的授权。

10. 授权部门应在收到申请人提出的取消请求后，取消根据第 6 款批准的授权。

11. 执法人员或其他被授权人员如果实施根据本条授权的行为，则不应承担该行为所涉及的刑事或民事责任。

第 14 条　电子监视

1. 就本条而言，"电子监视"是指：

（a）监测、截获、复制或操纵通过电子方式传输的信息、数据或信号；或

（b）通过电子手段对活动进行监测或记录。

以调查本［法/法律/章］所适用的已经、正在或可能发生的犯罪。

2. 进行电子监视只有在根据本条规定获得授权后才是合法的。

3. 根据执法官员［或检察官］申请，［插入指定职位的任职者或机构，诸如主管执法机构的负责人及其副手、检察官、调查法官或初始调查法官等］（"授权部门"）可授权对人员进行电子监视。

4. 可通过［插入提交申请的方式］申请对人员进行电子监视。授权部门必须保留申请以及随后根据第6款作出的决定的书面记录。

5. 对人员进行电子监视的授权申请必须就以下内容作出说明：

（a）寻求授权的电子监视类型；

（b）所申请的授权期限；

（c）预计将收集的信息的性质；

（d）作为监视对象的个人、地点或装置；

（e）为确保个人的隐私和其他人权得到尽可能的保护而采取的措施；

（f）此前是否曾就该主题提交过申请；以及

（g）［酌情/视需要插入其他要求］。

6. 经对申请进行审查后，授权部门可：

（a）无条件地授权进行电子监视；

（b）有条件地授权进行电子监视；或

（c）否决进行电子监视的申请。

7. 除非有合理的理由确信以下各项，否则授权部门不得批准进行电子监视的申请：

（a）已经、正在或可能实施本［法/法律/章］所适用的犯罪；以及

（b）涉嫌犯罪活动的性质和范围足以证明有理由对人员进行电子监视。

8. 授权书必须指明授权进行电子监视的时间段，在任何情况下都不得超过［插入适用期限］。授权可根据申请予以延长。

9. 授权部门如果基于合理理由不再满意第7款所提及的事项，则应当撤销根据第6款授予的授权。

10. 授权部门应在收到申请人提出的取消请求后，取消根据第6款批准的授权。

11. 执法人员或其他被授权人员如果实施根据本条授权的行为，则不应承担该行为所涉及的刑事或民事责任。

12. 未经［插入执法机构或其他主管当局负责人或其代表姓名］的批准，不得在［插入相关执法机构或其他主管当局名称］以外传播通过电子监视获得的信息。此种批准仅可被用于下列目的：

（a）防止或起诉本［法/法律/章］所适用的罪行；

（b）加强关于预防或起诉［严重］犯罪的国际合作；或

(c) 确保对该机构的活动进行适当监督。

13. ［插入执法机构负责人姓名］必须确保通过本条授权的电子监视所收集的但与预防或起诉本［法/法律/章］适用的罪行无关的信息，在切实可行的情况下尽快予以销毁，最迟不超过授权期满后［6］个月。

14. 授权部门应当每年向［议会/议会委员会/公众］报告根据本条收到的申请数目，以及根据本条批准、拒绝、撤销和取消的授权数目。

第 15 条　国际执法合作

1. 尽管有相关的数据保护和隐私法以及适用于个人数据的其他保密规定，［插入国家执法机构名称］可向外国执法机构或国际或区域执法机构提供有关本［法/法律/章］适用的犯罪的所有方面信息［包括与其他犯罪活动之间的联系］。

2. ［插入国家执法机构名称］可与外国执法机构或国际或区域执法机构在以下方面开展合作：

（a）针对以下方面开展调查：

（i）涉嫌参与本［法/法律/章］适用的犯罪者的身份、行踪和活动，或其他有关人员的所在地点；

（ii）犯罪所得资财或从实施此类犯罪所得财产的去向；

（iii）用于或打算用于实施此类犯罪的财产、设备或其他工具的去向。

（b）为分析或调查目的提供物品、物质、文件或记录。

（c）借调或交换人员，包括派驻联络执法官员或联络法官以及提供专家。

（d）交流有关有组织犯罪集团所使用的具体手段和方法的信息，包括线路和运输工具以及使用虚假身份、篡改或伪造的文件或其他掩盖其活动的手段。

（e）［联合调查］。

（f）证人保护，包括重新安置受保护的证人。

（g）其他行政协助。

3. ［插入国家执法机构名称］可与外国执法机构或国际或区域组织订立协议，以加强执法合作，防止、查明和打击本［法/法律/章］所适用的罪行。］

第 16 条　联合调查

1. 为调查本［法/法律/章］适用的犯罪，［酌情插入相关国家执法机构和

/或检察或司法机关的名称〕可就一个或多个国家的调查〔或起诉或司法程序〕事项，与一个或多个外国执法机构〔或检察或司法机关〕或相关国际或区域执法或司法合作组织缔结关于以下一项或两项的协定或安排：

（a）建立一个联合调查机构；

（b）在个案基础上开展联合调查。

2. 如已达成以上第1款规定的协议或安排，〔插入执法机构或公诉机关或司法机关名称〕可与相关国家、国际或区域执法或司法合作组织展开联合调查

3. 根据本条规定的联合调查在〔插入国家名称〕领土外收集的证据，在司法程序中应予接受，犹如这些证据是在〔插入国家名称〕领土内收集的一样。

三、《打击有组织犯罪示范立法条文》（2012 年版）[1]

第四章 侦查

第13条 控制下交付

1. 为了本条的目的，"控制下交付"系指在〔插入主管机构的名称〕知情和监督的情况下，允许非法或可疑货物〔现金或交易〕在〔插入国家名称〕领土内运送、运出、通过或运入的一种做法，其目的在于侦查并辨认参与这些示范立法规定适用的犯罪的人员。

2. 控制下交付，如果根据本条得到授权，就是合法的。

3. 从事根据本条规定所准行为的人员或其助理人员，不对该行为承担刑事或民事责任。

4. 控制下交付以由下述人员授权：

（a）〔插入拥有指定职位人员，如有关执法机构首长和副手和（或）反腐败机构首长；检察官或调查法官〕

5. 执法人员可以代表执法机构或外国执法机构向授权人申请进行控制下

---

〔1〕 联合国毒品和犯罪问题办公室 2012 年发布。

交付的权限。

6. 外国代理人只有在根据本条第 4 ［（a）］款规定给予授权时，才能进行控制下交付。

7. 申请可以任何手段提出，但每项请求及嗣后决定包括拒绝都应当做书面记录。

8. 申请必须：

（a）提交足够的信息，使授权人能够决定是否批准申请；以及

（b）说明此事是否是先前申请的主题。

9. 授权人可以：

（a）无条件或有条件地授权批准控制下交付，包括替换或部分替换货物；

（b）拒绝申请。

10. 授权人不得批准申请，除非有合理理由确信：

（a）这些示范立法规定适用的犯罪已经、正在或可能实施。

（b）可疑犯罪活动的性质和程度如此这般，因此有正当理由实施控制行动。

（c）进行控制下交付所含的任何非法活动，将限于与进行有效控制下交付相合的最大可能限度。

（d）行动的开展要确保，在最大可能限度上，控制下交付所涉任何非法物品，在控制下交付结束时，受执法人员的控制。

（e）控制下交付不要以可能诱使人实施其本来无意实施的犯罪的方式进行。

（f）控制下交付所涉任何行为不要：

（i）严重危及任何人员的健康或安全；

（ii）造成任何人员死亡或重伤。

11. ［插入有关人员/指定机构或有关部委首长等］每年向［议会／议会委员会/公众］报告：

（a）控制下交付寻求授权的次数；

（b）授予次数；以及

（c）使用根据本条规定授权获取的证据或信息起诉的次数。

第 14 条 假扮身份

1. 获取和使用假扮身份，如根据本条规定取得了授权，就是合法的。

2. 官员及其助理，对已经根据本条规定取得授权的行为，不承担民事或刑事责任。

3. [插入指定机构的名称] 的执法人员可以 [代表执法机构或外国执法机构]，申请获得或使用假扮身份，以便侦查这些示范立法规定所涵盖的犯罪。

4. 使用或获取假扮身份，可由下述人员授权：

（a）[插入拥有指定职位的人员，如有关执法机构首长和副手和（或）反腐败机构首长]。

5. 申请必须书面提出，且必须包含：

（a）申请人的姓名；

（b）拟议假扮身份的细节；

（c）必需获取或使用假扮身份的理由；以及

（d）将使用这种身份的侦查或情报收集活动的详情（以所知为限）。

6. 在考虑申请之后，授权人可以：

（a）无条件或有条件地授权使用或获取假扮身份；或者

（b）拒绝申请。

7. 授权人不得批准申请，除非有适当理由确信假扮身份因下述一个或多个理由而必不可少：

（a）侦查这些示范立法规定所涵盖的已经、正在或可能实施的犯罪；以及

（b）支持（a）项的任何行政职能。

8. 每项授权书的副本都必须提供给 [插入有关监督机构的名称]。

9. 根据授权行事的人，可以请求某人协助获取已经根据本条规定得到批准的假扮身份的证据。尽管有任何其他法律，一个人可以生造或提供假扮身份的证据，以响应本条规定的请求。

10. [插入有关机构名称] 首席官员必须定期审查 [插入有关代表的细节] 所授每项权限。

11. 首席官员如果在审查过权限后认为，不再需要该权限，就必须根据 [插入款] 取消该权限。

12. 首席官员如果审查过权限后认为，仍然需要该权限，就必须以书面形式记录其意见及其理由。

13. 每隔［插入有关数字］月，［机构］首席官员必须向［插入监督机构］报告：

（a）目前授权的假扮身份数量；以及

（b）最近每个假扮身份是如何受到审查的，审查结果如何。

14.［执法机构长官］每年要向［议会/议会委员会/公开］报告：

（a）被授予的假扮身份的数量；

（b）被取消的数量；以及

（c）利用假扮身份获得的证据或信息被使用［或者在侦查或起诉中发挥了重大作用］起诉的次数。

第 15 条　渗透

1. 为了本条的目的，渗透指作为这些示范立法规定所涵犯罪参与者行事的［专业］指定人员对涉嫌实施这些犯罪的人进行的监视。为此，指定人员被授权使用假扮身份。他们不能以刺激犯罪的方式行事。

2. 渗透只有根据本条规定获得授权才是合法的。

3. 指定人员获得授权，在不承担刑事责任的情况下：

（a）获取、扣留、运输、复制或交付来自实施这些示范立法规定所涵犯罪或实施这些犯罪使用的物品、产品、文件和信息；

（b）提供实施这些犯罪所需法律和金融手段、运输、储存、住房和通信；

（c）这种豁免权授予［指定人员或侦查员］正式请求协助渗透的所有人员。

4. 渗透只应由受过专门训练的指定人员实行。

5. 渗透只应在监督指定人员的侦查员的负责下实行。这位侦查员将确定渗透行动报告。

6. 渗透权限应向：［插入拥有指定职位的人员，如有关执法机构首长和副手和（或）反腐败机构首长/检察官/调查法官］寻求。

7. 授权必须由专门单位/机构请求，且应提到可疑罪行、负责侦查员的姓名、不能超过［……］月的渗透持续时间，并应申明必需渗透的理由。

8. 授权只应在［插入有关条件］下赋予。

9. 这种授权可以由［插入拥有指定职位的人员，如有关执法机构首长和副手和（或）反腐败机构首长/检察官/调查法官］随时取消。渗透行动结束后，应给予指定人员安全撤出的必要时间，最长不能超过［……］月［这期间，他仍被授权使用其假扮身份和实施第 2 款所述的犯罪］。

第 16 条　电子监视

1. 为了本条的目的，电子监视包括监测、拦截、复制或操纵以电子手段传输的信息或信号。

2. 电子监视如果根据本条规定得到了授权，就是合法的。

3. 官员、个人和援助他们的法人，均不对根据本条规定获得授权的行动承担民事或刑事责任。

4. ［插入指定机构的名称］的［高级官员］可以向［插入有关主管或司法机构的名称］申请进行电子监视的［授权令］。申请必须具体说明：

（a）拟议监视的类型；

（b）要实行的监视的目的；

（c）预期将收集的信息的性质；

（d）要监视的个人或装置；及

（e）为确保个人隐私和其他人权尽可能得到保护而实施的措施。

5. ［主管/司法机构］可以酌情下达授权令，授权进行电子监视。

6. ［授权令］可以包括附加于授权的任何条件。

7. ［授权令］必须具体讲明最长［插入合理时期］的有效期。授权令可以凭申请续发。

8. 在行使第 2 款规定的酌处权时，［主管机构］［司法机构］应考虑：

（a）所寻求的授权在各种情况下是否合理和相称；

（b）它是否确保所有有关人员的人权，包括隐私权，在此情况下得到了尽可能大的保护。

9. 每项授权令的副本必须提供给［插入监督机构的名称］。

10. 机构首席官员可以书面授权官员和其他个人开展授权令规定的活动。

11. 官员可以请求某人，包括电子通信服务商的援助，以实行获得授权的监视。

12. 通过电子监视获得的信息，未经［执法机构首长或代表］批准，不能在［有关执法机构］以外传播。此类批准只可以为下述目的而给予：

（a）预防或起诉［严重犯罪］；

（b）增进预防或起诉［严重犯罪］的国际合作；或

（c）确保适当监督有关机构的活动。

13. ［执法机构首长］必须确保，已经根据监视设备授权令收集到的但与预防或起诉［严重犯罪］无关的材料实际尽快销毁，且不得迟于授权令期满6个月。

14. 在监视设备授权令期满六个月内，［执法机构首长］必须使一份关于根据授权令开展的活动及根据授权令获得的信息材料的用处的报告，提交给［插入适当机构，如检察长］。报告副本必须提供给［插入监督机构的名称］。

15. ［执法机构首长］每年要向［议会/议会委员会/公开］报告：

（a）所寻求监视授权令的数量；

（b）授予次数；

（c）使用根据监视授权令获取的证据或信息的起诉的次数。

第 17 条　国际执法合作

1. ［插入所有有关执法机构的名称］的职能包括在符合本国法律和行政管理制度的情况下，与外国执法机构和主管国际与区域组织合作，并协助它们预防、查明和打击这些示范立法规定适用的犯罪。

2. 虽然有任何其他法律，但［插入国家执法机构的名称］可与他国的外国执法机构，并且在相关时，也与国际组织合作，为它们提供个人或其他信息，以便预防、查明和打击这些示范立法规定在两者之中任一个管辖区域中适用的犯罪。

3. ［插入国家执法机构的名称］也可以就下述事项与外国执法机构或国际区域组织合作：

（a）提供物品、物质、文件或记录供分析或侦查使用；

（b）临时调派或交换人员，包括提供专家和委派联络官；

（c）［联合侦查］；

（d）证人保护，包括转移被保护的证人；

（e）其他行政协助。

4. ［插入国家执法机构的名称］可以与外国执法机构或国际区域组织谈判并缔结协定，目的是促进执法合作，以预防、查明和打击这些示范立法规定适用的犯罪。

第 19 条　在联合侦查中授权给外国执法人员

1. 在［主管国家/所涉国家有涵盖联合侦查授权的协定］的情况下，来自外国执法机构的人员可被授予下述一种或多种权力，他们依照［插入国家名称］法律，可以在［插入国家名称］行使被授予的权力：

（a）在［插入国家名称］法律不加禁止的条件下，根据该国法律接收信息和记录供述的权力；

（b）在［插入国家名称］法律不加禁止的条件下，在正式记录中提出控告／记录控告，包括采用其国家法律规定的形式的权力］；

（c）［进行监视和（或）特工行动/渗透的权限］。

2. 在来自外国执法机构的人员被授予第 1 款下所述权力的情况下，他或她根据［插入有关国家法律的名称］规定，有权得到国家执法人员同样的保护。

四、《洗钱和资助恐怖主义问题示范立法》（针对民法法系）[1]

第 1.3 条

L. 控制下交付，系指在主管当局知情和监督的情况下，允许非法或可疑货物和现金在［国家名称］领土内运送、运出、通过或运入的一种做法，其目的在于侦查犯罪并辨认参与犯罪的人员。

第 4.1.2 条

为了获取犯罪证据或者追索犯罪收益，依照职权侦查洗钱与资助恐怖主义的犯罪活动的官员实施特工行动与控制下交付的行动不受惩处。被指定的官员不得诱使嫌疑人实施任何犯罪。上述行动在实施之前必须先行获得主管司法当局的授权。

五、《化学前驱控制示范立法》[2]

第 2 条　释义

控制下交付，系指一种技术，在主管当局知情和监控下，允许可疑货物

---

〔1〕 联合国毒品和犯罪问题办公室和国际货币基金组织联合编写，2005 年发布。

〔2〕 2020 年 5 月，为了加强对易制毒化学品的控制，拉丁美洲、加勒比地区和欧洲联盟联合颁布了《化学前驱控制示范立法》（Model Legislation on Precursors Control），旨在为拉丁美洲、加勒比地区的国家提供化学前驱控制立法的范本。

中的特定化学物质或特定化学设备离开、途经或进入一个或多个国家的领土，以便识别参与实施本法规定的犯罪的人。

第 40 条

（3）主管当局［及授权人员］可以行使本法规定的职责，运用被称为控制下交付的技术，以便：

（a）查明、逮捕和寻求对合理怀疑实施或参与实施本法规定的罪行的人定罪；

（b）查明其他罪犯；

（c）查明和了解可能将持有的特定化学物质和特定化学装备用于非法生产管制药物的人员。

（4）控制下交付的目的：

（a）允许运输的特定化学物质和特定化学设备进入、通过或者进入管辖区的港口和机场；

（b）合理怀疑货物藏匿有管制药物或者货物将被用于非法生产管制药物；

（c）特定化学物质或特定化学设备可能会被扣押，从原来的容器中移出或者储存和替代；

（d）可以准许货物运入、通过或运出一个或多个司法管辖区的领土；

（5）主管当局［和授权官员］在履行职责过程中参与了控制下交付的，不得被视为与正在受到调查的刑事犯罪嫌疑人的同谋。

六、《联合国禁毒署 2000 年打击毒品滥用模范法案》

第 3 条　定义

（i）控制下交付系指一种侦查技术，在［获授权官员］的监督下，允许非法或可疑货物中的滥用药物、类似物、管制化学品、无害替代物质、管制设备或管制材料，或据信直接或间接来自任何犯罪行为的财产运入、通过或运出［国名］，以期收集证据以辨别所有涉嫌实施［严重罪行］的人，或促进起诉该罪行。

第 73 条　特工行动与控制下交付

（1）如果［检察长］［不低于警司级别的警官］［不低于助理局长的海关官员］有合理理由怀疑任何人已经实施或即将实施违反本法规定的罪行，他或她可以书面批准：

（a）即将实施的控制下交付；和

（b）实施或参与控制下交付的特定人员或特定类别的人员。

（2）即使任何法律作出了相反的规定，为了实现控制下交付的目的，在控制下交付的过程中也可以采取下列行动：

（a）允许任何车辆、船只、飞机或其他运输工具进出［国家名称］。

（b）允许任何：

（i）车辆、船只、飞机或其他运输工具上面或者里面的滥用药物、类似物、管制化学品或管制设备或材料或其他物品；或

（ii）据信直接或间接来自任何犯罪的财产，进入或离开［国家名称］，或在［国家名称］领域内被交付或被接收。

（c）使用在当时情况下被认为是合理的武力进入和搜查车辆、船只、飞机或其他运输工具。

（d）在车辆、船只、飞机或其他运输工具上放置跟踪装置。

（e）允许持有或保管滥用药物、类似物、管制化学品或管制设备或材料或其他物品的任何人员离开或进入［国家名称］。

（3）如果［检察长］［不低于警司级别的警官］［不低于助理局长的海关官员］有合理理由怀疑任何人已经实施或即将实施违反本法规定的罪行，他或她可以书面批准：

（a）在特定期间内执行特工行动；和

（b）实施或参与特工行动的特定人员或特定类别的人员。

其目的是在［国家名称］或其他地方收集与实施任何该类犯罪有关的证据。

（4）不得给予批准，除非［检察长］［不低于警司级别的警官］［不低于助理局长的海关官员］：

（a）有合理理由怀疑任何人已经实施、正在实施或将要实施违反本法规定的罪行，其身份可能被知晓，也可能未知。

（b）有合理依据确信拟议的特工行动：

（i）经适当设计为犯罪嫌疑人提供了显示或提供该罪行证据的机会；和

（ii）不得引发过度的风险，导致未参与犯罪活动的人被引诱去实施其原本不会实施的犯罪。

（5）［检察长］［不低于警司级别的警官］［不低于助理局长的海关官员］可以不时地将根据第 3 项给予的批准延期，每次延期不得超过［3 个月］。

（6）［检察长］［不低于警司级别的警官］［不低于助理局长的海关官员］必须在给予批准或将批准续期后［14 天］内向［总检察长］提交批准书或续期书。

（7）在执行获批准的特工行动或控制下交付的过程中，如果不再需要妥当执行本法，那么进入［国家名称］的任何滥用药物、类似物、管制化学品、管制设备或材料、其他物品均应当依据海关法被视为禁止进口的物品进行处理。

（8）即使任何其他法律存在不同规定，获得授权的人员按照批准的条件参与特工行动或控制下交付不得遭受刑事处罚。除本项规定以外，行为人实施前述行为将会构成犯罪。

（9）在本法生效实施以前参与人员实施的任何特工行动或控制下交付，如果符合第 4 项（a）目和（b）目规定的条件，那么可以假设本法在当时已经生效实施，第 8 项在适用上则具有追溯效力。

一、《控制麻醉品滥用今后活动的综合性多学科纲要》[1]

目标 18　促进使用控制下交付技术

问　题

249. 人们广泛认为，控制下交付这一执法技术是查明和打击国际麻醉品贩运的重要组织者的一个有效的手段。这一程序涉及在侦破一桩非法麻醉品的贩运后，在不断的秘密监视下让其继续运送，直至麻醉品到达贩运者期待的最终目的地。监视的目的是从中发现和最后逮捕贩运集团的头目。这一办法在某些国家的管辖范围内遭遇了困难，这些国家中有的国家立法规定，一旦查明嫌疑就必须立刻逮捕；还有的国家对这种监视的责任规定不明确，而且终点国是否会严格执行刑事法，也没有保证；有的国家对贩运麻醉品的惩罚很宽或不那么严格。此外，还存在着货物有可能落入歹徒手中的风险。昂贵的业务费用和训练有素的工作人员的缺乏已在一些国家中阻碍了这一追踪

─────────

〔1〕　1987 年 6 月 17 日至 26 日，联合国在维也纳召开了国际药物滥用和非法贩运会议，138 个国家的 3000 多名代表参加，该会议通过了《控制麻醉品滥用今后活动的综合性多学科纲要》。该纲要是向各国政府和组织提出的建议汇编，它列出了有助于查禁麻醉品滥用和非法贩运的各项切实可行的措施。在国家一级，应由各国政府根据经济社会情况，在本国法律许可范围内决定可在本国采纳哪些建议。不论是当初和现在，拟订该纲要的目的不是要使它成为一个正式的法律文书，它并不产生国际性的权利或义务，但是对各国的禁毒工作仍然具有重要指导意义。《控制麻醉品滥用今后活动的综合性多学科纲要》根据禁毒工作的内容不同分为 35 个需要达成的目标，其中"目标 18"和"目标 27"对控制下交付作了规定。

非法毒品贩运直至最终目的地的最有效方法的使用。

建议的行动方针

在国家一级

250. 除非有关国家的宪法规定不可对法律进行修改，以允许利用控制下交付的技术，否则应考虑在事前达成双边协定或安排之后修改有关法律，以允许这一方法的使用。立法机构、有关部门或当局可遵照国内法采取必要措施，授权适当使用控制下交付的技术，以便查明因中间人或携带者在被发现后立即被捕而可能没有被识破的涉及一批非法运送的受管制药物的装运、运输、交付、隐藏或接收的个人、公司或其他组织，并捉拿法办。

在区域一级和国际一级

251. 为确保在国家一级和国际一级对控制下交付进行有效的协调，各国应酌情指定一个机构负责进行这种协调。

252. 麻醉药品司在联合国管制麻醉品滥用基金的援助下，应与国际刑警组织和海关合作理事会紧密合作，举办禁毒执法和司法官员的区域培训班，以制定指导方针，并向他们传授控制下交付的监视、控制和协调技术。

目标 27　对利用国际邮政贩运麻醉品的管制措施

问　题

321. 海关借助种种技术，包括警犬、传感装置、X 射线等等，已经发现，虽然《万国邮政公约》禁止利用国际邮政寄送受控制药物，但仍有这种情况发生。如果可疑物件的投递点在本国境内，则海关可以取得搜查证，打开物件检查，如果国内法有此规定的话。但是，如果可疑物件只是作为邮件经过某一国的领土，而该国当局侦查出这是非法货物，根据《万国邮政公约》和《万国邮联章程》第 1 条的规定，缔约国不得打开经过本国的邮件。当海关合作理事会和万国邮联讨论这个问题时，后者请各邮政管理当局：

（a）在本国主管当局提出合法要求时，给予合作打击贩运麻醉药品和精神药品的活动；确保尊重国际邮政的基本原则，特别是过境的自由（《万国邮联章程》和《万国邮政公约》第 1 条）。

（b）与本国有关当局作出一切妥善安排，确保怀疑装有混入麻醉药品或精神药物物件的过境邮袋不被打开，但：

（i）根据海关当局的要求，尽快通知目的地的邮政局，以便在可疑邮袋到达时即予查验；

（ii）查明邮件的来源。

实际上，它所规定的程序与控制下投递过境邮件的程序并非两样，而后面这个程序早已施行于投寄国内目的地的邮政。不过，要在大量的邮件中侦查出可疑物件，不管它们的目的地是哪里，实非易事。

建议的行动方针

在国家一级

322. 在不违反宪法的范围内，主管邮政通信的部门和国内的邮政管理部门可加强对利用国际邮件贩运麻醉品的管制。对由于始发地、地址、性质或其他特点引起怀疑的物件，可由邮政当局与有关执法机构密切配合，用传感装置、警犬、X射线或其他侦察方式进行检查。

（a）如果该邮件系寄往本国领土内的某一个人，海关如有必要，应取得搜查证，并按国内法和程序对该物件进行检查；

（b）如果系过境邮件，海关应立即用尽可能快的手段通知目的地国家的海关当局，详细报告该邮件的情况并指明它的始发地。

323. 地方邮政局可张贴醒目的通知，列举对利用邮政服务投寄受控药物的情况可依法给予的惩处。

在区域一级和国际一级

324. 万国邮联应当向《万国邮政公约》的缔约方提供邮政当局与海关进行合作的标准程序样本。

325. 《万国邮政公约》的缔约国可进一步考虑如何防止利用国际邮政贩运麻醉品；它们似宜为此目的而对该公约提出有关的修正案。似宜就此问题和可能采取的有关制止措施进行研究。

二、《加强国际合作以处理世界性毒品问题的措施》[1]

五、控制下交付

5. 建议各国：

（a）根据国家之间相互同意的协定、安排和谅解，在各自本国法律制度

---

〔1〕 1998年联合国大会第二十届特别会议通过。

基本原则允许的情况下，确保立法、程序和实践在本国和国际上采用控制下交付技术；

（b）考虑与其他国家特别是邻国缔结协定与安排，以便于采取控制下交付技术，或考虑逐案处理的可能性；

（c）通过交流经验和设备相互援助，如本国已研制出技术设备可跟踪装运的非法毒品或已研制出可替代非法毒品的无害物质，应考虑向其他国家提供这些物质或设备，以确保控制下交付的顺利进行。

三、《关于开展国际合作以综合、平衡战略应对世界毒品问题的政治宣言和行动计划》[1]

第二部分　减少供应和采取相关措施

B. 减少药物非法供应

2. 应对新的贩运趋势问题

问　题

23. 随着新的毒品贩运趋势的出现，各国加以有力而有效应对的能力可能会面临巨大的挑战。

行　动

24. 会员国应当：

（a）确保执法机关能够进行调整以充分应对毒品贩运问题不断变化的性质，特别是在贩运分子使用的新技术、新路线和新方法等方面，从而减少非法药物供应；

（b）在制订和执行减少供应战略时，考虑到麻醉药品和精神药物贩运、世界某些地区的恐怖主义组织的参与、腐败和跨国有组织犯罪（包括贩运枪支和洗钱）这几方面之间可能存在的联系；

---

〔1〕 2009 年 3 月 11 日和 12 日举行的联合国麻醉药品委员会第五十二届会议高级别会议上，来自 132 个国家的国家元首、部长和政府代表汇聚一堂，对 1998 年以来在实现专门讨论共同应对世界毒品问题的大会第二十届特别会议所定目标和指标方面取得的进展进行评价，以确定今后的优先事项和需要采取进一步行动的领域，以及将为 2009 年以后的毒品管制确立目标和指标。此次国际会议通过了《关于开展国际合作以综合、平衡战略应对世界毒品问题的政治宣言和行动计划》。其中第 24 段、第 30 段、第 56 段、第 59 段、第 60 段涉及了控制下交付。

（c）继续注意制订难以取得的情报和证据的收集和利用方法，包括司法认可的证据收集技术，如电子监视、结构化举报人方案和控制下交付；[1]

（d）促进来源国、过境国和目的地国之间的情报交流以打击毒品贩运活动，同时保护信息来源并保障信息的完整性；

（e）与国际社会合作，监测网络技术在麻醉药品和精神药物贩运中的使用及其性质、范围和影响，并考虑制订和执行立法以及提供培训机会，以便有效应对新出现的问题；

（f）努力确保在国家一级制定适当的程序法和实体法，以应对在电子环境下实施的毒品贩运，包括制订一个框架，用于有效规范和监督在各法域内经营或递送含有受国际管制的麻醉药品和（或）精神药物的药剂的网上药房；

（g）执行各种战略以瓦解和捣毁参与贩运麻醉药品和精神药物的主要组织并应对新的趋势；

（h）向过境国提供援助，以便更有效地打击贩运麻醉药品和精神药物的活动。

5. 加强反腐败措施以及提供技术援助和能力建设问题

问　题

29. 有组织犯罪集团为了便利和保护其非法药物贸易，往往试图贿赂公务人员，包括执法机关。减少供应的工作必须辅以反腐败措施，而且必须采用一种综合办法，其中包括政府和民间社会的合作。在这方面，一些发展中国家，特别是位于主要毒品贩运线上的国家，需要得到技术援助以进一步强化其执法机关。

行　动

30. 会员国应当：

（a）考虑批准或加入《联合国反腐败公约》《联合国禁止非法贩运麻醉药品和精神药物公约》和《联合国打击跨国有组织犯罪公约》，并加强其执行工作；

（b）确保执法机关实行积极主动的战略防范腐败，如参与多边和双边反腐败技术援助方案、制订反腐败行动计划以及推行执法官员廉洁方案；

（c）进一步开展、改进着眼于执法和司法能力建设的国内国际培训和教

---

〔1〕通过登记在案的举报人、便衣警察、用于截获音频和（或）视频的电子监视、控制下交付以及为司法程序所接受的其他技术等结构化方案而合法收集的信息。

育，确保各种国际培训和教育相互协调，避免重叠；

（d）按照《联合国禁止非法贩运麻醉药品和精神药物公约》，进一步发展控制下交付并支助其应用，并按照国内法在国内和国际范围发展其他特别侦查技术并支助其应用；

（e）努力掌握毒品贩运分子的作案手法，途径包括区域和国际查勘行动；

（f）利用现有国际警察组织和机构的资源，以协调一致的方法解决麻醉药品和精神药物贩运问题，确保提高效率和效能；

（g）为边境管理机构配备充足的资源和设备，并向提出请求的国家提供这方面的技术援助；

（h）强化、整合执法能力，以便能够更好地调查参与贩运麻醉药品和精神药物的有组织犯罪集团；

（i）鼓励在司法机构和执法机构中制订和实行可持续的综合方案，这些方案应当涉及服务条件、薪酬、培训和教育等问题，以便吸引和留住最优秀的人员；

（j）确保禁毒执法机关为商业港口的经营活动提供支持，为有效筛查、评价和审查商业货运和海运集装箱而获得充分的资源、设备、培训和法律权限，也确保有关的国际机构向提出请求的国家提供这方面的技术援助。

第三部分　为加强国际合作打击洗钱和促进司法合作

F. 司法合作

2. 司法协助

问　题

55. 虽然大多数国家通过了立法并订立了关于贩毒案件司法协助的双边和多边条约，而且自大会第二十届特别会议以来，许多国家均修订了其程序，但仍然难以评估这些规定的执行率。尽管这一领域取得一些进展，但仍然存在问题，特别是在程序要求上的差别、银行保密、保护国家利益、翻译要求和拖延等方面。还缺乏关于请求司法协助的统计数据。

行　动

56. 会员国应当：

（a）在不违反本国宪法规定的情况下，充分利用多边条约，特别是《联合国禁止非法贩运麻醉药品和精神药物公约》《联合国打击跨国有组织犯罪公约》和《联合国反腐败公约》，将其作为请求和批准司法协助的法律依据，以此补充双边和区域司法合作条约；

（b）考虑采用更加灵活的司法合作方式，以便利尽可能提供最广泛的司法协助，特别是在非强制措施领域；

（c）在所有中央机构之间保持及时和明确的沟通，特别注意与提出大量协助请求的国家定期进行磋商，并在复杂或具有时间敏感性的案件中事先进行磋商；

（d）确保涉及国家间司法协助、引渡和控制下交付能力的程序和做法考虑到不同的法律制度，并酌情考虑向国外派驻刑事司法联络人员；

（e）请联合国毒品和犯罪问题办公室与会员国合作，考虑根据《联合国禁止非法贩运麻醉药品和精神药物公约》和《联合国打击跨国有组织犯罪公约》建立负责司法协助的中央机构和负责处理引渡请求的主管机关的虚拟网络是否合宜和可行，以便利这些机关之间的联系和解决问题。

4. 控制下交付

问 题

59. 控制下交付的执行仍然存在实际困难。其中一些困难涉及不同国家的法律规定和负责实行控制下交付的机关上的差异，也涉及查明当地和国际犯罪集团之间的联系。

行 动

60. 会员国应当：

（a）在本国法律制度基本原则许可的情况下，确保立法、程序和实务允许国家和国际上使用控制下交付技术，并为此订立必要的协定、安排和谅解；

（b）遵照国内法律，在控制下交付要求、国家能力和涉及控制下交付的信息共享等领域加强合作；

（c）改进来源国、中转国和目的地国之间以及政府间组织之间在执法合作领域的信息交流，并考虑使这种交流制度化；各国特别是主要贩毒路线沿线国家，应当根据本国立法，考虑建立执法官员联合侦查组处理贩毒和有组织犯罪案件。

四、联合国麻醉药品委员会第 45/4 号决议：《控制下交付》

麻醉药品委员会，回顾《联合国禁止非法贩运麻醉药品和精神药物公约》

第 11 条，其中指出，在有关缔约国的同意下，可以拦截已同意对之实行控制下交付的非法交运货物，并允许将麻醉药品或精神药物原封不动地继续运送或在将其完全或部分取出或替代后继续运送；

回顾专门讨论共同对付世界毒品问题的大会第二十届特别会议上通过的促进司法合作的措施；

铭记大会第二十届特别会议通过的《政治宣言》鼓励各国在 2003 年之前审查促进司法合作的措施的执行情况；

认识到在打击非法贩运麻醉药品、精神药物和前体方面执法机构之间开展的合作，包括及时、迅速地交换资料的重要性；

考虑到查明麻醉药品、精神药物和前体的非法货运的目的地是捣毁参与非法药物贩运犯罪组织的努力的一个组成部分；

认识到控制下交付行动有助于查明药物贩运团伙的头目、作案手法、组织结构和分销网络；

1. 呼吁尚未审查其法规、程序和做法的各国政府进行这种审查，以便得以采用控制下交付的做法；

2. 请各国政府为有效地使用控制下交付做法订立协议和安排；

3. 建议各国政府授权其各自主管机构促进采取迅捷而有效的行动处理控制下交付行动方面的国际援助请求，并建立有效的实施机制。

五、联合国麻醉药品委员会第 47/6 号决议：《有效的控制下交付》

麻醉药品委员会：

回顾《联合国禁止非法贩运麻醉药品和精神药物公约》第 11 条；

还回顾大会第二十届特别会议通过的加强国际合作以解决世界毒品问题的各项措施；

铭记大会第二十届特别会议通过的《政治宣言》鼓励各国审查以促进司法合作为目的的各项措施的执行情况；

回顾《联合国打击跨国有组织犯罪公约》涉及控制下交付的第 20 条第 1 款；

注意到其附属机构，即近东和中东麻醉品非法贩运及有关事项小组委员会和亚洲和太平洋各国禁毒执法机构负责人会议、非洲各国禁毒执法机构负责人会议、欧洲各国禁毒执法机构负责人会议和拉丁美洲和加勒比各国禁毒执法机构负责人会议，为促进区域和国际各级的司法和执法合作所开展的工作和作出的努力，尤其是 2003 年 10 月 20 日至 24 日在巴西萨尔瓦多市举行的第十三次拉丁美洲和加勒比国家禁毒执法机构负责人会议提出的关于有效控制下交付行动价值的建议；

回顾其关于控制下交付的第 45/4 号决议；

认识到控制下交付是打击毒品贩运和相关犯罪的一项重要措施，此类行动有助于查明贩毒集团的头目、作案手法、组织结构和销售网络；

强调各国应当制订适当的法规以便能够开展控制下交付行动，注意到资源有限，尤其是缺乏收集技术证据的资源可能妨碍开展成功的控制下交付行动；

顾及在先进侦查技术上的需要，以及在相应机关之间加强合作与协调的必要性，目的是简化批准和开展卓有成效的控制下交付行动的程序；

认识到不了解不同的法律制度可能会妨碍开展卓有成效的控制下交付，而且会员国的要求是妨碍开展卓有成效的控制下交付行动的进一步障碍。

1. 请各国实施关于控制下交付的第 45/4 号决议；

2. 鼓励会员国在必要时应考虑通过关于控制下交付行动的国家法律和程序，或视情加以审查，以确保设有适当的法规、资源、专长、程序和协调机制，从而能够开展这些控制下交付行动；

3. 促请会员国加强相应机关之间的合作与协调，以便利开展有效率和有成效的控制下交付行动；

4. 请会员国考虑为相应机关开设有关控制下交付的联合培训班；

5. 请联合国毒品和犯罪问题办事处在自愿资金许可的情况下，与有关国际组织协力编写有关控制下交付的相关资料，其中包括有关各国法律、法律程序和酌情包括主管机关或负责控制下交付的归口单位的资料，资金可以根据麻醉药品委员会关于普通用途资金的使用准则由普通用途资金提供，或由专项资金提供；

6. 请会员国及时提供所需的一切资料，以协助编写控制下交付的有关资料；

7. 请联合国毒品和犯罪问题办事处在自愿资金许可的情况下，与有关专家合作，考虑编写一份有关控制下交付行动的合作手册，资金可以根据麻醉药品委员会关于普通用途资金的使用准则由普通用途资金提供，或由专项资金提供；

8. 还请联合国毒品和犯罪问题办事处向麻醉药品委员会第四十八届会议报告执行本决议的进展情况。

六、《打击洗钱、恐怖融资和扩散融资的国际标准：FATF 建议》[1]

31. 执法和调查部门的权力

在对洗钱、相关上游犯罪和恐怖融资进行调查的过程中，主管部门应当拥有为实施调查、起诉和相关行动获取所有必要文件和信息的权力。这些权力应包括采取强制措施从金融机构、特定非金融行业和职业、其他法人或自然人获取相关记录，搜查个人和场所，采集证人证言，以及搜集证据。

各国应当确保主管部门有能力运用一系列适用于洗钱、相关上游犯罪和恐怖融资的调查方法。这些调查方法包括：卧底行动、通信窃听、侵入计算机系统和控制下交付。此外，各国还应当建立有效机制，以及时确定是否是自然人或法人持有或控制账户。各国还应当建立相应机制，确保主管部门拥有在不预先告知所有人情况下对资产进行识别的程序。在针对洗钱、相关上游犯罪和恐怖融资开展调查时，主管部门应当能够要求金融情报中心提供所有相关

---

〔1〕 "反洗钱金融行动特别工作组"（Financial Action Task Force on Money Laundering, FATF）是西方七国（美国、英国、法国、德国、日本、意大利和加拿大）为专门研究洗钱的危害、预防洗钱并协调反洗钱国际行动而于 1989 年在巴黎成立的政府间国际组织，是国际反洗钱和反恐融资和反扩散融资领域最具影响力、最具权威性的国际组织之一。"反洗钱金融行动特别工作组"最早于 1990 年制定了《金融行动特别工作组 40 项建议》，旨在打击滥用金融体系清洗毒品资金。1996 年，为应对洗钱趋势和手段的不断变化，FATF 第一次对建议进行了修订，将打击范围扩大到清洗毒资外的其他犯罪领域。2001 年 10 月，FATF 进一步将其职责扩大到打击恐怖融资领域，并制定了《打击恐怖融资 8 项特别建议》（后扩充为 9 项，简称"FATF40+9 项建议"）。2003 年，FATF 对建议进行了第二次修订。在完成对成员的第三轮评估后，FATF 与区域性反洗钱组织以及包括国际货币基金组织、世界银行和联合国在内的观察员密切合作，共同对建议进行了修订及更新，形成了目前的 FATF "新 40 项建议"——《打击洗钱、恐怖融资、扩散融资国际标准：FATF 建议》（于 2012 年制订，最新版本修订于 2019 年 6 月）。《金融行动特别工作组 40 项建议》于 2003 年修正时首次增设了控制下交付制度，这就是所谓的"第 27 条建议"。具体规定如下："各国应确保指定的执法部门有责任对洗钱和恐怖分子筹资进行调查。鼓励各国尽全力支持和开发适用于洗钱调查的特殊侦查手段，比如控制下交付、秘密行动和其他相关手段等。同时还鼓励各国采取其他有效机制，比如采用永久或临时的资产调查小组，以及与其他国家的相应主管部门展开联合调查等。"后又因《金融行动特别工作组 40 项建议》被修正的缘故，"第 27 条建议"被调整为"第 28 条建议"。目前关于控制下交付的规定体现在《打击洗钱、恐怖融资和扩散融资的国际标准：FATF 建议》"第 31 条建议"（执法和调查部门的权力）之中。

信息。

七、《那不勒斯政治宣言和打击有组织跨国犯罪的全球行动计划》[1]

17. 为了有力地打击有组织犯罪，各国必须打破有组织犯罪集团守口如瓶的规定和威胁恐吓。如果本国法律有适当的规定，应当考虑采用可靠的收集证据的方法，如电子监视、便衣行动和控制下交付，但应充分尊重得到国际公认的各项人权和基本自由，特别是隐私权，并应酌情在司法监督之下进行。应当考虑采取措施，鼓励有组织犯罪成员给予合作和出庭作证，包括为证人及其家属采取适当的保护方案，并在国家法律允许的范围内，根据他们在检控过程中给予的合作从轻处理。

八、《关于打击非法药物的区域合作和相关事项的巴库协定：21 世纪展望》[2]

我们，近东和中东非法药物贩运及相关事项小组委员会的成员国代表：

齐集于 2005 年 9 月 12 日至 16 日在巴库举行小组委员会第四十届会议，审议《关于打击非法药物的区域合作和相关事项的巴库协定：21 世纪展望》；

铭记大会在其第二十届特别会议上通过的《政治宣言》《实施减少毒品需求指导原则宣言的行动计划》和促进国际合作解决世界毒品问题的措施；

回顾经济及社会理事会 1997 年 7 月 21 日题为"关于禁止麻醉药品和精神药物及其前体非法种植、生产、贩运、分销和消费的区域合作的巴库协定"的第 1997/39 号决议；

又回顾经济及社会理事会 2005 年 7 月 22 日题为"向阿富汗提供支助以确保有效实施其《禁毒执行计划》"的第 2005/24 号决议；

还回顾经济及社会理事会 2005 年 7 月 22 日题为"对受非法药物过境影响的国家的国际援助"的第 2005/26 号决议；

铭记在麻醉药品委员会第四十六届会议部长级会议上通过的部长联合声明和大会第二十届特别会议行动计划的进一步执行措施；

---

〔1〕 1994 年 11 月 21 日至 23 日在意大利那不勒斯举行的有组织跨国犯罪问题世界部长级会议通过了该国际文书。

〔2〕 联合国经济及社会理事会 2006 年 7 月 27 日第 E/2006/INF/2/Add.1 号文件通过，并对控制下交付做了规定。

回顾联合国其他各项决议和建议，包括大会 2004 年 12 月 20 日第 59/161 号决议和国际麻醉品管制局在其 2004 年报告中提出的各项建议，请国际社会支持阿富汗政府打击非法种植罂粟和贩运麻醉药品；

注意到联合国毒品和犯罪问题办事处执行主任关于大会第二十届特别会议成果执行情况的第三次 2 年期报告和麻醉药品委员会在第四十八届会议上收到的其他相关报告，包括关于毒品贩运的世界形势的报告和关于药物滥用的世界形势的报告；

深切关注近东和远东药物滥用的蔓延及其对年轻人和后代的影响；

又深切关注非法种植麻醉药品作物和非法生产和贩运药物的情况不断增加，这威胁到本地区的政治、经济和社会结构及稳定；

震惊地看到参与贩毒、洗钱和其他形式的有组织犯罪的有组织犯罪团伙造成的严重而不断扩大的威胁，以及它们与恐怖组织有可能发生的联系和在某些案件中实际发生的联系；

意识到在若干国家中非法药物生产大大阻碍了经济、社会和政治的可持续发展；

考虑到国际贩运线路沿线各国所面临的多方面挑战以及贩毒的影响，包括相关的犯罪和吸毒，这些都是非法药物经由转运国领土转运造成的；

承认由于贩毒者和有组织犯罪团伙利用受冲突、战争、外国占领或其他局势影响的地区从事非法活动，需要采取进一步的紧急措施，在这些区域打击麻醉品作物非法种植和非法药物生产和贩运；

铭记完全有必要加强国际、区域和次区域合作以增强各国有效处理贩毒问题的能力并实现大会在其第二十届特别会议上制定的 2008 年的目的和目标；

重申分担责任的原则，并重申需要所有国家推动和采取必要的行动以全面解决世界毒品问题；

深信具体行动和综合的、协调一致的国家计划是解决涉及非法药物及相关犯罪的问题的最有效的手段。

商定如下：

禁毒执法机关之间的合作

1. 我们重申有责任促进协调的药物管制战略和一致应对贩毒活动，在这方面，鼓励制订、有效实施和进一步加强过境国预防和禁止贩毒及减少非法药物需求的措施，并鼓励在诸如边境控制、司法协助、执法等领域的合作，包括控制下交付和过境国、目的地国和来源国之间互换信息。

2. 在促进本区域一致应对、打击贩毒方面，近东和中东非法药物贩运及相关事项小组委员会成员应促进邻国禁毒执法机关之间更为紧密的协调，如通过联合训练、建立有效的系统，以促进共享行动经验以便利辨认和逮捕贩毒分子和摧毁犯罪团伙，以及推动禁毒执法机关与跨境同僚之间的定期会议。

3. 本区域的禁毒执法机关应设立明确的机制，使本国的禁毒执法机关与邻近的其他国家同僚之间经常互换关于本区域活跃的贩毒网络的信息。

4. 我们强调协调执法活动的重要性，特别是在国际层面上交换信息的重要性，设立协调中心可对此有极大助益，例如联合国毒品和犯罪问题办公室中亚区域信息和协调中心。

5. 各国政府应指定国家执法机关，由其按《联合国禁止非法贩运麻醉药品和精神药物公约》第 7 条的规定，负责处理司法协助请求，并按该公约第 9 条的规定负责与其他机关展开密切合作，以便增强执法行动的效力。

6. 为了拓展行动能力，小组委员会各成员应考虑在边境站开展协调行动，办法是进行协调的机动巡逻并在有邻国参与的情况下加强陆上和海上边境联合禁毒执法工作。

7. 小组委员会各成员应努力增强刑事司法系统和国家毒品管制立法的协调一致，以便加速采取适当措施和其他行动打击贩毒分子和相关的犯罪分子。

8. 委员会各成员应努力支持国际社会通过继续提供技术援助和作出财政承诺，为阿富汗政府实现禁毒目标提供必要的支助，特别是为实现阿富汗《禁毒执行计划》的所有八大支柱而提供支助。

9. 小组委员会应继续一年一度地在某一成员的首都举行会议。

减少毒品需求

10. 小组委员会各成员应使人们更多地认识到滥用非法药物可能带来的健康、社会和心理问题，特别是提高年轻人的认识。

11. 小组委员会各成员应考虑在必要情况下修订国家立法，以便利吸毒者的治疗和康复，方法如设立毒品案法庭、警方安排参加自愿治疗方案，以及其他被承认的替代治疗办法。

12. 小组委员会各成员应加强其对有效执行预防药物滥用的政策和战略和继续实行减少毒品需求方案的政治承诺，同时注意对吸毒者的早期介入以及他们的恢复和重新融入社会，以防止因药物滥用而传播艾滋病毒/艾滋病和其他血液传播疾病。

13. 小组委员会各成员应继续将药物滥用预防、治疗和保健纳入国家药物管制战略和社会经济发展方案，特别是为增强妇女的社会经济能力和儿童福利而设计的方案，包括预防和减少因药物滥用致使艾滋病毒/艾滋病及其他血液传播疾病蔓延的相关方案。

14. 还鼓励小组委员会成员确保患有艾滋病毒/艾滋病和其他血液传播疾病的吸毒者能够得到并且负担得起药物滥用治疗，并努力为需要艾滋病毒/艾滋病护理和支助的吸毒者消除障碍。

协助过境国

15. 我们欢迎联合国毒品和犯罪问题办公室实施出自《巴黎声明》的《巴黎协定》举措，该声明是于 2003 年 5 月 21 日至 22 日举行的中亚至欧洲贩毒路线问题会议结束时发布的，我们还鼓励在其他区域为那些因非法药物从本国领土过境而受到影响的国家制订类似的战略。

16. 鼓励国际金融机构和其他潜在捐助者为那些因非法药物从本国领土过境而受到影响的国家提供经济援助，包括加强并建设当地可用的人力资源的能力，以便这些国家可以加大力度打击药物贩运和滥用，并处理其带来的后果。

17. 对于因非法药物从其领土过境而受药物滥用影响的过境国，小组委员会各成员应在适当情况下，将减少非法药物需求和加强对吸毒者的治疗和恢复服务等项目纳入对这些国家的国际援助方案，使其能够有效地处理这一问题。

对前体的管制

18. 小组委员会各成员应按照大会在其第二十届特别会议上通过的前体管制措施，与国际麻醉品管制局展开密切合作，进一步加强国际合作，执行《联合国禁止非法贩运麻醉药品和精神药物公约》第 12 条。

19. 小组委员会各成员应与其他国家互换信息，采取及时的联合执法行动，包括使用控制下交付和循迹调查缉获物来源和底细等手段，支持为防止转用化学品前体非法生产可卡因、海洛因和苯丙胺类兴奋剂而展开的国际行动，特别是由国际麻醉品管制局协调的黄玉色行动、紫色行动和棱晶项目。

20. 敦促小组委员会各成员国立即采取步骤，确保《联合国禁止非法贩运麻醉药品和精神药物公约》表一和表二所列物质都被置于监管当局的管制之下。

洗 钱

21. 小组委员会各成员国应加强行动，预防和打击洗钱活动，方法包括加强国际合作，颁布法规将洗钱定为刑事犯罪和可引渡的犯罪，设立金融情报机构以协助对洗钱犯罪的有效侦查和起诉，并为涉及银行保密的刑事调查排除一切障碍。

在根除非法作物和替代发展方面的国际合作

22. 应当请国际社会在制定根除非法作物方案方面给予协助和合作，并推动替代发展方案，特别是在这方面支助阿富汗。

《联合国打击跨国有组织犯罪公约》及其议定书和《联合国反腐败公约》

23. 小组委员会各成员国欢迎《联合国打击跨国有组织犯罪公约》及其《关于预防、禁止和惩治贩运人口特别是妇女和儿童行为的补充议定书》《关于打击陆、海、空偷运移民的补充议定书》和《关于打击非法制造和贩运枪支及其零部件和弹药的补充议定书》生效。

24. 小组委员会各成员国中尚未加入并执行《联合国打击跨国有组织犯罪公约》及其议定书和关于恐怖主义的各项普遍公约及其议定书的，应当及早加入并执行，并在适当的情况下请求联合国毒品和犯罪问题办事处与反恐怖主义委员会等联合国其他相关机构协调，为此目的给予帮助。

25. 小组委员会各成员还应考虑尽快签署并批准《联合国反腐败公约》，以便使其早日生效并得到执行。

26. 小组委员会各成员和相关的区域性经济一体化组织应采取一切必要措施，按照相关的公约，改善在刑事事项上的国际合作，特别是在引渡形式和司法协助方面。

|附　录|

附录一　《欧洲委员会关于对包括恐怖主义行为在内的严重罪行的"特殊侦查手段"的 Rec（2005）10 号建议》[1]

部长理事会，根据《欧洲委员会规约》第 15 条（b）的规定，

回顾欧洲委员会的目标是使其成员更加团结一致；

回顾第二十四届欧洲司法部长会议（2001 年 10 月 4 日至 5 日，莫斯科）通过的《关于打击国际恐怖主义的第 1 号决议》，请求欧洲委员会采取一切被认为必要的规范性措施，以协助各成员国预防、侦查、起诉和惩治恐怖主义行为；

考虑到国际反恐行动多学科小组的最后报告和部长理事会随后的决定确认使用特殊侦查手段是欧洲委员会反恐法律行动的优先领域；

考虑到国际反恐行动多学科小组（格林威治标准时间）的最后报告和部长委员会随后的决定，承认使用特殊侦查手段是欧洲委员会反恐怖主义合法

---

〔1〕《欧洲委员会关于对包括恐怖主义行为在内的严重罪行的"特殊侦查手段"的 Rec（2005）10 号建议》（Council of Europe: Committee of Ministers, Recommendation Rec（2005）10 of the Committee of Ministers to Member States on Special Investigation Techniques in Relation to Serious Crimes Including Acts of Terrorism），2005 年 4 月 20 日由欧洲委员会部长理事会第 924 次部长代表会议通过，现已被《欧洲委员会关于对包括恐怖主义行为在内的严重罪行的"特殊侦查手段"的 CM/Rec（2017）6 号建议》（Recommendation CM/Rec（2017）6 of the Committee of Ministers to member States on "special investigation techniques" in relation to serious crimes including acts of terrorism）所取代，为了便于比较学习和研究，故翻译后收录于此。

行动的优先领域；

回顾第二十五届欧洲司法部长会议（2003 年 5 月 9 日至 10 日，索非亚）通过的《关于打击恐怖主义的第 1 号决议》，除其他外，请求欧洲委员会毫不拖延地开展工作，以便通过关于使用特殊侦查手段的有关国际文书；

牢记关于恐怖主义行为的特殊侦查手段专家委员会编写的《关于恐怖主义行为的特殊侦查手段的最后报告》以及反恐怖问题专家委员会和欧洲犯罪问题委员会就此发表的意见；

牢记有组织犯罪的刑法和犯罪学问题专家小组进行的关于打击有组织犯罪"最佳做法"的调查，以及在欧洲委员会打击腐败和有组织犯罪技术合作方案框架内通过的报告；

考虑到变革时期欧洲犯罪政策的 R（96）8 号建议和关于打击有组织犯罪的指导原则的 Rec（2001）11 号建议；

考虑到《个人数据自动化处理中的个人保护公约》及其《关于监管机构和跨境数据流动的附加议定书》；R（87）15 号建议规范警察部门使用个人数据，以及关于保护电信服务领域个人数据的 R（95）4 号建议，特别是关于电话业务；

考虑到欧洲委员会关于刑事领域合作的现有公约，以及欧洲委员会成员国与其他国家之间现有的类似条约；

注意到欧洲委员会部长理事会于 2002 年 7 月 11 日通过的《人权和打击恐怖主义准则》；

铭记成员国有义务通过执法措施确保公共安全与保障个人权利之间维持公正的平衡，这被《欧洲人权公约》和欧洲人权法院判例法奉为神圣的规定；

考虑到特殊侦查手段数量众多、形式多样和不断演变，但是其共同特点是它们的秘密性，其应用可能会干扰基本权利和自由；

认识到使用特殊侦查手段是打击包括恐怖主义行为在内的最严重犯罪形式的重要工具；

意识到在刑事侦查中使用特殊侦查手段需要保密，追查包括恐怖主义行为在内的严重罪行的所有努力，都可能在适当的情况下为了保护秘密行动手段而遭遇挫败；

意识到有必要通过制定规制特殊侦查手段适用的共同标准和改进有关特殊侦查手段的国际合作，以此增强运用特殊侦查手段的有效性；

认识到制定这些标准将有助于进一步建立公众以及成员国有关主管当局在使用特殊侦查手段方面的信心，

建议成员国政府：

i. 在制定国内法、审查刑事政策和实践时，以及在运用特殊侦查手段时，应以本建议所附原则和标准为指南；

ii. 所有的宣传工作都是为了确保使用特殊侦查手段的主管当局能够执行这些原则和标准。

Rec（2005）10 号建议的附录

第一章　定义和范围

就本建议而言，"特殊侦查手段"是指主管机关在刑事调查中为侦查和调查严重犯罪和犯罪嫌疑人而采用的各种技术，其目的是以不惊动目标人的方式收集信息。

就本建议而言，"主管机关"是指根据国家法律的规定，决定、监督或使用特殊侦查手段的司法、检察和侦查当局。

第二章　在国家层面上使用特殊侦查手段

a. 总则

1. 成员国应当根据《欧洲人权公约》的要求，在其国内立法中确定主管机关被授权使用特殊侦查手段的情况和条件。

2. 为了进行有效的刑事侦查和起诉，成员国应当根据第 1 项的规定采取适当的立法措施允许其主管机关使用特殊侦查手段，这在民主社会中被认为是必要和适当的。

3. 会员国应当采取适当的立法措施，通过事先授权、侦查期间的监督或事后审查确保司法当局或其他独立机构对特殊侦查手段的实施进行充分控制。

b. 使用条件

4. 只有在具备充分理由相信一名或多名特定人员或身份不明的个人或群

体已经实施、准备实施或正在实施严重犯罪时，才能够使用特殊侦查手段。

5. 应当确保使用特殊侦查手段的效果与已经确定的目标之间保持相称性。在这方面，应当在根据罪行的严重性，同时考虑所使用的具体特殊侦查手段的侵入性进行评估后才能做出是否使用特殊侦查手段的决定。

6. 成员国应当确保主管当局采用比特殊侦查手段侵入性更小的侦查方法，如果这种方法能够充分、有效地侦查、预防或起诉犯罪的话。

7. 原则上，成员国应当采取适当的立法措施，允许在法庭上出示使用特殊侦查手段获得的证据。关于出示和采纳此类证据的程序规则应当保障被告人获得公平审判的权利。

c. 业务准则

8. 成员国应当向主管当局提供所需要的技术、人力和财政资源，以便使用特殊侦查手段。

9. 成员国应当确保关于特殊侦查手段的技术设备、法律和适用程序会考虑到新技术。为实现此目的，它们应与私营部门密切合作，获得它们的援助，以确保在使用特殊侦查手段时能够最有效地利用现有技术，并确保新技术使用的有效性。

10. 成员国应当根据国家立法和国际文书，特别是《欧洲人权公约》和《个人数据自动化处理中的个人保护公约》（ETS No. 108）的规定，确保电话和互联网服务提供商等通信公司能够适当保留和保存流量和位置数据。

11. 成员国应当采取适当措施确保特殊侦查手段所需要的技术，特别是截取通讯所需要的技术，符合保密性、完整性和可用性的最低要求。

d. 培训和协调

12. 成员国应确保对负责决定使用、监督和实施特殊侦查手段的主管当局进行充分培训。这种培训应当包括特殊侦查手段的技术和业务方面的培训，有关这些技术的刑事诉讼立法的培训以及关于人权方面的培训。

13. 成员国应当考虑在国家一级提供专门咨询，以协助主管当局使用特殊侦查手段或向其提供咨询。

第三章　国际合作

14. 为了促进使用特殊侦查手段方面的司法或警察合作，成员国应当尽可能地利用现有的国际安排。在适当的情况下，成员国还应当确认并制定加强此类合作的额外安排。

15. 鼓励成员国签署、批准和执行刑事国际合作领域诸如情报交流、控制下交付、秘密调查、联合调查组、跨境行动和培训方面的现有公约或文书。

有关文书尤其应当包括：

1988 年 12 月 20 日《联合国禁止非法贩运麻醉药品和精神药物公约》；

1990 年 11 月 8 日《洗钱、搜查、扣押和没收犯罪所得公约》；

1999 年 1 月 27 日《反腐败刑法公约》；

2001 年 11 月 8 日《欧洲刑事互助公约第二附加议定书》；

2001 年 11 月 23 日《打击网络犯罪公约》；

2000 年 11 月 15 日《联合国打击跨国有组织犯罪公约》及其议定书；

2003 年 10 月 31 日《联合国反腐败公约》。

16. 鼓励成员国更好地利用现有的有关国际机构，如欧洲委员会、欧洲司法网、欧洲警察署、欧洲检察署、国际刑警组织和国际刑事法院，以交流经验，进一步改善国际合作，并对使用特殊侦查手段的最佳实践进行分析。

17. 成员国应当鼓励其主管当局更好地利用其国际联系网络，以便交流关于国家规章制度和操作经验的信息，以促进在国际背景下使用特殊侦查手段。如果需要，应开发新的网络。

18. 成员国应当力促技术设备遵循国际协定的标准，以克服在国际背景下使用特殊侦查手段面临的技术障碍，包括有关截取移动电信面临的技术障碍。

19. 为了在国际背景下提高效率，鼓励成员国采取适当措施，增进各国负责决定使用、监督或使用特殊侦查手段的主管当局之间的信任，同时确保充分尊重人权。

附录二　《欧洲委员会关于对包括恐怖主义行为在内的严重罪行的"特殊侦查手段"的 CM/Rec（2017）6 号建议》[1]

部长理事会，根据《欧洲委员会规约》第 15 条（b）的规定，

考虑到欧洲委员会的目标是使其成员更加团结一致；

考虑到《关于在紧急情况下保护人权的意见》（2006 年 3 月 17 日至 18 日）、关于安全部门民主监督的报告（2007 年 6 月 1 日至 2 日）和《关于反恐措施与人权的报告》（威尼斯，2010 年 6 月 4 日），由欧洲法治民主委员会（威尼斯委员会）通过；

回顾利用特殊侦查手段打击恐怖主义和其他形式的严重犯罪问题国际会议（2013 年 5 月 14 日至 15 日，斯特拉斯堡），确认有必要更新适用于使用特殊侦查手段的标准和准则；

考虑到 25 日通过的恐怖主义问题专家委员会的最后报告全体会议（2013 年 10 月 23 日至 24 日，伊斯坦布尔）确认使用特殊侦查手段是欧洲委员会反恐法律行动的优先领域；

考虑到欧洲犯罪问题委员会在《关于跨国有组织犯罪的白皮书》（2014 年 10 月 6 日，斯特拉斯堡）中就打击跨国有组织犯罪和使用特殊侦查手段确定的一系列行动，以及在欧洲委员会打击腐败和有组织犯罪的技术合作计划框架内通过的报告；

回顾第 125 次会议通过的《打击暴力极端主义和导致恐怖主义的极端化行动计划》部长委员会会议（2015 年 5 月 19 日，布鲁塞尔）呼吁欧洲理事

---

〔1〕《欧洲委员会关于对包括恐怖主义行为在内的严重罪行的"特殊侦查手段"的 CM/Rec（2017）6 号建议》（Recommendation CM/Rec（2017）6 of the Committee of Ministers to member States on "special investigation techniques" in relation to serious crimes including acts of terrorism），2017 年 7 月 5 日部长理事会第 1291 次部长代表会议通过。

会开展有针对性的活动，加强打击恐怖主义和暴力极端主义的法律框架，防止和打击暴力激进化，同时尊重人权和法治；

考虑到《个人数据自动化处理中的个人保护公约》及其《关于监管机构和跨境数据流动的附加议定书》；R（87）15 号建议规范警察部门使用个人数据，以及关于保护电信服务领域个人数据的 R（95）4 号建议，特别是关于电话业务；

部长委员会向成员国提出的关于在网络中立方面保护和促进言论自由权和私生活权的 CM/Rec（2016）1 号建议，以及部长委员会向成员国提出的关于互联网自由的 CM/Rec（2016）5 号建议；

考虑到欧洲委员会关于刑事领域合作的现有公约，以及欧洲委员会成员国与其他国家之间现有的类似条约；

考虑到 2002 年 7 月 11 日欧洲委员会部长理事会通过的《关于人权和打击恐怖主义的准则》；

铭记成员国有积极义务采取必要措施保护在其管辖范围内的每个人的基本权利，使其免受包括恐怖主义行为在内的严重罪行的侵害，特别是生命权；

铭记成员国有义务通过执法措施确保公共安全与保障个人权利之间维持公正的平衡，这被《欧洲人权公约》和欧洲人权法院判例法奉为神圣的规定；

意识到在打击包括恐怖主义行为在内的严重犯罪时，成员国永远不能采取违反国际法的强制性准则的行动，也不能采取违反国际人道主义法的行动；

考虑到特殊侦查手段数量众多、形式多样和不断演变，但是其共同特点是它们的秘密性，其应用可能会干扰基本权利和自由；

认识到使用特殊侦查手段是预防、镇压和起诉包括恐怖主义行为在内的最严重犯罪形式的重要工具；

意识到在刑事侦查中使用特殊侦查手段需要保密，追查包括恐怖主义行为在内的严重罪行的所有努力，都可能在适当的情况下为了保护秘密行动手段而遭遇挫败；

意识到有必要通过制定规制特殊侦查手段适用的共同标准和改进有关特殊侦查手段的国际合作，以此增强运用特殊侦查手段的有效性；

认识到制定这些标准将有助于进一步建立公众以及成员国有关主管当局在使用特殊侦查手段方面的信心；

考虑到 2013 年 5 月在斯特拉斯堡举行的关于使用特殊侦查手段打击恐怖

主义和其他形式的严重犯罪的国际会议承认，自部长理事会于 2005 年 4 月 20 日通过"关于对包括恐怖主义行为在内的严重罪行的'特殊侦查手段'的第 Rec（2005）10 号建议"以来，计算机和互联网技术已经取得了长足进步，为犯罪分子和恐怖分子以及执法部门提供了新的可能性；

考虑到"恐怖主义问题专家委员会"所开展的工作，该委员会于 2003 年由欧洲委员会部长理事会设立，其任务是审查和更新部长理事会向成员国提交的"关于对包括恐怖主义行为在内的严重罪行的'特殊侦查手段'的第 Rec（2005）10 号建议"。

Ⅰ. 建议各成员国政府：

i. 在制定国内法，审查刑事政策和实践时，以及在运用特殊侦查手段时，以本建议所附的原则和标准为指南；

ii. 确保本建议及其附随的解释性报告能够尽可能被广泛地翻译，通过向使用特殊侦查手段的主管当局进行适当的传播，对这些原则和标准进行必要的宣传；

iii. 进一步加强国际和国内刑事合作，以强化交流行动层面的信息和最佳做法；

Ⅱ. 用现行文本取代部长理事会向成员国提出的"关于包括恐怖主义行为在内的严重罪行的'特殊侦查手段'的 Rec（2005）10 号建议"。

CM/Rec（2017）6 号建议附录

第一章　定义和范围

1. 范围和目的。特殊侦查手段既适用于司法领域，也可以适用于司法领域之外的情报收集。本建议的范围仅限于在司法领域运用特殊侦查手段，包括基于金融或网络调查的目的而使用特殊侦查手段。

2. 就本建议而言：

"特殊侦查手段"是指在刑事侦查中主管当局为了实现预防、侦查、调查、起诉和镇压严重犯罪的目的，以不惊动目标人的方式收集信息的一种技术。

"主管当局"是指根据国家法律的规定，在刑事侦查中决定、监督或使用特殊侦查手段的司法、起诉和调查当局。

"金融调查"，是指调查与犯罪活动有关的金融事务，以确定犯罪网络的程度或犯罪规模，查明和追踪犯罪收益、恐怖主义资金或任何其他可能被没收的资产，收集可以被用于刑事诉讼的证据。

"网络调查"，是指为了预防、调查、侦查、起诉和制止包括恐怖主义行为在内的任何严重犯罪和《欧洲委员会防止恐怖主义公约》及其附加议定书规定并通过互联网实施的任何刑事犯罪，也包括为故意实施严重犯罪而对信息、计算机系统、计算机程序和数据的任何非法干扰行为开展的一种调查行为，还包括对恐怖主义行为开展的刑事侦查。

第二章　在国家层面上使用特殊侦查手段

a. 一般原则

3. 成员国应根据《欧洲人权公约》的要求和欧洲人权法院的有关判例法的规定，对主管当局被授权使用特殊侦查手段的情况和条件，法律必须确保作了充分明确的规定。

4. 成员国应当根据第一章的规定采取适当的立法措施允许使用特殊侦查手段，以便使其主管当局能够利用这些手段，这种做法在民主社会是必要的，也是有效实施刑事侦查和起诉所必不可少的。国内立法应提供充分和有效的保障，防止任意和滥用特殊侦查手段的做法，特别是要注重保护《欧洲人权公约》第6条、第8条、第10条和第13条以及《欧洲人权公约》第1号议定书第1条分别规定的公平审判的权利、尊重私人和家庭生活的权利，包括保护个人资料的权利、言论和通信自由、获得有效救济的权利、财产权利等。

5. 成员国应当采取适当的立法措施，通过事先授权、侦查期间的监督或事后审查，确保对司法当局或其他主管当局实施特殊侦查手段的情况进行适当的定期审查。

6. 成员国应确保任何声称其权利因滥用特殊侦查手段而受到侵犯的个人或法人，应当有权向主管当局寻求有效的救济办法。

b. 使用条件

7. 只有在具备充分理由相信一名、多名特定人员或身份不明的个人或群体已经实施、准备实施或正在实施严重犯罪时，才能够使用特殊侦查手段。

8. 应当确保使用特殊侦查手段的效果与已经确定的目标之间保持相称性。在这方面，应当根据罪行的严重性，同时考虑所使用的具体特殊侦查手段的侵入性进行评估后才能作出是否使用特殊侦查手段的决定。此外，还应当考虑案件的紧迫性和总体复杂性。

9. 成员国应当确保主管当局采用比特殊侦查手段侵入性更小的侦查方法，如果这种方法能够充分有效地侦查、预防或起诉犯罪的话。

10. 原则上，成员国应当采取适当的立法措施，允许在法庭上出示和使用特殊侦查手段获得的证据。关于出示和采纳此类证据的程序规则应当保障被告人获得公平审判的权利。

c. 业务准则

11. 成员国应当向主管当局提供所需要的技术、人力和财政资源，以便使用特殊侦查手段。

12. 成员国应当确保关于特殊侦查手段的技术设备、法律和适用程序考虑到新技术。为实现此目的，它们应与私营部门密切合作，获得它们的援助，以确保在使用特殊侦查手段时能够最有效地利用现有技术，并确保新技术使用的有效性。

13. 成员国应在金融调查中适当和迅速地使用特殊侦查手段，以扰乱犯罪分子和恐怖主义集团的活动，查明和没收包括恐怖主义行为在内的严重罪行以及《欧洲委员会防止恐怖主义公约》及其附加议定书所确定的任何刑事犯罪的收益和工具。

14. 主管当局在对所有产生重大收益的犯罪、洗钱和恐怖分子融资案件进行调查时，并在迅速辨别和追踪、冻结和扣押已经或者可能会被没收的财产或者被怀疑是犯罪所得时，应当在金融调查中促进适当使用特殊侦查手段。

15. 成员国应当在网络调查中促进适当使用特殊侦查手段，以预防、发现、调查、起诉和打击网络攻击的罪恶行为，网络攻击的目的是实施包括恐怖主义行为在内的严重罪行以及根据《欧洲委员会防止恐怖主义公约》及其附加议定书确定的犯罪。

16. 为了实现本建议的目的，成员国应当在适当范围内上确保服务提供商保留和保存流量数据。该行为应当符合国家立法和现行的国际文书，特别是要遵循《欧洲人权公约》第8条、第10条和《个人数据自动化处理中的个人保护公约》第 108 条的规定。

17. 成员国应当采取适当措施确保特殊侦查手段所需要的技术，特别是截取通信所需要的技术符合保密性、完整性和可用性的最低要求。

d. 培训与协调

18. 成员国应确保对负责决定使用、监督和实施特殊侦查手段的主管当局进行充分培训，包括在金融调查和网络调查中的培训。这种培训应当包括特殊侦查手段的技术和业务方面的培训，有关这些技术的刑事诉讼立法的培训以及关于人权方面的培训。

19. 成员国应当考虑在国家一级提供专门咨询，以协助主管当局使用特殊侦查手段或向其提供咨询。

第三章　国内和国际合作

20. 为了促进使用特殊侦查手段方面的司法或执法合作，成员国应当尽最大可能利用现有的国际安排，包括在开展金融调查和网络调查的时候。在适当的情况下，成员国还应当确认并制定关于加强此类合作的额外安排。包括与私营部门合作，以加强在打击包括恐怖主义行为在内的严重罪行方面的合作，特别要注意在网络上运用特殊侦查手段时涉及的管辖权问题。

21. 鼓励成员国签署、批准和执行刑事国际合作领域诸如情报交流、金融调查、网络调查、控制下交付、秘密调查、联合调查组、跨境行动和培训方面的现有公约或文书。

有关文书尤其应当包括：

1988 年 12 月 20 日《联合国禁止非法贩运麻醉药品和精神药物公约》；

1999 年 12 月 9 日《联合国制止向恐怖主义提供资助的国际公约》；

2000 年 11 月 15 日《联合国打击跨国有组织犯罪公约》及其议定书；

2003 年 10 月 31 日《联合国反腐败公约》；

2005 年 5 月 16 日《欧洲委员会防止恐怖主义公约》及其 2015 年 10 月 22 日的附加议定书；

1990 年 11 月 8 日《欧洲委员会关于洗钱、搜查、扣押和没收犯罪所得公约》；

2005 年 5 月 16 日《欧洲委员会关于洗钱、搜查、扣押和没收犯罪收益和资助恐怖主义的公约》；

1999 年 1 月 27 日《欧洲委员会反腐败刑法公约》；

2001 年 11 月 8 日《欧洲刑事互助公约第二附加议定书》；

2001 年 11 月 23 日《欧洲委员会打击网络犯罪公约》及其《关于将通过计算机系统实施的种族主义和仇外行为犯罪化的附加议定书》。

22. 鼓励成员国酌情更好地利用现有的有关国际机构，如联合国、欧洲委员会、欧洲联盟、欧洲安全与合作组织、独立国家联合体、全球反恐论坛、国际刑警组织和国际刑事法院和法庭，以期交流经验，进一步改善国际合作，并对使用特殊侦查手段的最佳实践进行分析。

23. 成员国应当鼓励其主管当局更好地利用其国际联系网络，以便交流关于国家规章制度和操作经验的信息，以促进在国际背景下使用特殊侦查手段。如果需要，应开发新的网络。

24. 成员国应当促进技术设备遵循国际协定的标准，以克服在国际背景下使用特殊侦查手段面临的技术障碍，包括有关截取移动电信面临的技术障碍。

25. 为了在国际背景下提高效率，鼓励成员国采取适当措施，增进各国负责决定使用、监督或使用特殊侦查手段的主管当局之间的信任，同时确保充分尊重人权。

附录三　菲律宾《禁毒行动和侦查手册》

第 23 条　控制下交付

a. 在实施行动之前，应当密集地收集和评估情报数据，以确定是否可以适用控制下交付行动。应当将来自举报人、其他警察机关或国际执法机构的情报信息适当录制并记载下来。实施控制下交付，旨在查明涉案人员、贩运者的来源国和作案手法。

b. 行动必须有限定的时间范围，这取决于毒品集团的行动规模，目标人物的参与，所选行动人员的能力以及国际禁毒执法机构的参与。控制下交付行动要注意保守秘密。

c. 参加控制下交付行动的所选人员应与其他特工隔离，限制在一个由委员会或董事会指定的考虑周到的地点，以避免泄漏信息可能危及行动。

d. 控制下交付行动应在快递人员的陪同下由秘密特工实施，或者组合运用移动监视和电子监视，具体取决于行动的规模，要交付的材料来源，参与人员的能力以及其他影响行动的因素。

附录四　德国《刑事起诉和罚金指令》

第 29a 条

控制下中转是指在刑事检控机构的监视下，让毒品、火器、被盗物品或财产等从外国通过本国领土非法运输至第三国的活动。控制下出口是指从本国领土非法运输至外国。控制下进口是指在监视下从外国非法运输到本国领土。

第 29b 条

只有在犯罪头目不能经由其他方式发现或者分销渠道隐蔽时才能考虑适用控制下交付。为了随时确保犯罪人和涉案货物的安全性，有必要进行监视。此外，为了确保交付和运出，外国必须就下列事项作出声明：

（i）同意进口或者中转；

（ii）确保对运输过程实施持续监视；

（iii）确保对运输者、犯罪头目与购买者开展侦查，对毒品、火器、赃物及类似物品实施扣押，对犯罪嫌疑人定罪并且执行对其判决；并且

（iv）确保德国刑事检控机构能够持续获悉有关诉讼的进程。

第 29c 条

就控制下中转而言，如果德国检察机构尚未启动对该罪行的调查程序，那么原则上由检察官负责诉讼程序，由其负责将与犯罪有关的物品通过过境点输入国内领土。这也适用于控制下进口。对于控制下出口，其诉讼程序原则上由运输始发地的检察官来执行。

第 29d 条

是否允许实施控制下运输的决定由负责的检察官作出，他通知检察官交通工具可能从哪个地区离开国内领土。除此以外，负责输入地的检察官以及负责运作程序的其他人也应该被告知。原则上，如果警察机构及官员与海关需要作出决定或者获取信息，他们会联系负责的检察官。

附录五　美国《联邦调查局乔装侦查行动准则》[1]

C. 需要由联邦调查局总部批准的乔装侦查行动

（2）涉及敏感事项的乔装侦查行动。

所有乔装侦查行动在涉及下列敏感事项的各种情形时，专职负责官员应根据 F 款的要求，将批准申请提交到联邦调查局总部。该申请先由联邦调查局总部的适当监督官员审查，如果认为应当支持该申请，再进一步提交给乔装侦查行动审查委员会审查。申请应进一步提交给联邦调查局局长或者指定的局长助理，由其批准或者否决该申请。

本准则所规定的，涉及敏感事项的乔装侦查行动是指有合理的根据相信乔装侦查行动将：

（a）对联邦、州或者地方政府机构或政治党派中的司法、立法、管理或者行政领域内的官员、公务员进行的侦查。

（b）针对联邦、州或者地方政府的官员涉嫌政府职能滥用的体制性腐败，进行的侦查活动。

（c）针对外国的政府官员、政府或者宗教组织、政治组织或新闻媒体开展的侦查活动。

（d）实施对政府、州、地方政府机构合法运作产生广泛影响或严重侵犯的某些侦查行为。

（e）建立、取得或者经营掩护性企业。

（f）为犯罪的实施提供关键性物品或者服务，而若没有政府的帮助，侦查对象将很难合理地取得上述物品或者服务。

---

[1]　节选自美国《联邦调查局乔装侦查行动准则》，该准则由中国人民大学法学院程雷教授翻译，全文参见程雷著：《秘密侦查比较研究》，中国人民公安大学出版社 2008 年版，第 592-613 页。

（g）乔装侦查员从事的行为，属于联邦法律、州法律或者地方法律规定的重罪或者严重犯罪，但下列行为除外：购买赃物或者违禁品；政府方运送或者出售所有者不明的赃物；在毒品不进入社会流通渠道的前提下，实施控制下交付；不超过 5 次的洗钱行为，且涉案金额不超过 100 万美金；其他敏感事项中不涉及的行贿行为；隐藏个人身份或商业实体的真实所有者，而与第三方进行虚假代理行为（但不包括宣誓的陈述或构成伪证罪的陈述）。

（h）在任何法律或者行政程序中，存在乔装侦查员被逮捕或者提供虚假宣誓、虚假文件的巨大风险。

（i）出席或者参加其他人与其律师之间进行的交流。

（j）当乔装侦查员装扮为律师、医生、神职人员或记者时，存在第三人可能与乔装侦查员发展职业特权关系的风险。

（k）向处于特权关系保护下的律师、医生、神职人员或者其他人员索取信息或向已处于职业特权或秘匿特权关系中的记者索取信息。

（l）当侦查对象为恐怖组织犯罪时，参加该组织的活动或者从该组织内部发展线人。

（m）存在带来暴力、身体伤害的风险或产生经济损失的风险。

（n）乔装侦查行为易引发针对美国政府的合同之诉、侵权之诉以及引发对物的赔偿诉讼的行为，或者极易引发针对政府官员的宪法性侵权主张。

（o）乔装侦查员在第三人不知或者欠缺第三人同意的情况下实施虚假代理行为。

H. 乔装侦查员参与非法行为

未经本准则授权，任何乔装侦查员不得从事违反联邦、州和地方法律的行为，上述行为与任何私人所实施的未经授权的行为一样，都属于违法行为。根据本准则的规定，未经本准则的特别授权，乔装侦查员实施的违法行为不能合法化。

（1）理由：任何官员都不应建议或者批准乔装侦查员参与非法行为，除非：

（a）不参与非法行为将难以获得成功侦查所必需的信息与证据；

（b）防止人员伤亡。

（2）最小化：联邦调查局应当采取适当措施将乔装侦查员对非法行为的参与程度降到最低。

（3）禁止：乔装侦查人员不得：

（a）实施除自卫以外的任何暴力行为；

（b）发起或者起意实施犯罪行为，除符合本准则下述第 V 部分的规定（有关避免陷害教唆行为的规定）外；

（e）使用任何非法侦查手段（如非法窃听、非法邮检、相应于非法搜查的侵人、进人或侵害）。

（4）自卫。准则中的规定并未禁止乔装侦查员在紧急情形下，为保护个人或者他人的生命安全免受非法暴力的侵害而采取适当措施进行自卫。采取上述措施，应报告给相应的联邦检察官和联邦调查局总部，后者应尽快将这一事宜通知给刑事业务部门的助理总检察长。

（5）授权。

（a）专职负责官员应当批准所有的乔装侦查行动与乔装侦查行为，包括准备参与违法行为的乔装行动，这一批准可以被看作是对下列行为的授权：

（i）属于联邦法律、州法律或者地方法律所规定的轻罪或相当程度的轻微犯罪；

（ii）经一方同意进行监听，即使根据地方法律认为该行为属非法行为；

（iii）购买违禁品或者窃取的赃物；

（iv）运送或者销售失主不明的盗窃赃物；

（v）在保证毒品不流人社会的前提下，实施控制下交付；

（vi）在不涉及敏感事项的情况下，实施行贿行为；

（vii）隐藏个人身份或真实所有权人的情况下，对第三方实施虚假代理行为（但不允许进行口头宣誓或者构成伪证罪的陈述，此行为需根据本条下述 b 款的规定特别授权）；

（viii）实施不超过 5 次的洗钱行为，且涉案金额不超过 100 万美元；

（b）实施构成重罪的犯罪行为或者程度相当的严重犯罪行为，且不能根据上述第Ⅳ部分 C（2）款的规定排除违法性时，需要在审查委员会审查后，由助理局长批准进一步的授权。

（c）实施可能引发暴力或者身体伤害风险的非法行为时，需在审查委员会审查后，由联邦调查局局长、副局长或者指定的执行局长批准。

（d）如果乔装侦查员，在事先难以预见的情况下，根据本条 H（1）款的规定，认为实施非法行为乃必需且适当时，应咨询专职负责官员。专职负责官员应尽快向指定的助理局长申请紧急暂时授权。如可能，还应申请乔装侦查行动审查委员会进行审查。在必需的情况下，专职负责官员也可以根据下述 I 款的规定，紧急批准该非法行为的实施。在不可能向专职负责官员寻求咨询时，如果乔装侦查员认为对生命、人身安全或者财产安全存在重大与即刻的威胁，也可以（直接）参与非法行为，只要其没有直接实施该非法行为且尽最大努力阻止了暴力行为的实施。上述行为实施完毕后，应尽快向专职负责官员报告，专职负责官员应向联邦调查局总部提交书面报告，总部应迅速将此事宜通知给审查委员会。如果适当的话，乔装侦查员自行决定实施的非法行为可被追加批准。

（e）如果乔装侦查行动中涉及暴力犯罪活动，且乔装侦查员、线人或者合作证人以任何方式参与了暴力活动，专职负责官员应当立即将这一情况通知给相应的联邦检察官和联邦调查局总部，后者应尽快通知负责刑事业务的助理总检察长。

1. 暂时/紧急授权

（1）在需要专职负责官员书面批准乔装侦查活动时，如果专职负责官员认为准备书面授权的时间延误将带来丧失重大侦查战机的后果，也可以口头批准乔装侦查行动。所要求的书面授权决定，连同口头批准的原因，应一并迅速送交给联邦调查局总部。

（2）联邦调查局总部拥有紧急暂时授权程序，参见上述 G（3）款的规定。如果专职负责官员认为上述紧急程序仍然显得时间过长，在符合下列条件的情况下，可以直接批准乔装侦查行动：

（a）在需要指定的助理局长批准授权的案件中，如果专职负责官员认为，不能迅速启动、延期或者重新批准一项乔装侦查行动，将给人的生命、人身安全或者财产安全带来严重危险，可以直接批准该行动。

（b）当涉及敏感事项（1）或者（m）情形时，如果专职负责官员认为启动、延期或者重新批准一项乔装侦查行动对于保护人的生命或者阻止严重人身伤害是必不可少的，可以批准该行动。

（c）当涉及敏感事项（1）情形或者涉及其他恐怖犯罪侦查活动时，如果专职负责官员认为启动、延期或者重新批准一项乔装侦查行动对于防止重大侦查战机的流失而言是必需的，可以批准该行动。

在对上述申请给予批准之前，专职负责官员应当尽力咨询相应的检察官与指定的助理局长的意见。

（3）上一段规定的紧急授权的权力不能根据Ⅳ.B（3）款的规定委托他人行使。

（4）在上述（2）中紧急授权的各种情形下，乔装侦查行动开始、延期或者重新批准后48小时内，应当向联邦调查局总部提交一份书面申请批准文件，并说明已经初步取得的证据或信息和对紧急情况的说明。在收到紧急授权的告知后，联邦调查局总部应尽快告知乔装侦查行动审查委员会中隶属于司法部的官员。如果紧急授权的乔装侦查行动在后续的审查中未被批准，一份包括乔装侦查行动中所有已经实施行为的报告应被提交给联邦调查局局长，由其告知副总检察长。

（5）在网络乔装侦查行动中，只要某一授权对于在申请相应授权与提交批准的过程中，维持乔装侦查的可信性或者避免永久地与侦查对象失去联系而言是必不可少的，专职负责官员或其指定的人员可以书面批准，在不超过30天的时间里继续正在进行的乔装侦查联系。如果申请的乔装侦查行动需由副局长根据Ⅳ.C（2）的规定授权，联邦调查局总部中相应的办公室必须尽快被告知需要批准暂时授权。而且，在上述期间里实施的所有乔装侦查行动，均应写成报告尽快提交给相应的批准机构。如果得到批准，正与侦查对象保持网络联系的乔装侦查员应当：

（a）保存所有网络通信活动的详细记录；

（b）避免从事非法行为；

（c）在确保完成调查任务的同时，尽量保持有限参与的网民角色；

（d）避免与侦查对象的物理接触；

（e）如果在线接触表明存在对作为第三方个人、商业机构或者政府的重大、即刻的威胁，应在紧急授权时期，采取所有必要、合理的行动保护潜在的受害人、阻止严重犯罪行为的发生；

（f）如果在30天的紧急授权期间内，有关机构作出了不批准该乔装侦查行动的决定，该行动应终止进行。

附录六　《化学前驱控制标准作业程序》[1]

3.5 特殊侦查手段

与侦查任何毒品犯罪一样，诸如控制下交付和特工行动等特殊技术有助于揭露前体化学品转移案件的后果。由于这些方法很常见，因此没有尝试进行详细的讨论，仅仅考量了特殊技术在前体化学品转移案件中的运用。

3.5.1 控制下交付

"控制下交付"被定义为一种技术，即在一国或多国主管当局的知情或监督下，允许货物中非法或可疑的麻醉药品、精神药物、本公约表一和表二所列物质或它们的替代物质运出、通过或运入其领土，以期查明涉及按本公约第 3 条第 1 款确定的犯罪的人（来源于 1988 年《联合国禁止非法贩运麻醉药品和精神药物公约》）。该区域的某些国家已经实现了控制下交付的合法化，而其他国家则没有。

3.5.2 目标

在涉及犯罪嫌疑人运输毒品、前体化学品或者违禁品时，控制下交付

---

[1]　2010 年，联合国毒品和犯罪问题办公室南亚地区办公室为了强化预防和打击化学前驱被滥用于制造毒品的现象，发布了《化学前驱控制标准作业程序》（Standard Operating Procedures on Precursor Chemical Control），提供了如何全面监管化学前驱的程序与方法，成了南亚地区各国乃至世界各国禁毒执法部门重要的执法工具。《化学前驱控制标准作业程序》中的"3.5 特殊侦查手段"部分专门对控制下交付的条件和程序做了深入探讨，实战性很强，颇具借鉴价值，现翻译后收录于此。基于篇幅考虑，删除了部分表格和脚注。

（包括"悄然护送"）是一种高效的侦查手段，但是必须在执法官员的指挥和监督下进行，历史上，控制下交付是全球刑事侦查人员适用最广泛的侦查手段之一，也是刑事侦查启动、延伸和终结重大走私事件的成功手段。实施控制下交付旨在：

（1）辨认、逮捕和指控在国内、地区或者全球范围内促进、管理、指挥毒品和违禁品走私活动的犯罪人；

（2）瓦解和摧毁从事跨境走私毒品和其他违禁品的犯罪组织；

（3）扩大侦查范围，发现其他以及更高层次的犯罪人，并收集更多的证据；

（4）收集证据材料证明这些组织所雇佣的从事运输毒品与其他违禁品的嫌疑人明知是非法物质仍然持有；

（5）发现犯罪分子及其同伙以及犯罪同伙人的财产，并没收其财产收益，这将成为控制下交付的证据。

3.5.3 计划

启动控制下交付的管辖区的案件特工或者担负领导职责的侦查人员应当考虑下列问题：

（1）根据法律指标，向起运地与接收地负有指导职能的适当的检察机构咨询，以确保协作，并对控制下交付起诉的可能性作出决定；

（2）如果有可能，用替代品取代毒品、前体化学品（留下可检测数量），并且获得适当的检察机构的批准；

（3）确保起运地、转运地和接收地辖区的执法机构的合作能够顺利进行；

（4）确定每一个受影响的辖区是否有实施控制下交付的法定权力。出于法律的考虑，如果转运地（运输地）不允许参与的话，确定是否有第二条路线可以使用，或者毒品、其他违禁品可否通过空运到达目的地；

（5）当使用电子追踪装置确有必要时，依据法律或政策规定判断非双方同意的通信截收是否需要获得法院令状。根据法律和（或）机构政策，在必要时获得批准，实施双方同意的通信截收；

（6）违禁品与合作被告人的安危；

（7）评估法律是否准许安装电子追踪装置之类的特殊装备；

（8）准备运输工具，包括是否在运输工具中内安装电子监控设备或者秘密的录音设备；

(9) 从地面上获取交易地点的照片，并对交易地点的情报进行评估；

(10) 评估运输路线并且确定该运输路线是否是几条路线中较快到达的；

(11) 获取合作被告人的照片和指纹，并对交易工具进行登记，犯罪前科，以及关于其他犯罪嫌疑人的嫌疑数据，涉及运输的内容，在此次控制下交付中毒品、前体化学品或者违禁品的收据；

(12) 审查最近扣押的物品与控制下交付所缴获的是否一致；

(13) 从检查人员或者已经阻止毒品、前体化学品在陆地入境口岸运输的执法官员那里获取有关的情报，

(14) 获取并且审查在检查中或者在逮捕非法从事毒品，前体化学品或者违禁品的犯罪者所获得的口供；

(15) 制作一个行动计划与简短的卡片，详细说明执法特工或者官员的任务；

(16) 向参与控制下交付的执法人员通报案情（对于接收地的官员可以考虑用电话会议）。

3.5.4 秘密特工人员的运用

用秘密特工或者官员或者值得信任的机密线人去代替被逮捕的对象是切实可行的。该行为得以顺利进行取决于运输人并不认识收货人。确认秘密特工被证实或被鉴定为符合机构政策规定，具备从事秘密工作的能力，并且要有适当的隐蔽支援力量和具备识辨能力，秘密官员应该有相同的语言技能，并且了解其在走私活动中的作用。如果运货人认识收货人，指派秘密特工代理人或者官员驾驶运输工具到交付的卸货地点附近，除非有反监控危及行动。合作被告人可以继续担任他的角色，并且在余下的路程中驾驶车辆到达约定的卸货地点——在执法官员的指挥和控制之下。如果运货人被要求与其他服务人员进行定期通话的话，制定一个计划不仅要监听这些通信，同时还要收集额外的证据以指控犯罪分子在行动中担任监督者的角色。只要条件许可，就必须在逐案判断的基础上，自始至终都要制定一个计划以减少合作被告的作用。

3.5.5 控制下交付的启动

无论何时，入境口岸的检查人员或者边境地区的执法人员在发现前体化学品、违禁品后，在采取任何行动之前必须通知适当的侦查执法当局，侦查特工或者官员有责任对情势作出评价并决定实施控制下交付的可行性。某些决定性因素必须考虑：

（1）确定犯罪人是否有意愿成为合作被告人；

（2）评估犯罪人对走私行动的总体知情状况，大部分运货人或者送货人只知道有限的信息以减少其被捕并且成为线人的可能性；

（3）评估合作被告人接受指挥和执行法律的能力；

（4）根据指挥执行机构的行动计划；

（5）尝试去识别预定收货人、目的地、运输路线、运输模式与通信方式；

（6）与其他有关的执法机关联系以获取当地情报和犯罪人的地址，接受地的执法官员是最适合调查控制下交付的各方面情况，以及该地区的同类犯的；

（7）考虑到持续监视（如有必要）直到目的地的可能性；

（8）如果控制下交付在始发地和目的地是有效的，权衡起诉和侦查的可能性；

（9）判断在入境口岸、边境口岸的延误，或者大范围的搜查是否会对控制下交付构成妨碍；

（10）如果了解控制下交付的目的地、始发地辖区的事件代理人或者负责的侦查人员应当与转运地或者接受地辖区的相同级别的代理人或者官员进行协调；

（11）检察机构将根据有关侦查机构的意见决定各自起诉的地点，侦查行动控制由起诉有关被告人的可能地点来决定。

3.5.6 资源要求

控制下交付系人力资源密集型的行动，因此需要严密关注下列因素：

（1）控制下交付与随后的搜查以及相关执法行动要求提供大量人员与装备；

（2）需要24小时进行监控活动，监控时间冗长、监控地域广阔；

（3）需要精心操作设备，耗费巨大。

执法管理者应当对控制下交付的成本效益以及对其履行机构使命带来的益处进行评估。应当建立一个评估结果的方案，该方案包括：逮捕犯罪人的数量，渗入和瓦解的走私组织的数量，扣押的毒品，前体化学品、人员及财产的数量。如果相同的结果可以经由其他方法而获得，并且这种方法在成本收益、完成使命与达成任务方面与控制下交付相同或者可以取得更大成效，则应该取代控制下交付。

3.5.7 控制下交付的类型

尽管控制下交付在违禁品的性质、将违禁品引入关联辖区的方法以及执法机构采取的策略与方法等方面均存在相似之处，但是并非所有的控制下交付都是相同的，下面内容解释了执法机关遭遇的不同类型的控制下交付。

3.5.8 有合作被告型的控制下交付

有关有合作被告型的控制下交付往往是检查人员或者执法官员在入境口岸怀疑和扣押违禁品以后，并随之对犯罪嫌疑人进行拘捕。合作型被告也可能是源于其他的侦查活动，包括卧底侦查。由于合作被告相对于那些被羁押者而言有更大的自由，执法机构必须在政府的自由裁量权范围内，尽一切努力对其予以保护，以免受到伤害。另一方面，执法官员也应当确保处于特殊环境下的被羁押者不要伤害他人。在此种类型的控制下交付中，交通工具的驾驶员、其他被逮捕或者被强迫运输毒品与违禁品的犯罪人答应与政府合作，并且将违禁品交付给预定接受人。只有成年的合作被告（按照各地管辖区的法律和政策）在执法官员的控制下才能够被允许参与控制下交付于侦查活动，除非法律和政策并不禁止在侦查活动中使用未成年人，在案件中使用未成年人，必须获得其父母、监护人、检察机关和执法机关负责人的许可。

为了成功实施控制下交付，合作型被告是：

（1）已经被逮捕（除非他们系持有证明文件的情报人员，或者被司法当局释放后移交给羁押调查机构以协助实施控制下交付）；

（2）处于执法官员的羁押和控制、监管之下；

（3）愿意听从指挥，继续担任走私企业中的雇主委托的角色以协助执法。

3.5.9 控制下交付中合作型被告的使用

在允许合作型被告参与控制下交付以前，当有必要时要遵循下列程序
（1）对被告人和交通工具进行彻底搜查，看有无武器和证据；
（2）根据本辖区的法律和政策逮捕和审查被告人；
（3）盘问被告人以决定违禁品的预定目的地，并获取国内外的联系电话，并立即报告给相关的司法管辖区；
（4）向本辖区参与控制下交付的检察机构寻求建议和咨询，也包括就使用合作被告人寻求建议和咨询，并根据法律和政策获取同意并予以起诉；
（5）如果具有现实可能性，通过发电报或者携带录音机获取证据。
在完成控制下交付以后，遵循下列程序：
（1）跟随合作被告人从交付地到事先指定的地点，并尽可能迅速地对运输工具和被告再次实施搜查，这可以防止被告出于个人目的隐匿秘密证据或者违禁品。
（2）在各自的侦查报告中，记录所采取的所有行动以及其他有关情报。

3.5.10 无违犯者的控制下交付（暗中/悄然护送）

暗中护送系一种侦查技巧，当在侦查中或者其他执法活动中发现违禁品时，暗中护送被允许继续采用，从边境到它的预定目的地——在执法特工或者官员的监控下。与使用合作型被告、秘密特工或者秘密线人的控制下交付不同，该手段中受雇的犯罪人并没有意识到违禁品已经被发现，而且犯罪人也没有在控制下交付中与特工开展合作。在涉及在港口运输集装箱的案件中，司机/运输者也许是不知情的协助者——并没有意识到隐藏着违禁品。在大多数情况下特工或者官员没有控制运输人的行动，在涉及非商业承运人的情况下也常常不知道违禁品的实际目的地。因此，受其影响的司法管辖区也是不清楚的。

3.5.11 暗中护送存在的问题

该种控制下交付存在的障碍包括反监视以及毒品和违禁品货物不断增长或失散的风险。此外，如果暗中护送的方法不当或者被训练有素的海关人员、别的边境执法人员识破，犯罪人很容易认识到他们的违禁品已经被执法机关

发现。所以，在发现违禁品官员的反应时应当予以限制，以免惊动犯罪人。

3.5.12 非合作的犯罪人

非合作型犯罪人既没有被逮捕也没有处于羁押状态，执法官员实施暗中护送时，只要有可能就应该尽可能尝试去识别目的地、运输路线、有关走私犯罪的其他有关事实，包括上述预定收件人的身份。

3.5.13 控制下输入或输出："通过型"

"通过型"控制下交付是一种侦查手段，系指为了实现执法目的，授权对毒品、管制物质、违禁品、货币、金融票据以及其他限制或禁止物品进行控制下输入或输出。"通过"控制下交付不同于其他两种控制下交付，此种控制下交付是在政府的指挥下实施的控制下进口或者出口，它经常通过两种典型的方法得以完成。

（1）通过使用机密线人，该线人应充分意识到活动的重要性及其合作，但是必须要处于执法官员的控制和指挥下；

（2）由秘密执法特工或者官员代替犯罪组织担任运货人，作为秘密侦查行动的一部分。这是列出的操作程序，与基于侦查目的而出口或进口的违禁品有关。

这些程序并不适用于非流转状态下的进口，例如为了实验室分析或者交付给执法机构在未决事件中作为呈堂证供的证据。

秘密执法官员可以提议实施"通过"型控制下交付（有或者没有机密线人的协助）并提供违禁品进入关联辖区的通道，以便启动、延伸和终止执法调查。这种类型的控制下交付一般起源于"中转地"的扣押，最终会对处于某外国港口的最终目的地带来影响——或者系外国执法调查之后采取行动的结果。执法官员或者线人可以公开或者隐秘地与违禁品同行，当进入即将实施控制下交付的辖区时，该辖区的执法官员会在毒品或者其他违禁品货物上安放适当的安全控制装置。参与"通过"型控制下交付以及外国从事侦查的所有执法机构都必须与相关的驻外办事处专员或辖区内的代表密切协调其行动。在通过型控制下交付期间，提出申请的执法机构的责任是必须加强对管制物质交付的控制。

3.5.14 邮件与快件服务型控制下交付

这些类型的控制下交付源起于违禁品的发现与扣押，而这些违禁品被藏匿在邮件或者国际快递的包裹中，邮政与快递公司进行检查时得以发现。这种手段的典型做法是：由秘密执法官员化装成邮政公司与快递公司的雇用人员将包裹、包袱、包装袋送交收货人。

藏有违禁品的包裹应当由快递机构按照路线递送。

如果时间不是很紧急，挂号邮件也可以使用。

随身携带的邮政或者快递包裹可以选择性地适用。

当从侦查需要出发考虑需要令状或者依据法律或政策的规定。

执法机构应当与其辖区内适当的邮政当局进行协调，并为实施控制下交付建立程序或方法。

提议实施控制下交付的执法机构应当与快递公司联络，并且试图努力识别所有以前的货物或者由相同托运人或者托运公司发出或者接收的同一批次的货物（根据客户账号、账单号码、常用电话号码、追踪号码或者地址）。这些情报应当被提供给接收方的执法机构。为了有效协调侦查活动和减少延误，享有执法管辖权的邮政机构的特工或者官员，执法机构必须就邮件中发现的违禁品的控制下交付通知邮政当局的扣押或者接收的营业处。

特工或者官员应该建议邮政机构和快递公司的保卫部门修改他们的计算机邮件跟踪记录，以显示包裹被丢失或者延误，而不是被扣押了，这有利于防止被告人通过邮政或者快递公司的追踪系统探查执法机构的调查活动或者因为执法目的而导致包裹被延误。

3.5.15 行动计划的变化与最近获得的情报

意外的耽搁，毒品、前体化学品、违禁品的丢失，交付地点、路线、预定接货人发生变化导致控制下交付没能如期推进的，负责监视的执法特工或者官员应该尽可能将该情报传达给中转地或者接收地的相关机构。这种通知方法也适用于最新获得的情报，而这些情报在行动的启动之时并不知晓（识别预定交付地点、收货人或者先前不知晓的目标）。行动中的任何变化都将按照本节的规定接受审查和履行批准程序。

附录七　《控制下交付——一种侦查野生动物犯罪的技术》[1]

1. 导　论

控制下交付是执法机构用来识别与犯罪活动有关的人员，并收集证据的一种工具。这是一种已经被广泛使用的技术，例如打击毒品的非法贩运，但是它可以同样有效地用来打击野生动物的非法贸易。由于它通常与控制下进口、控制下过境和（在较小范围内）控制下出口联系在一起，因此控制下交付的适用主要与跨国犯罪相关联，也有可能仅仅只是在国内适用。

2. 框　架

2.1 基本内容

2.2 为什么适用控制下交付？

当执法当局通过物理检测或者意识到野生动物很显然正在从一个国家走私到另一个国家时，它们的第一反应是拦截和扣押该批货物，这是不合理的。这种反应肯定会中断违反公约的行为，并确保野生动物不能进入贸易领域。这也是一个完全适当的反应，因为在发现或获悉犯罪时，人们通常期望执法机构采取措施来预防或者阻止犯罪的发生。但是，在跨境走私的情况下，这

---

[1]　2008年10月13日至17日，在法国里昂举行的国际刑警组织第六届环境犯罪问题国际会议期间，国际刑警组织秘书长和《濒危野生动植物种国际贸易公约》秘书长发布了支持执法人员侦查野生动植物犯罪的指导纲领——《控制下交付——一种侦查野生动物犯罪的技术》（Controlled Deliveries-A Technique For Investigating Wildlife Crime）。

种行动往往也将使得查明违禁品的预定接货人的工作变得非常困难，这并非不可能，而且肯定会使收集足够的证据来指控这些人变得极其艰难。

同样重要的是要认识到，仅仅只是将野生动物从"供应链"中移出，而不对责任人采取行动，可能会导致某些人获得更多的标本并重新开始走私活动。这将导致更多被保护的物科被偷猎和杀害，因此尽可能避免这种情况肯定是符合《野生动植物濒危物种国际贸易公约》的最佳利益的。

进一步需要考虑的方面是，执法机构首先发现或获悉走私时不大可能采取行动，因为那些责任人通常在另一个国家，超出了本国机构的管辖范围，向拥有管辖权的相应机构提供证据以识别和指控犯罪分子是合乎常理的。在控制下交付的情况下，被提供的最佳证据其实就是货物本身。

2.3 货物的种类

活的样本可以成为控制下交付的对象吗？答案是可以，但是在这种情况下，必须考虑以下几个问题：

（1）执法人员、货物和行李搬运工、航空公司工作人员或公众是否有受损的风险、能否将风险降低到合理的水平？

（2）是否存在将疾病传播给人类或其他动物的风险？

（3）如果非法运输活体动物，其运输条件很可能不符合国际航空运输协会的规定。如果如此，允许货物继续运输会有对样本造成不必要的痛苦或伤害的风险吗？

（4）该动物是否可以被重新包装在符合国际航空运输协会规定的容器中？这是否会危及行动，并惊动参与其中的罪犯？

（5）相关国家的检疫法规是否允许该行动？

（6）在行动结束时，接收国是否能够以适当的方式处置这些动物，即遣返这些动物。

3. 交付之前

3.1 法律考虑

如前所述，在通常情况下，只要意识到一旦发生犯罪，人们就会预期执法机关毫不迟延地采取行动制止犯罪。但是，在控制下交付的情况下，有关机构会故意不采取此类行动，这可能会被视为不履行其职责，因为允许违禁品从一个国家继续运输到另一个国家会被认为是纵容和促进犯罪。货物目的地的国家执法机构同样可能被视为系在促进跨境走私或未能阻止非法货物进入其领土。由于这些原因，在实施任何控制下交付之前所有相关机构都必须承诺确保：

（a）存在法律依据授权他们可以使用这种技术；或者

（b）经过该国检察机关同意这种可以使用技术。

1. 有法律依据吗？

在许多国家，上述（a）点可能没有在立法中提及。或者，如果法律规定了控制下交付的问题，但是可能与野生动物犯罪无关，而可能仅限于特定类型的犯罪，例如贩卖毒品。或者它的使用可能仅限于某些种类的"严重犯罪"，或者可能只针对那些被认定为实施了"可诉罪"的人，或者可能仅仅针对那些被判处超过一定的最短刑罚期限的人。

一个国家的野生动物立法不太可能对使用此类侦查技术作出具体的规定。相应地，在它看来，审查与刑事司法程序有关的其他法律和诸如证据、有组织犯罪、司法协助、敲诈勒索或洗钱才是重要的问题。

尽管国家立法不太可能对与野生动物犯罪有关的控制下交付作出规定，但是在打击此类犯罪时，它很可能不会禁止使用它。

建议机构不要仅仅关注哪些犯罪与野生动物法有关，因为走私可能也违反其他法律，例如海关、检疫、生物安全或共谋法，这样可能会导致被判处比与《野生动植物濒危物种国际贸易公约》相关的立法更加严厉的处罚。

例如，许多与野生动物犯罪和野生动物的非法贸易的行为符合《联合国打击跨国有组织犯罪公约》所界定的"有组织犯罪"的定义。在考虑这方面时，富有想象力是很重要的。

2. 没有法律依据时应遵循的程序

如果国家立法没有特别授权这种技术，但没有明确排除它，当应对野生动物犯罪时，就必须考虑（b）点。一些国家完全没有考虑控制下交付问题，也不考虑犯罪类型，控制下交付能否成为被国家司法制度接纳的一种调查工具取决于检察机关根据国家立法所作出的决定。由于许多国家已经使用该工具对付毒品走私等犯罪，某些一般原则或政策很可能会允许控制下交付的实施。

它们很可能是"判例法",即最高法院或上诉法院的合法判决,这可能有助于为检察官提供指导。如果法院已经接纳控制下交付作为适用于其他类型犯罪的适当的侦查工具,他们可以合理地认为控制下交付适用于野生动物犯罪也是可以被接纳的。

3. 有没有附加条件?

如果确定(a)或(b)点可以适用,并且您的机构可以使用交付,下一阶段就是确定是否需要满足额外的条件。

在许多国家,控制下交付需要在获得法律的确认或者获得检察机关、法院的裁定以后才能被许可,因此在实施控制下交付行动之前必须遵守某些经常被承认的规则。

例如,控制下交付行动必须得到一定级别的官员(即警察局长或海关关长)的批准或授权并不罕见。或者,可能首先必须征得检察官的批准。在这种情况下,在行动开始之前、实施期间和结束之后也将必然要求提交报告。不遵守此类要求可能导致在行动期间收集的证据被裁定为不可采信。

非常重要的是,不遵守此类要求也可能导致参与控制下交付行动的官员不能被豁免或获得赔偿,而这是他们活动的重要组成部分。毕竟,简单地说,法律或检察机关批准了执法官员实施的犯罪(允许违禁品继续通过)是可以得到宽恕的。

至关重要的是,任何参与控制交付行动的官员都必须确信他或她所做的事情已经得到了适当的批准,他或她随后不能受到批评或更糟糕的起诉。

3.2 实际考虑

希望发动控制下交付的机构官员获得授权或批准的事项一旦确定,下一步就得考虑货物预期到达的国家需要采取哪些行动。这些考虑超出了单纯的组织管理范畴。在启动任何控制下交付之前,这些问题必须要先行考虑。在货物到达目的地之前,考虑货物是否有过境或转运到另一个或多个国家也是重要的。

这些国家是否同意为控制下交付行动提供便利?

除非完全确信必要的反应和适当层次的合作和协作已经准备就绪,否则发动一个控制下交付行动是毫无意义的。

4. 交 付

4.1 主要规则和信息

1. 程序

为了专注于违禁品运往的国家，需要考虑以下几点：

（1）该国是否是《野生动植濒危物种国际贸易公约》的缔约方？如果不是，它很可能无法起诉负责人，即使控制下交付行动查明了他们。

（2）应由哪个机构领导实施控制下交付？

·这必须在早期确定并需要仔细考虑。

·如果货物为了进口已经被清关并将被运往该国其他地方，当货物到达时，虽然海关官员可能是做出最初反应的合适官员，但是其可能没有必要的合法调查权来开展后续行动。

·更为可取的做法是，允许将货物运送到公司的场所或个人家中，而不是在到达的港口采取行动。

·可能有必要向法院申请住所搜查证。

·后续调查可能有很多方面将超出边境管制机构的范围。

·可能有必要让警察或特殊的执法机构参与进来。

·有关的工作可能将超出大多数《野生动植濒危物种国际贸易公约》管理当局官员的能力、训练或经验的范畴。虽然货物输入地的《野生动植物濒危物种国际贸易公约》国家管理当局应被告知控制下交付并提供协助，但对进口国而言它是否必须是牵头机构是令人怀疑的。

·至关重要的是，领导机构有权采取控制下交付行动。

（3）重要的是，有关国家的法院将承认通过控制下交付行动获得的证据的可采性以及该国立法对走私行为有适当的惩罚。

（4）重要的是，检疫法规不会阻止控制下交付行动的实施。这可能取决于走私标本的性质。

（5）为实现行动目标，领导机构必须保证它将采取所必需的所有相关监控工作，并且随后将开展必要的侦查去辨别快递员、贸易商、买家等，还包括查明有关的货物以及以前的走私和与野生动物有关的其他犯罪活动中出现的所有证据。它还应保证在刑事法庭中将尽一切努力去指控那些参与犯罪的人（而非行政处罚）。

（6）领导机构应承诺发起行动的机构能够不断地获知进展情况。

（7）领导机构应承诺与控制下交付的启动国共享信息和在行动中收集的情报，并在适当情况下与其他相关国家或相关国际执法组织（诸如国际刑警组织、世界海关组织和 CITES 秘书处）共享信息和情报。

（8）领导机构还应尽可能承诺向其他有关国家提供证据，以便有助于他们查明和指控在其他地方可能参与了走私犯罪的人员。

（9）如果该货物的输入国被证明不是最终目的地国，那么领导机构应当承诺它将指挥这次行动并将与下一个交付国联系，以确保考虑到上述要点。它还应承诺，如果这些要点不能得到证实，它将扣押货物以确保标本不会进入非法贸易领域。

2. 联系

当发现非法货物时，首要困难之一可能是了解谁去联络下一个预期的交货国家。这可能与确定最适当的机构来协助实施控制下交付行动特别有关。

《野生动植物濒危物种国际贸易公约》的网站上有所有该公约管理机构的联系方式（http://www.cites.org/common/directly/e_directly.html）。

在可能的情况下，它还列出了国家执法机构的联系方式。还包括国际刑警组织和世界海关组织的国家中心局或国家联络点，他们也许拥有促进控制下交付行动的经验。

越来越多的国家向世界各国的大使馆派驻执法人员。这些官员可能被称为海关、禁毒或警察联络官或法律专员。这些人通常是经验丰富的警官，常常具有控制下交付行动的个人知识。

重要的是，它们通常还将能够迅速地确定该国的有关领导机构，并将在协调这种行动中提供帮助。

但是，在两个或多个机构之间的联络将涉及行动的执行。要求"目标"国家的机构就已经准备实施控制的事项提交书面确认书是至关重要的。仅仅向另一个机构发送书面请求就启动控制下交付，同时期待合作，这是不够的，除非收到回复。货物绝对不能发出，除非收到确认书。在理想情况下，有关国家的执法官员也应口头讨论行动的各个方面。

3. 需要提供的资料

在控制下交付行动中，准备接收货物的机构应为行动提供尽可能多的信息。这应该包括以下详细信息：

（1）在货物被发现地的国家犯下的罪行和违法行为；

（2）被运送的样本的重要性，即它们在《野生动植物濒危物种国际贸易公约》附录中的名单、估计价值及其保护状况（它们是如何稀有或濒临灭绝）。重要的是需要记住，接收国的机构可能对查处野生动物犯罪没有什么经验，也可能对诸如犀牛角或雪豹皮是一种稀有而珍贵的商品不了解。

（3）识别和描述样本并确认它们受《野生动植物濒危物种国际贸易公约》控制的声明。

例如，应该确认象牙来自大象。如果最终发现象牙来自猛犸象和不受《野生动植物濒危物种国际贸易公约》的监管，那么执行这样的控制下交付行动就将毫无意义。

然而，在存在大量象牙的情况下（也许可以通过屏幕或 X 射线是可见的），推测这些象牙可能来自大象具有合理性，因为大量的猛犸象牙被跨境转移的可能性极小。

然而，确认"装饰用的象牙"来自大象是适当的，因为在亚洲出售的许多雕刻品都来自猛犸象牙。

（4）尽可能提供标本的照片或数字图像和集装箱。

（5）容器的完整描述、尺寸、重量、结构、颜色和运输方式，包括任何隐藏的细节。

（6）任何与货物有关的文件的复制件（发票、虚假的 CITES 许可证、货物清单、空运提单等）。

（7）运输方式、运输公司或航空公司名称、航班号、航线和预计到达时间的详细信息。

（8）在需要紧急沟通的情况下，发动控制下交付行动的高级官员的姓名、衔级或职务、机构名称、地址、电话和传真号码、电子邮件地址和联系电话将在一天 24 小时内得到答复。

4.2 货物运输的监控

1. 被交付的是什么

在控制下交付行动开始时，首先要回答的问题之一就是"要交付什么"？

答案并不像看起来那么明显，因为人们可能不希望交付全部货物。

在控制下交付行动中始终存在风险，就像生活中的其他任何事情一样都会发生错误或情况将会改变。运输工具可能会出现机械故障或事故。由于各种原因，货物运输的路线可能会出其不意地变更，对货物的监视可能会中断。不管出于什么原因，人们必须承认执法机构可能会失去对货物的控制。在这种情况下，如果执法人员不准备干预，那么就会存在标本依次到达预定接收者的危险，或标本可能会为其他与走私无关的人员所持有。无论哪种方式，机构都会失去对标本的控制，或者标本可能会进入非法贸易领域。疾病传播等风险也可能会出现。

由于上述原因，最好取出一些标本或大多数标本。通常需要允许留下足够的标本为犯罪提供证据，然后再运输货物。如果决定减少标本的数量，那么重要的是不要在操作时给行动带来损害。

例如，重要的是官员们要相信任何集装箱都可以打开和重新密封，而不会惊动走私者使其发现货物受到了干预。同样，集装箱必须保持其原来的形状和重量。例如，在以前涉及野生动物的控制下交付行动中，砖块和石头被用作天然象牙的替代品。

打开、替代、封闭的行为不得对货物产生明显影响，如果不可能做到，最好以初始的形式继续前行。

2. 监视的适用

在发现货物并决定启动控制下交付行动后，密切监控货物至关重要。

（1）海关经纪人、货运代理人和航运代理人在最后一刻收到那些组织走私的人关于改变目的地的指示并不罕见。

（2）还必须防止行李搬运工或货物装卸工等人员的任何干扰，他们可能在装卸货物之前或期间被招募来转移或搬运货物。

（3）最好不要将正在进行中的控制下交付通知航空公司或船舶工作人员、经纪人航运代理等，以防他们惊动走私者。

（4）货物应处在监控之下（尽管来自远方），直到装载完成，并且飞机、船舶、火车、卡车等已经离开。

（5）离开的通知应当立即传递给下一个目的地国的接管机构，包括介于两者之间的任何过境国或转运国。

在货物到达之时或者在中转或装运过程中，接收机构被要求实施相同规格的监督和监控。针对路线的任何突然变化，各机构都必须随时准备好作出反应，要么采取拦截行动和没收标本，要么重新安排另一个机构接管控制权。

一些机构使用电子监控工具，例如跟踪设备，并将这些工具装入货物中以帮助监控活动。如果这种设备很容易获得，而且立法允许，是可以考虑的。然而，只有在沿线的机构，特别是在最终目的地的机构确保有兼容的电子监控设备以接管监控的情况，其才会真正发挥作用。

从装运到卸载的严格监控通常是足够的，因为任何人在运输过程中干预货物的机会都应该是很有限的。值得注意的是，犯罪分子可以远程监控各种运输方式。

例如，可以通过快递公司"跟踪"发送的包裹和货物。例如通过敦豪集团公司的网站就可以查询。通过输入分配给货物的编号，就可以查看从仓库到边境等的移动信息。公司定期更新信息，以便客户了解运输的进度。众所周知，走私者利用这一工具来监控进展，如果在某个时候出现中断或异常延迟，他们可能会决定放弃货物而不再取件或拒绝接受送货。如果货物的运输有可能采取此种监控方式，执法人员应该小心避免延误以免惊动走私人员和预定的接货人。

3. 管理最终目的地

几乎不可避免，这将是控制下交付行动中最复杂和劳动密集型的部分。一旦领导机构确信该国是货物的最终目的地，它就必须为管理好交付并将货物送交给最终收件人做好准备。目前有一些实践和法律问题需要考虑。

首先，必须确定收件人是否能够亲自收取货物，或将货物交付到公司的场所或个人的地址。

如果办理进口清关手续是强制性的，也许还会附随纳税或者缴纳关税，行动就可以更简单。在这种情况下，该机构的官员可能只需要监控货物，直到收件人到达海关办公室、货物等候区或海关经纪人的营业场所。然而，与此情况相关的潜在问题有：

· 如果货物已经转移到海关经纪人或运输代理人的处所，可能有必要向经纪人或代理人披露当局对该货物有兴趣。

· 走私者获悉当局对该货物有兴趣是否会引发风险取决于经纪人或代理人的可靠性和诚实度。每一个情况都需要根据具体情况逐案处理。

无论收件人是从边境管制当局还是通过代理人接收货物，都会为执法官

员提供了一个"设置陷阱"的机会,并扣留接收货物的任何人。在这一阶段实施干预既有优点又有缺点:

· 优点是法院通常认为收货人的行为是自愿的,该人已经知悉货物中藏匿的物品会构成犯罪。如果该人在缴纳应收税款时支付了任何费用、税收、税款,那么将会进一步强化该推论的正当性。

· 缺点是该人可能只是代表接货人行事,其可能对货物的内容或与犯罪的任何联系一无所知。

因此,最好对收货人进行监视并跟踪到最终目的地。执法官员应进行干预,并开始扣押、讯问和进行任何相关的辅助搜查。这有望确保查明并拘留那些与非法贸易存在密切关系的人。

在无法提前确定最终交货地点的情况下,查明收货人的住所也是必要的,这样在"遏制行动"中他们就会被锁定。与此同时,还必须急切地获得搜查证。

如果不从边境管制当局或经纪人和代理人处收取货物,而是要求交付到装运文件中指定的地址,那么就将适用与上述描述的类似情况,即继续监视直到交付点,然后才实施干预、讯问和逮捕等。

监控的替代方案是执法人员可以冒充送货代理人或邮递员,例如:假冒敦豪集团公司或其他快递公司的雇员。

如果提前知道最后交付的地址,通常需要取得对该房屋的搜查证。这样的许可证有时被描述为"预期许可证"。在正常情况下,执法官员会明知有证据价值的物品已经出现在那里才申请住所搜查证。

就控制交付而言,情况并非如此,但官员们有合理的期望,证据将在不久的将来出现,基于这一理由,许可证也将被批准。法院可以对许可证附加一个条件,即在交付之前不能执行。

在干预之前允许交付发生将是很重要的。有关人员接受交付,通常涉及收据或交付文件的签名,有助于证明有关人员知悉货物且已经构成犯罪。见证货物的交付也可能是在执行搜查证之前必须具备的一个条件。因此,建议官员不要过早干预,给在场的人留下足够的时间,至少要等到他们打开货物的时候才进行干预。

当在最后的交付点进行搜查时,重要的是,切忌仅仅关注货物,而且还要寻找:

（1）其他野生动物犯罪活动的证据；

（2）以前的货物；

（3）制造或加工设备；

（4）可能有助于将接货人与他们的同行联系起来的文件，他们的同行来自非法捕捞野生动物的国家或者来自走私沿线的国家；

（5）电脑硬盘等。

在行动阶段获得的搜查证，有必要考虑收集更多的证据。

4.4 附加问题

除了管理货物本身之外，还有其他的执法技术或工具可能有利于控制下交付行动，各机构应考虑他们是否具有法定权力和组织能力来执行这些辅助活动。这些问题可能包括：

（1）进行秘密侦查（冒充走私者、供应商或买方）；

（2）电子监视技术（截取和记录电话、电子邮件或其他通信、使用跟踪设备）；

（3）访问互联网服务提供商的记录、电话用户的细节和记录以及银行账户；并且

（4）访问计算机硬盘上的信息（需要相关法庭专家的参与，可能需要他们解锁被保护的密码和被加密的电子记录或数据，或者恢复被删除的电子记录或数据）。

4.5 控制下交付之后

控制下交付的最终目标是识别从链条的一端到另一端的整个分销网络的参与者。因此，侦查人员应当从在最后交付阶段确定的人那里寻求获取陈述或供词。这样的陈述或供词应当详细说明该人的同谋、角色和联络方式。招募该人与侦查人员开展合作也许是可能的和适当的，这样有利于扩大调查的范围，以确定和起诉所有的有关人员。因此，这可能需要与起诉机关协商，以确定在最后交付阶段确定的人是否可以被用作证人，而不是遭到起诉。

侦查人员应该从头到尾收集该分销网络的证据，包括来源、快递员、分

销商、经销商和明知是非法交易的野生动物但是已经购买了的客户。追溯源头被称为"往上爬梯子",从分销商追溯到最终用户被称为"往下爬梯子"。

控制下交付只是揭露了冰山一角。后续调查是必要的。有两条重要的线索需要追查:

"跟踪野生动物",即跟踪野生动物的路线,此路线从野生动物被非法获取之处开始,沿着走私路线直到最终目的地。

"跟踪现金",即跟踪支付给经销商、快递员、走私者等的款项,看看钱最终落在何处(通常是原始银行账户或重要的"中间人"或"控制人")。

这项跟踪还可能披露与其他犯罪活动(例如走私其他违禁品、洗钱,甚至是恐怖主义活动或叛乱活动)之间的联系。

后续调查可能需要与控制下交付行动期间同样多的机构间和国际的沟通、协作和协调。

附录八　《涉及特殊侦查手段的国际合作》[1]

一、导言

1. 近年来，侦查和调查犯罪的方法和调查性质发生了重大转变，更加强调情报驱动的主动调查。此外，秘密收集信息的技术手段也发展迅速，往往涉及使用特殊侦查手段。随着犯罪分子变得更加狡猾，侦查和调查犯罪的方法也需要发展和适应，以跟上形势。

2. 特殊侦查手段有别于常规侦查方法，既包括隐蔽技术，也包括技术运用。鉴于在了解犯罪行动和收集资料和证据用于国内检控和刑事诉讼方面所固有的危险和困难，这些手段特别适合用于对付十分狡猾的有组织犯罪集团。

3. 在使用特殊侦查手段时，应兼顾调查犯罪包括跨国有组织犯罪的必要性与尊重个人的权利和自由。在大多数法域，通过这类手段收集证据需要严格遵守一些防止可能滥用职权的保障措施。此外，必须仔细评估扩大使用特殊侦查手段的情况，以确保在调查期间通过这种手段收集的证据符合随后刑事诉讼中适用的证据要求。

4. 本背景文件由秘书处编写，目的是推进国际合作工作组第十一次会议临时议程项目 3 项下的各项讨论工作。报告重点是《联合国打击跨国有组织犯罪公约》第 20 条，同时也考虑到了国际法律框架和判例的发展，目的是支持工作组进一步讨论执行第 20 条的各种法律和实际方面，以及促进涉及特殊侦查手段的国际合作的实际方式方法，包括在这种国际合作中使用的保障措

---

〔1〕 2020 年 7 月 7 日和 8 日，"联合国打击跨国有组织犯罪公约缔约方会议"国际合作工作组在维也纳召开会议，专门讨论特殊侦查手段的国际合作问题，为此秘书处编写了背景文件——《涉及特殊侦查手段的国际合作》（CTOC/COP/WG.3/2020/1）。鉴于该国际文献的极度重要性，现收录于此，供理论界和实务界参考与借鉴。

施。在这些讨论期间，工作组不妨审议以下问题：

（a）在调查跨国有组织犯罪过程中使用特殊侦查手段方面汲取了哪些经验教训？

（b）在跨国有组织犯罪调查中，与管理特殊侦查手段有关的不损害嫌疑人和第三方权利和自由的良好做法有哪些？

（c）在实施适用于跨国有组织犯罪案件的主动调查方法方面有哪些挑战？

（d）在跨国有组织犯罪案件中，防止滥用特殊侦查手段最有效和最常用的保障措施有哪些？

（e）在确保通过使用特殊侦查手段在其他法域收集的跨国有组织犯罪案件中证据的可采性方面有哪些良好的做法？

二、定义方面

5. 对于什么是"特殊侦查手段"，国际上没有达成一致的定义。《联合国打击跨国有组织犯罪公约》《联合国禁止非法贩运麻醉药品和精神药物公约》和《联合国反腐败公约》都没有提供定义。有人试图界定"特殊侦查方法"这一同等概念，即被认为是用来以不惊动被调查者的秘密方式收集证据、情报和信息的手段或技术。[1]

6. 应当指出，欧洲委员会部长理事会在 2005 年 4 月 20 日通过的向成员国提出的关于对包括恐怖主义行为在内的严重罪行的"特殊侦查手段"的 Rec［2005］10 号建议中，将"特殊侦查手段"定义为主管机关在刑事调查中为侦查和调查重罪和犯罪嫌疑人而采用的各种技术，其目的是以不惊动目标人的方式收集信息。

7. 此外，《联合国打击跨国有组织犯罪公约》第 2 条（i）项将"控制下交付"定义为"在主管当局知情并由其进行监测的情况下允许非法或可疑货物运出、通过或运入一国或多国领土的一种做法，其目的在于侦查某项犯罪并辨认参与该项犯罪的人员"。

三、特殊侦查手段的类型

8.《联合国打击跨国有组织犯罪公约》提到适当使用控制下交付（下文

---

〔1〕 Council of Europe, The Deployment of Special Investigative Means (Belgrade, 2013), p. 12.

第四.D节），并规定在缔约国主管当局认为适当时使用其他特殊侦查手段，如下所述。

A. 电子监视

9. 电子监视包括音频监视、视频监视、跟踪监视和数据监视。[1]电子取证技术的使用通常由立法管制，大多数国家通过使用基于搜查令的系统来进行管制，特别是对于在私人场所进行电子监视的情况。[2]

10. 各国法律对签发电子监视使用搜查令的情况和条件作出了不同的规定。一般而言，当局须有合理理由相信有关罪行已发生、正在发生或将会发生。其他考虑因素包括被调查罪行的严重性、监视行动可能取得的证据的价值、是否有其他方法取得所要求的证据，以及发出搜查令是否符合司法处置的最佳利益。[3]

11. 监管框架往往载有针对要求立即使用电子证据收集或电信侦听的紧急情况的特别规定。构成紧急状态的通常是对国家安全、人员或财产的迫在眉睫的严重威胁，但也可能包括不使用监视就可能丢失有价值的证据的情况。[4]

B. 其他形式的监视

12. 一方面，其他形式的监视包括物理监视和观察，通常比电子监视侵入性小，涉及将目标置于物理监视之下。另一方面，它们也可能延伸到在金融调查中监控银行账户。

C. 卧底和盯梢行动

13. 在有些案件中，通过常规手段很难接触到罪犯或有组织犯罪集团的活动，因此有必要渗透犯罪网络或伪装成罪犯以揭露犯罪活动，此时使用卧底特工是很有价值的，他们可能是总体盯梢行动的一部分，也可能不是。

14. 由卧底警务人员甚至是同谋者等"内部知情人"所提供的证据，可

---

〔1〕《严重和有组织犯罪调查中实行电子跟踪监视的现行做法》（联合国出版物，出售品编号：E.09.XI.19），第2页。

〔2〕 Sheelagh Brady, "Policing TOC: the National Perspective-Challenges, Strategies, Tactics", *in International Law and Transnational Organized Crime*, Pierre Hauck and Sven Peterke (eds.), Oxford, Oxford University Press, 2016, p.482.

〔3〕《严重和有组织犯罪调查中实行电子跟踪监视的现行做法》，第19页。

〔4〕《严重和有组织犯罪调查中实行电子跟踪监视的现行做法》，第26页。

能是成功检控的关键。此外，这种确证的效果往往会使被告合作和认罪，从而不再需要冗长、昂贵的审判过程（另见《联合国打击跨国有组织犯罪公约》第 26 条）。然而，特别是由于对钓鱼执法和可能侵犯人权的担忧，以及这类行动的资源、期限和费用，在使用卧底警官和盯梢行动的合法性或通过这种手段收集的证据的可采性方面可能会出现问题（见下文第六.B 节）。

D. 其他特殊侦查手段

15.《联合国打击跨国有组织犯罪公约》第 20 条第 1 款列举的"其他特殊侦查手段"的例子并非详尽无遗，在被认为适当的情况下可以使用其他手段，包括下文所述的方法。

1. 使用线人

16. 警方利用线人是调查和预防罪案的重要元素。他们的角色与证人不同，因为他们不会被传召出庭作证，而且在一些国家，他们提供的协助也不需要披露。[1]

17. 线人是指与另一人建立或维持个人或其他关系的人，其目的是便利采取行动，秘密利用这种关系获取信息或证据，或向第三人提供获取任何信息或证据的机会；或秘密披露通过使用这种关系或者由于存在这种关系而获得的信息或证据。[2]

18. 特别是在线人与犯罪活动关系密切的情况下，了解机密和非机密信息之间的区别并据此处理线人的身份披露问题至关重要。无论如何，在使用线人方面，均应征询高级官员、检察官或司法机构的意见，以确保所收集的证据具有可采性。许多有组织犯罪案件的跨国性质要求调查人员熟悉本国立法以及与之合作的国家的立法。

2. 与金融调查相关的技术

19. 调查人员利用金融机构查明可疑金融交易及其向金融情报单位提供的报告，了解有关非法资金流动及其与嫌疑人联系的信息。在这方面，特殊侦查手段（窃听、搜查令、证人面谈、搜查和扣押令、出示令和账户监控令）的使用涉及检查财务记录或查阅具有"追踪资金踪迹"经验的调查员掌握的

---

〔1〕 联合国毒品和犯罪问题办公室（毒品和犯罪问题办公室）《关于在涉及有组织犯罪的刑事诉讼中保护证人的良好做法》（2008 年，维也纳），第 22 页。

〔2〕 Council of Europe, The Deployment of Special Investigative Means, p. 43.

文件、收集商业和金融情报、查明复杂的非法计划，并迅速采取行动避免资产被耗尽。[1]

3. 收集电子证据的手段

20. 对用于收集电子证据的调查权法律依据的审查表明，各国的做法各不相同。尽管如此，关于应规定可采取哪些类型的调查措施收集电子证据似乎存在共识。这些措施可能包括：计算机数据的加速保全；获取储存内容数据、储存流量数据或订阅用户信息的命令；实时收集内容或流量数据；对计算机硬件或数据的搜查令；获取计算机硬件或数据；跨境访问计算机系统或数据；使用远程取证工具。[2]

21. 由于电子证据的本质是脆弱的，应该采取特别的预防措施加以记录、收集、保存和审查。电子证据的易变性也给国际合作带来了挑战，例如延误对请求的回应、被请求提供证据的主管部门缺乏承诺并且不能灵活变通，以及向提出请求的法域提供证据的形式。

22. 虽然许多国家已经开始建立负责调查涉及电子证据的犯罪的专门机构，但在一些国家，这些机构资金不足，并且缺乏能力。随着电子证据越来越多地被用于"常规"犯罪的调查工作，执法机构可能需要掌握和部署基本技能来处理电子证据（CTOC/COP/WG. 3/2015/2，第 12 段）。

四、规范性框架：《联合国打击跨国有组织犯罪公约》第 20 条

A. 第 20 条第 1 款：国内法律框架中的控制下交付和其他特殊侦查手段

23. 根据《联合国打击跨国有组织犯罪公约》第 20 条第 1 款的规定，各国在其本国法律基本原则许可的情况下，必须允许在其境内适当使用控制下交付，并酌情使用其他特殊侦查手段，如电子监视和特工行动，以打击有组织犯罪。

1. 该规定的构成要素

(a) "在其本国法律基本原则许可的情况下"。

---

[1] Jean-Pierre Brun and others, *Asset Recovery Handbook: A Guide for Practitioners*, Washington, D. C. , World Bank, 2011, p. 23.

[2] 联合国毒品和犯罪问题办公室，《关于网络犯罪的综合研究（草案）》（2013 年 2 月），第 125 页，由毒品和犯罪问题办公室编写供综合研究网上犯罪问题专家组审议，及 E/CN. 15/2018/6，第 29 段。

24. 虽然第 1 款的措辞是强制性的，但该义务须符合缔约方国内法律制度的基本原则。因此，使用侦查手段应在国家立法中有适当的依据，即可公开查阅的法律或具有司法授权制度（或至少包含司法监督）的法律。应考虑到对某些人权的干涉，例如公平审判权〔1〕和隐私权〔2〕（见下文）。

25. 根据欧洲人权法院关于《欧洲保护人权与基本自由公约》第 8 条的判例，"依法"一词也涉及有关法律的质量。这意味着有关措施应该符合法治，为了公众监督而向公众开放，并且其影响是可以预见的。〔3〕

26. 可预见性的要求意味着以足够的精确度制定一项规则，使个人能够规范自己的行为。此外，这意味着在国内法中必须有一定的法律保护措施，以防止公共当局进行无理干涉。"无理"一词是《公民及政治权利国际公约》第 17 条的一个关键概念（"任何人之私生活……不得无理或非法侵扰……"），这是人权事务委员会以《联合国打击跨国有组织犯罪公约》保管人的身份从理论上探讨与其立法审查机制下监督措施的合法性和适当性有关的问题所依据的法律框架。〔4〕欧洲人权法院还在多个案件中指出，法律的措辞应足够明确，以便向个人充分说明公共当局在何种情况和条件下有权诉诸秘密方法。〔5〕

27. 欧洲人权法院通过其关于秘密监视措施的判例法制定了一套最低限度的保障措施，应在法律上引入以避免在以下方面滥用权力：可能导致监视令

---

〔1〕《世界人权宣言》第 10 条、《公民权利和政治权利国际公约》第 14 条、《美洲人权公约》第 8 条、《非洲人权和民族权宪章》第 7 条、《欧洲保护人权与基本自由公约》第 6 条。

〔2〕《世界人权宣言》第 12 条、《公民权利和政治权利国际公约》第 17 条、《美洲人权公约》第 11 条、《欧洲保护人权与基本自由公约》第 6 条。

〔3〕 See European Commission of Human Rights, Malone v. United Kingdom, application No. 8691/79, judgment of 2 August 1984, paras. 66~67; Leander v. Sweden, application No. 9248/81, judgment of 26 March 1987, paras. 50~51; Kopp v. Switzerland, application No. 23224/94, judgment of 25 March 1998, paras. 63~64.

〔4〕 尽管是在"无理拘留"这一不同背景下，人权事务委员会在其关于第 9 条（自由和人身安全）的第 35（2014）号一般性意见中重新定义"无理"一词如下："'无理'这一概念不能和'违法'画等号，必须给予更广泛的解释，使其包括不适当、不正当、缺乏可预见性和适当法律程序，以及合理性、必要性和程度等要素。"（CCPR/C/GC/35，第 12 段）在审查在线监测的"无理"时适用这一法律标准，似乎会要求对监测权适用的可预测性、适用程序的正当性、过度使用的可能性以及防止滥用的保障措施的可用性进行评价。

〔5〕 European Commission of Human Rights, Kopp v. Switzerland, para. 64; Khan v. United Kingdom, application No. 35394/97, judgment of 12 May 2000, para. 26; 及 Taylor-Sabori v. United Kingdom, application No. 47114/99, judgment of 22 October 2002, para. 18.

的罪行的性质；应对其适用任何此类措施的人的类别；监视期限的限制；检查、使用和存储所获得的数据应遵循的程序；将数据传递给其他各方时应采取的预防措施；可以或必须擦除或销毁记录的情况。此外，签发授权书的机构应是独立的，[1]应有某种形式的司法控制，或者由一个独立机构对签发机构的活动进行控制。[2]仅由公诉机关下令进行电信侦听而没有法官事先控制的可能性，则不符合所需的独立性标准。[3]

（b）"根据本国法律所规定的条件"。

28.《联合国打击跨国有组织犯罪公约》使用"根据本国法律所规定的条件"的措辞，意在吁请缔约方在本国立法中界定主管当局有权使用特殊侦查手段的情况和条件。

29. 大多数特殊侦查手段的侵入性很强，可能会在其与基本权利和自由的兼容性方面造成宪政难题。因此，缔约方可能在其国内法律制度中决定不允许使用某些手段。此外，"本国法律所规定的条件"的措辞使缔约方得以让这些特殊侦查手段的使用受制于尽可能多的保护人权和基本自由所需的保障。

30. 欧洲人权法院在其关于电信侦听的判例中规定，在规范秘密活动的法规中应规定以下最低限度的保障措施：界定有可能被司法命令监听电话的人的类别；可能导致此种命令的罪行的性质；对电话窃听时间的限制；起草包含截获通信的摘要报告的程序；为将录音完整无缺地传达给法官和辩方供其进行可能的检查而采取的预防措施；可以或必须擦除记录或销毁录音带的情况，尤其是被控人已获治安法官释放或被法庭宣判无罪的情况。

（c）"必要措施"。

31. 什么是"必要的"、什么时候使用特殊侦查手段是"适当的"（见下文），这是一个判断问题。根据欧洲人权法院已确立的判例法，如果对人权的干预是对所谓的"迫切社会需要"作出反应，特别是如果这种干预与所追求的合法目标相称，并且国家当局为其辩护的理由是"相关和充分的"，则此种

---

〔1〕　Malone v. United Kingdom, para. 67.

〔2〕　European Commission of Human Rights, Huvig v. France, application No. 11105/84, judgment of 24 April 1990, para. 33; Amann v. Switzerland, application No. 27798/95, judgment of 16 February 2000, para. 60; Iordachi and others v. Moldova, application No. 25198/02, judgment of 10 February 2009, para. 40.

〔3〕　European Commission of Human Rights, Dumitru Popescu v. Romania（No. 2）, application No. 71525/01, judgment of 26 April 2007, paras. 70~73.

干预将被认为对于合法目的是必要的。

32. 关于秘密监视，欧洲人权法院认为，国家当局在选择实现保护国家安全的合法目标的手段方面享有相当大的判断余地。[1]这一余地大小因各种因素而异，包括特定案件中所涉《联合国打击跨国有组织犯罪公约》权利的性质、其对个人的重要性、干扰的性质以及干扰所追求的目标。

(d)"在［缔约方］可能的范围内"。

33. 该条款考虑到许多缔约方开展涉及特定侦查手段的行动的技术能力和资源有限。第 20 条第 1 款的解释性说明加强了该条款，该说明指出，该款"并不意味着缔约方有义务为使用所提到的所有形式的特殊侦查手段作出规定"。[2]

(e)"适当使用"。

34. 特殊侦查手段的"适当使用"与其使用效果与其目的之间的相称性密切相关。在诉诸技术之前，应测试和确保这种相称性。在这方面，主管当局在决定使用此类手段时，应根据有关罪行的严重程度作出评估，并评估该特定特殊侦查手段的侵扰性是否有正当理由。

35. 在确定一项秘密措施是否与所追求的目标相称时需要考虑的因素包括：与所使用的具体特殊侦查手段相比，罪行的严重性；[3]是否提出了支持该措施的相关和充分的理由；是否存在限制性较小的替代措施；是否在决策过程中采取了确保程序公正的措施；是否有足够的防止滥用的保障措施；所审查的限制是否破坏了有关权利的主旨。[4]

(f)"由主管当局"。

36. 就欧洲委员会部长理事会向成员方提出的关于对包括恐怖主义行为在内的严重罪行的"特殊侦查手段"的 Rec（2005）10 号建议而言，"主管当

---

〔1〕 Malone v. United Kingdom, para. 81, 及 Leander v. Sweden, para. 59.

〔2〕 参见《拟订〈联合国打击跨国有组织犯罪公约〉及其〈议定书〉的谈判准备工作材料》（联合国出版物，出售品编号：E. 06. V. 5），第 206 页。See David McClean, *Transnational Organized Crime: A Commentary on the UN Convention and its Protocols*, Oxford Commentaries on International Law Series Oxford, Oxford University Press, 2007, p. 244.

〔3〕 欧洲委员会部长理事会向成员方提出的关于对包括恐怖主义行为在内的严重罪行的"特殊侦查手段"的 Rec（2005）10 号建议，附录，第二章，第 5 段。

〔4〕 Council of Europe, The Deployment of Special Investigative Means, p. 17.

局"是指根据国家立法参与决定、监督或使用特殊侦查手段的司法、检察和调查机构。[1]

37. 尤其是，涉及控制下交付的主管当局的权限与司法协助请求是否是授权控制下交付的前提条件这一问题有关。主要是欧洲大陆的法域需要这样的请求。在一些法域，只有在正在进行的刑事调查或刑事案件中请求控制下交付时，这才是强制性的前提条件。当控制下交付与业务调查文件有关联时，不需要提出司法协助请求。另一方面，在大多数普通法法域，请求司法协助并不是授权控制下交付的必要条件。在这些法域，当局将满足于在警察对警察的基础上提出的请求。

（g）"在［缔约方］领土上"。

38. 第 20 条第 1 款侧重于特殊侦查手段的国内方面，并提到将在《联合国打击跨国有组织犯罪公约》各缔约国领土内采取的相关行动。第 2 款和第 3 款论述了国际方面，即使用这种手段所需的国际合作。

2. 落实和执行

39. 联合调查问题和对《联合国打击跨国有组织犯罪公约》第 20 条执行情况的相关审议将在新设立的《联合国打击跨国有组织犯罪公约》及其各项议定书实施情况审议机制的执法和司法系统专题组（该机制运作多年期工作计划第 7~10 年）下审查。[2]该机制将根据联合国打击跨国有组织犯罪公约缔约方会议 2018 年 10 月第九届会议第 9/1 号决议通过的程序和规则运作。

40. 作为对比，在《联合国反腐败公约》执行情况审议机制的第一个周期中，大多数受审议缔约方报告表示，它们通过立法或既定做法管制特殊侦查手段的范围以及使用这些手段的条件和程序。总体而言，大多数国家熟悉并诉诸特殊侦查手段，尽管这些手段通常被用于与有组织犯罪、贩毒以及（较少用于）腐败有关的调查。在业务层面查明的一个障碍是许多国家缺乏使用这些手段的能力和经验。许多法域的总趋势是对于国内法定义为较严重的犯罪使用这种手段。[3]

---

〔1〕　Rec（2005）10 号建议，附录，第一章。

〔2〕　CTOC/COP/2018/13，第 9/1 号决议，附录，表 2。

〔3〕　对《〈联合国反腐败公约〉实施情况：刑事定罪、执法和国际合作》（第 2 版，（维也纳，2017 年），第 255 页）中的国别审议得出结果的相关分析。

B. 第20条第2款：双边和多边协定或安排（国际合作方面）

41. 第20条第2款优先考虑关于使用特殊侦查手段的国际协定，因此鼓励缔约国缔结双边或多边协定或安排，以促进这一领域的合作，同时适当尊重国家主权关切。

42. 在国际一级，《联合国禁止非法贩运麻醉药品和精神药物公约》是第一个认可控制下交付的侦查手段和做法的多边协定（第11条）。[1]《联合国反腐败公约》第50条在《联合国打击跨国有组织犯罪公约》第20条的先例基础上，规范与特殊侦查手段有关的问题。

43. 在区域一级，《实施1985年6月14日比荷卢经济联盟成员国、德意志联邦共和国和法兰西共和国政府逐步取消共同边界检查的申根协定的公约》列入了一些特殊侦查手段（第39~41、73条）。[2]规定特殊侦查手段的区域公约的其他例子包括《关于洗钱、追查、扣押和没收犯罪收益的公约》（第4条）、[3]《欧盟成员国刑事司法互助公约》（第12、14、17~20条）、[4]《欧洲刑事司法互助条约第二附加议定书》（第17~19条），[5]以及在适用范围内的《欧洲委员会网络犯罪公约》。[6]

44. 在欧洲联盟范围内，欧洲议会和欧洲理事会2014年4月3日关于欧洲刑事事项调查令的第2014/41/EU号指令是为便利跨境调查而制定的一项新文书。该指令包括关于秘密调查（第29条）和电信侦听（第30~32条）的规定。

45. "安排"一词是指最不正式的互动类型，可包括各缔约方主管当局在

---

〔1〕《1988年〈联合国禁止非法贩运麻醉药品和精神药物公约〉评注》（联合国出版物，出售品编号：E. 98. XI. 5），第11条，一般性评论，第11.2段。

〔2〕 Hans G. Nilsson, "Special Investigation Techniques and Developments in Mutual Legal Assistance: the Crossroads between Police Cooperation and Judicial Cooperation", Resource Material Series No. 65 (Tokyo, Asia and Far East Institute for the Prevention of Crime and the Treatment of Offenders, 2005), pp. 42~43.

〔3〕 联合国，《条约汇编》，第1862卷，第31704号。该公约于1993年9月1日生效。关于这些措施性质的进一步分析，参见《关于洗钱、追查、扣押和没收犯罪收益的公约》的解释性报告，第30段。

〔4〕《欧洲共同体官方公报》，C 197/1，2000年7月12日。另见2000年5月29日《欧洲联盟成员国刑事司法互助公约》的解释性报告（《欧洲共同体官方公报》，C 379/7，2000年12月）。

〔5〕 联合国，《条约汇编》，第2297卷，第6841号。该议定书于2004年2月1日生效。

〔6〕 欧洲委员会《欧洲条约集》，第185号。该公约于2004年7月1日生效。

相关情况下相互适用的标准做法，包括无需正式书面协议的警察之间的合作。

46. 金融行动特别工作组建议中的第 31 号建议涉及执法和调查当局的权力，并具体规定各国应确保进行调查的主管当局能够使用适用于调查洗钱、相关上游犯罪和资助恐怖主义行为的各种侦查手段。[1]

47. 在落实和执行层面，可以通过具体的协议、安排或通过司法协助来支持国际合作。非强制性侦查手段往往可以通过非正式协助得到使用，而强制性侦查手段和司法措施通常需要请求司法协助。[2]此外，参与犯罪调查的非正式和正式网络对跨境合作的顺利运行越来越重要。

C. 第 20 条第 3 款：在个案基础上使用特殊侦查手段

48. 第 20 条第 3 款提到了在没有协议或安排的情况下在国际一级使用特殊侦查手段的做法。该条款促请缔约方在个案基础上进行合作。对于许多国家来说，这条规定本身将成为开展个案合作的法律授权的充分依据。

49. 除了明显的业务安排外，第 3 款还确定了两个可能需要注意的特殊因素。第一个涉及财务安排，其中包括使用这些手段的费用，不仅要考虑需要部署的资源，而且还要考虑每个缔约方的需要（例如，以特定形式取证）。虽然在某些情况下，在国际一级使用特殊侦查手段与司法协助之间存在联系，但就《联合国打击跨国有组织犯罪公约》第 18 条第 28 款而言，这种使用的费用一般不被视为"普通费用"。[3]由于这些问题的复杂性，最好制定常设安排或谅解备忘录，因为在某些情况下可能没有时间进行详细谈判。

50. 第二个因素涉及在通过特殊侦查手段收集的证据表明刑事犯罪也与其他国家有关的案件中行使管辖权。为明确起见，如果时间允许，主管当局可在出现任何相互冲突的管辖权主张之前考虑这一可能性。无论如何，根据《联合国打击跨国有组织犯罪公约》第 15 条第 5 款，有关缔约方可能需要进行协商，以协调其行动并解决管辖权冲突。

51. 作为对比，在《联合国反腐败公约》实施情况审议机制方面，报告的数据表明，即使在没有相关国际协定的情况下，也可以在国际一级使用特

---

〔1〕　金融行动特别工作组，《关于打击洗钱及资助恐怖主义和扩散的国际标准：金融行动特别工作组的建议》（2019 年 6 月，巴黎）。

〔2〕　Brun and others, Asset Recovery Handbook, p.131.

〔3〕　作为对比，参见《联合国禁止非法贩运麻醉药品和精神药物公约的评注》，第 11 条第 2 款，第 11.18 段。

殊侦查手段，在大量公约缔约方可以逐案进行调查。其中一些国家只有在互惠的条件下才授权使用这种手段。

D. 第 20 条第 4 款：控制下交付和相关方法

52. 第 20 条第 4 款解释说，可在国际一级使用的控制下交付办法包括拦截货物后允许其被原封不动地继续运送、拦截并取出货物，或将其全部或部分取出替换。该条款规定选择哪种方法由有关缔约方决定。

53. 控制下交付是一种调查工具，尽管经常被描述为一种独特的特殊侦查手段，但其本身并非如此。相反，它是一种通常使用一系列特殊侦查办法的手段，通常是监视、秘密部署和拦截（物品和通信）。

54. 控制下交付适用于在违禁品转运过程中查明或拦截违禁品并随后在监视下进行交付，以查明预定收货人或监督违禁品随后在整个犯罪组织中的分销情况。此外，特别是在国际洗钱行动中，控制下交付已知或涉嫌为犯罪所得的资金是获取信息和证据的有效执法手段。

55. 在偷运移民案件中，还可以通过允许有组织犯罪集团转移移民来运用控制下交付，以便发现罪犯的身份或识别所使用的房地。控制下交付往往是通过联合调查进行的，因为这些罪行具有跨境性质，移民和执法当局之间的合作至关重要，而且在适当情况下必须获得授权（CTOC/COP/WG. 7/2013/2，第 27 段）。

56. 由于执法人员或其他人交付违禁品本身就可能属于国内法所规定的犯罪，因此为允许采取此类行动，通常需要在法律上作出规定。[1]要将在控制下行动过程中获得的证据用于司法程序，许多国家要求在本国法律框架中为此类行动提供具体的法律授权，有时也要求参与控制下交付的其他国家的法律框架提供此类授权。

57. 为确保顺利和有效地管理和控制获适当授权的行动，必须预先进行详细规划。在这方面，国内机构间合作的程序至关重要。实践证明，许多国家指定一个中央集权机构促进协调并防止混乱、对抗和风险是有益的。在不合适作出这种选择的法域，可以考虑建立一个内部的（或许制度化的）协调机制。

---

〔1〕 联合国毒品和犯罪问题办公室：《联合国打击跨国有组织犯罪公约实施立法指南》（2016年，维也纳），第 443 段。

五、软法

58. 由联合国毒品和犯罪问题办公室制定的《打击跨国有组织犯罪示范立法规定》旨在促进和协助会员国努力成为《联合国打击跨国有组织犯罪公约》及其各项议定书的缔约方并实施其规定，为这一领域的立法发展提供了进一步的指导。特别是，《打击跨国有组织犯罪示范立法规定》第四章除其他外提供了一个基本法律框架，以支持使用可能有助于有效应对复杂跨国犯罪的特殊侦查手段。该章第 13 条的重点是控制下交付，第 14 条的重点是取得和使用假身份，第 15 条的重点是渗透，第 16 条的重点是电子监视。

六、人权考虑

59. 由于特殊侦查手段种类繁多，可能会引发不同层面的人权问题。例如，控制下交付由高级执法人员授权可能是合适的，而电子监视通常需要司法机构授权和监督。因此，每个主要类型的特殊侦查手段都应被单独处理，以便可以为每种订立一种适当的制度。

60. 前述欧洲委员会部长理事会关于严重犯罪、包括恐怖主义行为的"特殊侦查手段"的 REC［2005］10 号建议为进一步审议提供了有用的参考工具。部长理事会在其中指出，需要兼顾通过执法确保公共安全和保障个人权利。部长理事会还认识到，制定共同标准将有助于增强公众对使用特殊侦查手段的信任。部长理事会提出了指导各国制定国家法律和政策的若干原则，包括：必须通过事先授权、调查期间监督或事后审查对司法当局或其他独立机构实施特殊侦查手段进行适当控制；必须确保所使用的特殊侦查手段与所侦查的行为相称（奉行的原则是应使用适合实现目的的侵扰最少的办法）；各国需要制订法律，允许在法院提供通过特殊侦查手段取得的证据，同时也尊重获得公平审判的权利；必须就使用特殊侦查手段制定业务准则并进行培训；各国必须尽最大可能利用关于使用特殊侦查手段的现行司法和警察合作国际安排，必要时辅以其他安排。

61. 特殊侦查手段必须受到一定程度的仔细审查，以避免遭到滥用。《打击跨国有组织犯罪示范立法规定》建议，高级官员应每年向议会或相当机构报告寻求授权的次数、获准次数及使用通过授权获取的证据或信息的起诉次数。某些法律制度可能更倾向于通过独立监督机构的报告和审查等进行额外审查。在这种情况下，就可能需要设立两个层次的审查：一个层次允许全面审查，包括有明确立法授权的独立审查机构接触机密行动信息；第二个层次是面向议会或其他机构的公开审查，不披露行动信息，包括方法和来源。[1]

A. 现代技术手段的使用及其对人权的影响

62. 基于技术的工具可以在调查中被作为复杂的特殊侦查手段的创新要素使用，可能被证明是解决与犯罪有关的威胁的有用切入点。然而，在具体应用这些工具时应当谨慎，确保以负责任和合乎伦理的方式使用，避免意外后果。这一点尤为重要，因为当前和未来的许多技术可能会对个人隐私和公民自由产生严重影响。[2]

63. 在适当控制或监督阙如或薄弱的情况下，生物识别技术和数据收集系统的扩散可能会对隐私产生侵蚀作用。此外，执法专业人员正在使用面部识别软件来更快地识别嫌疑人。然而，批评人士担心，这可能会导致政府滥用监控、企业操纵以及隐私终结。此外，生物识别系统的数据保留特性可能会因潜在的数据滥用而危及隐私。[3]

64. 因此，在技术似乎可能与隐私或其他人权发生冲突的情况下，需要以两者兼顾的方法来寻找解决办法。为了避免将技术被用作可能侵犯基本权利的"特洛伊木马"，需要持续监测技术发展并评估其影响。[4]

65. 大会在其关于数字时代隐私权的第 68/167 号决议中重申了人的隐私权，这项权利规定，任何人的隐私权均不得受到任意和非法干涉。该决议呼请所有国家：审查本国涉及监控和截取通讯以及收集个人数据，包括大规模监控、截取和收集方面的程序、做法、立法，通过确保充分且有效地履行本国按照国际人权法承担的所有义务来维护隐私权；设立或维护现有的独立有效的国内监督机制，使其能够确保国家通信监控、通信截获以及个人数据收集工作具备适当的透明度并接受问责。

---

〔1〕 联合国毒品和犯罪问题办公室，《打击有组织犯罪示范立法规定》（2012 年，维也纳），第64 页。

〔2〕 A/CONF. 234/11，第 70 段。

〔3〕 Max Snijder, *Biometrics, Surveillance and Privacy*：*ERNCIP Thematic Group Applied Biometrics for the Security of Critical Infrastructure*，Luxembourg, Publications Office of the European Union, 2016, p. 4.

〔4〕 A/CONF. 234/11，第 78 段。

B. 证据的可采性和公平审判的考虑

66. 使用特殊侦查手段的一个重要因素是必须遵守程序上的保障，以确保通过这种手段获得的证据，包括那些涉及使用现代技术的证据，可以在法庭上被采纳。在大多数法域，收集证据的过程要求严格遵守一些防止可能滥用权力的保障措施，包括对这些手段的使用进行司法监督或独立监督，以及遵守合法性、辅助性和相称性原则。[1]

67. 尤其是，电子证据的可采性要求遵守保障人权的既定程序（E/CN.15/2018/6，第 30 段）。在评估电子证据的可采性时，应强调在网络犯罪调查中使用特殊侦查手段必须遵守相应的原则，包括动用卧底特工和远程取证，特别是利用暗网使用上述手段时，均须遵守该原则（UNODC/CCPCJ/EG.4/2019/2，第 37 段）。

68. 此外，由于创新手段在该方面的使用，对在加密货币法证侦查中获得证据的可采性适用国内程序法和国家判例的一般原则是具有挑战性的新领域，需要进一步审议和分享经验。[2]

69.《联合国打击跨国有组织犯罪公约》第 20 条第 1 款没有如《联合国反腐败公约》第 50 条第 1 款明确规定的那样，要求缔约方采取措施允许法庭受理使用特殊侦查手段得出的证据。这一要素指的是缔约方有积极义务制定法律、条例和程序，为了法律确定性、正当司法和人权保护，使基于使用特殊侦查手段得到的证据能够在法院被受理。

70. 尽管第 20 条第 1 款没有这一要素，但国家立法起草者必须考虑通过渗透/卧底行动等方式获取的证据是否可以在法院中被举出，如果可以，卧底特工是否必须披露其真实身份。重要的是兼顾司法利益（包括打击跨国有组织犯罪的必要性）和确保被告获得公平审判的必要性。

71.《联合国打击跨国有组织犯罪公约》和《联合国反腐败公约》都没有提及通过特殊侦查手段收集的信息的法律价值问题。因此，关于在法庭上使用这种信息作为可接受证据的条件，由有关国家考虑其法律制度的基本原

---

〔1〕 Dimosthenis Chrysikos, "Special Investigative Techniques", *The United Nations Convention against Corruption: A Commentary*, Cecily Rose, Michael Kubiciel and Oliver Landwehr (eds.), Oxford Commentaries on International Law Series, Oxford, Oxford University Press, 2019, p. 507.

〔2〕 Michael Fröwis and others, "Safeguarding the evidential value of forensic cryptocurrency investigations" (June 2019).

则以及其法律规定的合法化和认证方法后酌情决定。[1]

72. 欧洲人权法院在其判例中一再表示，证据的可采性主要是由国内法监管的事项。通常由国内法院评估收到的证据。欧洲法院的作用是审查整个诉讼程序，包括获取证据的方式是否公平、是否导致违反了《欧洲人权公约》第 6 条。

73. 应用特殊侦查手段特别是卧底行动本身不违反《欧洲人权公约》第 6 条第 1 款的规定，但其使用受到限制和保障。关于对卧底特工参与卧底行动的限制，欧洲人权法院明确区分了卧底特工和密探。前者的活动仅限于收集信息，而后者实际上煽动人们实施犯罪行为。在"Ramanoskas 诉立陶宛案"中，[2]法院拟定了违反第 6 条第 1 款的钓鱼执法概念：

> 如果有关警官——无论是安全部队成员还是按照其指示行事的人员——不仅限于以基本上被动的方式调查犯罪活动，而是对主体施加影响，从而煽动人犯下本来不会犯下的罪行，以便能够确定罪行，即提供证据和提起诉讼，即为警察的煽动行为。

74. 任何秘密行动均应遵守调查应"基本采取被动方式"的要求。如果法庭确定某人是被煽惑作出犯罪行为，而这类活动所产生的证据是裁定某人有罪的唯一依据，则有理由确认其公平审判权会受到侵犯。[3]

75. 在评估卧底特工的行为是否逾越了对原已存在的犯罪活动的纯被动调查并构成警察煽动行为时，需要考虑的因素包括：有正当理由或确实理由怀疑该人参与了实施相关犯罪行为的初步行动、事前实施了犯罪行为或在警方接近之前有参与犯罪行为的倾向；（与前一项挂钩）卧底行动的起点；卧底特工活动的合法性；卧底特工的参与范围（即他们是否主动开始与目标人士沟通，以及是否有原已存在的谈判或协议）。

76. 从程序角度看，应当考虑到保护对抗式程序和"平等武装"原则，

---

〔1〕 联合国毒品和犯罪问题办公室：《打击有组织犯罪示范立法规定》，第 70 页。

〔2〕 European Court of Human Rights, Ramanauskas v. Lithuania, application No. 74420/01, judgment of 5 February 2008.

〔3〕 European Court of Human Rights, Ramanauskas v. Lithuania, application No. 74420/01, judgment of 5 February 2008, para. 54; Teixeira de Castro v. Portugal, application No. 25829/24, judgment of 9 June 1998, paras. 35~36 and 39; Bannikova v. Russia, application No. 18757/06, judgment of 4 November 2010, para. 34; Balti š v. Latvia, application No. 25282/07, judgment of 8 January 2013, para. 55.

由检方承担证明没有煽动行为的举证责任。此外，根据《欧洲人权公约》第 6 条第 1 款，检察机关必须向辩方披露其掌握的对被告有利或不利的所有实质性证据。

七、结论和建议

77. 本文件侧重于不同类型的特殊侦查手段，特别是那些可用于调查跨国有组织犯罪的手段，以及《联合国打击跨国有组织犯罪公约》第 20 条的主要构成和实施要素。

78. 国际合作工作组不妨审议导言（第一节）中提出的各种问题，以作为其审议的基础。

79. 工作组还不妨将本文件作为参考材料，提请缔约方会议注意由本文件推动的讨论的主要结论，以强调在资源允许的情况下在这一领域进一步开展工作的必要性。这类工作可以执行缔约方会议第 5/8 号决议所载的前次建议，从而采取汇总表的形式指出在执行《联合国打击跨国有组织犯罪公约》第 20 条和使用特殊侦查手段方面可能出现的法律和实际问题，以及这些问题的可能解决办法，包括收集缔约方之间关于使用这种技术的安排或协定的实例；可以采取关于执行第 20 条的法律、实践和业务准则的形式。

80. 工作组还不妨建议缔约方会议：

（a）继续鼓励缔约方酌情利用《联合国打击跨国有组织犯罪公约》第 20 条作为国际合作采用特殊侦查手段的法律依据；

（b）鼓励缔约方交流特殊侦查手段领域的最佳做法和经验教训，特别是与执行《联合国打击跨国有组织犯罪公约》第 20 条有关的最佳做法和经验教训；

（c）鼓励缔约方促进对法官、检察官、执法官员或从事特殊侦查手段行动或监督的其他从业人员的培训活动，并请秘书处在资源允许的情况下制定和实施这一领域的技术援助活动。

附录九 《毒品贩运侦查中的跨国控制下交付手册》[1]

一、奥地利

（一）定义与法律规定

在奥地利，根据《联邦与欧盟成员国刑事司法合作法》的规定，允许实施控制下交付，该法还包括了互相承认的主要文件。

《联邦与欧盟成员国刑事司法合作法》第 71 条规定的控制下交付是指：交付（运输）从奥地利运出或者通过奥地利的违禁品或者限制流通物，而检察官办公室不得实施干预。

（二）国家层面的执行

要获得控制下交付的授权，必须满足下列条件：

（1）保证对运输进行持续监视；

（2）如果存在货物失踪的风险，交付将被拦截；

（3）如果奥地利是起源地国或者中转国，那么只有保证货物被扣押（没收）并且涉案人员被逮捕的情况下，控制下交付才有可能获得授权。

（4）在奥地利领土内实施控制下交付，由奥地利的当局负责领导。

（5）在整个运输中对货物进行监视，直到将其交给另一国的当局。

当外国机构提出申请时（如果在奥地利没有进一步的侦查活动），控制下交付由过境地或者起源地的有管辖权的检察官办公室批准。

如果地点不能确定，由维也纳的检察官负责批准。

《联邦与欧盟成员国刑事司法合作法》第 72 条第 1 项第 3 目的规定，刑

---

[1] 2013 年，在欧盟委员会及其移民与内政总署的共同赞助下，"为了成功实施毒品控制下交付，加强欧盟执法部门之间的合作" 的项目终于得以完成，其最终研究成果为《毒品贩运侦查中的跨国控制下交付手册》，现节选该成果第二章翻译后收录于此，以供理论界和实务界参考与借鉴。

事警察必须向主管检察官毫不迟延地报告计划实施的所有控制下交付。

控制下交付的执行由警察、关税部门和海关官员负责。

控制下交付完成以后，检察官应该审查是否有理由要求逮捕犯罪嫌疑人的国家接管刑事起诉。

（三）国际合作

奥地利已经批准了1988年《联合国禁止非法贩运麻醉药品和精神药物公约》和2000年《联合国打击跨国有组织犯罪公约》。此外，在2012年，奥地利还签署了《欧洲刑事司法互助条约第二附加议定书》，但是直至当下仍没有批准。奥地利也于1959年4月20日签署了1959年《欧洲刑事司法互助条约》，该公约于1968年12月31日生效。

随着奥地利联邦法律公告（2005年第65号和第66号）第三部分的通过，《欧盟成员国刑事司法互助公约》（2000年5月29日）已经获得批准和生效实施。关于该公约第12条的运用，奥地利当局发表如下声明：根据第12条提出的请求，其主管当局是过境地或者出发地的检察官办公室。

要在奥地利获得控制下交付的授权，必须提交法律协助的申请。

根据《联邦与欧盟成员国刑事司法合作法》第72条第2项之规定，如果控制下交付通过奥地利或者从奥地利出发到另一国，那么另一国应当提出申请，并且要在该申请获得批准以后才能实施，或者在获得另一成员国同意的情况下才能实施，如果：①控制下交付的依据将成为签发欧洲逮捕令的理由。②控制下交付有助于证实犯罪和识别犯罪嫌疑人。

此外，根据《联邦与欧盟成员国刑事司法合作法》第72条第3项之规定，如果危及行为人的生命、健康或者身体完整性，控制下交付不得实施。

在奥地利边界，外国特工被允许作为观察者参与控制下交付侦查。同样，也允许使用卧底特工，但是他们被禁止实施犯罪或者引诱他人实施犯罪。根据《联邦与欧盟成员国刑事司法合作法》第73条第1项之规定，在奥地利使用另一成员国的卧底警察从事秘密行动，必须由成员国司法当局提出明示请求，经由计划行动地区的具有管辖权的检察官事先签发的令状，才能获得许可。授权将批准必要的期间，以期实现行动的目的，但是不得超过1个月。如果最初的原因仍然存在，行动的持续能够获得案件的主要证据，授权可以延期。

二、比利时

(一) 定义与法律规定

在比利时，控制下交付这个术语的含义不同于《实施申根协定公约》对控制下交付的界定（也即，举例来说，不对非法货物的运输实施拦截其目的是在最终目的地或者预先同意的检查点实施干预）。比利时版本的《实施申根协定公约》将控制下交付的概念表述为"监视下交付"，与此同时，控制下交付指的是另一种形式的干预——渗透。相应地，在述及比利时当局时，有必要区分"监控"（指的是《实施申根协定公约》所规定的控制下交付）或者"渗透"（比利时法所规定的控制下交付）。

在比利时，"监视下交付"与"控制下交付"来源于为了执行 2003 年 1 月 6 日的《特殊侦查手段与其他侦查手段法》及其初始文本于 2003 年 3 月 28 日颁布的皇家决定。

就更广泛的意义而言，监视下交付还有必要区分"监视下交付"（对人或者货物流转进行监控并在最终目的地实施干预）与"监视下协助交付"（对人或者货物流转进行监控但是并不在最终目的地实施干预）

除了监视下交付以外，皇室决定也提及了控制下交付，该术语被理解为"渗透（涉及卧底警察），并且在目的地实施干预"。皇室决定也提及了"控制下协助交付"，即指（涉及卧底警察），但在目的地不实施干预。

"2003 年 1 月 6 日的法律"通过引入《比利时刑事诉讼法典》第 40（2）条创制了第三种控制下交付的可能形态，这就是"迟延干预"。也即延缓或者延误对嫌疑人的逮捕或者赃物的扣押。"迟延干预"与"控制下交付"或者监视下（协助）交付的不同在于"迟延干预"并不涉及任何监控或者渗透，逮捕或者扣押属于正常的正在进行的侦查范畴之内，而无需求助于渗透或者监视。

控制下交付的对象是货物而非麻醉药品，法律用语是"货物或者人员的非法运输"。

(二) 国家层面的执行

1. 检察官的作用

控制下交付由货物起运地的检察官和计划干预地的检察官负责批准。如果他们之间存在争议，可以要求联邦法官进行干预。如果控制下交付的起点在外国，但是并不知道地址，可以由进入比利时过境地的检察官负责批准。

如果外国当局在提出申请时尚不知道入境地，由联邦法官决定是否应当授权。

如果案件系司法调查的目标，由调查法官授权是必要的。如果有必要扣押，并且领土内的最终目的地不知晓，联邦法官有管辖权。同样，为了执行控制下交付，而该控制下交付起源地或者中转地在比利时，联邦法官有权决定迟延扣押。

当然，联邦检察官必须：

（1）与有关的地方检察官确保司法程序的协调一致，并且促进国际合作；

（2）采取所有紧急和必要措施，这些决定对有关地方检察官具有拘束力；

（3）如果事先不知道最终目的地，联邦检察官可以亲自控制侦查。

其被要求必须遵守两个基本原则：第一，比例原则——这种手段或者技术仅仅只能适用于严重的有组织犯罪；第二，附属原则，只有当其他手段不能被用于取集必要的证据时才可以适用控制下交付。

2. 实践

在提交控制下交付申请时，必须附随下列细节：

（1）行动的原因；

（2）行动正当化的真实情报；

（3）毒品或者其他货物的种类和数量；

（4）预期的运输方式和行程计划表；

（5）被申请国预期的入境或出境地；

（6）每个嫌疑人的身份（姓名、出生日期、住址、国籍、外貌）；

（7）识别批准行动的机关；

（8）确认负责行动的首席侦查员以及联络细节；

（9）支持行动的警察、海关或者其他执法官员的详细情况；

（10）建议适用的所有特殊手段的详细情况。

经过主管司法当局的同意，在交付中可以使用替代性物质。

（三）国际合作

比利时已经批准了1988年《联合国禁止非法贩运麻醉药品和精神药物公约》，2000年《联合国打击跨国有组织犯罪公约》，2000年《欧盟成员国刑事司法互助公约》以及2001年《欧洲刑事司法互助条约第二附加议定书》。比利时也于1959年4月20日签署了《欧洲刑事司法互助条约》，该条约于1975年11月11日生效。

干预地的检察官负责案件的实施，其决定行动如何推进。控制下交付过境地的检察官必须被告知行动的情况。在行动期间，负责案件的刑事侦查部门的官员在行动的时候都有权决定扣押货物，如果存在货物失踪的风险的话，如果事先不知道控制下交付的货物在比利时的入境地，那么强调检察官的作用是很重要的。

原则上禁止对人实施控制下交付，但是在特别案件中遵守特定条件则是可以被运用的，这包括：

（1）在任何时候，警察部门都必须对运输货物的环境和条件有清楚的掌握，并且要对现场的态势进行监控；

（2）必须在最终目的地实施干预；

（3）必须采取充分的保障措施以确保被运输行为人的身体安全；

（4）措施的执行属于特殊警察部门的职责范围；

（5）国家检察官必须事先订立协议。

国际协助原则上是可以获得的，但是必须经过逐案判断进行评估。参与的方式是组建联合侦查队。申请国的司法当局必须以调查函的形式提交合作的申请。

如果控制下交付起源地或者中转地在比利时，所有有关国家的司法当局都必须提供下列保障：

（1）保障非法货物将持续处于警察的监视和控制之下；

（2）保证非法货物在最终目的地国被扣押，或者是在货物将失去控制的时候予以扣押，而涉嫌犯罪的人员将被起诉。

申请国执法机构进入比利时边境须获得主管司法当局的许可，司法当局也可以决定外国执法人员是否可以携带武器。最终还得提前提交一份正式的申请。比利时当局更期望尽快联系，这是因为精致的行动需要很细心地做好准备。在十分紧急的情况下，原则上必须在几分钟内达成协议。关于行动的准备，无论在任何地方，期限都可能在30分钟到几个小时之间（取决于案件的复杂程度）。

三、保加利亚

（一）定义和法律规定

在侦查犯罪的情况下，控制下交付是一种特殊形态的互助，其可能引发引渡。控制下交付作为一种特殊手段被规定于《保加利亚刑事诉讼法典》第172 条第 1 项。在欧盟成员国之间，根据《欧盟成员国刑事司法互助条约》第 12 条的规定，在国际司法协助的范围内适用控制下交付是可行的。

有关控制下交付的规定主要体现在：①《保加利亚刑事诉讼法典》；②《特殊情报手段法》；③《毒品控制与化学前驱法》；④《国家安全机构法》；⑤《海关法》。

控制下交付包括毒品、化学前驱或者其他货物（如适用）的输出、中转或者输入，这些行动仅仅被允许适用于可能判处 5 年以上监禁的犯罪。

《保加利亚刑事诉讼法典》第 7 条的名称为"特殊情报手段"，该条规定了特殊情报手段的适用。主要包括——技术手段（技术装置与技术设备）和特工手段（监视、截取、通信控制、控制下交付等等）。根据《保加利亚刑事诉讼法典》第 172 条第 4 项的规定，控制下交付有助于获取证据，而卧底警官必须作为证人接受质询。

（二）国家层面的执行

根据《特殊情报手段法》第 10a 条之规定，控制下交付可以由情报机构或者侦查机构在其职权范围内适用，但是必须遵循保加利亚境内的严格控制规定，在国际合作背景下，必须遵循另一国家的严格规定。在实施中，被控制的行为人可以输入、输出、携带或者通过保加利亚有效中转犯罪物品，其目的是调查跨境犯罪。

在保加利亚，只有当控制下交付是为了刑事审判或者刑事侦查的情况下，提交执法协助申请才是强制性的。在特工侦查中适用控制下交付，并不要求提出法律协助申请。

只有在获得法院的授权以后，才能够适用控制下交付。

在国内立法中，对于控制下交付并没有固定的期间。

在获得主管法院的批准以后，控制下交付的发动与执行由下列当局的工作人员负责：

（1）情报机构——国家安全局、内政部；

（2）侦查机构（根据《特殊情报手段法》），包括保加利亚的检察官办公室、国家安全局、内政部和国家海关总署。

在获得主管法院的批准以后，控制下交付的发动机构应该通知所有的主管执法部门，其目的是协调行动。

检察官在逐案审查的基础上，可以暂停控制下交付，如果启动条件已经发生变化的话。

根据《特殊情报手段法》第 11 条的规定，特工手段（包括控制下交付）可以与录音、录像和磁带监听与照相混合使用。该法也列举了诸如监听、监视、渗透、邮件或者计算机信息的截取、通过卧底警察进行的信息交易和调查。

（三）国际合作

保加利亚批准了《联合国禁止非法贩运麻醉药品和精神药物公约》（1988年）、《联合国打击跨国有组织犯罪公约》（2000年）、《欧盟成员国刑事司法互助公约》已经于 2007 年 12 月 1 日生效实施。保加利亚于 1993 年 9 月 30 日签署了《欧洲刑事司法互助条约》，该条约于 1959 年制定，1994 年 9 月 15 日生效。

如果外国当局提交了要求授权实施控制下交付的申请，接受申请的主管当局是保加利亚的最高上诉法院检察官办公室，在收到协助申请以后，最高上诉法院检察官办公室应当立即将申请批准控制下交付的文书移交给主管法院。

当在国际合作的范畴内实施控制下交付时，该项措施由最高上诉法院检察官办公室以命令的形式授权，该命令将签发 2 份复制件——一份送交给申请机关，另一份送交给海关总署，以便让海关总署允许运输的毒品进入保加利亚的领域。

其他国家要实施控制下交付，必须提交书面形式的申请书。该申请书须包括以下内容：①行动的原因；②表明行动正当化的客观情报；③毒品的种类与数量；④运输的方式与路线；⑤输入或者输出保加利亚领域的地点；⑥犯罪嫌疑人的身份；⑦行动的授权人；⑧协调行动的侦查人员的信息；⑨在控制下交付期间建议适用的技术手段。

关于海关当局互助和合作的《那不勒斯第二公约》的手册里列明了保加利亚当局在授权控制下交付时必须确保的特殊条件：

（1）必须确保所有中转国已经同意实施控制下交付；

（2）确保控制下交付处于持续监视之下，当存在货物失控的风险时要立即实施扣押；

（3）确保运输的货物能够最终被扣押，犯罪嫌疑人能够被追究法律责任。

申请和密封的文件必须一并提交，并且使用保加利亚语言或者欧洲委员会的官方用语之一进行翻译。为了迅速处理和完成该申请，手册建议后者（封闭的文件）提前用保加利亚语翻译出来。

根据《保加利亚刑事诉讼法典》第476条第7项的规定，对于来自他国的执行控制下交付的申请，应当由主管的侦查机构来完成，该侦查机构可以向警察、海关和其他行政机关寻求协助。

起源地国或者目的地国应当将控制下交付的结果告知主管当局。

在保加利亚领域内，外国特工可以观察者的身份参与控制下交付。外国特工的参与由最高上诉法院检察官办公室评估和许可。外国特工的授权要求提供他们的专业知识、真实和伪装的身份。

在保加利亚，卧底特工必须按照法律规定的形式提交书面陈述。这种状况就会导致产生大量的通信和与外国当局来往的信件，其目的是描述保加利亚的制度。

在满足某些条件的情况下，外国的技术支持是许可的。在遵守《保加利亚刑事诉讼法典》的情况下，通过技术支持所获得的数据和信息在刑事诉讼中可以作为证据。

根据《保加利亚刑事诉讼法典》第476条第4项之规定，最高上诉法院检察官办公室可以向其他国家提出申请，通过卧底警察、控制下交付和跨境监视等实施侦查，并且也要对来自其他国家的申请作出回应。

国际层面的控制下交付的情报交流活动主要通过下列合作渠道：欧洲警察署、国际刑警组织、保加利亚当局的海外代表、欧洲检察署（在收到调查委员会的申请以后）：保加利亚当局已经表明通常会通过欧洲警察署或者东南欧执法中心实施控制下交付，如果在具备法律规定的条件下，可以申请欧洲检察署的协助。

四、克罗地亚

（一）定义和法律规定

控制下交付在《刑事互助法》中并没有规定，但是可以依照国内刑事诉讼的规定进行。因为控制下交付不被认为是当地司法当局提供的国际法律协助的方式之一。

（二）国家层面的实施

在克罗地亚，控制下交付的授权是无需提交司法协助申请的。

《克罗地亚刑事诉讼法典》第332（1）条列举了暂时限制公民宪法权利的措施，主要有：①监视和截取电话；②截取和录制电子数据；③秘密追踪；

④对人和物件进行技术录音/像；⑤使用卧底特工和线人；⑥赃物的控制下运输和交付。

根据《克罗地亚刑事诉讼法典》的规定，控制下交付与运输由主管法院以决定的形式批准。

如果不能以其他方式开展侦查或者开展侦查将面临巨大困难，应国家检察官的邀请，针对犯罪嫌疑人实施《克罗地亚刑事诉讼法典》第334条所规定的犯罪所获取的赃物，预审法官可以授权实施控制下运输和交付。

检察官应向预审法官申请实施控制下交付。申请书必须包含下列信息：犯罪名称、犯罪的描述、适用措施的期间、选择该措施的原因。申请被批准以后，法官将签发一份书面命令，法官的命令签发以后，由警察在其他机构诸如海关或者邮政部的合作下执行。

控制下交付的授权期间为3个月。应检察官的申请，可以延长3个月。针对严重犯罪，可以再次延长6个月。当批准控制下交付的理由不复存在时，该措施方才可以停止。

在行动期间，控制下交付由警察执行，但必须接受主管的国家检察官的监督。

在控制下交付期间，可以适用技术协助、交流情报和外国特工措施。

此外，允许对毒品进行全部替换或者部分替换。

（三）国际合作

克罗地亚当局为了打击有组织犯罪和毒品走私，已经签署和批准了最重要的协议和公约以强化合作。这包括：《联合国禁止非法贩运麻醉药品和精神药物公约》（1988年）、《联合国打击跨国有组织犯罪公约》（2000年）、《欧洲刑事司法互助条约第二附加议定书》，但是对该附加议定书的第17、18、19条提出了保留。克罗地亚也于1999年5月7日签署了《欧洲刑事司法互助条约》（1959年），并于1999年8月5日生效实施。

直到现在，克罗地亚仍然没有批准《欧盟成员国刑事司法互助公约》（2000年5月29日）。

五、塞浦路斯

（一）定义与法律规定

根据《1995年打击犯罪（控制下交付与其他特殊规定）法》（以下简称《1995年法》）执行控制下交付。《1995年法》将控制下交付界定为：控制下交付系指一种手段，它是指在主管当局的监视下，允许禁用物质或违禁品运入、运出或者通过一个、多个国家，其目的是辨别那些实施了法定犯罪的行为人。

《1995 年法》允许在国内和国际层面适当使用控制下交付，作为一种法律手段，其目的是识别实施了毒品犯罪以及非法贩运武器和爆炸物品等违禁品的犯罪人员。该法系根据《联合国禁止非法贩运麻醉药品和精神药物公约》第 11 条起草的（1988 年《维也纳公约》，[1] 通过 1990 年第 49 号法律塞浦路斯批准了该公约）。

塞浦路斯的部长理事会有权签发条例，以便更好地适用该法的规定，特别是为了规范控制下交付的发动和终止，以及走私违禁品或者违禁物的监督和记录保存。

《1995 年法》第 3（2）条对"规定的犯罪"进行如下界定：

（1）《联合国禁止非法贩运麻醉药品和精神药物公约》第 3（1）条所列举的犯罪，根据国内法的规定他们也构成刑事犯罪；

（2）非法输入、输出、占有、使用、买卖、转移或者走私武器与爆炸物品；

（3）输入、持有、使用、买卖、转移或者走私赃物；

（4）输入、输出、持有、使用、买卖或者转移核材料。核材料的定义由《1998 年核材料实物保护公约（批准与其他规定）法》予以界定。

《1995 年法》第 7 条规定，在情报传递过程中，由丁善意错误可能导致对任何人或者任何财产造成损失，参与控制下交付的行为人在任何阶段都不用为此承担任何责任。

（二）国家层面的执行

《1995 年法》规定了控制下交付的决定程序。本质上，控制下交付的决定由警察局长或者其代表在逐案判断的基础上作出，并将该决定通知海关部门的负责人。如果控制下交付的决定系由海关部门负责人作出，则应将其决定通知警察局局长或者双方官员共同行动。

每一次控制下交付的决定都必须通知塞浦路斯的总检察长，如果其认为有必要性和适当性，可以给予指示。

（三）国际合作

塞浦路斯已经批准了《联合国禁止非法贩运麻醉药品和精神药物公约》

---

[1]《联合国禁止非法贩运麻醉药品和精神药物公约》又被称为《维也纳公约》，译者注。

(1988 年)、《联合国打击跨国有组织犯罪公约》（2000 年）和《欧盟成员国刑事司法互助条约》及《欧洲刑事司法互助条约第二附加议定书》。塞浦路斯也于 1996 年 3 月 27 日签署了《欧洲刑事司法互助条约》（1959 年），2000 年 5 月 24 日生效。

《1995 年法》第 5 条规定，为了辨别涉嫌实施了规定的犯罪的行为人，并对其提起控诉，可以与其他国家合作开展控制下交付，但是只能依据互助协议或者安排来进行。如果没有与他国签署互助协定或者其他正式的安排，控制下交付只能按照互助行动的标准条款来处理。

提交控制下交付的申请书应该尽可能地包含更多的信息（行动正当化的理由、毒品或者其他货物的种类与数量、受到影响的过境地、运输如何发生等）。

六、捷克共和国

（一）定义与法律规定

根据《捷克刑事诉讼法典》的规定（第 87b 条——货物监视），在审前程序中，如果有必要查明刑事犯罪或者揭露所有的涉案人员，并且有必要的事实证明用其他方法不可能取得效果或者导致实质上更为复杂时，检察官可以命令对有理由认为藏匿有第 87a 所规定的物品的货物实施监视。

（二）国家层面的执行

只有在刑事司法合作的范围内，并且目的是提起刑事诉讼时，才能适用控制下交付。为了获取控制下交付的授权，必须提交司法协助申请。在紧急情况下，申请也可以在行动期间提交。提交的申请书必须包括以下详细信息：行动的动机，作为交付对象的毒品的种类和数量；运输的方式与路线；跨境地点；嫌疑人的身份；负责启动行动的官员；外国当局的联络细节；为行动提供支持的外国官员的信息；建议适用的其他特殊侦查手段。

控制下交付的授权由检察官批准。该措施只能根据初步程序的规定被命令实施。

控制下交付的适用由捷克共和国的警察和海关当局（仅仅只限于拥有警察权力的工作人员）执行。由警方的"赛瑞尼局"（SIRENE）或者海关总署署长负责计划的协调。

警察如果认为存在耽搁的风险并且不能在预期的时间内提前获得命令，警察可以在未获检察官命令的情况下，开展对运输的监视。警察应当立即通知检察官，并且按照后者的指示继续进行监视。

在适用控制下交付的阶段中，下列规则必须遵守：

（1）替换毒品是可以的，但是必须获得法官的授权；

（2）如果存在失去货物的风险，捷克当局应当阻止控制下交付的实施；

（3）外国特工参与控制下交付只能允许以观察者身份参与，这种规定是按照条约或者国际公约的规定所制定的。他们在捷克领域内没有任何法律权力；

（4）外国特工可以持有武器，但只能仅仅限于自卫时才能使用。

（三）国际合作

捷克共和国已经批准了《联合国禁止非法贩运麻醉药品和精神药物公约》（1988年）、《联合国打击跨国有组织犯罪公约》（2000年），以及《欧洲刑事互助公约第二附加议定书》。《欧盟成员国刑事司法互助公约》于2006年6月12日生效。捷克共和国于1992年2月13日签署了《欧洲刑事司法互助条约》（1959年），并于1993年1月1日生效。

如果刑事诉讼发生在捷克共和国，本案检察官负责提出申请，要求他国的当局协助执行控制下交付。如果刑事诉讼发生在另一个国家，负责批准的主管当局是布拉格的地方检察官办公室。根据《国际刑事司法合作法》第65（1）条的规定，布拉格地方检察官办公室系被指定执行有关控制下交付申请的唯一检察办公室。

当捷克共和国系控制下交付的起源地国或者中转地国时，有关的外国当局要求保证毒品将被扣押，涉案人员应当被追究责任。如果捷克是中转国则必须获得受到该行为影响的所有国家的同意。

捷克共和国当局尚未意识到申请法律协助中的直接联络问题。布拉格地方检察官办公室的检察官是全天候值班的，所以即使是紧急情况下申请控制下交付，也不会存在问题。在常规案件中，由主管检察官评估适用控制下交付的适当性和必要性。

七、丹麦

（一）定义与法律规定

根据丹麦警察签发的指令，丹麦可以进口国、出口国或者中转国的身份参与对毒品和其他各种形式的货物的控制下交付。作为一个普遍性规则：强制起诉是控制下交付的前提条件。

在丹麦，对于控制下交付而言国家并无特别的规则。《丹麦司法行政法》对警察从事刑事案件的侦查的一般条款作了规定。这些规则也同样适用于控制下交付。但是《丹麦司法行政法》第754a-e条规定了特工活动的准则，对适用民间线民和警察特工建立了限制性规则。线民和特工的适用不仅影响法庭证据的可采性，同时也会影响刑罚的判处。为此，《丹麦司法行政法》规定：

（1）卧底特工必须是警官；

（2）外国警官可以被允许担当卧底特工，但是他们在丹麦并不能享有任何行政权力；

（3）经过特别许可，外国警官可以携带武器；

（4）可以使用卧底特工，但是必须事先就交付在交付人、运送人和接货人之间达成协议。同时，还必须有具体指示，要求接收人尽最大可能执行刑法。

2002年7月31日，丹麦司法部签发了《跨境控制下交付纲领》以解决控制下交付的可容许性，并且为接踵而来的、不断增长的控制下交付的申请提供一般性处理规则。

（二）国家层面的执行

1. 警察局长的角色

决定的权力一般在于交付发生地的警察局长，如果另一警察区——也许与外国当局开展合作——已经正在侦查或者已经参与了该案的侦查或者与该案件相关联的其他案件的侦查，在作出控制下交付的决定时必须指出要与另一警察区开展紧密的合作。

如果交付地并不清楚，由侦查事项与控制下交付相关联的地区警察局长行使决定权，如果该侦查事项存在的话。如果根据上述标准无法确定由哪个警厅行使决定权，但是根据所获情报——例如犯罪嫌疑人的行踪或者地理区域的其他接头地点——暗示着控制下交付将要在某个特定区域发生，则决定权由那个特定区域的警察局长行使。

如果情报不充分，不足以判断控制下交付将会在哪个警区发生，并且几个区域都有可能发生，则由不同警区的警察局长进行协调，并根据一般规定分别处理其区域内的所涉事务。

如果申请只是涉及通过丹麦的控制下交付则由交付通过丹麦时的第一个警区的警察局长行使决定权。如果情报不充分，无法确定哪个警区有权决定，则由哥本哈根的警察局长行使决定权。如果所获情报显示交付将发生在日德兰半岛的话，那么奥尔胡斯市的警察局长有权行使决定权。

2. 实战

申请必须要被送到国家警察局（由与案件有关联的辖区的地区警察局长授权），如果被许可实施控制下交付，则由国家警察局在有关地方警察局长的合作下负责行动的启动、指挥、实质控制以及作出终止行动的决定。

货物的全部替代与部分替代都是被允许的。在任何时候都可以实施替代。控制下交付的违禁品没有任何限制，例如药品/毒品、枪支、烟草或者其他违禁品，甚至如果认为足够安全的话，也可以包括被贩运的人。

在下列情况下，控制下交付的申请可能会被拒绝：

（1）当最终目的地在另一个国家，但是对于涉案人员将被起诉指控的事实还未得到确认时；

（2）当存在失去货物的风险时；

（3）参与控制下交付的卧底特工并非警官。

（三）国际合作

丹麦已经批准了《联合国禁止非法贩运麻醉药品和精神药物公约》（1988年）、《联合国打击跨国有组织犯罪公约》（2000年）以及《欧盟成员国刑事司法互助公约》和《欧洲刑事司法互助条约第二附加议定书》。丹麦也于1959年4月20日签署了《欧洲刑事司法互助条约》（1959年），并于1962年12月12日生效。

在控制下交付之前及其控制下交付期间，联络的渠道是国际刑警组织、北欧联络官、欧洲警察署的丹麦联络官。

对毒品实施控制下交付时，如果通过丹麦系行动的一部分，而该行动又是由其他国家的有关当局负责筹划，那么就必须事先获得来自丹麦当局的批准，并且丹麦警察应该参与该行动。在丹麦的法律框架内，丹麦的主管当局必须尽力执行该措施，以便能够满足申请国的要求。法律协助申请应当被送达给主管当局，例如有关的警区。

外国当局提出的执行控制下交付或者通过丹麦的申请必须包括以下信息：

（1）提出申请的有关当局的详细情况；

（2）申请的原因和内容，包括对申请控制下交付的原因的特别陈述；

（3）控制下交付的内容，包括数量等；

（4）涉案人员的个人资料，包括丹麦的国民（提供者、运送者、接收者等）；

（5）交付的时间和路线，包括完成交付的可疑地点；

（6）有哪些其他国家参与，如果有的话；

（7）交付完成地的国家许可的信息；

（8）交付完成地的国家关于刑事检控的信息；

（9）运输方式的描述——车（登记号码、车牌、颜色等），火车（火车号码、座位等），航空器（航空器号码/座位等），船舶（名称、类型、颜色等）

（10）事先与丹麦当局联络的所有信息，如果有的话；

（11）负责控制下交付的外国人员的姓名、电话号码，包括那些具体负责执行控制下交付的人员；

（12）跟随控制下交付进入或者通过丹麦的外国警官的信息。

对于申请国要求丹麦参与处理和执行控制下交付的调查函，除了上述信息以外，并无特别的或者官方的程序，对于调查函的形式也并无其他要求。

八、爱沙尼亚

（一）定义与法律规定

在爱沙尼亚，控制下交付被理解为通过国家的迟延的监视下交付，借助于司法协助和其他监视措施的配合使用，该措施是可行的。

所以，有关当局认为控制下交付这种手段是很有实效性，并且适用性强的侦查手段。控制下交付的执行相对而言较为轻松且有效，尤其是当芬兰提出实施控制下交付的请求时就更是如此了，因为爱沙尼亚对芬兰的有关当局和程序都很熟悉。

根据欧洲毒品和毒瘾监测中心和参加该项目第一次研讨会的爱沙尼亚的检察官披露，控制下交付目前并无法律基础。与刑事侦查活动相关联的各种形式的监视要件被规定于《爱沙尼亚刑事诉讼法典》和《监视法》中。

（二）国家层面的执行

根据参加在塔林举办的第一次地区会议的爱沙尼亚的检察官所述："经过检察官办公室的书面批准或者预审法官的批准，可以组织实施监视活动。"根据检察官办公室提交的有合理依据的申请书，预审法官将以裁决的方式做出是否许可的决定。

有关法律规定体现在：

（a）《爱沙尼亚刑事诉讼法典》第126-5条，秘密监视，秘密检查和物品替代。

第 1 条规定，检察官办公室有权签发许可证对行为人、物品或者地区进行秘密监视；秘密收集比较样本，并进行初步检验；秘密检查或者替换物品，期间为 2 个月。

第 2 条规定，在本条规定的监视活动期间，如果有必要，所收集的信息应当以录音、拍照或者复制或者其他方式记录下来。

（b）《爱沙尼亚刑事诉讼法典》第 126-6 条，邮件的秘密检查。

根据第 1 条的规定，在秘密检查邮件时，要收集物品检查时的信息。

第 2 条规定，邮件在经秘密检查以后，该邮件应当递交给收件人。

第 3 条规定，在执行本条所规定的活动中，如果有必要，所收集的信息应当以录音、拍照或者复制或者其他方式记录下来。

第 4 条规定，在对邮件进行秘密检查过程中，可以替换该邮件。

第 5 条规定，预审法官批准本条所规定的秘密检查活动的期间为 2 个月，期间届满后，预审法官可以再延长 2 个月。

（c）《爱沙尼亚刑事诉讼法典》第 126 条第 7 项，情报的秘密监视。

第 1 条规定，通过监听所获得的信息，或者对短信的秘密监视，或者对经公共电信网络传输的其他信息或者通过其他方式传输的信息应当予以记录。

第 3 条规定，对于本条中规定的监视活动，预审法官批准的期间为 2 个月，规定的期间届满以后，预审法官可以再延长 2 个月。

（d）《爱沙尼亚刑事诉讼法典》第 126 条第 8 项，刑事犯罪的构成。

第 1 条规定，刑事犯罪的构成是指某种行为的实施符合刑事犯罪的构成要素，并且经过法院的判定。

第 2 条规定，如果有可能，刑事犯罪的构成应当通过拍照、摄影或视频或者音频的方式进行记录。

第 3 条规定，对于本条所规定的监视活动，预审法官批准的期间为 2 个月。规定的期间届满以后，预审法官可以再延长 2 个月。

正如爱沙尼亚的参加人所述："提交正式的法律协助的申请是控制下交付授权的基础。"

凡是与刑事侦查有关的各种形式的监视的条件包括：

（1）签发特别许可的当局的联络详情；

（2）行动的原因；

（3）作为行动目标的货物的种类与数量；

（4）犯罪嫌疑人的身份；

（5）负责行动的当局的信息。

控制下交付由侦查主管当局（警察、海关当局、税务当局）适用。

（三）国际合作

爱沙尼亚已经批准了《联合国禁止非法贩运麻醉药品和精神药物公约》（1988年）、2000年《联合国打击跨国有组织犯罪公约》以及《欧洲刑事司法互助条约第二附加议定书》。《欧盟成员国刑事司法互助公约》已经于2005年8月23日生效。爱沙尼亚于1993年11月4日签署了《欧洲刑事司法互助条约》，并于1997年7月27日生效。

一般而言，法律并未对外国卧底警官的参与作出明确规定，但可以在爱沙尼亚的控制下交付中被允许使用（建立在逐案判断的基础上）。针对外国卧底警官的授权，需要提供的信息是其真实的与秘密的身份。

如果国家当局要求在海外实施控制下交付，检察官应该通过安全情报交换网络应用程序或者国际刑警组织渠道向他国提交司法协助申请。主管侦查当局将与其他成员国进行协商和谈判。

在爱沙尼亚，总检察长办公室和派驻欧盟检察署的爱沙尼亚的国家成员负责提交建立联合侦查组的申请。

总检察长办公室或者获得总检察长办公室许可的派驻欧盟检察署的爱沙尼亚成员根据提出的建议应当做出建立联合侦查组的决定，并且与外国的主管司法当局达成相应协议。

九、芬兰

（一）定义与法律规定

2010年初，《警察、海关和边境警卫合作法》已经生效。该法已经取代了2001年颁布的上述机关合作的法令。该法为芬兰执法当局的合作提供了新的、明晰的法律基础。

该法规定了关于控制下交付的特殊规定，以及执法机关组建国家数据获取与调查组的可能性。该法也规定了情报共享与分析功能以及联合数据库。

在该法颁布以前，控制下交付是一种策略性手段，在芬兰的法律中并无特殊的成文法基础。

　　根据《芬兰警察法》第 30（a）条的规定,《实施申根协定公约》第 40、41 条所提及的来自外国（包括挪威和爱尔兰）的警察在获得授权以后可以继续在芬兰领域内实施监视。上述内容被规定在国际协定中,同样对芬兰具有约束力。然而,芬兰的警官并不能立即就可以在芬兰领域内实施持续监视。

　　在跨境监视中,根据技术监视规则的规定,芬兰警官被授权可以使用装备进行跨境监视。所有已经被实施的监视必须向监视的主要执行地的警察当局提交报告。来自他国的警官必须向芬兰负责监视活动的警察部门提交一份报告,该警察部门应将该报告交付给有关的地方警察当局。

　　根据申请或者其他情形,主管当局可以允许外国当局参与控制下交付,在获得主管当局的许可下,外国官员也可以观察者身份参与控制下交付。

　　(二) 国家层面的执行

　　国家调查局局长、安全情报局局长、警察局局长以及经过秘密收集情报等特殊训练的官员有权就控制下交付作出决定,并交予警察执行。如果有必要,控制下交付应当被批准,其目的是查明参与犯罪的行为人或者是为了调查更大范围的犯罪。

　　如果有根据怀疑实施了最终可能被判处 4 年监禁的犯罪时,可以允许适用控制下交付。"4 年监禁" 的要求仅仅只是指适用国内控制下交付,而不是指适用国际控制下交付,因为对于国际案件而言优先适用国际法。

　　必须尽可能地对交付进行控制,并务必按时实施干预。此外,该措施的适用不得对任何人的生命、健康或者自由造成重大危险,或者对环境、财产或者资产造成重大危险或者严重损害。

　　(三) 国际合作

　　芬兰已经批准了《联合国禁止非法贩运麻醉药品和精神药物公约》(1988年)、《联合国打击跨国有组织犯罪公约》(2000 年) 以及《欧盟成员国刑事司法互助公约》及《欧洲刑事司法互助条约第二附加议定书》。1959 年签订的《欧洲刑事司法互助条约》于 1981 年 4 月 29 日在芬兰生效。

　　警察、海关与边境保护机构之间的合作建立在条例的基础上,该条例规范各种国家机构的权力范围,其制度依据是 1988 年 12 月 20 日签订的《联合国禁止非法贩运麻醉药品和精神药物公约》,《实施申根协定公约》第 73 条,以及芬兰签署的其他协定。

　　芬兰也就海关和警察合作与俄罗斯联邦和波罗的海国家签署了双边协议,

这些双边协议规定允许适用控制下交付。为了确保国家程序的统一性，加强不同机关之间的协调和统一行动，警察、海关和边境保卫机构已经签署了一个互助协议。

来自其他缔约国的警官在芬兰领域内对控制下交付进行持续监视，或者芬兰警官在其他缔约国对控制下交付进行持续监视，根据《实施申根协定公约》第 40 条的规定，《实施申根协定公约》将适用于上述情形。同时，根据芬兰的国家条例的规定，该条例将会约束芬兰警官。

根据《实施申根协定公约》第 40（1）条的规定，在刑事侦查的框架内，如果某个缔约国的警官正在其本国领域内监视推定实施了引渡罪的行为人时，可以事先提交协助申请，在获得其他缔约国跨境监视的授权以后，可以前往其他缔约国的领域内继续其监视。授权时可以附加条件。

根据请求，缔约国的警官将被授权在该国领域内执行监视。根据第 40（2）条的规定，由于特殊的紧急原因，如果不能向其他缔约国申请先行授权，执行监视的警官应当被批准继续进行监视。

控制下交付可以根据《欧盟成员国刑事司法协助公约》的规定得以适用。对于并非该公约的成员国也可以采取该措施。在控制下交付被执行以前申请国的主管当局可以就执行的实际方法与被申请国进行磋商。对于适用司法协助公约的成员国及其海关当局之间的合作，控制下交付的执行必须以公约为依据。

国家调查局是欧洲司法网的国家联系点，因此，通过国际刑警组织、欧洲警察署或者国家申根中心发送的所有关于控制下交付的请求都将递交给国家调查局。

控制下交付必须以书面形式申请，并且必须对事实进行充分和清楚的描述，以便能够对执行申请的合法性、现实性和可能性进行评估。由于所有的调查函均涉及强制措施，对于执行这些强制措施的前提条件必须给予特别关注。

十、法国

（一）定义与法律规定

规范控制下交付的立法体现在《法国刑事诉讼法典》第 706-80 条。该条规定：

司法警官以及获得司法警官授权的司法警员在报告检察官以后，如果检察官并未提出反对意见，那么其可以在全国领域内对实施了第 706-73 条、第

706-73-1条或者第706-74条所规定的重罪或者轻罪的行为人进行监视。对其传递或运输物品、货物或产品的行为进行监视。这些物品、货物或者产品是用来犯罪的或者来源于犯罪。

上一段所规定的职权的扩张必须被以任何形式提前通知地区法院的检察官，该地区法院是指监视行动的开始地，如果有可能也应当报告第706-76条所规定的检察官。

根据《法国刑事诉讼法典》第706-80条的规定，司法警官可以在其辖区以外进行追缉、监视。其对象为：

（1）已经实施了有组织犯罪的行为人；

（2）从犯罪中所获得的物品、货物或者产品，或者将上述物品用于犯罪。

监视是一个相对宽泛的概念，它不仅包括人，也包括从犯罪中获得的物品以及用于犯罪的物品。

对于本条规定中的"目标人物"，条件是"存在一个或者多个可能的原因怀疑其实施了这些犯罪中的一种"。如果符合条件的话，嫌疑人将会被羁押。

在实践中，上述规定通常被用来打击毒品走私活动。这种侦查手段适用的犯罪体现在《刑事诉讼法典》第706-73条、第706-73-1条、第706-74条中，几乎涵盖了所有的有组织犯罪：

（1）《法国刑事诉讼法典》第706-73条：有组织团伙实施的杀人、毒品走私、人口走私、诱使卖淫，有组织团伙实施的盗窃、加重的被勒索罪、恐怖主义行为，涉及武器方面的犯罪与轻罪，等等。

（2）《法国刑事诉讼法典》第706-73-1条：有组织团伙实施的诈骗，被犯罪团伙非法雇佣实施犯罪，洗钱，不能证明来源的正当化，等等。

（3）《法国刑事诉讼法典》第706-74条：犯罪组织实施的犯罪以及由有组织团伙实施的所有重罪与轻罪。

（二）国家层面的执行

在控制下交付启动之前，法律要求应当首先通知检察官，该通知可以采取电话等任何形式。检察官有权提出反对意见。

上述限制性程序旨在限定司法警官和司法警员的权力，让其只能扮演消极的角色，而没有赋予其任何强制性权力。

主管检察官是：

（1）监视行动在该检察官的辖区内启动。故而，如果货物从国外输入，那么有关的检察官（指主管检察官）就是指货物入境地的检察官。如果与行动有关的货物已经抵达法国，原则上由货物发现地的检察官负责。

（2）考虑到案件的复杂性，可以实施专门的跨区域管辖权。

（三）国际合作

法国已经批准了《联合国禁止非法贩运麻醉药品和精神药物公约》（1988年）、《联合国打击跨国组织犯罪公约》（2000年）、《欧盟成员国刑事司法互助公约》及《欧洲刑事司法互助条约第二附加议定书》。法国于1961年4月28日签署了《欧洲刑事司法互助条约》，并于1967年8月21日生效。

对实务人员而言，法国已经与"西班牙特别肃毒检察办公室"签署了《谅解备忘录》，其目的是以此作为中央联系点开展双边工作以应对打击毒品走私包括控制下交付中的所有事宜。

实务人员已经提及，路线的不确定性给识别授权控制下交付的主管司法当局带来了障碍，因为法国没有一个单一的司法当局在该地区享有全国性的管辖权。他们也指出，有些国家系统地提出要求授权适用"实时定位权等"（在法国领域内）。而与之相对应的是有些国家在执行法国请求时于车辆上安装监控装置同样存在困难。法律的差异会导致出乎意料的毒品扣押，进而影响刑事侦查。当局受到诱惑会对侦查的毒品进行扣押，即使他们收到了让毒品移动的请求。在有些国家，扣押被侦查的毒品绝非只是一个诱惑的问题，而是警察当局的义务，这就阻止了对运输毒品的最终接货人的发现。

十一、德国

（一）定义与法律规定

德国控制下交付的条件和程序被规定于"行政指导纲领"之中（《刑事起诉与罚金指令》第29a-d条），德国目前没有为控制下交付制定任何特殊的成文法框架。但是，《德国刑事诉讼法典》的个别规定也可以被适用于控制下交付。

在德国，控制下交付有三种形态：

（1）控制下中转：系指非法运输国外的毒品、武器、赃物或者货物及类似物品（不包括人）进入德国，然后在刑事检控当局的监控下经由德国到达第三国；

（2）控制下出口：是指在监控之下将该类货物从德国非法运输到外国；

（3）控制下进口：系指在监控之下将该类货物从外国非法输入到德国。

（二）国家层面的执行

国家层面的执行责任取决于我们所应对的是控制下中转、控制下出口还是控制下进口，以及侦查程序是否已经在德国暂停。

对于控制下中转而言，通常由货物入境地的检察官负责处理，除非德国检察官办公室认为针对犯罪的侦查程序已经暂停。上述规定也同样适用于控制下进口。在收到司法协助的申请以后，如果不清楚过境的可能方位，则由最有利的交通连接点所在区域的有关当局作出决定。对于控制下交付出口而言，一般由启运地的检察官办公室负责执行。负责执行的检察官亦有权决定是否允许开展控制下交付。

1. 控制下交付的对象

控制下交付可以针对毒品、武器、赃物和相似的物品或者商品。如果控制下交付涉及人，特别是在侦查人口走私和偷运移民时是禁止使用控制下交付的。这是因为难以提供充分的安全保障将会对有关人员的生命安全造成威胁。

2. 法律规定

该行动指导纲领规定，没有其他方法发现主犯或者运输路线；确保能够随时拦截犯罪嫌疑人和扣押犯罪物品；只有在获得主管检察官办公室授权适用"监视运输"的方法时，才能够适用"监视运输"（控制下交付）的方法。

执行监视时，必须确保能够对犯罪嫌疑人和犯罪物品一直进行全面控制。所以，依据纲领的规定，如果推定利用车辆运输大量毒品，仅仅安装全球卫星定位系统进行监视并不构成控制下交付。

（三）国际合作

德国已经批准了《联合国禁止非法贩运麻醉药品和精神药物公约》（1988年）、《联合国打击跨国有组织犯罪公约》（2000年）、《欧盟成员国刑事司法互助公约》及《欧洲刑事司法互助条约第二附加议定书》。德国也于1961年4月8日签署了《欧洲刑事司法互助条约》，并于1977年1月1日对德国生效。

德国与波罗的海国家（除俄罗斯联邦以外）之间的互助申请可以直接通过有关国家的司法部门之间进行交换。在德国与丹麦、芬兰之间交换申请书或者调查函时无须附上译件。但是如果是与其他国家交换调查函，则必须翻译成有关国家的语言，不过对于爱沙尼亚和挪威而言，翻译成英语已经足矣。

控制下交付互助申请通常必须是书面形式的，但是在紧急情况下，也可以用电话提前通知。控制下交付的申请与同意并不需要采取任何特殊的形式。如果控制下交付的货物经过德国中转或者经由德国向国外输出，那么所有有关的国家都必须提交以下声明：

（1）同意输入或者输出；

（2）确保运输持续处于控制状态；

（3）确保将对运货人、犯罪嫌疑人、接货人进行侦查，确保毒品、武器、赃物及类似物品将被扣押，采取措施确保犯罪嫌疑人将被定罪和执行判决；

（4）确保德国的刑事检察部门能够持续地获悉有关程序的最新进展状况。

十二、希腊

（一）定义与法律规定

在希腊制度中，控制下交付（毒品运输的监视）系指对麻醉药品和其他致幻剂通过希腊中转的活动进行监控。对于非法运输的货物采取没收或者部分替代是有必要的。

关于毒品控制下交付的方法被规定于不同的法律当中，例如《希腊刑事诉讼法典》第253A（1）条，第2145/1993号法律（第38条），后经第2331/1995号法律修正。通过第1990/1991号法律，希腊批准了《联合国禁止非法贩运麻醉药品和精神药物公约》。

与国内法律的规定相一致，控制下交付是一种完全保密的侦查活动，旨在针对某些特定犯罪（当然也包括毒品走私）。第2145/1993号法律第38条（后经第2331/1995号法律第15条第1段修正）规定仅仅只能适用于毒品走私。

（二）国家层面的执行

控制下交付执行的授权由雅典上诉法院的检察官办公室总检察长负责签发。该行动的授权条件主要包括：

（1）符合第1990/1991号法律第11条所规定的正式条件；

（2）有证据表明严重犯罪已经实施，控制下交付作为检控犯罪的方法具有绝对必要性。

根据第2331/1995号法律第15条的规定，控制下交付的执行由中央禁毒协调中心负责，该中心在获得检察官授权以后将执行控制下交付的特殊活动。

中央禁毒协调中心的专家工作人员必须确保从入境到出境都要对运输实施监控。自毒品出境之时起的 48 小时内，中央禁毒协调中心应该制作一份详尽的报告，对有关控制下交付的事实进行报告，包括日期、期间以及毒品出境地。此外，还必须提交一份机密报告的复本给雅典上诉法院检察官办公室的检察官。

（三）国际合作

希腊已经批准了《联合国禁止非法贩运麻醉药品和精神药物公约》（1988年）、《联合国打击跨国有组织犯罪公约》（2000 年）。此外，希腊还于 2001年签署了《欧洲刑事司法互助条约第二附加议定书》，但是直到现在还未批准该议定书。希腊也于 1959 年 4 月 20 日签署了《欧洲刑事司法互助条约》（1959 年），1962 年 6 月 12 日对希腊生效。直到现在，希腊还没有批准《欧盟成员国刑事司法互助公约》（2000 年 5 月 29 日）。

直接或者通过通信与合作渠道（国际刑警组织）向中央禁毒协调中心递交司法协助申请后，将被获准在希腊领域内执行控制下交付。根据第 2145/1993 号法律第 38 条的规定，外国必须按照《联合国禁止非法贩运麻醉药品和精神药物公约》第 11 条的规定提交申请，申请可以以各种形式提交，但在通常情况下是书面申请，申请书在通过直接或者国际刑警组织的途径送达中央禁毒协调中心以后，在对申请的真实性和有效性进行审查以后，应当立即通知雅典上诉法院的检察官。

在希腊领域内执行毒品运输的控制时允许接受来自他国的技术援助。在希腊领域内一个重要的条例规定，来自申请控制下交付的国家的特工不允许参与控制下交付活动。

希腊当局申请在国外执行控制下交付，应当向中央禁毒协调中心提交申请，该中心将向雅典上诉法院的检察官申请授权实施行动。

十三、匈牙利

（一）定义与法律规定

《警察法》（第 34/1994 号法律）和《国家税收和海关法》规定了适用控制下交付的大体框架。自 2008 年开始，边境保卫部门被整合进了警察部门，2011 年海关被并入关税部门，国家税收和海关总署得以建立。

《匈牙利刑事诉讼法典》《刑事国际司法协助法》《欧盟成员国刑事司法

合作法》《东南欧警察合作公约》《维也纳公约》《巴勒莫公约》[1]等也分别规定了法律框架。

根据国内法，在国际控制下交付中，警察和海关要进行协调和情报交流。《警察法》第 64（1f）条界定了特殊侦查方法的涵义，控制下交付被包含于特殊侦查方法中。

（二）国家层面的执行

匈牙利的事务人员在参加上一次地区会议时提及：国家规定控制下交付（例如批准问题）的法律已经修改了，现在的总体规划是每一起控制下交付都必须获得检察官授权。

欧洲检察署研究表明，在匈牙利，立法允许对毒品进行替代，但是匈牙利对使用这种方法较为谨慎，因为这会阻碍对犯罪嫌疑人的控诉和逮捕。如果匈牙利扣押了未藏匿任何毒品的货物，那就只能依靠毒品被替代的地方的国家提供的证据，该证据极不可能在 72 小时内被送到匈牙利，因为匈牙利法规定诉讼逮捕的决定的最长期限即为 72 小时。

如果控制下交付存在失控的风险，匈牙利当局有权实施干预。

根据同一位匈牙利实务人士所述，控制下交付可以被适用于毒品以及所有与犯罪活动有关的其他物品，但是核材料和人口例外。如果系通过人体贩毒（吞食毒品者）的形式走私毒品，则不得适用控制下交付。

（三）国际合作

匈牙利已经批准了《联合国禁止非法贩运麻醉药品和精神药物公约》（1988 年）、《联合国打击跨国有组织犯罪公约》（2000 年）。匈牙利于 2003 年签署了《欧洲刑事司法互助条约第二附加议定书》，但是直到目前还未批准。匈牙利也于 1991 年 11 月 19 日签署了《欧洲刑事司法互助条约》（1959 年），该公约于 1993 年 10 月 11 日对匈牙利生效，《欧盟成员国刑事司法互助公约》于 2005 年 11 月 23 日生效。

为了执行控制下交付，申请协助是很有必要的，在紧急情况下也可以在行动期间提交。根据 2002 年生效实施的《执法机构国际合作法》（2002 年第 54 号法律）第 17~19 条的规定，该法涉及执法机构之间的国际合作，如果要

---

[1] 《维也纳公约》《巴勒莫公约》，即指《联合国禁止非法贩运麻醉药品和精神药物公约》和《联合国打击跨国有组织犯罪公约》，译者注。

想获得控制下交付的授权，申请机关应当向国家警察局总部的国际执法合作中心提交协助的申请。

如果迟延获得授权将危及侦查利益，外国主管当局的协助申请可以直接送达匈牙利的主管当局。在这种情况下，匈牙利的主管当局应当毫不迟延地通知国际执法合作中心。

控制下交付的申请书必须包括详细的信息，例如行动的原因、毒品种类和数量、运输的方式和路线、受影响的边境点、犯罪嫌疑人的身份、负责案件官员的详细情况、外国当局的联系方式、建议使用的特殊侦查手段。

如果控制下交付的启运地或者中转地在匈牙利，外国当局必须确保毒品将被扣押、涉案人员将被检控。对于过境匈牙利的控制下交付而言，所有受行动影响的国家都必须表示同意。

外国官员仅仅只能作为观察员参与控制下交付。他们没有执法权，且必须按照匈牙利官员的授权行动，经过事先授权可以使用武器，但是仅仅局限于合法的自卫。

根据匈牙利法律的规定，技术装备是可以使用的。外国当局在匈牙利执法机构的监督下可以提供技术协助，以及技术监控或者追踪装备。

《警察法》《国家税收和海关法》以及《匈牙利刑事诉讼法典》允许使用卧底特工，卧底特工可以由匈牙利或者外国官员担任，该行动需获得检察官的批准。

在控制下交付中不允许使用线人。

控制下交付的中心联络点是国际执法合作中心，该机构负责协调国际合作领域内所有执法机构的活动。该中心是 24 小时全天候运作的，在着手处理以后，该中心将负责通知和协调控制下交付，控制下交付的具体执行由国家警察局、国家税收和海关总署负责。

据匈牙利实务人员所述："如果请求国和接受国都没有正在进行的刑事诉讼，合作局限于情报方面，那么《执法机关国际合作法》的规定的适用应当局限于双边或者多边国际协议的框架内。如果在所涉及的成员国中的任何一个国家存在正在进行的刑事诉讼，那么控制下交付的实施只能在司法合作的框架内进行。"

实务人员也与其他参与成员分享了使用控制下交付所获证据的程序。如果申请国希望获取控制下交付的文件证据，控制下交付就必须在司法合作的框架内进行。关于控制下交付司法合作的调查函必须被提交给检察官。

（1）如果是欧盟成员国的话，则提交给主管检察官；

（2）如果是非欧盟成员国，则须提交给总检察长办公室（作为中央机构）。

十四、爱尔兰

（一）定义与国家规定

《2008 年刑事司法（协助）法》第 88 条对控制下交付界定如下：系指为了侦查犯罪，根据本法被允许在国内进行的交付或者根据有关国际文件在指定国家进行的交付。该法规定了两种情境下的申请程序。

经过修改的《2005 年警察法》授权警察部队人员在国外担任联合侦查小组成员，该联合侦查小组的任务涵盖了执行控制下交付。

（二）国家层面的执行

协调或者授权控制下交付的主管机构是警察部队和国内的税务专员办公室（如果所犯罪行属于他们管辖）。欧洲检察署的国家成员并未获得批准或者协调控制下交付的权力，该成员无权从欧洲检察署的角度协调爱尔兰当局和其他成员国之间的控制下交付。

在控制下交付实施之前或在控制下交付实施期间，可以通过国际刑警组织、欧洲警察署、警察和海关等递交信件。官方调查函的申请必须由司法平等和法律改革部（协助局）提出。控制下交付申请的批准不存在预期的耽搁。

根据爱尔兰国家侦查机关（涵盖国内税务专员办公室）的报告，该国控制下交付绝大多数建立在《海关事项行政互助国际公约》以及《欧盟成员国刑事司法互助公约》的基础上，并且取得了成功。

（三）国际合作

爱尔兰已经批准了《联合国禁止非法贩运麻醉药品和精神药物公约》（1988 年）、《联合国打击跨国有组织犯罪公约》（2000 年）。它也于 1996 年 10 月 15 日签署了 1959 年《欧洲刑事司法互助条约》，并于 1977 年 2 月 26 日生效，但是没有签署《欧盟成员国刑事司法互助公约》也没有签署《欧洲刑事司法互助条约第二附加议定书》。

提交给爱尔兰当局的控制下交付申请书必须包含以下信息：

（1）行动原因；

（2）行动正当化的真实情报；

（3）毒品/其他货物的种类与数量；

（4）预期的运输方式与路线；

（5）被申请国预期的入境点和出境点；

（6）每个嫌疑人的身份（姓名、出生日期、住址、国籍、外貌）；

（7）确认批准行动的机构；

（8）确认负责行动的首席侦查员及其联络细节；

（9）支持行动的警察、海关或者其他执法官员的详细情况；

（10）建议适用的特殊侦查手段的详细情况。

十五、意大利

（一）定义与国家规定

"第309/90号总统令"第98条系意大利规范控制下交付的法律规定。为了获取物证，确定和抓获实施法令所列举的犯罪的头目，该法令允许犯罪活动的持续进行。尤其是该条规定允许逮捕或者拘留措施在签发或者执行上可以迟延或者暂时不履行。该法第98条后被"2010年8月13日的法律"（第136号）第8条所取代。控制下交付的领域已经通过新法的规定从毒品领域扩张到了其他领域（恐怖主义、洗钱等），该规定未做重大变更。

（二）国家层面的执行

控制下交付执行地的检察官办公室系控制下交付的主管当局，检察官将签发命令为迟延捕获、迟延扣押或者迟延执行安排提供依据。如果案件涉及不同区域，则由国家反黑手党和反恐怖主义检察官办公室来担任中央机关，负责控制下交付执行的授权。

（三）国际合作

意大利已经批准了《联合国禁止非法贩运麻醉药品和精神药物公约》（1988年）、《联合国打击跨国有组织犯罪公约》（2000年）与1959年《欧洲刑事司法互助条约》。自2016年3月以来，意大利当局被授权组建了"联合侦查组"。在2016年8月5日，新法批准和执行了《欧洲刑事司法互助条约》，尤其是涉及引渡问题，目前已经生效。2016年7月21日第149号法律批准和执行了2000年5月29日制定的《欧盟成员国刑事司法互助公约》，并且授权政府负责实施。"第149号法律"也授权执行部门修正《意大利刑事诉讼法典》第十一卷，修正内容涉及引渡，以及为强制措施设置最终期限。"第

149 号法律"对《意大利刑事诉讼法典》作了多处修正以促进刑事方面的国际合作。《欧盟成员国刑事司法互助公约》和《欧盟运行条约》规范着意大利和其他欧盟成员国在国际引渡申请、外国刑事判决方面的效力、意大利刑事判决的海外执行、与刑事司法管理相关联的外国机构之间的关系。

根据国际互惠原则，意大利的司法部可以拒绝司法协助、引渡或者与刑事司法相关联的其他事项［第 4（1）（b）条］。拒绝国际协助的请求必须以意大利与欧盟成员国之间的条约为根据，对于非欧盟成员国而言，则主要考虑是否对意大利的国家主权、安全或者意大利的重要利益构成危害［第 4（1）（c）（1）和第 4（1）（d）（1）条］。

对于控制下交付而言，申请司法协助是不必要的，尤其是来自他国的检察官请求藏匿毒品的货物通过意大利且无需采取扣押措施时，则无需提出司法协助的申请，通过直接的书面联系（例如传真或者邮件）即可。但是，如果外国检察官需要扣押或者控制藏匿毒品的货物，则必须提交正式的司法协助申请。在上述情况下，必须向司法部提交正式申请，如果系欧洲国家提出的申请，那么该申请应该被提交给主管的上诉法院。

有关机构系司法部、内政部和中央禁毒局，根据《意大利刑事诉讼法典》第 725 条的规定，如果不与意大利的基本法律原则相抵触，控制下交付可以依照申请国要求的方式执行。

十六、拉脱维亚

（一）定义与法律规定

根据参加本项目的最近一次地区会议的拉脱维亚的实务人员的观点，根据拉脱维亚的法律规定，在拉脱维亚有两种方式组织控制下交付：①《特工行动法》——第 15（1）条，控制下交付；②《拉脱维亚刑事诉讼法典》——第 227 条：犯罪活动的控制。

根据《特工行动法》第 6（1）条所规定的侦查行为的分类来看，控制下交付属于其中之一。该法第 15（1）条规定了控制下交付的定义：如果根据已经收到的情报表明或者有正当理由怀疑正在被运输的货物或者其他贵重物品与刑事犯罪存在关联，为了预防或者侦查犯罪活动并且确认实施犯罪活动的行为人，让货物或者其他贵重物品（包括物品、支付工具或其他金融票证）在拉脱维亚领域内运输或者穿过拉脱维亚的边境，并对实施上述活动的行为人予以控制，其目的是预防或者侦查犯罪活动并且确认实施犯罪活动的行为人。

《刑事诉讼法典》里的"控制犯罪活动"也与控制下交付存在关联，该法第 227 条规定："根据预审法官的决定，如果单一刑事犯罪或者相互关联的刑事犯罪的某一阶段已经被查明，但是如果立即终止该犯罪阶段，则会使阻止另一刑事犯罪的机会，或者查明所有涉案人员尤其是刑事犯罪的组织者或者委托人，或者查明所有犯罪活动目的之机会消失的话，那么可以对犯罪行为进行控制"。

（二）国家层面的执行

在涉及诉讼或者刑事侦查的范畴内，要获得控制下交付的授权就必须提交书面申请书。授权申请书包括案件的要素，并获得监督案件的检察官或者法官的批准。所有中转国都必须对在其领土内开展控制下交付表示同意。

在常规情况下，控制下交付的适用要获得预审法官的批准。在紧急情况下，控制下交付的适用可以先经指定的检察官批准，然后再交由预审法官批准。

如果会危及人们的生命或者健康，或者某种物质的扩散会危及人们的生命或者造成环境灾难的话，不得授权实施控制下交付。

如果适用控制下交付和其他侦查手段都具有必要性，那么他们的授权必须按照侦查行动法的规定来处理。

如果在措施执行中需要采取特殊手段进而严重危及公民的基本权利，那么特殊手段的采取须经首席法官批准，或者经最高法院法官特殊授权，如果法律有规定，也可以由检察官批准。

根据《刑事诉讼法典》第 212 条的规定："除本章规定的情况以外，特殊侦查行为应当根据预审法官的决定进行。在紧急情况下，诉讼程序的指挥人员可以在获得检察官的同意以后发动控制下交付，但是必须在下一个工作日获得预审法官的追认。"

《刑事诉讼法典》第 228 条规定了特殊侦查行为的保障措施。为了保障特别侦查行为，涉及特殊行为的官员或者个人可以使用事先特别准备的情报或者文件，事先特别建立的组织仿制的物品或者物质，特别准备的技术手段，以及以模仿或者支持的形式参与犯罪活动。

控制下交付由国家警察局、或者海关警察部门、国家税务局负责实施。

根据法律和条例的规定，在对货物或者物品实施控制下交付时，不得自由销售与买卖。对货物或者物品进行全部或者部分扣押或者更换必须获得特别许可。

（三）国际合作

拉脱维亚已经批准了 1988 年《联合国禁止非法贩运麻醉药品和精神药物公约》、2000 年《联合国打击跨国有组织犯罪公约》以及《欧洲刑事司法互助条约第二议定书》。拉脱维亚于 1996 年 10 月 30 日签署了《欧洲刑事司法互助条约》（1959 年），并于 1997 年 8 月 31 日生效，《欧盟成员国刑事司法互助公约》已经于 2005 年 8 月 23 日生效。

在拉脱维亚，只有在刑事诉讼法或者刑事侦查中要求进行控制下交付时，提交司法协助申请是强制性的。如果在特工侦查中实施控制下交付，那么就没有必要提交司法协助申请。

外国特工可以作为观察者参与控制下交付，但是可以被要求作为证人出席法庭作证。

十七、立陶宛

（一）定义与法律规定

根据国家法律规定当非法货物或者其他可疑物品的进口、出口与中转时，经过批准，可以适用控制下交付。

根据参加本项目最近一次地区会议的立陶宛检察官所述："在收集犯罪情报和刑事侦查中可以实施控制下交付。"有关控制下交付的法律框架体现在《刑事情报法》（第XI-2234/2012 号法律）和《立陶宛刑事诉讼法典》当中。

根据《刑事情报法》第 2 条的规定，控制下交付系指经批准实施的收集情报的一种方式，在刑事情报机构的控制下，允许非法或者可疑货物与其他物品进入，通过或者运出立陶宛共和国领土，其目的是侦查犯罪活动，并且辨认预备犯罪、正在犯罪或者已经实施犯罪的人。

（二）国家层面的执行

（a）根据《刑事情报法》实施的控制下交付

在缺乏犯罪要素的情况下，《刑事情报法》被用来搜集数据，在刑事情报收集程序中，所有被收集的数据通常被视为国家或者官方秘密。

检察官控制和协调刑事情报机构实施的行为，并且向法院申请批准某些收集刑事情报的行为（例如：电讯监听、秘密进入住所），或者亲自批准某些行为（例如：监控、假装犯罪、控制下交付）。

法律规定收集刑事情报信息的方法如下：使用特工，审讯，检查，控制验证，控制下交付，假装犯罪，监视，监控，秘密行动，执法机构派给某人工作，使用技术手段（监听或者录制自然人或者法人的经济、金融行动，使用金融工具或者支付工具，私人对话，其他通信或者行为）。

"第Ⅺ-2234/2012号法律"第6条规定了刑事情报机构的权力："第3段，第4点）运用如下方式收集情报信息。控制下交付，假装犯罪，监控，执法机构派给某人工作。"

执行控制下交付的法定条件如下：①收集控制下交付所必需的资料，如嫌疑人，走私路线沿途的国家，控制下交付的预期期间，行动目标，毒品种类，运输方式；②如果存在失踪的风险应当扣押货物；③确保提起刑事控诉或者引渡（根据请求）。

根据"第Ⅺ-2234/2012号法律"第14（1）条的规定，刑事情报机构的首长或者经他授权的副职向检察官提交有合理根据的申请，由检察官负责审查批准。第14条（2）列举了申请书应该包括以下要素：①提交申请的官员的姓名，职衔；②证实控制下交付的实施具有必要性的资料和根据，以及寻求的结果；③执行控制下交付的自然人或者法人的信息；④管制物品运输的出发地国或者目的地；⑤控制下交付的预期时间；⑥控制下交付的最终目标、中期目标以及追求的结果。

一旦控制下交付被批准以后，刑事情报机构的首长或者获得他授权的副职应当在获得授权以后的下一个工作日内向总检察长或者总检察长授权的总检察长办公室的检察官提交申请书的复制件。

根据"第Ⅺ-2234/2012号法律"第14（4）条的规定："如果检察官拒绝批准本条第一段中所列举的行为，刑事情报机构的首长或者获得他授权的副职有权向负责控制刑事情报机构行为合法性的上级检察官提起申诉。"检察官拒绝批准的话必须以书面形式阐述拒绝的理由。做出不批准所提及的行为的检察官必须向总检察长或者总检察长授权的总检察长办公室的检察官提交报告。

"第Ⅺ-2234/2012号法律"提及了一个重要的规定：如果控制下交付的实施会给人们的生命或者健康带来直接危险或者可能会引起其他严重后果的话，那么应当禁止控制下交付。

控制下交付由警察或者海关付诸实施。

（b）根据《立陶宛刑事诉讼法典》实施的控制下交付

具备犯罪要素就必须收集证据。审前侦查由审前侦查官员负责实施。检察官领导、组织和控制审前侦查，审前侦查中所有的重要决定都由检察官来决定（对于限制公民权利的行为，检察官应当向法院寻求批准，决定将案件呈交给法院，并中止审前侦查）。

正如立陶宛检察官所述，《立陶宛刑事诉讼法典》中并无控制下交付的定义，也没有创建针对控制下交付的特殊规则，控制下交付与其他秘密侦查措施在《立陶宛刑事诉讼法典》中遵循相同的条件。

《立陶宛刑事诉讼法典》第158条规定了控制下交付的授权，在收到组织审前侦查工作的检察官提交的申请书以后，审前法官决定是否授权控制下交付。

在紧急情况下，根据检察官的决定可以实施控制下交付，但是必须在三天之内获得法官的批准或确认。

检察官向法官提交的申请书应当包括：即将执行秘密行动的行为人；执行行为所针对的对象；犯罪嫌疑人的信息；允许执行的特殊行为；追求的结果；秘密行为的实施期间。

根据立陶宛检察官所述："根据《刑事情报法》的规定，每年获得批准的控制下交付不到10起，根据《立陶宛刑事诉讼法典》的规定，有多少起控制下交付获得批准尚未披露。"

（三）国际合作

根据"第XI-2234/2012号法律"第14（6）条的规定，控制下交付只能根据国际条约或者协议实施。

立陶宛已经批准了《联合国禁止非法贩运麻醉药品和精神药物公约》（1988年）、《联合国打击跨国有组织犯罪公约》（2000年），以及《欧洲刑事司法互助条约第二附加议定书》。立陶宛也于1994年11月9日签署了1959年《欧洲刑事司法互助条约》，并于1997年7月16日生效。《欧盟成员国刑事司法互助公约》已经于2005年8月23日生效。

为了在刑事诉讼中获得控制下交付的授权，则有必要发送司法协助申请。

外国官员（包括卧底特工）被允许参与控制下交付，但是仅仅只能在控制下交付的适用中担任观察者，并提前获得立陶宛总检察长的批准。当然本国或者外国的电话装备也是可以允许使用的。

十八、卢森堡

（一）定义与法律规定

在卢森堡的制度内，控制下交付系指在警察知情和持续监视下对非法运输的货物或者人进行的监控。

根据欧洲警察署控制下交付手册，对于执行控制下交付的方法问题，卢森堡并无特别的法律规定。执行控制下交付的法律依据是《欧盟成员国刑事司法互助公约》第12条和《联合国禁止非法贩运麻醉药品和精神药物公约》第11条。

（二）国家层面的执行

各种类型的毒品走私都可以被允许实施控制下交付。在卢森堡的领域内获得授权实施控制下交付必须遵循下列条件：

（1）只有当常规手段无法获得证据时，才能获得批准实施控制下交付；

（2）他国的申请书必须包含以下信息：控制下交付执行的地点、日期和期间，案件细节，毒品的包装状况，需要完成的准确任务，申请国参与控制下交付执行的人员（包括联系方式、地址）；

（3）确保毒品处于持续的监控状态。

根据诉讼程序的推进（侦查）状况，控制下交付的批准和协调分别出总检察长、检察官或者预审法官行使。

如果存在失去控制货物的风险，就必须实施扣押。

（三）国际合作

卢森堡已经批准了《联合国禁止非法贩运麻醉药品和精神药物公约》（1988年）、《联合国打击跨国有组织犯罪公约》（2000年）。作为交换，卢森堡于2008年签署了《欧洲刑事司法互助条约第二附加议定书》，但是直到当下仍然没有批准。卢森堡于1959年4月20日签署了1959年《欧洲刑事司法互助条约》，并于1977年2月16日生效。《欧盟成员国刑事司法互助公约》于2011年3月6日生效。

在卢森堡获得控制下交付的授权必须提交司法协助申请。该申请通过国际刑警组织提交给卢森堡国家警察局。在紧急情况下，可以先进行口头申请，但必须随后提交书面申请。

原则上，卢森堡的主管机构不得进行毒品的替换，除非中转地国或者目的地国要求卢森堡主管机构替换毒品。

十九、马耳他

(一) 定义与法律规定

马耳他规定控制下交付的规则主要有下列文件：《危险药物条例》［第101章第30B (1) 条］，《马耳他刑事法典》（第9章第435E条）。

为了辨别那些实施了马耳他法或者其他国家法律所规定的犯罪的嫌疑人，可以实施控制下交付。根据《马耳他刑事法典》第435E (1) 条规定，为了辨别实施了马耳他法或者另一国家的法律所规定的犯罪的嫌疑人，总检察长可以授权行政警察或者在适当的时候授权海关实施控制下交付。

(二) 国家层面的执行

控制下交付授权的法定条件包括提供与案件有关的任何信息，犯罪嫌疑人与涉案的材料/物品，行动的动机。此外根据《那不勒斯第二公约》即海关当局互助和合作公约手册所列举的事项来看，为了保障控制下交付的顺利进行，下列事项必须得到保障：

(1) 获得所有执行控制下交付中转国家的同意；

(2) 确保对运输的持续监控；

(3) 如果存在失去控制的风险，必须立即实施干预；

(4) 确保对货物实施最终扣押与追究犯罪嫌疑人的法律责任。

这些行动由总检察长授权或者法官授权，由警察或者海关执行。

《危险药物条例》第30b (2) 条也规定了控制下交付，该法还特别规定了在控制下交付期间可以替换毒品。

在控制下交付期间，也可以使用特殊手段，这些手段包括各种方法，但是如果涉及通信监听，根据《国家安全法》（《马耳他法》第391章第6条）的规定，必须获得司法和内政部长的批准。

(三) 国际合作

马耳他已经批准了《联合国禁止非法贩运麻醉药品和精神药物公约》（1988年）、《联合国打击跨国有组织犯罪公约》（2000年），以及《欧洲刑事司法互助条约第二附加议定书》。马耳他也于1993年9月6日签署了《欧洲刑事司法互助条约》，并于1994年6月1日生效。《欧盟成员国刑事司法互助公约》于2008年7月3日生效。

在马耳他，其他国家如果要申请控制下交付的授权，必须提交司法协助申请。

如果不与马尔他的法律相背离的话，可以依照申请国的适当程序执行控制下交付。

《马耳他刑事法典》第 435E（3）条规定，为了执行控制下交付，经过总检察长的批准以后，他国主管当局可以在马耳他的领域内使用卧底特工或者使用虚假身份。

二十、荷兰

（一）定义与法律规定

《警察权指令》规定了控制下交付，《荷兰刑事诉讼法典》也与控制下交付存在关联，该法典第 126ff 条规定，侦查官员如果发现物品或者物质的存在或者持有是被禁止的，可以根据执行令状，对其实施扣押，但是基于侦查利益的考虑，该种扣押可以推迟进行，其目的是晚一点再执行，类似的例子就是控制下交付。根据本条规定，扣押义务可以不履行，如果检察官签发了命令的话。

由于迟延扣押违禁品的前提是必须是晚一点再实施扣押，扣押措施稍后仍然必须采取。物品/物质必须一直处于监控之下，所有的中转国必须事先保证所有的物品/物质永远不可能抵达开放的市场。

（二）国家层面的执行

国家跨境监视机构/国家情报协调中心负责接收申请。国家检察官办公室的指定检察官负责批准或者拒绝。根据《荷兰刑事诉讼法典》第 126g/126o 条的规定，同意实施控制下交付必须在行政令状中得到确认。

存在两种可能的情形：

（1）不知道交付的位置。在这种情况下，国家检察官给予临时的许可。一旦交付的地点已经确定，当地的检察官就会接管案件，并决定是否同意临时授权。当地检察官有权撤销授权并命令对货物实施扣押。当地检察官也可以接管申根监视组的领导权。

（2）如果已经提前知晓交付地点，当地检察官可以决定控制下交付的是否发生。如果需要处置特殊情形，由司法部长负责更高级别的审查。如果重大侦查利益受到威胁，检察官可以授权实施控制下交付，该措施受到严格的批准程序规范，控制下交付的决定必须提前提交给司法部长。

判例法：

（1）07-03-1998，ECLI：NL：HR：1998：ZD0975

在本案中，嫌疑人涉嫌走私可卡因进入荷兰境内，在走私途中，可卡因被检察官扣押并用假的可卡因替换了真的可卡因。问题是即使可诉罪并未完成，能否证明系共犯。在本案中，可卡因已经被扣押而且嫌疑人的行为对犯罪并不产生任何影响。根据荷兰最高法院的观点，"根据定义来看，藏匿有可卡因的物质被扣押以后所实施的行为不再有助于进一步运输和转移被放置在荷兰境内的物质以及包装该物质的物品。

（2）04-07-2006，ECLI：NL：HR：2006：AX2032

侦查警官留了少数原始物质于货物当中，用大致 10 克可卡因替换了邮包中的大约 5 千克可卡因。被告被裁定走私 5 千克可卡因进入荷兰境内。

（三）国际合作

荷兰已经批准了《联合国禁止非法贩运麻醉药品和精神药物公约》（1988年）、《联合国打击跨国有组织犯罪公约》（2000 年），以及 2000 年《欧洲刑事司法互助条约》及《欧洲刑事司法互助条约第二附加议定书》。荷兰也于1965 年 1 月 21 日签署了 1959 年《欧洲刑事司法互助条约》，并于 1969 年 5月 15 日对荷兰生效。

二十一、波兰

（一）定义与法律规定

在波兰，有关控制下交付的法律规范体现在规范各个机构（警察、边境警察、海关与情报机关）的法律当中，这些机构都有权实施控制下交付。在这方面，主要的法规有：

（1）1990 年 4 月 6 日的《警察法》（第 19b 条），及其后续修改；

（2）1990 年 10 月 12 日的《边境警察法》（第 9g 条），及其后续修改；

（3）2002 年 5 月 24 日的《国内安全局和情报局法》（第 30 条），及其后续修改；

（4）1999 年 7 月 24 日的《海关法》（第 68J 条），及其后续修改。

控制下交付是指对赃物的生产、运输、贮存和转移进行秘密控制，其目的是为了获取实施了《警察法》第 19（1）条所规定的犯罪的证据，或者是为了查明参与实施了该类犯罪的行为人的身份，或者侵吞了犯罪物品的人，但是必须确保不能对人的生命或者健康带来危险。

根据参与第三次地区会议的波兰实务人员的观点，"通常而言在执法人员看来，控制下交付被理解为对藏匿有毒品或者其他犯罪物品的货物进行的秘密监控，其目的是执法机构试图暗中先行干预，以实现打击毒品犯罪中的特殊目标"。

《警察法》列举了下列犯罪，对这些犯罪实施控制下交付具有正当性：

（1）非法生产、持有或者分销武器、弹药、爆炸物、麻醉物品或者精神药物以及核物质与放射性材料；

（2）导致重大财产损失的经济犯罪，针对具有重大价值的财产实施的犯罪；导致国库的税赋遭受重大损失的财政犯罪；

（3）伪造货币与证券，并且将其投入流通领域；

（4）根据国际协议侦查的犯罪。

（二）国家层面的执行

在波兰，控制下交付不是一项司法措施。

《警察法》规定了适用该项警务措施的主体以及目的。《警察法》的有关条款也规定发动控制下交付的目的是：收集《警察法》第19b条所规定的犯罪的证据；识别实施这些犯罪的嫌疑人的身份；拦截赃物。

正如波兰的实务人员所说的，"在波兰负责实施控制下交付行动是警察局局长而非检察官办公室，强调这一点是重要的"。

在波兰，法律并不允许为了侦查犯罪而采取控制下交付行动，因为在发动控制下交付之前犯罪已经被揭露，或者有合理依据认为可能已经实施了犯罪。据波兰实务人员所说，"在作出执行控制下交付的决定以前，我们必须有查证属实的情报表明走私、生产和运输毒品的犯罪将要实施。这些情报可能来源于其他国家的执法机构或者机密的情报来源渠道，或者是我们自己侦查的结果"。

授权实施控制下交付的主管当局是警察局局长或者地区警察局局长，依据《警察法》第19b（2）条的规定，他们应当毫不迟延地将所作出的任何决定通知检察官（总检察长或者地区检察官）。

波兰的法律规定必须将所有控制下交付后授权事宜向检察官报告，同时也必须将行动的执行以及所获得的结果报告给检察官。

警察法并没有明确规定授权实施控制下交付期间，仅仅只是规定必须在一个限定的时间内执行控制下交付。

每次控制下交付必须向在全国各地的地方检察官办公室、国家警察总局与州警察总局进行登记。

地方检察官可以命令在任何阶段都可以中止程序。所以，与其他高级手段的操作不同，法律仅仅只是要求将控制下交付被授权的事实通知检察官。在这种情况下，地方检察官的监督功能主要体现在有权中止控制下交付程序上。

在波兰，控制下交付可以由警察、边境保卫、国内安全机构、海关、军事警察等机构和执法部门实施。

根据《警察法》第19b（4）条的规定，在波兰实施控制下交付，可以用其他无毒物质全部或部分代替非法货物。

控制下交付不得危及人们的生命或者健康。

根据波兰实务人员所述，"几乎100%的控制下交付都是警察执行的，而大约90%是由中央调查局负责实施的。毫无疑问，这归因于中央调查局在打击有组织犯罪方面所取得的经验，也归因于中央调查局在监视或者适用特殊技术方面的更多的机会。比较而言，诸如边境保护、海关和军事警察部门就没有这样的机会。在波兰，每年由警察发动的控制下交付行动大约有10到15起"。

（三）国际合作

波兰已经批准了《联合国禁止非法贩运麻醉药品和精神药物公约》（1988年）、《联合国打击跨国有组织犯罪公约》（2000年），以及《欧洲刑事司法互助条约第二附加议定书》。波兰也于1994年5月9日签署了1959年《欧洲刑事司法互助条约》，并于1996年6月17日生效。《欧盟成员国刑事司法互助公约》于2005年10月26日生效。

波兰也指定了警察总局长作为接收和执行控制下交付和秘密调查申请的主管机关。

二十二、葡萄牙

（一）定义和法律规定

现行法律规定体现于1999年8月31日"第144/99号法律"第160-A条第9项，后经"第104/2001号法律"修改，该法有专章规定"控制下交付或者监视下的交付"。

应一个或者多个外国的申请，尤其是存在协议的情况下，如果跨境调查犯罪系可引渡罪的话，为了最大限度地查明犯罪嫌疑人的身份和刑事责任，在一个或者多个国家的合作下，葡萄牙的检察官办公室可以授权刑事警察在逐案判断的基础上禁止采取任何行动。

（二）国家层面的执行

里斯本的检察官办公室负责控制下交付的授权，一旦获得控制下交付的授权，并且接收到外国当局的申请以后，司法警察负责整理文件并使之规范化。司法警察应当尽快调度并同时对包裹实施控制下交付和安排乘客乘坐飞机。

一旦到达以后，乘客将被目的地国家的当局监视，其目的是尽可能多地抓获犯罪嫌疑人并扣押毒品。

然后，这些当局应该通报所采取的措施的结果，并且报告嫌疑人的完整的身份，被扣押物品的性质和特征，以及所有与侦查有关的其他信息。

上述情形不仅发生在机场，也发生在经海洋运输的集装箱里，此种犯罪由海关侦查。

实务人员指出必须遵循切实可行的程序，这样才能获得控制下交付的许可，这些条件包括：①没有（葡萄牙）国民被转运至另一国家；②没有证据表明嫌疑人正在通过体内藏毒的方式运输毒品，或者被转运至另一国家；③有事实表明犯罪嫌疑人所犯罪行可被判处终身监禁或者死刑（《葡萄牙宪法》第 33 条）。司法警察立即与目的地的当局联系，让他们表明是否有兴趣授权实施控制下交付。

同时，司法警察应当通过电话联系里斯本的检察官办公室，以便获取有关授权，对正在讨论中的事项采取措施。

（三）国际合作

葡萄牙已经批准了《联合国禁止非法贩运麻醉药品和精神药物公约》（1988 年）、《联合国打击跨国有组织犯罪公约》（2000 年）、《欧盟成员国刑事司法互助公约》及《欧洲刑事司法互助条约第二附加议定书》。葡萄牙也于 1979 年 5 月 10 日签署了 1959 年《欧洲刑事司法互助条约》，并于 1994 年 12 月 26 日生效。提交给葡萄牙的互助申请将依据葡萄牙的法律执行。然而如果外国明确要求，或者国际协议、条约或者公约对此有所规定的话，也可以依照外国法律的规定执行互助申请，但是不得与葡萄牙法律的基本原则相冲突，也不得让受程序影响之人遭受严重损失或者伤害。

目的地国家的外国主管当局的申请必须符合以下条件，才有可能获得授权：①该国的法律必须保证追究犯罪行为的法律责任，并判处适当的刑罚；②确保监控中的物品与财产的安全，以免出现物品失控和发生意外损失的现象；③承诺立即通报行动结果的详细信息，以及每个犯罪嫌疑人的后续行为的细节，尤其是那些在葡萄牙实施犯罪的嫌疑人。

尽管已经获得了上述授权，但是如果安全系数骤减，或者抓捕犯罪嫌疑人或者扣押物品或者财产的难度上升的话，刑事警察将实施干预。如果授权机关没有被提前告知干预的情况，则应当在 24 小时内向授权机关提交书面报告。

一旦与目的地国家达成协议，可以用无害物质部分替代被转运的危险违禁品，同时必须提交一份报告，述明该行为。外国当局如果未能履行该义务的话，将会导致未来的申请授权面临被驳回的结局。

外国执法机构和刑警在葡萄牙境内参与刑事诉讼活动，必须获得司法部长的批准。外国执法机构和刑警只能通过协助葡萄牙执法机构或者负责该行动的刑警的方式参与并且刑警必须一直在场。必须遵守《葡萄牙刑事诉讼法典》的规定，并且符合互惠原则。

（1）目的地国或者中转地国的主管当局应当确保有关物品的安全，以免被盗或者失踪；

（2）目的地国或者中转地国的主管当局必须保证对犯罪人及犯罪行为判处适当的刑罚；

（3）目的地国或者中转地国的司法当局应当毫不迟延地向葡萄牙通报行动结果的详细情况，以及每一个犯罪嫌疑人的行为的细节尤其是他们在葡萄牙的所作所为。

国际协议由司法警察通过国家的国际刑警组织办公室订立。所有收到控制下交付申请的其他机构应当立即将申请提交给司法警察以便执行。一般来说海关总署署长收到控制下交付的申请以后，会通过海关合作委员会或者外国海关并且按照公平原则毫无偏私地处理海关的情报。在实践中，当出现毒品走私的下列情形时葡萄牙的当局应当申请实施控制下交付：司法警察通过税务机构（不包括海关总署署长）查明乘客处于机场的行李中藏匿有毒品，并企图中转运输至他国。

二十三、罗马尼亚

（一）定义与法律规定

在 2014 年以前，执行控制下交付依据的法律规定有：

（1）"第 143/2000 号法律"：《预防和打击非法毒品使用和走私法》；

（2）"第 39/2003 号法律"：《预防和打击有组织犯罪法》；

（3）"第 218/2002 号法律"：《警察组织与功能法》。

自 2014 年开始，伴随着新的《罗马尼亚刑事诉讼法典》的生效实施，该法规定了一种新的侦查手段，也即控制下交付，其他特殊法律中的规定已经被废除。

控制下交付系特殊监视或者特殊侦查手段的组成部分，规定于《罗马尼亚刑事诉讼法典》第 138（1）条。根据本条的一般性规定，特殊监视系指：

（a）通信截取或者任何类型的远距离的通信截取；

（b）访问计算机系统；

（c）视频监控、音频监控或者照相监控；

（d）通过技术装备进行跟踪或者追踪；

（e）获取公民金融交易的信息；

（f）邮件交付的控制、交付或者搜查；

（g）使用卧底侦查人员与合作者；

（h）授权参与特殊活动；

（i）控制下交付；

（j）获取公共电信网络提供商产生和处理的数据或者电信服务提供商产生和处理数据，而不是指通信的内容。根据有关贮存数据的特殊法之规定，这些数据由公共电信网络提供商和公共电信服务提供商产生和处理。

控制下交付的定义规定于《罗马尼亚刑事诉讼法典》第 138 条第 12 项："控制下交付系指一种监视和侦查技术，对于非法持有或者获取货物的可疑行为，在主管当局的监督或者授权下，允许非法货物进入，通过和运出一国领域，其目的是侦查犯罪或者辨认实施犯罪行为的人。"

（二）国际层面的执行

《罗马尼亚刑事诉讼法典》第 151（1）条（后于 2016 年修正）规定："应主管机构的申请，控制下交付由监督或者负责刑事检控工作的检察官根据条例的规定批准，对交付的物品可以实施或不实施全部或部分替代。"在毒品走私案件中实施控制下交付，这些行动由侦查有组织犯罪和恐怖主义委员会中的检察官负责批准，该检察官负责刑事检控工作。

《罗马尼亚刑事诉讼法典》第151（2）条规定要获得控制下交付授权，必须满足下列条件：

（1）不能通过其他方式揭露或者逮捕涉嫌从事非法贩运毒品的行为人，或者将遭遇特殊困难，使侦查活动受到损害，或者将对人的安全或者某些贵重物品构成危险；

（2）如果用其他方式将使揭露或者证明非法或者可疑货物的交付变得不可能或者非常困难。

申请控制下交付要求提供下列信息：行动的动机；毒品/其他货物的种类和数量；运输的方式与日程；被申请国的预期的入境、出境地点；每一个嫌疑人的身份；授权行动人的资料；警察、海关或者其他执法机构支持行动的情报；建议适用的特殊侦查手段。

控制下交付的主管机构负责检查货物，并对货物运入、通过或者运出国家的领土进行监视，但是要获得允许在罗马尼亚的领土内适用控制下交付，必须获得检察官的授权，因为检察官肩负监督和主管刑事检控的职责，检察官必须确保主管机构：

（1）确保活动的开展处于机密状态；

（2）确保非法或者可疑货物的运输持续处于监控状态。

有关跨境控制下交付的规定体现于《罗马尼亚刑事诉讼法典》第151（3）条（后于2016年修正）当中。在这些情况下，监督和主管刑事检控工作的检察官应当采取措施并确保中转地国家的主管当局：

（1）同意非法或可疑货物在其领土内运输，并且允许非法或者可疑货物运出该国领土；

（2）保障非法或者可疑货物的运输持续处于主管当局的监视之下；

（3）必须保证检察官、警察机构或者其他主管当局获悉适用该特殊侦查手段（控制下交付）的犯罪嫌疑人被刑事检控的结果。

检察官必须根据《罗马尼亚刑事诉讼法典》第151（5）条的规定（后于2016年修正）签署命令以授权控制下交付的实施。检察官签署的命令必须包括：如果知道的话，必须列明嫌疑人或者被告人的姓名；行动的原因；列明控制下交付的货物，表明控制下交付的货物系非法货物的证据，如果适当的话，有关货物的资料与货物将被代替；如果适当的话，列明行动的时间和地点；如果知晓的话，也应该列明运输的路线；执行监视的方式；列明获得授权从事运输监控的人员以方便辨认。

控制下交付由警察或者其他主管当局适用。在所有案件中，检察官将授权执行控制下交付的主管司法警察机构，并且应当通知国家海关当局，以便能够为警察机构提供所需要的特别支持。检察官应当建立、协调和控制适用控制下交付的方式。

在罗马尼亚的控制下交付中，允许对毒品进行全部替代或者部分替代。

在获得自由与权利法官的授权后，在控制下交付的执行中可以适用音频－视频录制或者定位装置和全球卫星定位系统追踪装置。在紧急情况下，授权可以由检察官行使，但最多不得超过 48 小时，并在随后的 24 小时内向自由与权利法官提请确认。

在实践中，对运输的监控必须是持续性的，既可以借助于技术手段也可以通过专业人士执行监视行动，以便减少毒品或者易制毒化学品失踪的风险。在罗马尼亚，既可以实施毒品的国内控制下交付，也可以在国际司法合作的背境下实施控制下交付。

同时，有关控制下交付的终结、干预和继续的决定以及其他别的决定都自然而然地只能由检察官来决定；或者在咨询提出控制下交付申请的当局以后由检察官决定，此处的申请只能是外国获授权机构提出的申请。

执行控制下交付的机构应当拟制一份报告，其中必须包括适用控制下交付所获得的资料、采取的行动以及所有适当的建议，并将该报告提交给检察官。

（三）国际控制下交付

罗马尼亚作为成员国已经批准了绝大多数关于预防和打击有组织犯罪与非法毒品走私和消费的国际公约和法律。罗马尼亚已经批准了《联合国禁止非法贩运麻醉药品和精神药物公约》（1988 年）、《联合国打击跨国有组织犯罪公约》（2000 年），以及《欧洲刑事司法互助条约第二附加议定书》。罗马尼亚于 1995 年 6 月 30 日签署了《欧洲刑事司法互助条约》，并于 1999 年 6 月 15 日生效。《欧盟成员国刑事司法互助公约》于 2007 年 12 月 1 日生效。

在国际刑事司法合作的背景下使用控制下交付措施的规定体现于"第

302/2004 号法律"的第 180 条。根据该条第 1 项的规定,"罗马尼亚的司法主管当局在收到申请以后,根据罗马尼亚法律所规定的条件,如果所犯罪行系可引渡罪的话,则可以授权实施控制下交付"。第 2 项规定控制下交付应该按照罗马尼亚的法律执行。第 180 条第 3 项的规定适用于罗马尼亚司法当局提出申请时的情形。

在实践层面,申请机构应当尽快向检察官提交书面文件,并阐明实施控制下交付的正当理由。

经过检察官的授权,外国官员可以被许可参与控制下交付。外国官员应该协助罗马尼亚官员适用控制下交付。

卧底官员和协助人员可以获得授权参与控制下交付,但是他们必须在法庭作为证人接受质询,不过他们不必亲自出现在法庭上,而是用他们的声音和改变后的形象作证。

二十四、斯洛伐克

(一) 定义与法律规定

有关控制下交付的法律框架体现于《斯洛伐克刑事诉讼法典》(第 301/2005 号法律,第 111 条)。如果案件的情况导致有证据认为运输的货物中藏匿有麻醉药品、精神药物、易制毒化学品,为了辨别涉嫌实施这些交付活动的行为人,可以对上述物品的入境、过境和出境中的发货人和接货人的交付活动进行跟踪。

(二) 国家层面的执行

要求授权控制下交付的申请书应当包括下列信息:司法当局的名字和联系详情;行动的原因;作为行动目标的货物的种类和数量;运输的入境和出境地点;运输的方式与路线;嫌疑人的身份。为了确保顺利完成控制下交付,下列条件也必须得到保障:获得所有执行控制下交付的中转国家的同意;对运输的持续监视;存在货物失踪的风险时立即实施干预;对货物实施最终的扣押,并追究犯罪人的法律责任。

控制下交付可以由法院院长或者检察官批准(对于由检察官批准的控制下交付,是指在提起控诉之前并且处于侦查的早期阶段)。在紧急情况下,未经法院院长或者检察官批准,警察可以启动行动,但是必须告知检察官开启行动的情况。检察官应当在 2 天内对该行动予以确认。否则,控制下交付行动就必须终止，而且所获得的信息不能在法律程序中使用。

如果关于运输的信息不够充分，或者存在失踪的风险，或者其他国家不同意行动，那么控制下交付的申请就可能被拒绝。

在控制下交付的期间，对货物运输的监视必须由警察执行，海关当局负责提供协助。

在适用控制下交付的全程当中，用其他无害物质代替毒品是允许的。

（三）国际合作

斯洛伐克已经签署了《联合国禁止非法贩运麻醉药品和精神药物公约》（1988年）、《联合国打击跨国有组织犯罪公约》（2000年），以及《欧洲刑事司法互助条约第二附加议定书》。斯洛伐克也签署了1959年《欧洲刑事司法互助条约》（1992年2月13日），并于1993年1月1日生效，《欧盟成员国刑事司法互助公约》已经于2006年10月1日生效。

若要在斯洛伐克获得控制下交付的授权，则必须提交司法协助的申请。

根据欧洲司法网的报道，"如果出现了上述情形，涵盖了特殊领域的双边或者其他多边条约均可适用。如果法律框架缺失，可以适用互惠原则"。

与其他国家交换控制下交付的情报直接由国家禁毒局执行，或者通过其他合作渠道进行（欧洲警察署、国际刑警组织、联络官）。

二十五、斯洛文尼亚

（一）定义与法律规定

执行控制下交付的法律基础体现在《斯洛文尼亚刑事诉讼法典》《警察法》和《合作法》。根据国家法律的规定，控制下交付是指迟延扣押财产和逮捕嫌疑人，其目的是识别（发现）更大规模的犯罪活动。

（二）国家层面的执行

授权控制下交付应当遵循以下条件：

（1）存在重大嫌疑；

（2）关于犯罪的详细情况；

（3）通过其他方法侦查犯罪行为已不可能；

（4）行动的目标是为了发现犯罪嫌疑人；

（5）在控制下交付期间必须确保对货物的持续监视；

（6）如果存在中转行动，则必须获得有关国家的同意；

（7）确保能够启动刑事审判活动；

（8）如果存在丢失货物的风险，应当确保立即实施扣押。

如果斯洛文尼亚系控制下交付的起源地国或者中转地国的话，只有当所有有关国家同意以后才能开展控制下交付。

批准控制下交付的主管当局是检察官办公室，如果情况有必要的话，也可以适用技术装置等其他侦查手段，这些手段必须经过法院的批准。

如果存在对人的生命或者健康的风险，不得批准控制下交付或者应当中止。

警察将领导所有行动的实战。当然，对于控制下交付而言，警察和海关当局之间还签订了互相合作的协议。

在斯洛文尼亚，经过批准，可以在控制下交付中实施毒品的替代活动。

（三）国际合作

斯洛文尼亚已经批准了《联合国禁止非法贩运麻醉药品和精神药物公约》（1988 年）、《联合国打击跨国有组织犯罪公约》（2000 年），以及《欧洲刑事司法互助条约第二附加议定书》。斯洛文尼亚也签署了 1959 年《欧洲刑事司法互助条约》（1999 年 2 月 26 日签署），并于 2001 年 10 月 17 日生效。《欧盟成员国刑事司法互助公约》于 2005 年 9 月 26 日生效。

应成员国主管当局的申请或者根据斯洛文尼亚与其他成员国达成的协议，并提交司法协助申请以后，控制下交付将获得授权，控制下交付执行地或者由交付起源地的国家地区检察官负责批准，或者由专门的国家检察官办公室的检察官批准。

外国官员可以参与控制下交付的行动。

二十六、西班牙

（一）定义与法律规定

控制下交付是一种技术，《西班牙刑事诉讼法典》第 263a 条规定了该侦查手段。该规定允许非法运输的货物离开、进入西班牙或者西班牙领域内移动，而有关当局或者他们的官员只是对上述活动进行监视而不实施干预，其目的是识别和辨认从事运输犯罪活动的行为人，同时也为了实施前述目的，而向外国有关当局提供帮助与协助。法律允许在无干预的情况下对可疑货物进行交付，也可以打开货物，用其他物品替代非法货物（常常是毒品），并对货物重新进行包装（以便货物看起来并没有被人替换过）并在目的地进行控制下交付。有关控制下交付的规定如下：

第 263a 条：

1. 主管的预审法官和检察官办公室，中央和省的司法警察组织机构及其高级官员有权授权对毒物、麻醉药品和精神药物或者其他违禁品进行控制下交付或者允许其移动。控制下交付措施的批准必须有合理依据，并以决定的形式明确陈述（如果有可能的话）控制下交付的事项或者授权的事宜，目标物质的类型与数量，采取控制下交付措施调查严重犯罪的必要性和控制的可能性也必须予以考虑。作出决定的法官必须向其辖区内的高级法官提交一份复印件，并由该高级法官对控制下交付的授权决定进行登记。

对于《刑法典》第 371 条所规定的装备、材料与物质，《刑法典》第 301 条所规定的财产和收益，《刑法典》第 332、334、386、556、568、569 条所规定的财产、材料、物品和动植物物种也可以按照上述条件获得批准实施控制下交付或者允许其移动。

2. 控制下交付或者移动系指一种技术，在有关当局或者其特工不采取预防性干预措施并进行监控的情况下，允许非法或可疑货物中的毒物、精神药物和其他违禁品，上述段落中的装备、材料和物质及其替代物质以及实施《刑法典》第 301~304、368~373 条所规定的犯罪活动所获得的财产及其收益，允许其通过、离开或者运入西班牙领域，以便查明和辨别实施了与毒物、精神药物、装备、材料、财产或者收益相关的所有犯罪活动的行为人，同时为了实现相同的目的，可以为外国当局提供协助。

3. 控制下交付的决定必须在逐案判断的基础上作出，在国际层面执行控制下交付应当遵守国际条约的规定。

中央或者各省的司法警察组织的首长或者他们的高级官员应当立即根据本条第 1 项的规定向检察官报告授权的情况，如果处于法庭程序中，则应该向主管的预审法官报告授权情况。

4. 对怀疑藏有毒品的邮件的拦截和开启以及在适当的条件下对毒品的替代可以随时进行，但是必须遵守法律制度中的司法保障措施，不过本法第 584 条第规定除外。

第 588b 条：适用技术工具或者设备进行追踪

1. 如果有理由证明具有必要性并且符合比例性的要求，主管法官可以授权适用技术工具或者设备进行追踪。

2. 授权必须详细列明即将采用的技术工具的类型。

3. 第 588 之三条（e）项所规定的服务提供者、特工和人员应当向法官、检察官办公室和受指派执行任务的司法警察官员提供必要的协助和合作，以便促进追踪令的执行，如果不履行协助和合作的义务，将会因违反命令而被提起刑事诉讼。

4. 在紧急情况下，如果有合理的根据认为，如果不立即安装技术工具或者设备将会使侦查遭致挫败的话，司法警察可以执行安装技术工具或者设备工作，并且尽可能迅速地在 24 小时内向法庭提交一份报告，法庭可以确认已经执行的措施，也可以命令立即撤销正在执行的措施。如果系后者的情形，所有通过装备所获得的信息将被排除在诉讼之外。

（二）国家层面的执行

控制下交付和控制下移动以及毒品的替换，由货物所在地或者货物的抵达地的检察官或者预审法官批准，也可以由司法警察有关部门的首长批准。

控制下交付措施仅仅只能适用于毒品、易制毒化学品、植物或者动物的濒危物种；假币的走私；武器、弹药或者爆炸品的持有、走私或者贮存；成为洗钱对象的资产或者收益。

在实践中，下列条件必须遵守：

（1）保证对运输实施持续监视，并且保证能够采取一切措施进行追踪，并将那些犯罪嫌疑人绳之以法。申请当局必须扣押毒品和逮捕所有涉案人员，尤其是在行动的特定时刻，如毒品可能被盗时就更应如此。

（2）提供车船或者运输方式的完整信息，这些信息将被用于行动（包括车牌号码）。

（3）可能驾驶的车辆的完整信息，尤其是穿越边境时所使用的姓名。

（4）抵达西班牙和可能过境的日期。

（5）申请国应当尽可能地提供侦查所获得的最完整的信息。

（6）如果西班牙系最终目的地，提供涉案嫌疑人和准确的最终目的地是重要的。

（7）必须获得运输过境国的事先授权并使运输处于监控之下。

（8）在行动期间可能出现的其他事实的准确信息。

（三）国际合作

西班牙已经批准了《联合国禁止非法贩运麻醉药品和精神药物公约》（1988 年）、《联合国打击跨国有组织犯罪公约》（2000 年）以及《欧盟成员国刑事司法互助公约》及《欧洲刑事司法互助条约第二附加议定书》。西班牙也签署了 1959 年《欧洲刑事司法互助条约》（1979 年 7 月 24 日）并于 1982 年 11 月 16 日生效。

申请书必须毫不例外地列明可以识别的货物，以及采取行动的正当化理由，详细载明与执行有关的已知信息（最终目的地、日期、监控可能性、毒品的事先替代等等）。

在实践中特殊肃毒检察办公室对整个西班牙境内的毒品犯罪都有管辖权，同时在执行控制下交付这种特殊侦查手段的司法协助申请时，该机构作为中央联系点。

无论是在欧盟还是在拉丁美洲，特殊肃毒检察办公室通过欧洲刑事司法网和美洲国际法律合作网发挥了重要作用，他们作为联络点在特殊肃毒检察公室内开展工作。它也领导伊比利亚美洲国家法律合作网的肃毒检察官，这是一个由检察官构成的专门处理毒品走私案件的特殊平台，在这种背景下，该网络发出了行动倡议以加强情报交流，其目的是促进控制下交付的实施，故而有必要忽略立法的差异。

二十七、瑞典

（一）定义与国家规定

控制下交付可以适用于所有的货物，而且是警察和海关的常用技术，目前并无法律基础，但是有一个控制下交付的手册，在处理有关控制下交付的案件时可以考虑。此外，《联合国禁止非法贩运麻醉药品和精神药物公约》第 1 条第（g）项中规定的控制下交付定义也适用于瑞典，因为瑞典已经批准了该公约。

（二）国家层面的执行

在控制下交付实施之前或者期间，通信的渠道主要通过国际刑警组织、缉毒联络官、欧洲警察署和海关。对于控制下交付而言，必须确保持续监控。允许对毒品进行替换有时候会导致证实犯罪方面存在困境，因为收货人会辩护自己并不知晓涉嫌实施了非法货物的运输。

（三）国际合作

瑞典已经批准了《联合国禁止非法贩运麻醉药品和精神药物公约》（1988年）、《联合国打击跨国有组织犯罪公约》（2000年）以及《欧盟成员国刑事司法互助公约》以及附加议定书。瑞典于1959年4月20日签署了《欧洲刑事司法互助条约》，并于1968年5月1日生效。

有关国际刑事法律协助的规定主要体现于《国际刑事司法协助法》（2000年第562号法）。《联合刑事侦查小组法》（2003年第1174号法律）第10～14条对某些情况下的法律协助做了补充规定。

官方的调查委托书可以通过国际刑警组织、缉毒联络官、欧洲警察署和海关的途径提交。瑞典作为控制下交付的出发地、中转地或者最终目的地，其前提条件是必须确保在行动终结时对控制下交付的物品实施扣押，并对涉案嫌疑人员提起控诉。

由于侦查和起诉是强制性的，故而控制下交付的初步调查往往在瑞典境内实施，无论瑞典是出发地、中转地还是最终目的地。在下列情况下，申请控制下交付将被拒绝：

（1）经研判，收益和（或）结果与付出的努力不成正比。

（2）如果预期实施的措施违反瑞典法律，诱惑他人实施犯罪。

（3）如果该行为在所有有关国家不具有可罚性。

（4）如果安全性无法得到保障。

控制下交付的申请由警察、海关和检察官联合决定，如果这些机构中的任何一个不赞成的话，控制下交付就不得执行。外国人员不允许在控制下交付中采取任何行动，如果要使用卧底特工的话，则只能使用瑞典的警察或者海关官员担任卧底特工。

二十八、英国

（一）定义与国家规定

在英国，控制下交付被视为一种技术，系指在主管当局的知情和监控下，允许非法或者可疑货物或者他们替代品运入、通过或者运出一国或者多国的领域，其目的是查明涉案的犯罪嫌疑人。控制下交付也可以适用于人。

由于控制下交付被视为刑事侦查的一个方面，所以并没有特殊的指导纲领对控制下交付予以规范，英国认为没有必要制定特别法来规制控制下交付的执行，因为执行控制下交付的权力已经在现行法律中得到了规范。

英国每个处理控制下交付的机构都制定了对控制下交付行动进行控制的指导纲领，这些指导纲领规定了有关机构的职责和协助方法。虽然制定了书面的指导纲领以规范英国警察和海关的控制下交付，但是这仅仅只是划分了警察和海关之间的职责界限，而并没有对如何执行控制下交付提供指导。

（二）国家层面的执行

控制下交付可以针对禁止类物品或者限制类物品（包括所有的毒品和武器）实施，这些物品无论是进入还是运出英国，都必须事先获得英国边境保卫局下设的执法和打击犯罪局的批准，特别是需要获得刑事和金融调查局的批准。

允许对货物中的毒品进行全部或者部分替换，替换程序必须满足或符合英国法庭对证据的要求，通常而言，如果系 A 级毒品（海洛因、可卡因、迷幻药等），而且数量巨大的话则要求对货物进行替换。而对于一些小型包裹，则被允许继续移动，侦查人员必须事先获得所有必要的授权。

对于英国机构而言，卧底工作和参与犯罪是允许的，但必须在规定的限度内。

（三）国际合作

英国已经签署了《联合国禁止非法贩运麻醉药品和精神药物公约》（1988年）、《联合国打击跨国有组织犯罪公约》（2000 年）、《联合国反腐败公约》（2003 年）。并且英国的普通法允许这些公约的规定生效。英国也签署了 2000年《欧盟成员国刑事司法互助公约》及《欧洲刑事司法互助条约第二附加议定书》，英国于 1991 年 6 月 21 日签署了 1959 年《欧洲刑事司法互助条约》，并于 1991 年 11 月 27 日生效。

控制下交付，必须向国家打击犯罪局（NCA）提交申请，国家打击犯罪局将通过他们的多边行动处提供必要的安排。多边行动处是一个单一的部门，但是执行着多重职责，包括履行国际刑警组织国家中心局、欧洲警察署国家成员单位和英国"赛瑞尼局"（SIRENE）的职责。

"多边行动处"为国际交流和任务分配提供每周 7 天，每天 24 小时的全天候服务，并且建议采取最适当的行动方针。控制下交付活动如果归属于国家打击犯罪局的某个现行行动的话，则通过英国（国家打击犯罪局）的联络官直接分流到（国家打击犯罪局）的国际计划组，而不再通过（国家打击犯罪局）的多边行动处进行分流。

官方申请"委托调查书"应该通过英国中央机关向国家打击犯罪局或者皇家税收与海关总署提出请求，来自其他成员国的官员允许在控制下交付中提供协助，但是必须接受英国特殊执法机构的指挥，外国官员受到与这些机构雇员相同的限制。接收国被要求提供切实的、可操作性的行动/监控承诺（特别是在应对化学品的时候）。

尽管国家打击犯罪局系申请控制下交付活动时的主要联系点，不过皇家税收和海关总署和英国警务部门也可以实施控制下交付行动。

欧洲司法协调机构委员会决议第 9d 条规定，在紧急情况下，国家成员有权批准和协调控制下交付，并且执行与英国有关的司法合作的申请或者决定。

附录十　先进的调查技术[1]

一、概览

该工具包的这一模块探讨了先进的调查技术——"控制下交付"，这些技术用于调查合成药物等非法货物的非法运输和交付情况。采用这种合理且合法的策略使执法机构能够对非法货物的运输和随后的交付进行实际或虚拟控制，从而推进调查，确定货物的真正来源、转运路线和目的地，并有助于查明涉案人员。该模块将介绍"控制下交付"如何有助于追查合成药物的流向，并概述使用这一策略时的实际措施和建议采取的最佳做法。

"控制下交付"需要执法机构和检察机构开展合作，通常是跨境合作，可能还需要受到货物流动影响的其他组织，如快递公司和航空公司之间开展合作。该模块还为确保此类国际合作和收集用于刑事案件的证据提供资源。

---

〔1〕　该部分内容来自联合国合成药物工具包，该工具包是根据联合国麻醉药品委员会第 61/8 号（2018）和 62/4 号（2019）决议创建的，这两项决议呼吁联合国毒品和犯罪问题办公室、世界卫生组织、国际麻醉品管制局以及国际社会建立全新的途径，以应对合成药物的非医疗使用所构成的国际威胁。为了执行前述决议，联合国毒品和犯罪问题办公室、联合世界卫生组织、国际麻醉品管制局、万国邮政联盟、世界海关组织联合开发了联合国合成药物工具包。该工具包是在联合国毒品和犯罪问题办公室合成药物战略协调下完成的综合类一站式工具包，是对联合国各专门机构的众多指南和资源的全面整合。为卫生、执法、法庭科学及研究领域的专家、从业者和决策者量身定制，且包含 350 余项实用资源和工具。该工具包由以下 11 个模块组成：法庭科学、邮政安全、获取途径和防止流失、法律法规、COVID-19 应对措施（新型冠状病毒的流行对合成毒品问题的影响和综合应对策略）、前体、毒情监测预警系统、治疗和护理、网络犯罪、预防、先进的调查技术。其中"先进的调查技术"模块主要涉及通过"控制下交付"追查非法合成药物贩运情况的战略。

二、"控制下交付"如何有助于追查非法合成药物的贩运情况

(一) 什么是"控制下交付"

由于非法贩毒利润丰厚,有组织犯罪分子为避免被发现,并确保他们不会被执法部门抓获,会不择手段地运输和进口非法货物,这可能涉及采取五花八门的隐蔽方法以及航运公司、边境官员和执法部门实施腐败。然而,如果执法机关能够发现运输非法药物,这是积极调查所涉有组织犯罪集团活动的一个重要机会。

这为根据情报开展行动提供了明确的出发点,执法部门可以利用出其不意的因素,获得对犯罪分子的战术优势。在这种情况下,"控制下交付"行动可能会取得最有效的结果,因为它能够以一种受控制的方式,通过使用秘密策略来拦截、替换和交付一批非法货物,这种策略可促使识别罪犯并予以逮捕、捣毁犯罪网络、收集物证或开展进一步的情报工作。

"控制下交付"可用于追查合成药物等非法商品的流向,并确定其最初来源、转运路线和目的地。重要的是,它们还可以帮助绘制完整的犯罪计划和有组织犯罪集团的结构,以用于预防、侦查、起诉或开展情报工作。如果不使用"控制下交付",就很难知道或证明有组织犯罪集团特定成员所扮演的实际角色。如果"控制下交付"成功付诸执行,可使执法部门在罪犯持有非法商品时将其抓获并查明罪犯身份。

(二) 优势

"控制下交付"作为调查合成药物贩运情况的一项先进技术的一些优势包括:

· 合法缉获非法合成药物,并将其摆脱有组织犯罪网络的控制。

· 试图在真实行动环境中缉获毒品的风险较高,与之相比,在执法部门控制下,在更安全、更可控的环境中缉获非法合成药物可降低执法人员和公众面临的风险。

· 能够合法干预货物交付,降低了风险,并增加了成功干预的可能性。

· 提前了解犯罪企业的一些细节有助于执法部门进行更有针对性的调查。

· 由于精确性提高,并凭借预先掌握的一些知识,执法部门可以策划行动对策,包括开展重点情报工作。

· 可以在执法行动控制下,识别和逮捕持有货物的犯罪网络成员。

（三）风险

使用"控制下交付"作为一种秘密策略并非没有挑战或风险。因此，需要评估总体"风险与回报"是否合适，值得采取风险更高的秘密策略，而不是缉获非法药物的常规办法。这些风险可能包括：

·确定非法货物的情报来源可能会因行动而大打折扣。

·一旦对交付失去战术控制，可能导致有组织犯罪集团意识到警方盯上了它们。

·参与"控制下交付"的官员（尤其是运送人）面临的风险可能高于预期，并可能导致他们受到伤害。

·行动策划可能存在不足之处，使公众成员有可能受到伤害。

·一旦在一次不成功的行动中暴露秘密方法，可能会妨碍今后行动中使用这种策略，而在今后的行动中，这种策略带来的好处可能会更大。

·在行动中，犯罪分子经常采取多种行动来转移和分散任何可能的执法对策。因此，对于"控制下交付"的行动管理可能要求很高，并可能给有限的执法资源带来压力。

三、如何授权进行"控制下交付"？

（一）根据国内法和国际法授权进行"控制下交付"

1. 国内法

对"控制下交付"进行有效管理取决于货物目的交付国的现行法律，以及在国际货运情况下过境国的现行法律。执法人员应咨询适当的国家主管当局，以确保遵守所有适用的法律。根据"控制下交付"的战术计划，相关法律可能包括：侵扰财产；监视；秘密技术设备的使用；逮捕权；通信监控。

2. 国际法

"控制下交付"可能涉及不同法域之间的转运，甚至在战术挑战出现之前就造成法律挑战。1988年《联合国禁止非法贩运麻醉药品和精神药物公约》规定，在有关国家同意的情况下，可利用"控制下交付"来拦截、转移或替换非法交运货物。

《联合国禁止非法贩运麻醉药品和精神药物公约》（1988年）是三大药物管制条约之一，补充了联合国《麻醉品单一公约》（1961年）和《精神药物公约》（1971年），提供了防止洗钱和前体化学品转用以及促进国际合作的补充法律规定。

《联合国打击跨国有组织犯罪公约》为促进合作预防和打击跨国有组织犯罪提供了一个国际立法框架。它包括界定"控制下交付"的条款以及鼓励适当使用特殊侦查手段的措施。

《欧盟成员国刑事司法互助公约》寻求促进和便利欧盟司法、警察和海关当局之间的互助，并简化刑事事项方面的司法合作。

3. 人权考量

执行"控制下交付"可能会侵犯国内法纳入的人权和《世界人权宣言》所载的人权。负责规划或实施"控制下交付"的执法官员应评估是否有可能侵犯这些权利以及侵犯这些权利的理由。这可能包括：自由权（第3条）；获得公平审判的权利（第11条）；隐私权和家庭生活权（第12条）；财产权（第17条）。

三、如何获得其他国家的协助

（一）司法互助

刑事事项司法互助指的是在送达司法文件和收集证据用于刑事案件过程中各国向其他国家寻求协助并向之提供协助的过程。过去不同国家之间获得协助的过程繁文缛节，且进展相对缓慢，不过随着犯罪全球化，正式条约现在已经为国际合作奠定了坚实的基础。

《联合国打击跨国有组织犯罪公约》要求各国就与调查、起诉和司法程序有关的事项制定与同一区域内（区域文书）以及与世界不同区域（国际文书）其他国家开展合作的方法。此外，呼吁各国在受害者、证人、所得或证据位于另一国，以及涉及有组织犯罪集团等涉嫌跨国犯罪的情况下相互提供协助。在这种情况下，司法互助可能包括与"控制下交付"有关的活动，例如：执行搜查和扣押，检查物品；提供信息、证据、鉴定结论、文件和记录；为取证目的的查明或追踪犯罪所得或财产，并为没收目的的扣押犯罪所得；国内法不禁止的任何其他类型协助。

至关重要的是，在另一国为支持"控制下交付"而申请进行调查活动的任何请求都必须符合国家法律，否则在随后的法院诉讼中将不予受理。

（二）主管当局

来自其他国家的执法互助请求应在各国主管当局沟通。主管机关有时被称为"中央当局",是国家联络点,被指定负责接收、处理和回应在《联合国打击跨国有组织犯罪公约》范围内打击非法贩毒的司法协助和合作请求。如果"控制下交付"可能在两国之间过境,调查人员应尽早与本国主管机关联系,以便能够与另一国的主管机关进行讨论。

在欧洲,对在进行"控制下交付"之前落实司法协助安排的要求各不相同,因此应当征求国家主管当局的意见。

《欧盟成员国刑事司法互助公约》寻求促进和便利欧盟司法、警察和海关当局之间的互助,并简化刑事事项方面的司法合作。

三、如何策划"控制下交付"行动

在发现过境的非法药物之后,可以评估执行"控制下交付"行动的可行性。如果评估结果是决定继续进行"控制下交付"行动,就需要进行大量的前瞻性规划和行动控制。随着行动的展开,还可能涉及快速战术决策。

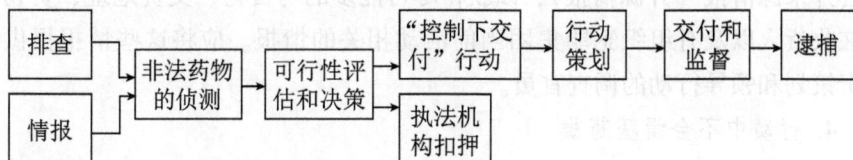

（一）评估"控制下交付"的可行性

1. 侦查

通过国家或国际运输枢纽转运的货物通常会接受检查、排查和违禁品评估。如果怀疑或发现非法合成药物,应通知相关执法机构,以确定适当的行动方案。如果情况不允许潜在的"控制下交付"行动,则非法药物应由适当的执法机构扣押,并将开展调查行动。

毒品和犯罪问题办公室通过以下全球方案向各国提供协助,以加强侦查通过陆、海、空非法货物贩运的能力:

2. 评估

在发现一批非法药物之后,可以对"控制下交付"是否可行进行评估。这可能包括:

·关于货物转运中可能涉及的有组织犯罪集团的任何预先掌握的信息和情报;

·非法药物的性质和数量；

·隐匿方式以及是否可以及时复制；

·发现的情况以及是否可以对扣押获悉情况加以限制，以避免惊动有组织犯罪集；

·缉获和预期交付之间的时间；

·为进行"控制下交付"提供适当资源；

·由于供应链中存在腐败现象，有可能危及执法行动；

·非法药物过境的所有管辖区都有适当的法律依据；

·在整个交付过程中始终"控制"非法药物的可行性。

3. 情报

此外，实施"控制下交付"首先要掌握关于策划交付非法药物的有组织犯罪集团相关活动的情报。然后，应考虑所有来源的情报，如敏感的执法策略、秘密人员情报来源的使用（人员情报）和合法通信拦截（信号情报）以及公开来源情报（开源情报），以获得尽可能多的与货物、交货地址、货物的潜在收货人以及有组织犯罪集团当前活动相关的情报。应将这些情报提供给负责策划和领导行动的调查官员。

4. 行动中不会缉获药物

在这些情况下发现非法合成药物，可以在现场安全缉获，防止它们进入公共分销渠道。如果要缉获的药物不会被用于"控制下交付"，则应根据国家法律和政策，包括法医程序，对其进行回收。这些应考虑到：

·健康和安全措施，以降低官员暴露风险，特别是如果货物可能含有高效合成药物或前体化学品。法医模块提供了关于安全处理合成药物和合成类阿片的实用科学指南。

·犯罪现场调查人员应使用个人防护装备（PPE），防止丢失法医证据。关于个人防护装备使用情况的实用信息，包括教学视频，可查阅2019新冠肺炎（COVID-19）响应行动模块和法医学模块。

·应使用视频和静态照片记录缉获情况。

·应记录标记、包装、尺寸、数量和其他重要信息。

·应酌情使用初步现场检测试剂盒对药物样品进行检测。关于毒品和犯罪问题办公室检测试剂盒的信息见下文。

·在完成行动和进行更广泛的调查之前，执法机构应将缉获的药物记录为证物，并转移到安全的地方存放。

（二）如何替代和交付货物

1. 货物的替代

为了能够对非法合成药物进行"控制下交付"，可以用等同的货物替代该批货物，该批货物应当复制有组织犯罪集团所采取的尺寸、结构、标记、隐匿特征、外观以及任何安全措施（如有注明）。非法药物的替代物必须是惰性物质，这样从战术上任何药物交付失控并不意味着实际药物被释放到公共领域。然后，应将被替换的货物返还其原地方，并进行录像记录，以保持连续性，并嗣后在法庭上出示。如果不能及时开发出不损害执法人员或公众利益的可信替代货物，应当审查进行"控制下交付"的可行性，包括非法药物的交付，并进行全面风险评估。

应当注意的是，一些辖域要求递送的包装中要保留少量非法药物。这是使用法定调查权，包括获得搜查令的法定要求。因此，在任何国际"控制下交付"的规划阶段，充分了解这些要求至关重要。如有疑问，应征求相关检察机关的意见。

2. 法律权力

"控制下交付"必须根据有关国际条约和有关国家的国内法进行。此类行动需要各种流程和策略才能取得成功，这些流程和策略可能需要征得特别法律批准。因此，即使在围绕"控制下交付"而开展的快速活动中，指定一名官员负责所有法律授权也很重要，这些授权包含所有相关信息，适当关注秘密活动，进行适当审查并在不再需要时撤销。

3. 行动战术

通过使用包裹内或包裹上的隐蔽技术设备，可以促进托运货物的安全交付。这类设备可能包括视频、音频、跟踪或追踪材料，包括法医标记。

应在相关国家法律的背景下考虑使用各种行动战术，以及这些战术是否遵守人权，即所考虑的任何战术对于实现调查目标都是必要的，与接受调查的事项相比行动相称，并且适当考虑了可能发生的任何附带侵权行为。

如果国家法律有要求，则应有适当的法律授权来干涉秘密设备的托运和放置。秘密设备的战术控制必须由合格的战术指挥官进行（银级指挥部，秘密行动）。

4. 交付

"控制下交付"行动包括将货物交付到收件人地址。虽然正常的快递公司可以做到这一点，但这需要对风险进行详细评估，向送货人发出指示，并确信行动不会因疏忽或故意而受到影响。只有在没有适当的警力资源，或者评估表明更有可能取得成功的情况下，才应考虑这一方案。

更常见的选择是使用便衣警察扮演送货人的角色，包括在适当情况下使用公司制服和车辆。这应由一名合格的便衣警察在为部署行动提供适当支持下进行。使用便衣警察是《联合国打击跨国有组织犯罪公约》包含的一种特殊调查工具。如果国家法律有要求，使用便衣警察应该有适当的法律授权。在使用卧底人员开展行动之前，应进行全面风险评估，并制定战术计划，以确保不仅行动取得圆满成功，还要确保卧底人员的安全。此外，卧底人员的战术控制应由一名合格的战术指挥官进行。

5. 监视

在"控制下交付"行动中，应部署训练有素的监视人员来监视货物的交付、目标地点和任何其他地点、车辆或相关人员。如果国家法律要求，应为监视人员提供法律授权。与使用卧底人员一样，需要进行全面风险评估和制定战术计划，以确保行动取得圆满成功和监视人员的安全。监视人员的战术控制必须由合格的战术指挥官进行。

6. 逮捕

银级指挥官拥有控制下"交付"的行动控制权。当最佳时机出现时，即当行动目标能够实现时，指挥官可下令逮捕嫌疑人。如果嫌疑人有充裕时间打开包裹，那么在货物交付后这种时机恰当其时。不过，银级指挥官应意识到，交货地址可能只是便宜之计的地址，收货人可能是有组织犯罪集团的低级成员，甚至是无辜的一方，他们可能随后会将货物带到另一个地点，包括通过借助车辆。银级指挥官负责确保始终控制货物和人员，以实现目标。

启动行动逮捕阶段的决定取决于银级指挥官。他们必须确信行动目标已经达到，且已经掌握最佳证据点。然后，实施逮捕的警官应根据国家法律继续行事并执行逮捕计划，确保该地点为潜在犯罪现场，以便日后进行法医检查。实施逮捕的警官还应考虑给嫌疑人穿上法医防护服，以保护嫌疑人身上可能存在的任何法医证据。

（三）如何命令和监督一项行动

"控制下交付"行动可能涉及作出快速决策，以考虑到新的、且往往相互矛盾的信息。一目了然的指挥和控制结构能够减少信息被误解或错误传达的可能性，也减少在制定决策和定义策略和系统时出现混乱的可能性。

1. 指挥结构

一目了然的指挥结构基于金、银、铜级系统，该系统由三个部分组成：

金级指挥官——全面负责行动的战略和权力，以及银级或铜级指挥官应遵循的任何战术参数。

银级指挥官——按照战略协调整体战术对策。具体的指挥职责可能包括：

·秘密行动；

·调查；

·情报；

铜级指挥官——负责指挥一组资源，并执行与战术计划相关的职能或地理职责。

这种关系通常被表述为战略-行动-战术指挥，并应由经验丰富、具有资质的军官统领，无论军衔高低。应该始终掌握每位指挥官的名字，以防混淆决策责任。

应使用专门的指挥所来管理行动，指挥所应配备适当的设备和人员，以确保向决策者提供充分的指挥信息，并记录相关信息。由于行动的敏感性，应根据需要知道原则限制对该指挥所的访问。

在开展涉及一个以上机构的行动时，无论这些机构是来自一个以上国家的机构还是来自同一个国家的多个机构，指定一个牵头机构作为负责行动的主要机构是一种良好做法。这通常是根据最终交付目的地、行动主要展开之所或某个特定机构持续关注的地方来确定的，例如构成其一部分的现有秘密行动。

一般指挥结构基于金、银、铜级指挥级别，关于该指挥结构的更多信息，可从英国警务学院获得。它为制定战略、行动和战术对策提供了一个框架。

2. 联合调查组

联合调查组是刑事事项国际合作中使用的最先进工具之一。它包括两个或两个以上国家的主管当局之间为进行刑事调查而达成的法律协定。此类调查组可以由检察官、执法人员和法官组成，视该国的刑事司法系统而定。在其他情况下，联合调查组可以仅由执法人员组成，他们单独向指定的检察官报告。设立的联合调查组通常有固定期限，例如为成功开展调查而视需要设立。

在复杂和对时间敏感的跨境调查中，速度和效率至关重要。然而，司法协助渠道并不总是能完全满足行动需求。调查和（或）检察机关之间的直接合作和沟通有时是应对有组织犯罪活动日益复杂这一问题的最有效方法。联合调查组为国家当局提供了一个相对快速和容易建立的灵活框架，并使不同国家的主管部门能够以互利的方式参与侦查。

在联合调查组中，指挥结构明确尤为重要。这应在与合作伙伴合作和联合规划的最早阶段确定。

在欧洲联盟，联合调查组已被赋予正式地位，并需要得到欧洲司法合作署的批准，欧洲司法合作署是负责成员国之间刑事事项司法合作的欧盟机构。欧洲司法合作署概述了这一特殊调查技术，包括其目的、欧洲司法合作署作为促进者的作用、支持工具和文件以及欧洲司法合作署个案工作的实例。

3. 风险管理

在计划"控制下交付"时，应始终有一个涵盖计划所有方面的明确的风险评估和风险管理计划。随着行动的开展，风险管理应该是一个持续的过程，因为已识别的风险可能会发生变化，或者可能会出现新的风险。行动计划应反映已识别的风险，并确保针对每种风险制定缓解措施。

四、收集证据并立案起诉

（一）证据链

"控制下交付"的最终目标是证明某个人或有组织犯罪集团参与贩运非法药物。在行动的策划和执行过程中，记录非法药物或替代药物的持有和交付情况至关重要。证据保管链的证明应根据国家法律和准则以及检察和司法指示进行维护。

（二）法医证据

构成托运货物一部分的非法药物和其他物证，如标签、跟踪信息、付款等，应根据国家惯例和法医标准予以扣押。调查官员应尽早征求法医专家的意见，了解收集证据的最佳做法，以保护证据的完整性，同时保持成功交付的可能性。尽早任命一名犯罪现场顾问来支持调查官员是可取的，以便对相关物证的有效识别、收集和保留进行管理。犯罪现场顾问将负责该调查所有法证方面的端到端管理，包括与适当的独立法医顾问或其他专家接洽。

当"控制下交付"进入逮捕阶段时，必须进一步考虑法医机会。这包括从嫌疑人处提取法医证据、逮捕地点、车辆、路线或其他场所，以及追回行动中交付的货物本身。必须特别注意从手机、电脑等设备中恢复数字证据。有组织的犯罪分子经常使用这种工具来组织和管理犯罪活动。

（三）起诉

调查期间收集的所有材料都应安全保留，并根据国家法律和商定的程序提供给检察官。在一些法域，调查官员负责在执行逮捕后继续管理调查工作。这项工作涉及：

· 协调从参与行动的官员和工作人员处收集证据；

· 与犯罪现场顾问协调法医物证和报告；

· 完成未完成的调查；

· 为检察官准备一份综合报告。

在其他法域，检察官负责指导调查，警方依照国家法律根据检察官的指示采取行动。在跨境调查中，早期介入应确保从其他法域收集证据，并将其提供给执行起诉所在法域的检察官。根据东道国的法律程序，应避免公开披露敏感情报，包括行动期间使用的秘密方法，其中包括卧底人员的身份、监视人员、技术设备等，以防损害方法和危及官员的安全。

附录十一 中国香港特别行政区、澳门特别行政区 特殊侦查手段立法

一、香港特别行政区《截取通讯及监察条例》

本条例旨在规管由公职人员或由他人代公职人员进行的截取通讯行为，以及规管公职人员使用或他人代公职人员使用监察器材，并就相关事宜订定条文。

[2006 年 8 月 9 日]

第 1 部

导言

1. 简称

本条例可引称为《截取通讯及监察条例》。

2. 释义

（1）在本条例中，除文意另有所指外——

口头申请（oral application）指根据第 25（1）条提出的口头申请；

小组法官（panel judge）指根据第 6（1）条获委任为小组法官的法官；

公共安全（public security）指香港的公共安全；

公众地方（public place）——

（a）指属《简易程序治罪条例》（第 228 章）第 2（1）条所界定的公众地方的任何处所；但

（b）不包括属拟供公众人士用作洗手间、沐浴地方或更衣地方的任何该等处所；

文本（copy）——

（a）就依据对截取的订明授权取得的通讯的任何内容而言，指任何以下项目（不论是否属文件形式）——

（i）该等内容的任何文本、复本、副本、拷贝、摘录或撮录；

（ii）提述该截取，并且是直接或间接显示属该通讯的传送人或传送对象的人的身份的记录的任何记录；或

（b）就依据对秘密监察的订明授权取得的任何材料而言，指任何以下项目（不论是否属文件形式）——

（i）该等材料的任何文本、复本、副本、拷贝、摘录或撮录；

（ii）以该等材料制备的任何誊本或记录；

地址（address）就藉邮政服务传送的通讯而言，包括邮箱地址；

有关目的（relevant purpose）就某订明授权而言，指谋求藉进行有关截取或秘密监察达到的为发出该授权、将该授权续期或该授权持续有效而在第3条描述的目的；

有关规定（relevant requirement）指任何适用的——

（a）在本条例任何条文下的规定；

（b）在实务守则下的规定；或

（c）在任何有关订明授权或器材取出手令下的规定；

有关当局（relevant authority）——

（a）就向或已向小组法官提出的寻求发出法官授权或将法官授权续期的申请而言，指该法官；

（b）就向或已向授权人员提出的寻求发出行政授权或将行政授权续期的申请而言，指该人员；或

（c）就向或已向部门的首长提出的寻求发出紧急授权的申请而言，指该首长；

行政授权（executive authorization）指根据第3部第3分部发出或续期的行政授权，而凡文意所需，亦包括——（由2016年第21号第3条修订）

（a）将会根据该分部发出或续期的行政授权；及

（b）根据第5部被局部撤销的行政授权；（由2016年第21号第3条修订）

行为（conduct）包括任何作为或不作为，以及任何连串的作为或不作为或任何连串的作为及不作为；

受保护成果（protected product）指任何截取成果或监察成果；

法官授权（judge's authorization）指根据第 3 部第 2 分部发出或续期的法官授权，而凡文意所需，亦包括 ——（由 2016 年第 21 号第 3 条修订）

（a）将会根据该分部发出或续期的法官授权；及

（b）根据第 5 部被局部撤销的法官授权；（由 2016 年第 21 号第 3 条修订）

法院（court）在不损害第 6（4）及 55 条的原则下 ——

（a）指《释义及通则条例》（第 1 章）第 3 条所界定的法院；及

（b）包括裁判官及审裁处；

查察（inspect）包括监听、监测及记录；

订明授权（prescribed authorization）指法官授权、行政授权或紧急授权；

首长（head）就某部门而言，包括该部门的任何副首长；

首长级人员（directorate officer）指职级不低于等同总警司的职级的人员；

秘密监察（covert surveillance）——

（a）指为任何特定调查或行动的目的而使用任何监察器材进行的、符合以下说明的任何监察 ——

（i）该等监察是在属其目标人物的任何人有权对享有私隐有合理期望的情况下进行的；

（ii）该等监察的进行方式，是旨在确保该人不察觉该等监察正在或可能正在进行；及

（iii）该等监察相当可能导致取得关于该人的任何隐私资料；但

（b）不包括——

（i）对没有预见的事件或情况作出的当场反应；及

（ii）构成本条例所指的截取的该等监察；

追踪器材（tracking device）指用以断定或监测任何人或任何物体的位置，或断定或监测任何物体的状况的任何电子器材；

专员（Commissioner）指根据第 39 条委任的截取通讯及监察事务专员；

授权人员（authorizing officer）就任何部门而言，指由该部门的首长根据第 7 条指定为授权人员的任何人员；

视光监察器材（optical surveillance device）——

（a）指用以作视像记录或观察任何活动的任何器材；但

（b）不包括眼镜、隐形眼镜或视力受损的人用以克服该损害的相类器材；

第 1 类监察（Type 1 surveillance）指不属第 2 类监察的任何秘密监察；

第 2 类监察（Type 2 surveillance）在第（3）及（4）款的规限下，指——

（a）由某人使用监听器材或视光监察器材，为监听、监测或记录任何其他人所说的说话或所进行的活动的目的而进行的任何秘密监察，而使用该器材的人——

（i）属在该其他人的意向或应有的合理预期中是会听见该说话或看见该活动的人；或

（ii）是在第（i）节所描述的人明示或默示同意下监听、监测或记录该说话或活动的人；或

（b）使用视光监察器材或追踪器材进行的任何秘密监察，而其使用不涉及——

（i）未经准许而进入任何处所；或

（ii）未经准许而干扰任何运输工具或物体的内部，或未经准许而对该器材进行电子干扰；

处所（premises）包括任何地方，并尤其包括——

（a）任何土地或建筑物；

（b）任何运输工具；

（c）任何构筑物（不论是否属可移动的或是否属离岸的构筑物）；及

（d）（a）、（b）或（c）段所描述的任何处所的任何部分；

通讯（communication）指——

（a）任何藉邮政服务传送的通讯；或

（b）任何藉电讯系统传送的通讯；

部门（department）——

（a）就截取（包括寻求发出对截取的订明授权的申请；寻求将对截取的订明授权续期的申请；对截取的订明授权及关乎截取的任何其他事宜）而言，指附表 1 第 1 部所指明的部门；

（b）就秘密监察（包括寻求发出对秘密监察的订明授权的申请；寻求将对秘密监察的订明授权续期的申请；对秘密监察的订明授权及关乎秘密监察的任何其他事宜）而言，指附表 1 第 2 部所指明的部门；或

（c）就本条例订定的任何其他事宜而言，指附表 1 第 1 或 2 部所指明的部门；

邮件截取（postal interception）指截取任何藉邮政服务传送的通讯；

邮政服务（postal service）指《邮政署条例》（第 98 章）适用的邮政服务；

邮递品（postal article）具有《邮政署条例》（第 98 章）第 2（1）条给予该词的涵义；

新闻材料（journalistic material）具有《释义及通则条例》（第 1 章）第 82 条给予该词的涵义；

装设（install）包括附加；

资讯系统（information system）具有《电子交易条例》（第 553 章）第 2（1）条给予该词的涵义；

运输工具（conveyance）指任何车辆、船只、飞机、气垫船或其他运输工具；

电讯系统（telecommunications system）具有《电讯条例》（第 106 章）第 2（1）条给予该词的涵义；

电讯服务（telecommunications service）具有《电讯条例》（第 106 章）第 2（1）条给予该词的涵义；

电讯截取（telecommunications interception）指截取任何藉电讯系统传送的通讯；

实务守则（code of practice）指根据第 63 条发出的实务守则；

截取（interception）——

（a）就某项通讯而言，指就该项通讯而进行任何截取作为；或

（b）如在没有特定提述某项通讯的文意中出现，指就任何通讯而进行任何截取作为；

截取成果（interception product）指依据对截取的订明授权取得的通讯的任何内容，并包括该等内容的任何文本；

截取作为（intercepting act）就任何通讯而言，指在该通讯藉邮政服务或藉电讯系统传送的过程中，由并非该通讯的传送人或传送对象的人查察该通讯的某些或所有内容；

监察成果（surveillance product）指依据对秘密监察的订明授权取得的任何材料，并包括该等材料的文本；

监察器材（surveillance device）指 ——

（a）数据监察器材、监听器材、视光监察器材或追踪器材；

（b）由任何 2 件或多于 2 件（a）段所提述的器材组成的器材；或

（c）属于为本定义的目的而根据第 66 条订立的规例所订明的类别的

器材；

监听器材（listening device）——

（a）指用以作出以下行为的任何器材：窃听、监听、监测或记录任何谈话或在谈话中向任何人或由任何人所说的说话；但

（b）不包括助听器或听觉受损的人用以克服该损害的相类器材；

紧急授权（emergency authorization）指根据第 3 部第 4 分部发出的紧急授权，而凡文意所需，亦包括——（由 2016 年第 21 号第 3 条修订）

（a）将会根据该分部发出的紧急授权；及

（b）根据第 5 部被局部撤销的紧急授权；（由 2016 年第 21 号第 3 条修订）

维修（maintain）就某器材而言，包括——

（a）调校、修理或保养该器材，或转移其位置；及

（b）在该器材发生故障时，替换该器材；

增强设备（enhancement equipment）就某器材而言，指任何用以增强藉使用该器材而取得的讯号、影像或其他资料的设备；

审查（examination）指根据第 4 部第 3 分部进行的审查（包括考虑寻求审查的申请），而凡文意所需，亦包括将会根据该分部进行的该等审查；

数据监察器材（data surveillance device）——

（a）指用作以下用途的任何器材或程式：监测或记录藉电子方法向任何资讯系统输入资料或自任何资讯系统输出资料；但

（b）不包括视光监察器材；

器材（device）包括任何仪器、器具及设备；

器材取出手令（device retrieval warrant）指根据第 34 条发出的器材取出手令，而凡文意所需，亦包括——（由 2016 年第 21 号第 3 条修订）

（a）将会根据该条发出的器材取出手令；及

（b）根据第 38A 条被局部撤销的器材取出手令；（由 2016 年第 21 号第 3 条修订）

职能（function）包括权力及责任；

藉邮政服务传送的通讯（communication transmitted by a postal service）包括邮递品；

严重罪行（serious crime）——

（a）就发出对截取的订明授权、将对截取的订明授权续期或对截取的订

明授权持续有效而言，指可判处的最高刑罚是或包括监禁不少于 7 年的任何罪行；或

（b）就发出对秘密监察的订明授权、将对秘密监察的订明授权续期或对秘密监察的订明授权持续有效而言，指可判处的最高刑罚是或包括以下刑罚的任何罪行——

（i）监禁不少于 3 年；或

（ii）罚款不少于 $1,000,000。

（编辑修订——2020 年第 7 号编辑修订纪录）

（2）就本条例而言，在公众地方进行任何活动的人，不得就该活动而视为属第（1）款中秘密监察的定义（a）（i）段所指的有权对享有私隐有合理期望；但本款并不影响该人就他在公众地方所说的说话或所写或所读的字句而享有的任何该等权利。

（3）就本条例而言，凡任何秘密监察属第（1）款中第 2 类监察的定义所指的第 2 类监察，而可能享有法律专业保密权的任何资料相当可能藉进行该监察而取得，则该监察即视为第 1 类监察。

（4）部门的人员可在犹如任何第 2 类监察是第 1 类监察的情况下，申请就该第 2 类监察发出订明授权或将订明授权续期；而本条例中关乎该申请及该订明授权的条文适用于该第 2 类监察，犹如该第 2 类监察是第 1 类监察一样。

（5）就本条例而言——

（a）如藉邮政服务传送的通讯根据《邮政署条例》（第 98 章）第 2（2）条视为是在邮递传送过程中，该通讯即视为是在传送过程中；及

（b）如藉电讯系统传送的通讯，已被该通讯的传送对象接收，或被该传送对象所管控或可取用的资讯系统或设施接收，则不论他有否实际阅读或听见该通讯的内容，该通讯不得视为是在传送过程中。

（6）就本条例而言，藉电讯系统传送的任何通讯的内容，包括联同该通讯一并产生的任何数据。

（7）就本条例而言，除非倡议、抗议或表达异见（不论是为达到某政治或社会目的或并非为该等目的）相当可能是藉暴力手段进行的，否则该等作为本身不得视为对公共安全的威胁。

（8）就本条例而言——

（a）如某申请是藉亲身口述方式或藉电话、视像会议或可藉以听见话音的其他电子方式提出的（不论该申请是否有部分是以书面提出的），则该申请视为是以口头方式提出的；

（b）如某资料是藉亲身口述方式或藉电话、视像会议或可藉以听见话音的其他电子方式提供的（不论该资料是否有部分是以书面提供的），则该资料视为是以口头方式提供的；及

（c）如某决定（包括发出订明授权或将订明授权续期，以及说明任何理由）是藉亲身口述方式或藉电话、视像会议或可藉以听见话音的其他电子方式下达的（不论该决定是否有部分是以书面下达的），则该决定视为是以口头方式下达的。

3. 发出订明授权、将订明授权续期或订明授权持续有效的先决条件

（1）在本条例中，发出订明授权、将订明授权续期或让订明授权或其某部分持续有效的先决条件，是在有关特定个案的情况下 ——（由 2016 年第 21 号第 4 条修订）

（a）谋求藉进行有关截取或秘密监察达到的目的是 ——

（i）防止或侦测严重罪行；或

（ii）保障公共安全；

（b）有合理怀疑，怀疑有任何人曾涉及、正涉及或相当可能涉及 ——

（i）（如谋求藉进行有关截取或秘密监察达到的目的是（a）（i）段所指明者）须予防止或侦测的有关特定严重罪行；或

（ii）（如谋求藉进行有关截取或秘密监察达到的目的是（a）（ii）段所指明者）构成或会构成对公共安全的有关特定威胁的任何活动；及

（c）在采取以下步骤之下，该截取或秘密监察对谋求藉进行该截取或秘密监察达到的目的是必要的，并且是与该目的相称的 ——

（i）在有关因素与该截取或秘密监察对将会属其目标人物或可能受该截取或秘密监察影响的人的侵扰程度之间，求取平衡；

（ii）考虑谋求藉进行该截取或秘密监察达到的目的，是否能合理地藉侵扰程度较低的其他手段达到；及

（iii）考虑在有关情况下属有关的其他事宜。

（2）在本条中，有关因素（relevant factors）指 ——

（a）下述因素 ——

(i) 在谋求藉进行有关截取或秘密监察达到的目的是第（1）（a）（i）款所指明者的情况下，须予防止或侦测的有关特定严重罪行的逼切性及严重程度；或

(ii) 在谋求藉进行有关截取或秘密监察达到的目的是第（1）（a）（ii）款所指明者的情况下，对公共安全的有关特定威胁的逼切性及严重程度；及

(b) 相当可能藉进行有关截取或秘密监察而取得的资料，在谋求藉进行该截取或秘密监察达到的目的方面相当可能具有的价值及相关程度。

第 2 部

禁止截取及秘密监察

4. 禁止截取

（1）除第（2）款另有规定外，公职人员不得直接或间接（不论是透过任何其他人或是以其他方式）进行任何截取。

（2）第（1）款不适用于以下截取 ——

（a）依据订明授权进行的任何截取；

（b）截取藉无线电通讯（为由传送者牌照持有人根据《电讯条例》（第106章）提供公共电讯服务而设的电讯网络的无线电通讯部分除外）传送的电讯；及

（c）由或根据本条例以外的任何成文法则授权、准许或规定进行的任何截取（包括在执行授权搜查任何处所或检取任何证据的法院命令的过程中进行的任何截取）。

（3）在本条中，公共电讯服务（public telecommunications service）、无线电通讯（radiocommunications）、传送者牌照持有人（carrier licensee）、电讯（telecommunications）及电讯网络（telecommunications network）具有《电讯条例》（第106章）第2（1）条分别给予该等词语的涵义。

5. 禁止秘密监察

（1）除第（2）款另有规定外，公职人员不得直接或间接（不论是透过任何其他人或是以其他方式）进行任何秘密监察。

（2）第（1）款不适用于依据订明授权进行的任何秘密监察。

第 3 部

订明授权等

第 1 分部　有关当局

6. 小组法官

（1）行政长官须按终审法院首席法官的建议，为本条例的目的委任 3 名至 6 名合资格法官为小组法官。

（2）小组法官的任期为 3 年。

（3）行政长官可按终审法院首席法官的建议，基于充分的理由而将小组法官免任。

（4）小组法官在执行他在本条例下的任何职能时 ——

（a）不得视为法院或法院的成员；但

（b）具有与原讼法庭的法官就该法庭的法律程序而具有相同的权力、保障及豁免权。

（5）附表 2 适用于小组法官的处事程序及关乎小组法官的其他事宜，并就该等程序及事宜而适用。

（6）以往曾获委任为小组法官的人，可按照本条例中适用于委任小组法官的条文，不时再获委任为小组法官。

（7）在本条中，合资格法官（eligible judge）指原讼法庭法官。

7. 授权人员

部门的首长可指定职级不低于等同高级警司的职级的任何人员为本条例的目的担任授权人员。

第 2 分部　法官授权

发出法官授权

8. 对截取或第 1 类监察的法官授权的申请

（1）部门的人员可向小组法官提出申请，寻求发出对该部门的任何人员或他人代该部门的任何人员进行任何截取或第 1 类监察的法官授权。

（2）申请须 ——

（a）以书面提出；及

（b）以申请人的誓章支持，而该誓章须符合附表 3 第 1 或 2 部（视何者适用而定）所指明的规定。

（3）根据第（1）款提出的申请除非于提出前获有关部门的首长级人员批准提出，否则不得提出。

9. 法官授权申请的决定

（1）小组法官在考虑根据第 8 条提出的寻求发出法官授权的申请后，可在第（2）款的规限下 ——

（a）在经更改或不经更改下，发出该申请所寻求的法官授权；或

（b）拒绝发出该法官授权。

（2）除非小组法官信纳第 3 条所指的发出法官授权的先决条件已获符合，否则他不得发出该授权。

（3）小组法官须藉下述方式，下达他根据第（1）款作出的决定 ——

（a）在第（1）（a）款所指的情况下，以书面发出法官授权；或

（b）在第（1）（b）款所指的情况下，以书面说明拒绝理由。

10. 法官授权的时限

法官授权——

（a）于小组法官在发出该法官授权时指明的时间（该时间在任何情况下，均不得早于发出该授权的时间）生效；及

（b）于小组法官在发出该法官授权时指明的期间（该段期间在任何情况下，均不得超过自该授权生效的时间起计的 3 个月）届满时失效，但如该授权已根据本分部续期，则不在此限。

法官授权的续期

11. 法官授权续期申请

（1）在法官授权失效前，有关部门的人员可随时向小组法官申请将该授权续期。

（2）申请须 ——

（a）以书面提出；及

（b）以下述文件支持 ——

（i）寻求续期的法官授权的文本；

（ii）为就发出该法官授权或将该授权续期而提出申请的目的，或为在口头申请后提出的寻求确认该授权或其过往续期的申请的目的，而根据本部提供的所有誓章的文本；及

（iii）符合附表 3 第 4 部所指明的规定的申请人的誓章。

（3）根据第（1）款提出的申请除非于提出前获有关部门的首长级人员批准提出，否则不得提出。

12. 法官授权续期申请的决定

（1）小组法官在考虑根据第 11 条提出的寻求将法官授权续期的申请后，可在第（2）款的规限下——

（a）在经更改或不经更改下，批予该申请所寻求的续期；或

（b）拒绝批予该续期。

（2）除非——

（a）小组法官信纳第 3 条所指的续期的先决条件已获符合；及

（b）（在不局限（a）段的一般性的原则下）小组法官已考虑自首次发出该法官授权起计的该授权有效的期间，

否则他不得批予有关续期。

（3）小组法官须藉下述方式，下达他根据第（1）款作出的决定——

（a）在第（1）（a）款所指的情况下，以书面发出获续期的法官授权；或

（b）在第（1）（b）款所指的情况下，以书面说明拒绝理由。

（4）法官授权可根据本条例获续期多于一次。

13. 法官授权续期的时限

法官授权的续期——

（a）于该法官授权如非因该续期则本会失效的时间生效；及

（b）于小组法官在批予该续期时指明的期间（该段期间在任何情况下，均不得超过自该续期生效的时间起计的 3 个月）届满时失效，但如该授权已根据本分部进一步续期，则不在此限。

第3分部　行政授权

发出行政授权

14. 对第2类监察的行政授权的申请

（1）部门的人员可向该部门的授权人员提出申请，寻求发出对该部门的任何人员或他人代该部门的任何人员进行任何第2类监察的行政授权。

（2）申请须——

（a）以书面提出；及

（b）以符合附表3第3部所指明的规定的申请人的书面陈述支持。

15. 行政授权申请的决定

（1）授权人员在考虑根据第14条提出的寻求发出行政授权的申请后，可在第（2）款的规限下——

（a）在经更改或不经更改下，发出该申请所寻求的行政授权；或

（b）拒绝发出该行政授权。

（2）除非授权人员信纳第3条所指的发出行政授权的先决条件已获符合，否则他不得发出该授权。

（3）授权人员须藉下述方式，下达他根据第（1）款作出的决定——

（a）在第（1）（a）款所指的情况下，以书面发出行政授权；或

（b）在第（1）（b）款所指的情况下，以书面说明拒绝理由。

16. 行政授权的时限

行政授权——

（a）于授权人员在发出该行政授权时指明的时间（该时间在任何情况下，均不得早于发出该授权的时间）生效；及

（b）于授权人员在发出该行政授权时指明的期间（该段期间在任何情况下，均不得超过自该授权生效的时间起计的3个月）届满时失效，但如该授权已根据本分部续期，则不在此限。

行政授权的续期

17. 行政授权续期申请

（1）在行政授权失效前，有关部门的人员可随时向该部门的授权人员申

请将该授权续期。

（2）申请须——

（a）以书面提出；及

（b）以下述文件支持——

（i）寻求续期的行政授权的文本；

（ii）为就发出该行政授权或将该授权续期而提出申请的目的，或为在口头申请后提出的寻求确认该授权或其过往续期的申请的目的，而根据本部提供的所有陈述的文本；及

（iii）符合附表 3 第 4 部所指明的规定的申请人的书面陈述。

18. 行政授权续期申请的决定

（1）授权人员在考虑根据第 17 条提出的寻求将行政授权续期的申请后，可在第（2）款的规限下——

（a）在经更改或不经更改下，批予该申请所寻求的续期；或

（b）拒绝批予该续期。

（2）除非——

（a）授权人员信纳第 3 条所指的续期的先决条件已获符合；及

（b）（在不局限（a）段的一般性的原则下）授权人员已考虑自首次发出该行政授权起计的该授权有效的期间，

否则他不得批予有关续期。

（3）授权人员须藉下述方式，下达他根据第（1）款作出的决定 ——

（a）在第（1）(a)款所指的情况下，以书面发出获续期的行政授权；或

（b）在第（1）（b）款所指的情况下，以书面说明拒绝理由。

（4）行政授权可根据本条例获续期多于一次。

19. 行政授权续期的时限

行政授权的续期——

（a）于该行政授权如非因该续期则本会失效的时间生效；及

（b）于授权人员在批予该续期时指明的期间（该段期间在任何情况下，均不得超过自该续期生效的时间起计的 3 个月）届满时失效，但如该授权已根据本分部进一步续期，则不在此限。

第 4 分部　紧急授权

发出紧急授权

20. 在紧急情况下提出的寻求对截取或第 1 类监察的紧急授权的申请

（1）如符合以下条件，部门的人员可向该部门的首长提出申请，寻求发出对该部门的任何人员或他人代该部门的任何人员进行任何截取或第 1 类监察的紧急授权：该人员认为 ——

（a）由于存在 ——

（i）任何人死亡或蒙受严重身体伤害；

（ii）财产蒙受重大损害；

（iii）对公共安全的严重威胁；或

（iv）损失关键证据的逼切风险，因而有即时需要进行该截取或第 1 类监察；及

（b）在顾及有关个案的整体情况下，申请发出对截取或第 1 类监察的法官授权，并非合理地切实可行。

（2）申请须——

（a）以书面提出；及

（b）以符合以下规定的申请人的书面陈述支持——

（i）该陈述须列明提出申请的原因；及

（ii）该陈述须符合附表 3 第 1 或 2 部（视何者适用而定）所指明的规定（该等规定适用于该陈述，犹如该等规定适用于第 8（2）（b）条所提述的誓章一样）。

21. 紧急授权申请的决定

（1）有关部门的首长在考虑根据第 20 条提出的寻求发出紧急授权的申请后，可在第（2）款的规限下——

（a）在经更改或不经更改下，发出该申请所寻求的紧急授权；或

（b）拒绝发出该紧急授权。

（2）除非部门的首长信纳——

（a）第 20（1）（a）及（b）条适用；及

（b）第 3 条所指的发出紧急授权的先决条件已获符合，

否则他不得发出该授权。

（3）部门的首长须藉下述方式，下达他根据第（1）款作出的决定——

（a）在第（1）（a）款所指的情况下，以书面发出紧急授权；或

（b）在第（1）（b）款所指的情况下，以书面说明拒绝理由。

22. 紧急授权的时限

（1）紧急授权——

（a）于有关部门的首长在发出该紧急授权时指明的时间（该时间在任何情况下，均不得早于发出该授权的时间）生效；及

（b）于该部门的首长在发出该紧急授权时指明的期间（该段期间在任何情况下，均不得超过自发出该授权之时起计的 48 小时）届满时失效。

（2）在不损害任何根据第 8 条提出的寻求发出对有关截取或第 1 类监察的法官授权的申请的原则下，紧急授权不可根据本条例续期。

确认紧急授权的申请

23. 确认紧急授权的申请

（1）凡任何截取或第 1 类监察依据紧急授权进行，有关部门的首长须安排该部门的人员在该授权发出后，于合理的切实可行范围内，尽快（而无论如何须在自发出该授权之时起计的 48 小时内）向小组法官申请确认该授权。（由 2016 年第 21 号第 5 条修订）

（2）申请须——

（a）以书面提出；及

（b）以下述文件支持——

（i）有关紧急授权的文本；及

（ii）申请人的誓章，该誓章须核实为申请发出该紧急授权的目的而根据第 20（2）（b）条提供的陈述的内容。

（3）如没有在第（1）款所提述的 48 小时限期内提出寻求确认紧急授权的申请，则有关部门的首长须——

（a）安排将藉进行有关截取或第 1 类监察取得的资料即时销毁；及

（b）在不损害第 54 条的原则下，向专员提交一份报告，其内须载有该个案的细节。

24. 确认紧急授权的申请的决定

(1) 小组法官在考虑按第 23 (1) 条的规定提出的寻求确认紧急授权的申请后，可在第 (2) 款的规限下 ——

(a) 确认该紧急授权；或

(b) 拒绝确认该紧急授权。

(2) 除非小组法官信纳在发出紧急授权时，第 21 (2) (b) 条的规定已获符合，否则他不得确认该授权。

(3) 凡小组法官根据第 (1) (b) 款拒绝确认紧急授权，他可作出以下一项或多于一项命令 ——

(a) (凡在作出决定时，该紧急授权仍然有效) 命令 ——

(i) 尽管有本条例任何其他条文的规定，该紧急授权须在作出该决定时予以撤销；或

(ii) 尽管有本条例任何其他条文的规定，自作出该决定时起，该紧急授权只在他所指明的更改及任何新条件的规限下有效；(由 2016 年第 21 号第 6 条修订)

(b) (在任何情况下而不论在作出决定时该紧急授权是否仍然有效) 命令有关部门的首长安排将以下资料即时销毁 ——

(i) (在第 (ii) 节的规限下) 藉进行有关截取或第 1 类监察取得的资料；或

(ii) (如 (a) (ii) 段适用) 藉进行有关截取或第 1 类监察取得的属该命令所指明的资料。

(3A) 小组法官根据第 (3) (a) (ii) 款指明的新条件，可适用于紧急授权本身或在该授权下的任何进一步的授权或规定 (不论是根据该授权的条款或本条例的任何条文而批予或施加的)。(由 2016 年第 21 号第 6 条增补)

(4) 凡紧急授权根据第 (3) (a) (i) 款被撤销，则尽管有第 22 (1) (b) 条的规定，该授权自被撤销之时起失效。

(5) 小组法官须藉下述方式，下达他根据第 (1) 款作出的决定 ——

(a) 在第 (1) (a) 款所指的情况下，以书面方式将其确认批注于有关紧急授权之上；或

(b) 在第 (1) (b) 款所指的情况下，以书面说明拒绝理由及作出第 (3) 款所指的任何命令。

第5分部　关于口头申请的特别条文

口头申请

25. 口头申请及其效力

（1）尽管有有关书面申请条文的规定，根据本条例提出的寻求发出订明授权或将订明授权续期的申请可用口头提出，前提是申请人在顾及有关个案的整体情况后，认为按照有关书面申请条文提出该申请，并非合理地切实可行。

（2）尽管有有关决定条文的规定，并在不损害有关条件条文的原则下，如有口头申请提出，则除非有关当局在顾及有关个案的整体情况后，信纳按照有关书面申请条文提出该申请，并非合理地切实可行，否则该当局不得发出或批予该口头申请所寻求的订明授权或续期。

（3）尽管有有关文件条文的规定，如有口头申请提出，则根据有关文件条文须为该申请的目的而提供的资料，可用口头提供（而任何关于作出誓章或陈述的规定即据此不适用）。

（4）尽管有有关书面决定条义的规定，如有口头申请提出，则有关当局可藉下述方式，下达该当局根据有关决定条文须就该申请作出的决定 ——

（a）以口头发出订明授权或获续期的订明授权；或

（b）（如该当局拒绝发出或批予该申请所寻求的订明授权或续期）以口头说明拒绝理由。

（5）除本分部另有规定外，任何口头申请及因应该申请而发出或批予的任何订明授权或续期，就所有目的而言均视为分别与以书面提出的申请及因应该书面申请而发出或批予的订明授权或续期具有相同效力，而本条例的条文在经必要的变通后，据此适用。

（6）在本条中 ——

有关文件条文（relevant document provision）指第 8（2）（b）、11（2）（b）、14（2）（b）、17（2）（b）或 20（2）（b）条（视何者适用而定）；

有关决定条文（relevant determination provision）指第 9（1）、12（1）、15（1）、18（1）或 21（1）条（视何者适用而定）；

有关书面申请条文（relevant written application provision）指第 8（2）(a)、11（2）(a)、14（2）(a)、17（2）(a) 或 20（2）(a) 条（视何者适用而定）；

有关书面决定条文（relevant written determination provision）指第 9（3）、12（3）、15（3）、18（3）或 21（3）条（视何者适用而定）；

有关条件条文（relevant conditions provision）指第 9（2）、12（2）、15（2）、18（2）或 21（2）条（视何者适用而定）。

确认应口头申请发出或批予的订明授权或续期的申请

26. 确认应口头申请发出或批予的订明授权或续期的申请

（1）凡因应口头申请而发出或批予该申请所寻求的订明授权或续期，有关部门的首长须安排该部门的人员在该授权发出或该续期批予后，于合理地切实可行范围内，尽快（而无论如何须在自发出该授权或批予该续期之时起计的 48 小时内）向有关当局申请确认该授权或续期。（由 2016 年第 21 号第 7 条修订）

（2）申请须——

（a）以书面提出；及

（b）以下述文件支持——

（i）一份载有以下资料的书面记录：假使有关口头申请是以书面提出，则根据有关书面申请条文便会须以书面提供予有关当局的所有资料；

（ii）（在第 25（3）条就有关口头申请而适用的情况下）以下文件 ——

（A）（如有关当局是小组法官）申请人的誓章，该誓章须核实为该口头申请的目的而依据该条提供的所有资料；或

（B）（如有关当局并非小组法官）申请人的书面陈述，该陈述须列明为该口头申请的目的而依据该条提供的所有资料；及

（iii）（在第 25（4）条就有关口头申请而适用的情况下）一份列明依据该条就该口头申请下达的决定的书面记录。

（3）如没有在第（1）款所提述的 48 小时限期内提出寻求确认订明授权或续期的申请，则——

（a）凡在该限期届满时，该订明授权或续期仍然有效，则尽管有本条例任何其他条文的规定，该授权或续期须视为于该限期届满时被撤销；及

（b）在任何情况下而不论在该限期届满时该订明授权或续期是否仍然有效，有关部门的首长均须——

（i）安排将藉进行有关截取或秘密监察取得的资料即时销毁；及

（ii）在不损害第54条的原则下，向专员提交一份报告，其内须载有该个案的细节。

（4）凡订明授权或续期根据第（3）（a）款视为被撤销，则尽管有有关时限条文的规定，该授权或续期自被撤销之时起失效。

（5）如有关当局在按第（1）款的规定申请确认订明授权或其续期时，不再担任其职位或不再执行其职位的有关职能，则——

（a）在不损害《释义及通则条例》（第1章）第54条的原则下，在该款中对有关当局的提述，包括提述在当其时获委任为小组法官或授权人员（视属何情况而定）并合法地执行该当局的职位的有关职能的人；及

（b）本条的条文及第27条据此适用。

（6）在本条中——

有关时限条文（relevant duration provision）指第10（b）、13（b）、16（b）或19（b）条（视何者适用而定）；（编辑修订——2020年第7号编辑修订纪录）

有关书面申请条文（relevant written application provision）指第8（2）（a）、11（2）（a）、14（2）（a）、17（2）（a）或20（2）（a）条（视何者适用而定）。（编辑修订——2020年第7号编辑修订纪录）

（编辑修订——2020年第7号编辑修订纪录）

27. 寻求确认应口头申请发出或批予的订明授权或续期的申请的决定

（1）有关当局在考虑按第26（1）条的规定提出的寻求确认订明授权或续期的申请后，可在第（2）款的规限下——

（a）确认该订明授权或续期；或

（b）拒绝确认该订明授权或续期。

（2）除非有关当局信纳在发出或批予订明授权或续期时，有关条件条文已获符合，否则该当局不得确认该授权或续期。

（3）凡有关当局根据第（1）（b）款拒绝确认订明授权或续期，该当局可作出以下一项或多于一项命令——

（a）（凡在作出决定时，该订明授权或续期仍然有效）命令——

（i）尽管有本条例任何其他条文的规定，该订明授权或续期须在作出该决定时予以撤销；或

（ii）尽管有本条例任何其他条文的规定，自作出该决定时起，该订明授权或续期只在该当局所指明的更改及任何新条件的规限下有效；（由 2016 年第 21 号第 8 条修订）

（b）（在任何情况下而不论在作出决定时该订明授权或续期是否仍然有效）命令有关部门的首长安排将以下资料即时销毁 ——

（i）（在第（ii）节的规限下）藉进行有关截取或秘密监察取得的资料；或

（ii）（如（a）（ii）段适用）藉进行有关截取或秘密监察取得的属该命令所指明的资料。

（3A）有关当局根据第（3）（a）（ii）款指明的新条件，可适用于 ——

（a）订明授权或获续期的订明授权本身；或

（b）在该授权或获续期授权下的任何进一步的授权或规定（不论是根据该授权或获续期授权的条款或本条例的任何条文而批予或施加的）。（由 2016 年第 21 号第 8 条增补）

（4）凡订明授权或续期根据第（3）（a）（i）款被撤销，则尽管有有关时限条文的规定，该授权或续期自被撤销之时起失效。

（5）有关当局须藉下述方式，下达该当局根据第（1）款作出的决定 ——

（a）在第（1）（a）款所指的情况下，以书面发出有关订明授权或获续期的订明授权（即根据该款确认的订明授权或符合根据该款确认的续期的条款者（视属何情况而定））；或

（b）在第（1）（b）款所指的情况下，以书面说明拒绝理由及作出第（3）款所指的任何命令。

（6）在本条中 ——

有关时限条文（relevant duration provision）指第 10（b）、13（b）、16（b）、19（b）或 22（1）（b）条（视何者适用而定）；

有关条件条文（relevant conditions provision）指第 9（2）、12（2）、15（2）、18（2）或 21（2）（b）条（视何者适用而定）。

28. 因应口头申请发出紧急授权的特别情况

（1）凡因应口头申请发出紧急授权，在以下情况下，第 26 及 27 条不适

用 ——

（a）按第 23（1）条的规定提出的寻求确认该紧急授权的申请，已在该条所提述的 48 小时限期内向小组法官提出；及

（b）该申请是以下述文件支持的 ——

（i）第 26（2）（b）（i）条所提述的记录；

（ii）申请人的誓章，该誓章须核实为申请发出该紧急授权的目的而根据第 20（2）（b）条提供的陈述的内容或（如第 25（3）条就该口头申请而适用）为该口头申请的目的而依据第 25（3）条提供的所有资料；及

（iii）该紧急授权的文本或（如第 25（4）条就该口头申请而适用）列明就该口头申请而依据该条下达的决定的书面记录。

（2）尽管有第 23（2）（b）条的规定，第（1）（a）及（b）款所描述的申请，须就所有目的而言视为按第 23（1）条的规定妥为提出的寻求确认紧急授权的申请，而本条例的条文须据此适用（但第 24（5）（a）条须理解为规定小组法官藉发出书面紧急授权（即根据第 24（1）（a）条确认的紧急授权）而下达第 24（1）条所指的决定）。

第 6 分部　关于订明授权的一般条文

订明授权所授权、规定或订定的事宜

29. 订明授权可根据或凭借其条款授权或规定的事宜等

（1）对截取的订明授权——

（a）在邮件截取的情况下，可载有条款，授权作出以下一项或两项作为 ——

（i）截取向该订明授权所指明的处所或地址发出或从该处所或地址发出的通讯；

（ii）截取向或由该订明授权所指明的任何人（不论是以姓名或以描述方式指明）发出的通讯；或

（b）在电讯截取的情况下，可载有条款，授权作出以下一项或两项作为 ——

（i）截取向该订明授权所指明的任何电讯服务发出或从该电讯服务发出

的通讯；

（ii）截取向该订明授权所指明的任何人（不论是以姓名或以描述方式指明）正使用或按理可被预期会使用的任何电讯服务发出或从该电讯服务发出的通讯。

（2）对秘密监察的订明授权可载有条款，授权作出以下一项或多于一项作为——

（a）于该订明授权所指明的任何处所之内或之上使用任何监察器材；

（b）于该订明授权所指明的任何物体或类别的物体之内或之上使用任何监察器材；

（c）就该订明授权所指明的任何人（不论是以姓名或以描述方式指明）的谈话、活动或位置，使用任何监察器材。

（3）订明授权（行政授权除外）可载有条款，授权作出任何合理地需要作出的事情，以掩饰根据该授权而授权进行或规定进行的行为。

（4）如为执行订明授权（行政授权除外）而有合理需要，该授权可载有条款，授权干扰任何财产（不论是否属有关截取或秘密监察的目标人物的任何人的财产）。

（5）订明授权（行政授权除外）可载有条款，规定该授权所指明（不论是以姓名或以描述方式指明）的任何人，在该授权的文本向他出示后，须向有关部门的人员提供该授权所指明的为执行该授权而提供的合理协助。

（6）对截取的订明授权亦同时 ——

（a）授权装设、使用及维修任何须予使用以截取根据该订明授权而授权截取的通讯的器材；

（b）授权进入（在有需要时可使用合理武力进入）任何处所，以进行根据该订明授权而授权进行或规定进行的任何行为；

（c）授权截取因截取根据该订明授权而授权截取的通讯，而必然产生的连带截取的任何通讯；及

（d）（凡第（1）（a）（ii）或（b）（ii）款适用）授权为执行该订明授权而向任何人提供将会用以识别以下通讯的地址、号码、仪器或其他因素（或该等因素的组合）的详情——

（i）（在第（1）（a）（ii）款所指的情况下）向或由该订明授权所指明的人发出的通讯；或

（ii）（在第（1）（b）（ii）款所指的情况下）向该订明授权所指明的人正使用或按理可被预期会使用的任何电讯服务发出或从该电讯服务发出的通讯。

（7）对秘密监察的订明授权亦同时 ——

（a）（凡第（2）（a）款适用）——

（i）授权于该订明授权所指明的处所之内或之上，装设、使用及维修根据该授权而授权使用的任何监察器材；及

（ii）（就第 1 类监察而言）授权进入（在有需要时可使用合理武力进入）上述处所及毗连该处所或可通往该处所的任何其他处所，以进行根据该订明授权而授权进行或规定进行的任何行为；

（b）（凡第（2）（b）款适用）——

（i）授权于该订明授权所指明的物体或类别的物体之内或之上，装设、使用及维修根据该授权而授权使用的任何监察器材；及

（ii）（就第 1 类监察而言）授权进入（在有需要时可使用合理武力进入）合理地相信是或相当可能是上述物体或属上述类别的物体所处的任何处所及毗连该处所或可通往该处所的任何其他处所，以进行根据该订明授权而授权进行或规定进行的任何行为；及

（c）（凡第（2）（c）款适用）——

（i）授权于该订明授权所指明的人被合理地相信是或相当可能是身处的任何处所之内或之上，装设、使用及维修根据该授权而授权使用的任何监察器材；及

（ii）（就第 1 类监察而言）授权进入（在有需要时可使用合理武力进入）上述处所及毗连该处所或可通往该处所的任何其他处所，以进行根据该订明授权而授权进行或规定进行的任何行为。

30. 订明授权亦同时授权的事宜

订明授权亦同时授权从事为进行根据该授权而授权进行或规定进行的事情的目的而需要的及所连带的行为，包括以下行为——

（a）取出根据该订明授权而授权使用的任何器材；

（b）装设、使用、维修及取出该等器材的任何增强设备；

（c）为装设、维修或取出该等器材或增强设备，而将任何运输工具或物体暂时从任何处所移走，并将该运输工具或物体置回该处所；

（d）为装设、维修或取出该等器材或增强设备而破开任何物件；

（e）将该等器材或增强设备连接至任何电源，并使用来自该电源的电力操作该等器材或设备；

（f）将该等器材或增强设备连接至可用以传送任何形式的资料的任何物体或系统，并在与操作该等器材或设备有关联的情况下使用该物体或系统；及

（g）为执行该订明授权而提供协助。

31. 订明授权不可作出的授权

（1）尽管本条例有任何规定，除非存在特殊情况，否则——

（a）订明授权不可载有藉提述以下事项而授权截取通讯的条款——

（i）（就邮件截取而言）某律师的办公室或其他有关处所或住所；或

（ii）（就电讯截取而言）于某律师的办公室或其他有关处所或住所使用的任何电讯服务，或申请人知悉或申请人按理可被预期知悉是通常由律师为向当事人提供法律意见而使用的任何电讯服务；及

（b）订明授权不可载有条款授权就于某律师的办公室或其他有关处所或住所作出的口头或书面通讯，进行任何秘密监察。

（2）就第（1）款而言，如有关当局信纳——

（a）有合理理由相信——

（i）有关律师；

（ii）（就该律师的办公室或其他有关处所而言）与该律师一同执业的任何其他律师，或在该办公室工作的任何其他人；或

（iii）（就该律师的住所而言）在该住所居住的任何其他人，

是构成或会构成某项严重罪行或对公共安全的威胁的活动的参与者；或

（b）有合理理由相信有关通讯之中的任何一项是为达到某犯罪目的而作出的，即属存在特殊情况。

（3）为免生疑问，订明授权并不授权在没有某人的同意下，将任何器材植入或置入该人体内。

（4）在本条中——

其他有关处所（other relevant premises）就某律师而言，指申请人知悉或申请人按理可被预期知悉是通常由该律师及其他律师为向当事人提供法律意见而使用的任何处所（该律师的办公室除外），包括通常由律师在法院或到访

监狱、警署或有人被羁留的其他地方时为向其当事人提供法律意见而使用的任何处所；律师（lawyer）指在《法律执业者条例》（第159章）第2（1）条界定为以大律师、律师或外地律师身份执业的人，或根据《法律援助条例》（第91章）第3（1）条获委任的任何人。

32. 可有条件地发出订明授权或将订明授权续期

订明授权可在它所指明的适用于该授权本身或在该授权下的任何进一步的授权或规定（不论是根据该授权的条款或本条例的任何条文而批予或施加的）的任何条件的规限下发出或续期。

在订明授权失效后发出的器材取出手令

33. 器材取出手令的申请

（1）凡订明授权在任何情况下根据本条例失效，如根据该授权而授权使用的任何器材——

（a）已依据该授权装设于任何处所或任何物体之内或之上；及

（b）仍处于该处所或该物体之内或之上，或正处于任何其他处所或任何其他物体之内或之上，——

有关部门的人员可向小组法官申请发出器材取出手令，授权取出该器材。

（2）申请须——

（a）以书面提出；及

（b）以下述文件支持——

（i）有关订明授权的文本；及

（ii）符合附表4所指明的规定的申请人的誓章。

34. 器材取出手令申请的决定

（1）小组法官在考虑根据第33条提出的寻求发出器材取出手令的申请后，可在第（2）款的规限下——

（a）在经更改或不经更改下，发出该申请所寻求的器材取出手令；或

（b）拒绝发出该器材取出手令。

（2）除非小组法官信纳第33（1）（a）及（b）条适用于有关器材，否则他不得发出器材取出手令。

（3）小组法官须藉下述方式，下达他根据第（1）款作出的决定——

（a）在第（1）（a）款所指的情况下，以书面发出器材取出手令；或

（b）在第（1）（b）款所指的情况下，以书面说明拒绝理由。

35. 器材取出手令的时限

器材取出手令 ——

（a）于小组法官在发出该器材取出手令时指明的时间（该时间在任何情况下，均不得早于发出该手令的时间）生效；及

（b）于小组法官在发出该器材取出手令时指明的期间（该段期间在任何情况下，均不得超过自该手令生效的时间起计的 3 个月）届满时失效。

36. 器材取出手令可根据或凭借其条款授权的事宜等

（1）器材取出手令可授权取出该手令所指明的任何器材。

（2）器材取出手令可载有条款，授权作出任何合理的需要作出的事情，以掩饰根据该手令而授权进行的行为。

（3）如为执行器材取出手令而有合理需要，该手令可载有条款，授权干扰任何财产（不论是否属有关截取或秘密监察的目标人物的任何人的财产）。

37. 器材取出手令亦同时授权的事宜

（1）器材取出手令亦同时授权从事为进行根据该手令而授权进行的事情的目的而需要的及所连带的行为，包括以下行为 ——

（a）取出根据该手令而授权取出的器材的任何增强设备；

（b）进入（在有需要时可使用合理武力进入）合理地相信是或相当可能是该等器材或增强设备所处的任何处所及毗连该处所或可通往该处所的任何其他处所，以取出该等器材或设备；

（c）为取出该等器材或增强设备，而将任何运输工具或物体暂时从任何处所移走，并将该运输工具或物体置回该处所；

（d）为取出该等器材或增强设备而破开任何物件；及

（e）为执行该手令而提供协助。

（2）授权取出任何追踪器材的器材取出手令，亦同时授权仅为寻找或取出该等器材或该等器材的增强设备的目的，而使用该等器材及该等器材的任何增强设备。

38. 可有条件地发出器材取出手令

器材取出手令可在它所指明的适用于该手令本身或在该手令下的任何进一步的授权（不论是根据该手令的条款或本条例的任何条文而批予的）的任何条件的规限下发出。

38A. 向小组法官提供报告：不能执行器材取出手令

（1）如在某器材取出手令有效但未完成执行的期间内，有关部门在当其时负责执行该手令的人员 ——

（a）知悉第 33（1）（a）或（b）条不适用于该手令所指明的器材或所指明的任何器材；或

（b）认为该手令或其某部分，因某原因（不论该原因为何）而不能执行，

该人员须在知悉该事宜或得出该意见后，于合理的切实可行范围内，尽快安排向一名小组法官，提供一份关于该事宜或意见的报告。

（2）如某小组法官接获第（1）款所指的报告，该法官可撤销有关器材取出手令或其有关部分。

（3）如器材取出手令或其某部分根据第（2）款被撤销，则尽管有第 35（b）条的规定，该手令或该部分自被撤销之时起失效。

（4）如器材取出手令没有被撤销，或只有部分被撤销，小组法官可行使以下一项或两项权力 ——

（a）更改该手令的任何条款或条件；

（b）在该手令中指明适用于该手令本身或在该手令下的任何进一步的授权（不论是根据该手令的条款或本条例的任何条文而批予的）的任何新条件。

（由 2016 年第 21 号第 9 条增补）

第 4 部

专员

第 1 分部　专员及其职能

39. 专员

（1）现设立名为"截取通讯及监察事务专员"的职位。

（2）行政长官须按终审法院首席法官的建议，委任一名合资格法官为专员。

（3）专员的任期为 3 年。

（4）专员有权支取行政长官所厘定的酬金及津贴。

（5）行政长官可按终审法院首席法官的建议，基于充分的理由而将专员免任。

（6）以往曾获委任为专员的人，可按照本条例中适用于委任专员的条文，不时再获委任为专员。

（7）在本条中，合资格法官（eligible judge）指 ——

（a）上诉法庭的上诉法庭法官；

（b）原讼法庭法官；

（c）前任终审法院常任法官；

（d）前任上诉法庭的上诉法庭法官；或

（e）前任原讼法庭法官。

40. 专员的职能

专员的职能是——

（a）监督部门及其人员遵守有关规定的情况；及

（b）在不局限（a）段的一般性的原则下——

（i）根据第 2 分部进行检讨；

（ii）根据第 3 分部进行审查；

（iii）根据第 4 分部向有关人士发出通知；

（iv）根据第 5 分部，向行政长官提交报告及向保安局局长及部门的首长提出建议；

（v）执行为本节的目的而根据第 66 条订立的规则所订明的任何进一步职能；及

（vi）执行根据本条例或任何其他成文法则施加予他或赋予他的其他职能。

第 2 分部　由专员进行检讨

41. 检讨遵守有关规定的情况

（1）专员须对部门及其人员遵守有关规定的情况，进行他认为属必要的检讨。

（2）在不局限第（1）款的一般性的原则下，凡有报告根据第 23（3）

（b）、26（3）（b）（ii）或 54 条就任何个案向专员提交，专员须就该等个案进行检讨。

（3）在根据第（1）或（2）款进行任何检讨后，专员须以书面记录——

（a）在该检讨中发现的任何部门或其任何人员没有遵守任何有关规定的任何个案的细节；及

（b）他在该检讨中作出的任何其他定论。

42. 通知有关部门等

（1）专员须将第 41（3）条所指的他在检讨中作出的定论通知任何有关部门的首长。

（2）如部门的首长根据第（1）款接获专员的定论的通知，他须在接获该通知后，于合理的切实可行范围内，尽快向专员提交一份报告，其内须载有该部门已为回应该等定论所指出的任何问题而采取的任何措施（包括就任何人员采取的纪律行动）的细节，如专员在发出该通知时已指明提交该报告的限期，则该报告须在该限期内提交。

（3）在不损害第 49 及 50 条的原则下，专员可在部门的首长根据第（2）款向他提交报告之前或之后，将有关定论及他认为合适的任何其他事宜提交予行政长官、律政司司长或任何小组法官，或提交予他们之中的任何人或所有人。

第 3 分部　由专员进行审查

43. 进行审查的申请

（1）任何人如怀疑有以下情况，可向专员申请根据本分部进行审查——

（a）传送予该人或由该人传送的任何通讯被某部门的人员截取；或

（b）该人是某部门的人员已进行的任何秘密监察的目标人物。

（2）申请须以书面提出。

44. 由专员进行审查

（1）凡专员接获根据第 43 条提出的申请，则除第 45 条另有规定外，他须进行审查，以断定——

（a）所指称的截取或秘密监察有否发生；及

（b）（如有发生）所指称的截取或秘密监察是否在没有订明授权的授权

下由某部门的人员进行。

（2）如专员在进行审查后，在顾及第 46（1）条的条文下，断定所指称的截取或秘密监察已在没有订明授权的授权下由某部门的人员进行，他须于合理的切实可行范围内，尽快向申请人发出通知——

（a）述明他已就有关个案判定申请人得直，及表示该个案是属截取或是属秘密监察、该截取或秘密监察的开始日期，以及该截取或秘密监察的进行期间；及（由 2016 年第 21 号第 10 条修订）

（b）邀请申请人确认申请人是否有意愿根据该申请，寻求缴付赔偿金的命令，及（如申请人有此意愿）邀请申请人为该目的作出书面陈词。

（3）在接获申请人寻求缴付赔偿金的命令的确认后，专员在考虑为该目的而向他作出的任何书面陈词后，可命令政府向申请人缴付赔偿金。

（4）根据第（3）款命令须予缴付的赔偿金，可包括对精神伤害的补偿。

（5）如专员在进行审查后，作出第（2）款所提述的断定以外的断定，则他须于合理的切实可行范围内，尽快向申请人发出通知，述明他已就有关个案判定申请人并不得直。

（6）尽管有第（2）、（3）及（5）款的规定，专员须仅在他认为根据该等条文发出任何通知或作出任何命令不会对防止或侦测罪行或保障公共安全造成损害时，才发出该通知或作出该命令（视属何情况而定）。

（7）如截取属第 4（2）（b）或（c）条所描述的截取，则专员不得就该截取作出第（2）款所提述的断定。

45. 不进行审查的理由等

（1）如专员在进行审查之前或在进行审查的过程中 ——

（a）认为专员是在有关截取或秘密监察被指称发生的日期（如该截取或秘密监察被指称在多于一日发生，则指被指称最后一次发生的日期）后的 1 年以后，才接获寻求进行该审查的申请，而他不进行该审查并非有欠公允；

（b）认为申请是由匿名者提出的；

（c）认为在作出合理的努力后，申请人不能被识别或寻获；或

（d）在顾及有关个案的整体情况后，认为申请属琐屑无聊或无理取闹，或并非真诚地提出的，

专员可拒绝着手进行或（如该审查已展开）继续进行该审查（包括因应该审查作出任何断定）。

（2）如专员在进行审查之前或在进行审查的过程中，信纳有任何有关刑事法律程序正在待决或相当可能会提起，则——

（a）（就待决的刑事法律程序而言）在该等法律程序获最终裁断或获最终的处理之前；或

（b）（就相当可能会提起的刑事法律程序而言）在该法律程序获最终裁断或获最终的处理之前，或（如适用）不再属相当可能会提起之前，专员不得着手进行或（如该审查已展开）继续进行该审查（包括因应该审查作出任何断定）。

（3）就第（2）款而言，凡有关于已在（或可能在）刑事法律程序中举出的证据的任何问题，则在（但仅在）寻求进行审查的申请所指称的截取或秘密监察攸关或可能攸关该问题的裁定的情况下，该等法律程序就该审查而言即视为有关。

46. 关于进行审查的进一步条文

（1）为进行审查的目的——

（a）专员在断定任何截取或秘密监察是否在没有订明授权的授权下进行时，须应用可由法院在有人申请司法复核时应用的原则；及

（b）在不局限（a）段的一般性的原则下，专员可藉应用上述原则，断定尽管有任何订明授权看来是被发出或续期，任何截取或秘密监察已在没有订明授权的授权下进行。

（2）除第53（1）条另有规定外，专员须基于向他作出的书面陈词而进行审查。

（3）在不损害第53（4）条的原则下，为进行审查的目的，申请人无权取用在与该审查有关连的情况下由专员编制或向专员提供的任何资料、文件或其他事宜（包括任何受保护成果，不论它是否包含任何享有或可能享有法律专业保密权的资料）。（由2016年第21号第11条修订）

（4）在不损害第44（6）条的原则下，专员在根据第44（2）（3）或（5）条向申请人发出通知或作出任何命令时 ——

（a）不得说明其断定的理由；

（b）不得提供第44（2）（a）条所述的有关截取或秘密监察的细节以外的该截取或秘密监察的细节；或

（c）（在第44（5）条所指的情况下）不得表示所指称的截取或秘密监察

是否有发生。

47. 通知有关部门等

（1）凡专员在审查后，作出第 44（2）条所提述的断定，他须将该断定（包括他在进行审查时作出的任何命令或定论）通知有关部门的首长。

（2）如部门的首长接获第（1）款所指的通知，他须在接获该通知后，于合理的切实可行范围内，尽快向专员提交一份报告，其内须载有该部门已为回应因该断定而产生的任何问题而采取的任何措施（包括就任何人员采取的纪律行动）的细节，如专员在发出该通知时已指明提交该报告的限期，则该报告须在该限期内提交。

（3）在不损害第 49 及 50 条的原则下，专员可在部门的首长根据第（2）款向他提交报告之前或之后，将有关断定及他认为合适的任何其他事宜提交予行政长官、律政司司长或任何小组法官，或提交予他们之中的任何人或所有人。

第 4 分部　由专员发出通知

48. 通知有关人士

（1）如专员在执行他在本条例下的任何职能的过程中，在顾及第（5）款的条文下，认为存在有部门的人员在没有订明授权的授权下进行任何截取或秘密监察的情况，则除第（6）款另有规定外，专员须于合理地切实可行范围内，尽快向有关人士发出通知——

（a）述明有出现该情况，及表示该情况是属截取或是属秘密监察、该截取或秘密监察的开始日期，以及该截取或秘密监察的进行期间；及（由 2016 年第 21 号第 12 条修订）

（b）告知有关人士他就该截取或秘密监察向专员申请进行审查的权利。

（2）凡有关人士在接获上述通知后的 6 个月内，或在专员所容许的进一步期间内，提出寻求就该截取或秘密监察进行审查的申请，则尽管有第 45（1）（a）条的任何规定（但在第 45 条的其他条文规限下），专员须作出第 44（2）条所提述的断定，而本条例的条文据此适用。

（3）尽管有第（1）款的规定，专员须仅在他认为根据该款发出任何通知不会对防止或侦测罪行或保障公共安全造成损害时，才发出该通知。

（4）在不损害第（3）款的原则下，在根据第（1）款向有关人士发出通知时，专员不得——

（a）说明其定论的理由；或

（b）提供第（1）（a）款所述的有关截取或秘密监察的细节以外的该截取或秘密监察的细节。

（5）就本条而言——

（a）专员在考虑任何截取或秘密监察是否在没有订明授权的授权下进行时，须应用可由法院在有人申请司法复核时应用的原则；及

（b）在不局限（a）段的一般性的原则下，专员可藉应用上述原则，断定尽管有任何订明授权看来是被发出或续期，任何截取或秘密监察已在没有订明授权的授权下进行。

（6）在以下情况下，本条并不规定专员向有关人士发出通知——

（a）在作出合理的努力后，有关人士不能被识别或寻获；

（b）专员认为有关截取或秘密监察对有关人士的侵扰程度属微不足道；或

（c）（就截取而言）有关截取属第4（2）（b）或（c）条所描述的截取。

（7）在本条中——

有关人士（relevant person）指以下人士——

（a）如有关截取或秘密监察，是在有关订明授权或其有关部分失效后继续进行的，即该截取或秘密监察的目标人物；

（b）如有关部门的人员进行有关截取或秘密监察时，其意是依据某订明授权而进行的，但该截取或秘密监察的目标人物，并非该授权针对的目标人物，即该截取或秘密监察的目标人物；或

（c）如有关截取或秘密监察，是在没有订明授权的授权下进行的，但并非（a）或（b）段所指明的情况，即该截取或秘密监察的目标人物。（由2016年第21号第12条代替）

第5分部　专员的报告及建议

49. 专员向行政长官提交的周年报告

（1）专员须就每段报告期间向行政长官提交报告。

（2）就每段报告期间提交的报告，须分别就截取及秘密监察列出——

（a）一份清单，显示——

（i）在该报告期间，根据本条例发出的法官授权、行政授权及紧急授权的各别数目，及该等授权各别的平均时限；

（ii）在该报告期间，根据本条例续期的法官授权及行政授权的各别数目，及该等授权各别的平均续期时限；

（iii）在该报告期间，因应根据本条例提出的口头申请而发出的法官授权、行政授权及紧急授权的各别数目，及该等授权各别的平均时限；

（iv）在该报告期间，因应根据本条例提出的口头申请而续期的法官授权及行政授权的各别数目，及该等授权各别的平均续期时限；

（v）在该报告期间，根据本条例续期而在续期之前已获 5 次或多于 5 次续期的法官授权及行政授权的各别数目；

（vi）在该报告期间，为寻求发出法官授权、行政授权及紧急授权而根据本条例提出的并遭拒绝的申请的各别数目；

（vii）在该报告期间，为寻求将法官授权及行政授权续期而根据本条例提出的并遭拒绝的申请的各别数目；

（viii）在该报告期间，为寻求发出法官授权、行政授权及紧急授权而根据本条例提出的并遭拒绝的口头申请的各别数目；及

（ix）在该报告期间，为寻求将法官授权及行政授权续期而根据本条例提出的并遭拒绝的口头申请的各别数目；

（b）一份清单，显示——

（i）在该报告期间根据本条例发出订明授权或将订明授权续期以予调查的罪行的主要类别；及

（ii）在该报告期间，因为依据订明授权进行的任何截取或秘密监察而被逮捕，或是在进行该截取或秘密监察的后续行动中被逮捕的人的数目；

（c）一份清单，显示——

（i）在该报告期间根据本条例发出的器材取出手令的数目，及该等手令的平均时限；及

（ii）在该报告期间为寻求发出器材取出手令而根据本条例提出的并遭拒绝的申请的数目；

（d）一份清单，显示——

（ⅰ）专员在该报告期间根据第 41 条进行的检讨的撮要；

（ⅱ）在该报告期间进行的检讨中发现的任何不符合规定或有错误的个案的数目及性质概要；

（ⅲ）专员在该报告期间接获的寻求进行审查的申请的数目；

（ⅳ）专员继进行审查后在该报告期间根据第 44（2）条发出的通知及根据第 44（5）条发出的通知的各别数目；

（ⅴ）专员在该报告期间根据第 48 条发出通知的个案的数目；

（ⅵ）专员在该报告期间根据第 50、51 及 52 条作出的建议的性质概要；

（ⅶ）在该报告期间，由于依据订明授权进行任何截取或秘密监察而取得享有法律专业保密权的资料的个案的数目；及

（ⅷ）在该报告期间，按照根据第 42、47、52 或 54 条提交予专员的任何报告而就部门的任何人员采取纪律行动的个案的数目，及该等行动的性质概要；及

（e）对在该报告期间遵守有关规定的整体情况的评估。

（3）报告须在有关报告期间届满后的 6 个月内提交。

（4）行政长官须安排将报告的文本连同述明以下事宜的陈述，提交立法会会议席上省览：是否有任何事宜在没有专员的同意下根据第（5）款从该文本中剔除。

（5）如行政长官认为发表第（4）款所提述的报告内的任何事宜，会对防止或侦测罪行或保障公共安全造成损害，他可在咨询专员后，从根据该款须提交予立法会会议席上省览的报告的文本中剔除该等事宜。

（6）在本条中，报告期间（report period）就根据第（1）款规定须提交的报告而言，指——

（a）于本条例的生效日期＊开始而于同年的 12 月 31 日结束的一段期间；或

（b）往后的每段于 12 月 31 日终结的 12 个月期间。

50. 专员向行政长官提交的其他报告

除根据第 49 条规定须向行政长官提交的报告外，专员可不时就他认为合适的关乎执行他在本条例下的职能的任何事宜，向行政长官提交任何进一步的报告。

51. 就实务守则向保安局局长提出建议

（1）如专员在执行他在本条例下的任何职能的过程中，认为应修改实务守则的任何条文，以更佳地贯彻本条例的宗旨，他可向保安局局长提出他认为合适的建议。

（2）凡专员根据第（1）款向保安局局长提出任何建议，局长须在该等建议提出后，于合理的切实可行范围内，尽快将他为实行该等建议而根据第63（3）条行使权力一事通知专员，如专员在提出该等建议时已指明发出该通知的限期，则该通知须在该限期内发出。

52. 向部门提出建议

（1）如专员在执行他在本条例下的任何职能的过程中，认为应更改某部门所作出的安排，以更佳地贯彻本条例的宗旨或实务守则的条文，他可向该部门的首长提出他认为合适的建议。

（2）凡专员根据第（1）款向部门的首长提出任何建议，该部门的首长须在该等建议提出后，于合理的切实可行范围内，尽快向专员提交一份报告，其内须载有该部门已为实行该等建议而采取的任何措施（包括就任何人员采取的纪律行动）的细节，如专员在提出该等建议时已指明提交该报告的限期，则该报告须在该限期内提交。

（3）在不损害第49及50条的原则下，专员可在部门的首长根据第（2）款向他提交报告之前或之后，将有关建议及他认为合适的任何其他事宜提交予行政长官、律政司司长或任何小组法官，或提交予他们之中的任何人或所有人。

第6分部　与专员执行职能有关的进一步条文

53. 专员的进一步权力

（1）专员可为执行他在本条例下的任何职能而——

（a）要求任何公职人员或任何其他人在专员于作出该要求时指明的时间内，以专员于作出该要求时指明的方式，回答任何问题及向专员提供他所管有或控制的任何资料、文件或其他事宜（包括任何受保护成果，不论它是否包含任何享有或可能享有法律专业保密权的资料）；及（由2016年第21号第13条修订）

(b) 要求部门的任何人员在专员于作出该要求时指明的时间内,以专员于作出该要求时指明的方式,拟备任何关于该部门所处理的截取或秘密监察个案或关于任何类别的该等个案的报告。

(2) 专员可为执行他在本条例下的任何职能,向小组法官要求让他可取用根据附表 2 第 3 条保存的任何文件或记录。

(3) 尽管有本条例任何其他条文或其他法律的规定,如专员根据第 (1) 款向某人施加要求,该人须遵从该要求。

(4) 除本条例另有规定外,专员无须在任何法院交出或向任何法院透露或传达在执行他在本条例下的职能的过程中由他编制或向他提供的任何资料、文件或其他事宜(包括任何受保护成果,不论它是否包含任何享有或可能享有法律专业保密权的资料),亦无须向任何人提供或披露任何该等资料、文件或事宜。(由 2016 年第 21 号第 13 条修订)

(5) 除本条例另有规定外,专员可决定在执行他在本条例下的职能时须予依循的程序。

53. 转授检查受保护成果的权力

(1) 专员可藉书面将第 (2) 款指明的专员的权力,转授予于专员的办事处工作并向专员负责的人员。

(2) 上述权力是指,检查为遵从根据第 53 (1) (a) 条施加的要求而向专员提供的受保护成果的权力。

(3) 专员可在任何转授文书中,指明任何规限该转授的效力的条款或条件。

(4) 根据本条作出的转授,并不妨碍专员在任何时间行使经如此转授的权力。

(由 2016 年第 21 号第 14 条增补)

54. 部门就不遵守有关规定提交报告的一般责任

(1) 在不损害本部的其他条文的原则下,凡任何部门的首长认为该部门或其任何人员有可能没有遵守任何有关规定,他须向专员提交一份报告,其内须载有该不遵守有关规定个案的细节(包括就任何人员采取的纪律行动)。(由 2016 年第 21 号第 15 条修订)

(2) 在不影响本部的其他条文的原则下,如任何部门的首长认为 ——

(a) 在该部门处理的某宗个案中,有可能出现了没有遵守有关规定的情

况；但

（b）该情况并非该部门或其任何人员的过错所引致，

则该首长亦须向专员提交一份报告，该报告须载有该情况的细节。（由
2016 年第 21 号第 15 条增补）

55. 专员不视为法院

专员在执行他在本条例下的任何职能时，就所有目的而言均不得视为法
院或法院的成员。

第 5 部

进一步保障

56. 定期检讨

（1）每一部门的首长均须安排定期检讨该部门的人员遵守有关规定的
情况。

（2）在不损害第（1）款的原则下，凡任何部门的首长已根据第 7 条作出
任何指定，他须安排职级高于该部门的授权人员的人员，定期检讨授权人员
执行在本条例下的任何职能的情况。

57. 于截取或秘密监察终止后，撤销订明授权

（由 2016 年第 21 号第 16 条代替）

（1）如根据第 56（1）或（2）条进行或曾根据第 56（1）或（2）条进
行任何定期检讨的人员认为有终止某订明授权或其某部分的理由存在，他须
在得出该意见后，于合理地切实可行范围内，尽快安排终止有关截取或秘密
监察或其有关部分。

（2）在不损害第（1）款的原则下，凡订明授权已根据本条例发出或续
期，有关部门在当其时负责有关截取或秘密监察的人员 ——

（a）须在他察觉有终止该订明授权或其某部分的理由存在后，于合理的
切实可行范围内，尽快安排终止该截取或秘密监察或其有关部分；及

（b）可随时安排终止该截取或秘密监察或其某部分。

（3）凡任何人员已安排（不论是根据第（1）或（2）款安排）终止任何
截取或秘密监察，他须在该项终止后，于合理的切实可行范围内，尽快安排
向受理最近一次根据本条例提出的寻求发出有关订明授权或将有关订明授权

续期的申请的有关当局，提供一份关于该项终止以及该项终止的理由的报告。

（4）凡有关当局接获第（3）款所指的报告，该当局须在接获该报告后，于合理地切实可行范围内，尽快撤销有关订明授权或其有关部分。

（5）凡订明授权或其某部分根据第（4）款被撤销，尽管有有关时限条文的规定，该授权或该部分自被撤销之时起失效。

（6）如订明授权只有部分被撤销，有关当局可行使以下一项或两项权力——

（a）更改该授权的任何条款或条件；

（b）在该授权中指明适用于该授权本身或在该授权下的任何进一步的授权或规定（不论是根据该授权的条款或本条例的任何条文而批予或施加的）的任何新条件。（由 2016 年第 21 号第 16 条增补）

（7）如有关当局在有关人员根据第（3）款向其提供报告时，不再担任其职位或不再执行其职位的有关职能，则 ——

（a）在不损害《释义及通则条例》（第 1 章）第 54 条的原则下，在该款中对有关当局的提述，包括提述在当其时获委任为小组法官或授权人员（视属何情况而定）并合法地执行该当局的职位的有关职能的人；及

（b）本条的条文据此适用。

（8）如第 3 条所指的、让某订明授权或其某部分持续有效的先决条件未获符合，则就本条而言，即属有终止该订明授权或该部分的理由存在。

（9）在本条中，有关时限条文（relevant duration provision）指第 10（b）、13（b）、16（b）、19（b）或 22（1）（b）条（视何者适用而定）。

（由 2016 年第 21 号第 16 条修订）

58. 向有关当局提供报告：截取或秘密监察的目标人物被逮捕

（由 2016 年第 21 号第 17 条代替）

（1）凡在根据本条例发出订明授权或将订明授权续期之后，有关部门在当其时负责有关截取或秘密监察的人员知悉该截取或秘密监察的目标人物已被逮捕，该人员须在他得悉该项逮捕后，于合理地切实可行范围内，尽快安排向发出该订明授权或将该订明授权续期的有关当局，提供一份报告，评估该项逮捕对会籍继续进行该截取或秘密监察而取得任何可能享有法律专业保密权的资料的可能性的影响。

（2）凡有关当局接获第（1）款所指的报告，如该当局认为第 3 条所指的、让有关订明授权或其某部分持续有效的先决条件未获符合，该当局须撤销该授权或该部分。（由 2016 年第 21 号第 17 条修订）

（3）凡订明授权或其某部分根据第（2）款被撤销，则尽管有有关时限条文的规定，该授权或该部分自被撤销之时起失效。（由 2016 年第 21 号第 17 条修订）

（3A）如订明授权没有被撤销，或只有部分被撤销，有关当局可行使以下一项或两项权力——

（a）更改该授权的任何条款或条件；

（b）在该授权中指明适用于该授权本身或在该授权下的任何进一步的授权或规定（不论是根据该授权的条款或本条例的任何条文而批予或施加的）的任何新条件。（由 2016 年第 21 号第 17 条增补）

（4）如有关当局在有关人员根据第（1）款向其提供报告时，不再担任其职位或不再执行其职位的有关职能，则——

（a）在不损害《释义及通则条例》（第 1 章）第 54 条的原则下，在该款中对有关当局的提述，包括提述在当其时获委任为小组法官或授权人员（视属何情况而定）并合法地执行该当局的职位的有关职能的人；及

（b）本条的条文据此适用。

（5）在本条中，有关时限条文（relevant duration provision）指第 10（b）、13（b）、16（b）、19（b）或 22（1）（b）条（视何者适用而定）。

58A. 向有关当局提供报告：资料不准确或情况出现变化

（1）本条在以下情况下适用：在某订明授权有效的期间内，有关部门在当其时负责有关截取或秘密监察的人员——

（a）知悉在为以下申请而提供的资料中，有关键性的不准确之处——

（i）根据第 8、14 或 20 条提出的寻求发出该授权的申请，包括根据第 25 条用口头提出的上述申请；

（ii）根据第 11 或 17 条提出的寻求将该授权续期的申请，包括根据第 25 条用口头提出的上述申请；

（iii）按第 23（1）或 26（1）条的规定提出的寻求确认该授权的申请；或

（iv）按第 26（1）条的规定提出的寻求确认该授权的续期的申请；或

（b）知悉——

（i）作为根据第 9（1）（a）、15（1）（a）、21（1）（a）或 25（4）（a）条发出该授权的基础的情况，出现关键性变化；

（ii）作为根据第 12（1）（a）、18（1）（a）或 25（4）（a）条将该授权续期的基础的情况，出现关键性变化；

（iii）作为根据第 24（1）（a）或 27（1）（a）条确认该授权的基础的情况，或作为根据第 24（3）（a）（ii）或 27（3）（a）（ii）条命令该授权有效的基础的情况，出现关键性变化；或

（iv）作为根据第 27（1）（a）条确认该授权的续期的基础的情况，出现关键性变化。

（2）除第（3）款另有规定外，上述人员须——

（a）在知悉第（1）（a）（i）或（b）（i）款描述的事宜后，于合理的切实可行范围内，尽快安排向发出上述订明授权的有关当局，提供一份关于该事宜的报告；

（b）在知悉第（1）（a）（ii）或（b）（ii）款描述的事宜后，于合理的切实可行范围内，尽快安排将上述订明授权续期的有关当局，提供一份关于该事宜的报告；

（c）在知悉第（1）（a）（iii）或（b）（iii）款描述的事宜后，于合理的切实可行范围内，尽快安排向确认上述订明授权或命令该授权有效的有关当局，提供一份关于该事宜的报告；或

（d）在知悉第（1）（a）（iv）或（b）（iv）款描述的事宜后，于合理的切实可行范围内，尽快安排向确认上述订明授权的续期的有关当局，提供一份关于该事宜的报告。

（3）凡有关情况出现关键性变化，如——

（a）该变化是因有关截取或秘密监察或其某部分根据第 57（1）或（2）条终止而产生的，且已有报告根据第 57（3）条提供予有关当局；或

（b）该变化是因第 58（1）条所述的有关截取或秘密监察的目标人物被逮捕而产生的，且已有报告根据该条提供予有关当局，

则上述人员无须根据第（2）款安排向有关当局提供关于该变化的报告。

（4）凡有关当局接获第（2）款所指的报告，如该当局认为第 3 条所指的、让有关订明授权或其某部分持续有效的先决条件未获符合，该当局须撤

销该授权或该部分。

（5）如订明授权或其某部分根据第（4）款被撤销，则尽管有有关时限条文的规定，该授权或该部分自被撤销之时起失效。

（6）如订明授权没有被撤销，或只有部分被撤销，有关当局可行使以下一项或两项权力——

（a）更改该授权的任何条款或条件；

（b）在该授权中指明适用于该授权本身或在该授权下的任何进一步的授权或规定（不论是根据该授权的条款或本条例的任何条文而批予或施加的）的任何新条件。

（7）如有关当局在有关人员根据第（2）款向其提供报告时，不再担任其职位或不再执行其职位的有关职能，则——

（a）在不影响《释义及通则条例》（第1章）第54条的原则下，在该款中提述有关当局，包括在当其时获委任为小组法官或授权人员（视何者属适当而定）并合法地执行该当局的职位的有关职能的人；及

（b）本条的条文据此适用。

（8）在本条中——

有关时限条文（relevant duration provision）指第10（b）、13（b）、16（b）、19（b）或22（1）（b）条（视何者适用而定）。

（由2016年第21号第18条增补）

59. 对受保护成果的保障

（1）凡订明授权因应部门的任何人员提出的申请而根据本条例发出或续期，而任何受保护成果依据该授权而被取得，该部门的首长须作出安排，以确保——

（a）以下事宜被限制于对该订明授权的有关目的属必要的最小限度——

（i）受保护成果的披露范围；

（ii）属受保护成果披露对象的人的数目；

（iii）受保护成果被复制的程度；及

（iv）以任何受保护成果制成的文本的数目；

（b）已采取所有切实可行步骤，以确保受保护成果已获保护而不会在未经授权下或在意外的情况下被取用、处理、删除或用作其他用途；及

（c）除第（1A）款另有规定外，受保护成果按照以下规定销毁——

（i）在保留该成果对该订明授权的有关目的并非属必要时，尽快予以销毁，但如在如此销毁之前，该成果将会或已经为遵从根据第 53（1）（a）条施加的要求而向专员提供，则属例外；或

（ii）如已经为遵从根据第 53（1）（a）条施加的要求而向专员提供该成果，于专员不再需要该成果后，在保留该成果——

（A）对该订明授权的有关目的；及

（B）（如专员根据第 53（1）（a）条施加进一步要求）对使该等要求得以遵从，并非属必要时，尽快予以销毁。（由 2016 年第 21 号第 19 条代替）

（1A）如受保护成果属第 23（3）（a）、24（3）（b）（i）或（ii）、26（3）（b）（i）或 27（3）（b）（i）或（ii）条所描述的资料，则第（1B）款适用。（由 2016 年第 21 号第 19 条增补）

（1B）尽管有第 23（3）（a）或 26（3）（b）（i）条的规定，亦尽管根据第 24（3）（b）或 27（3）（b）条作出的命令有任何规定，有关部门的首长——

（a）须即时将有关个案通知专员；

（b）须作出安排，以确保有关资料获得保留；及

（c）须按以下规定行事——

（i）如专员通知该部门的首长，指专员不会根据第 53（1）（a）条要求提供该等资料，则须安排将该等资料即时销毁；或

（ii）如专员根据第 53（1）（a）条要求提供该等资料，则须——

（A）按要求提供该等资料；及

（B）安排于专员不再需要该等资料时，将该等资料即时销毁。（由 2016 年第 21 号第 19 条增补）

（2）凡第（1）款所描述的任何受保护成果包含享有法律专业保密权的任何资料，则第（1）（c）款须解释为亦规定有关部门的首长作出安排，以确保受保护成果中包含该等资料的部分——

（a）（就对邮件截取或秘密监察的订明授权而言）在自保留该部分对在任何法院进行的待决民事或刑事法律程序，或对相当可能会在任何法院提起的民事或刑事法律程序不再属必要时起计的 1 年期间届满之前被销毁；或

（b）（就对电讯截取的订明授权而言）于合理地切实可行范围内尽快被销毁。

（3）就本条而言，在以下情况下，某事宜即属对订明授权的有关目的属必要——

（a）在第（1）（a）款所指的情况下——

（i）该事宜继续是或相当可能变为是对该有关目的属必要的；或

（ii）（除对电讯截取的订明授权外）就于任何法院进行的待决民事或刑事法律程序而言，或就相当可能会在任何法院提起的民事或刑事法律程序而言，该事宜属必要；或

（b）在第（1）（c）款所指的情况下——

（i）该事宜继续是或相当可能变为是对该有关目的属必要的；或

（ii）（除对电讯截取的订明授权外）就于任何法院进行的待决民事或刑事法律程序而言，或就相当可能会在任何法院提起的民事或刑事法律程序而言，在自该事宜对该等程序不再属必要时起计的1年期间届满之前。

60. 备存纪录

（1）在不损害第59条的原则下，每一部门均须备存一份记录，该记录须——

（a）就每项由该部门的任何人员提出的寻求根据本条例发出订明授权或将订明授权续期的申请，载有以下事宜的记录——

（i）该申请（包括为该申请的目的而根据第3部提供的任何誓章或陈述的文本）；及

（ii）有关当局就该申请作出的决定（包括因应该申请而根据第3部发出或续期的任何订明授权的文本）；

（b）就每项由该部门的任何人员按第23（1）条的规定提出的寻求确认紧急授权的申请，载有以下事宜的记录——

（i）该申请（包括为该申请的目的而根据第23（2）（b）条提供的任何誓章的文本或（如第28条适用）为该申请的目的而按第28（1）（b）条描述提供的任何记录、誓章或其他文件的文本）；及

（ii）小组法官就该申请作出的决定（包括因应该申请而根据第24（5）条作出的任何批注的文本或（如第28条适用）因应该申请而根据第24（5）条发出的任何紧急授权的文本）；

（c）就每项由该部门的任何人员按第26（1）条的规定提出的寻求确认订明授权或将订明授权续期的申请，载有以下事宜的记录——

（i）该申请（包括为该申请的目的而根据第 26（2）（b）条提供的任何记录、誓章或陈述的文本）；及

（ii）有关当局就该申请作出的决定（包括因应该申请而根据第 27（5）条发出或续期的任何订明授权的文本）；

（d）载有以下事宜的记录——

（i）该部门的任何人员根据第 57 条终止任何截取或秘密监察的任何个案；及

（ii）任何订明授权在该项终止后根据第 57 条被撤销的任何个案；

（e）就每项由该部门的任何人员根据第 33 条提出的寻求发出器材取出手令的申请，载有以下事宜的记录——

（i）该申请（包括为该申请的目的而根据第 33（2）（b）条提供的任何誓章的文本）；及

（ii）小组法官就该申请作出的决定（包括因应该申请而根据第 34（3）条发出的任何器材取出手令的文本）；

（f）载有以下事宜的记录——

（i）因为没有该部门的任何人员在 48 小时限期内提出确认紧急授权的申请以致第 23（3）条适用的任何个案；

（ii）因为没有该部门的任何人员在 48 小时限期内提出确认订明授权或订明授权的续期的申请以致第 26（3）条适用的任何个案；及

（iii）就以下事宜作出的任何定论：就该部门的任何人员所发现或察觉的任何其他不符合规定之处及错误（不论该不符合规定之处及错误是在根据第 56（1）及（2）条进行的定期检讨中或在其他情况下被发现或察觉的）；及

（g）载有任何合理地须由该部门备存以令专员能够拟备根据第 49 条向行政长官提交的报告或以其他方式执行他在本条例下的任何职能的纪录。

（2）根据第（1）款备存的记录——

（a）在其与任何订明授权或器材取出手令有关的范围内——

（i）须于该订明授权或器材取出手令（视属何情况而定）失效当日之后的一段最少 2 年的期间内，予以保留；及

（ii）（在不损害第（i）节的原则下）凡有关部门获悉在任何法院有任何待决的有关民事或刑事法律程序，或获悉有关民事或刑事法律程序相当可能会在任何法院提起，或获悉有关检讨正根据第 41 条进行，或（就订明授权而

言）获悉有寻求审查的有关申请根据第 43 条提出，须——

（A）（就待决的法律程序、检讨或申请而言）在该待决的法律程序、检讨或申请获最终裁断或获最终的处理之后最少 1 年期间内，予以保留；或

（B）（就相当可能会提起的法律程序而言）在该法律程序获最终裁断或获最终的处理之后最少 1 年期间内或（如适用）在该法律程序不再属相当可能会提起之后最少 1 年期间内，予以保留；或

（b）在其与任何订明授权或器材取出手令无关的范围内，须在一段最少 2 年的期间内，予以保留。

（3）就第（2）款而言，在（但仅在）以下情况下，法律程序、检讨或申请就关乎任何订明授权或器材取出手令的记录的任何部分而言，即视为有关——

（a）该订明授权或器材取出手令（视属何情况而定）攸关或可能攸关为该法律程序、检讨或申请（视属何情况而定）的目的而裁断任何问题；或

（b）（就订明授权而言）任何依据该授权取得的受保护成果攸关或可能攸关为该法律程序、检讨或申请（视属何情况而定）的目的而裁断任何问题。

61. 电讯截取成果不获接纳为证据

（1）任何电讯截取成果不得于在任何法院进行的任何法律程序中获接纳为证据，但用作证明有人已犯某有关罪行则除外。

（2）任何电讯截取成果以及关于依据有关订明授权进行的电讯截取的任何详情，不得提供予在任何法院进行的任何法律程序（就有关罪行提起的任何该等法律程序除外）中的任何一方。

（3）于在任何法院进行的任何法律程序（就有关罪行提起的任何该等法律程序除外）中，不可举出任何倾向显示以下任何事宜的任何证据，亦不可发问任何倾向显示以下任何事宜的任何问题——

（a）有人已提出申请，寻求根据本条例发出有关订明授权或将有关订明授权续期，或寻求根据本条例发出有关器材取出手令；

（b）已根据本条例发出有关订明授权或将有关订明授权续期，或已根据本条例发出有关器材取出手令；

（c）已对任何人施加规定，规定该人为执行有关订明授权或有关器材取出手令而提供协助；

（d）已依据有关订明授权取得任何资料。

（4）尽管有第（2）款或本条例任何其他条文的规定，凡为任何刑事法律程序（不论是就某罪行提起的刑事法律程序或是任何有关法律程序）的目的，依据有关订明授权取得的并可继续被有关部门取用的任何资料，可能会合理地被认为是能够削弱控方针对辩方的论据，或会有助于辩方的论据，则——

（a）该部门须向控方披露该等资料；及

（b）然后控方须于以非公开形式进行的单方面聆讯中，向法官披露该等资料。

（5）法官可在有资料根据第（4）（b）款向他披露后，作出他认为就确保有关法律程序得以公平进行而属合适的命令。

（6）凡在任何刑事法律程序中，有任何命令根据第（5）款作出，控方须于以非公开形式进行的单方面聆讯中，向审理任何有关法律程序的法官披露该命令的条款及有关资料。

（7）尽管有第（5）款的规定，根据该款作出的命令并不授权或规定在违反第（1）、（2）及（3）款的情况下作出任何事情。

（8）在本条中——

一方（party）就任何刑事法律程序而言，包括检控方；

有关法律程序（related proceedings）就任何刑事法律程序而言，指该等刑事法律程序所引致的进一步法律程序（包括上诉程序），或该等刑事法律程序的初步或附带法律程序；

有关订明授权（relevant prescribed authorization）指对电讯截取的订明授权；

有关罪行（relevant offence）指由披露任何电讯截取成果或披露关乎取得任何电讯截取成果的任何资料所构成的任何罪行（不论该罪行是否有其他构成元素）；

有关器材取出手令（relevant device retrieval warrant）指授权取出根据有关订明授权而授权使用的任何器材的器材取出手令；

法官（judge）就任何法律程序而言，指聆听或将会聆听该等法律程序的法官或裁判官，或任何具有处理有关事宜的司法管辖权的其他法官或裁判官；

电讯截取成果（telecommunications interception product）在截取成果属——

（a）依据有关订明授权而取得的通讯的任何内容；或

（b）该等内容的文本，

的范围内，指该等截取成果。

62. 享有法律专业保密权的资料继续享有保密权

尽管享有法律专业保密权的资料是依据订明授权被取得，该等资料继续享有保密权。

63. 实务守则

（1）保安局局长须为就本条例订定的事宜向各部门的人员提供实务指引的目的，发出实务守则。

（2）在不局限第（1）款的一般性的原则下，保安局局长可在实务守则内，指明根据本条例向小组法官提出的任何申请的格式。

（3）保安局局长可不时修改整套实务守则或其任何部分，修改方式须与他根据本条发出该守则的权力相符，而除文意另有所指外，凡提述（不论是或并非是在本条例中提述）实务守则，须解释为提述经如此修改的该守则。

（4）部门的任何人员在根据本条例或为本条例任何条文的施行而执行任何职能时，须遵守实务守则的条文。

（5）如任何人不遵守实务守则的任何条文——

（a）就所有目的而言，不得仅因该项不遵守而将该项不遵守视为有不遵守本条例任何条文的情况；及

（b）在不损害（a）段的原则下，该项不遵守不影响任何订明授权或器材取出手令的有效性。

第 6 部
杂项条文

64. 订明授权及器材取出手令不受轻微缺失影响

（1）订明授权或器材取出手令不受与其有关的任何轻微缺失影响。

（2）在不局限第（1）款的一般性原则下，依据订明授权取得的任何资料（包括任何受保护成果），不得仅因为与该授权有关的任何轻微缺失，而被致令不得于在任何法院进行的任何法律程序中获接纳为证据。

（3）就本条而言，对轻微缺失的任何提述就订明授权或器材取出手令而言，包括以下事宜中或在与以下事宜有关连的情况下的任何缺失或不符合规定之处（重大缺失或不符合规定之处除外）——

（a）发出或本意是发出该订明授权或器材取出手令或看来是该授权或手令的文件；或

（b）执行或本意是执行该订明授权或器材取出手令或看来是该授权或手令的文件。

65. 豁免权

（1）在第（2）款的规限下，任何人不得仅因——

（a）依据订明授权或器材取出手令进行的任何行为（包括该等行为所附带的行为）；

（b）他真诚地执行或本意是真诚地执行在本条例下的任何职能；或

（c）他遵从根据本条例作出的或本意是根据本条例作出的任何规定或要求，而招致任何民事或刑事法律责任。

（2）第（1）款并不影响任何人仅因以下事宜而招致或可能招致的任何法律责任——

（a）未经准许而进入任何处所；或

（b）未经准许而干扰任何财产。

65A. 在订明授权被撤销后取得的受保护成果

（1）如某订明授权或其某部分根据第 24（3）（a）（i）、27（3）（a）（i）、58（2）或 58A（4）条被撤销，有关部门的首长须作出安排，以确保有关截取或秘密监察或其有关部分，于合理的切实可行范围内，尽快终止。

（2）任何受保护成果，如在有关订明授权或其有关部分被撤销后，但在有关截取或秘密监察或其有关部分按照有关部门的首长根据第（1）款作出的安排而终止前取得，则就本条例而言，该成果须视为是依据订明授权取得的。

（由 2016 年第 21 号第 20 条增补）

66. 规例

行政长官会同行政会议可在立法会批准下，为以下目的订立规例——

（a）更佳地贯彻本条例的宗旨；及

（b）在不局限（a）段的一般性的原则下，订明本条例规定须由或可由根据本条订立的规例订明的任何事宜。

67. 修订附表

行政长官会同行政会议可在立法会批准下，藉于宪报刊登的公告，修订附表 1、2、3 及 4。

68. （已失时效而略去——2020 年第 7 号编辑修订纪录）

69. 过渡性安排

（1）凡任何部门或他人代任何部门藉依据在本条例生效＊前根据《电讯条例》（第 106 章）第 33 条发出或续期的命令进行任何电讯截取，而取得任何材料，第 59 条在经必要的变通后，在该等材料属该被截取的通讯的任何内容或该等内容的文本的范围内，适用于该等材料，犹如——

（a）该命令是根据本条例发出或续期的订明授权一样，而据此——

（i）该等材料属受保护成果；及

（ii）寻求发出该命令或将该命令续期的申请，是寻求根据本条例就发出订明授权或将订明授权续期的申请；及

（b）进行在该命令下须予进行的行动所谋求达到的目的是该命令的有关目的一样。

（2）第（1）款是在《释义及通则条例》（第 1 章）第 23 条以外的条文而不减损该条的效力。

（3）本条的施行，并不使依据第（1）款所提述的命令进行的任何电讯截取有效，亦不授权进行任何该等截取。

（4）在本条中，文本（copy）就第（1）款所提述的通讯的任何内容而言，指任何以下项目（不论是否属文件形式）——

（a）该等内容的任何文本、复本、副本、拷贝、摘录或撮录；

（b）提述第（1）款所提述的电讯截取，并且是直接或间接显示属该通讯的传送人或传送对象的人的身份的记录的任何记录。

附表 1

[第 2 及 67 条]

部门

第 1 部
就截取等而指明的部门

1. 香港海关

2. 香港警务处

3. 廉政公署

第 2 部
就秘密监察等而指明的部门

1. 香港海关
2. 香港警务处
3. 入境事务处
4. 廉政公署

附表 2
[第 6、53 及 67 条]

小组法官的处事程序及关乎小组法官的其他事宜

1. 关于小组法官考虑申请的条文

（1）小组法官须于非公开的情况下考虑根据本条例向他提出的任何申请。

（2）在不损害第（1）款的原则下，如小组法官如此指示，则上述申请可在法院范围以外的任何地方（部门的处所除外）予以考虑。

（3）小组法官可按他认为适当的方式考虑上述申请。

2. 小组法官的进一步权力

小组法官可为执行他在本条例下的任何职能的目的而监督及监理誓章。

3. 关于由小组法官编制的或向小组法官提供的文件及记录的条文

（1）凡任何小组法官为关乎他在本条例下的任何职能的执行的目的而编制或获提供任何文件及纪录，该法官须安排于他在本条例下的任何职能的执行均不再即时需用该等文件及纪录后，尽快将所有该等文件及纪录保存于按他的命令密封的封套内。

（2）尽管有第（1）款的规定，在该款所描述的情况下获提供任何文件或记录的小组法官须——

（a）安排以在如此向他提供的每一份文件或记录的文本上盖上他的印章并于其上签署的方式，核证该文本；及

（b）安排向有关部门提供经如此核证的文本。

（3）凡任何文件或记录根据第（1）款被保存于封套内——

（a）该封套须被保存于由小组法官所指明的保安周全的地方；

（b）除依据小组法官为执行他在本条例下的任何职能（包括顺应专员根

据本条例第 53（2）条提出的要求而执行的该等职能）的目的而作出的命令行事外，该封套不得被开启，而该等文件或记录不得自该封套取出；及

（c）除依据小组法官的命令行事外，该封套及该等文件或记录不得被销毁。

（4）凡任何封套依据第（3）（b）款所提述的小组法官命令而被开启——

（a）在有任何文件或记录自该封套取出的情况下，有关小组法官须安排于他在本条例下的任何职能的执行均不再即时需用该等文件或记录后，尽快将之放回该封套内予以保存；及

（b）有关小组法官须安排于他在本条例下的任何职能的执行均不再即时需要取用保存于该封套内的文件或纪录后，尽快按他的命令密封该封套，

而第（3）款的条文在经必要的变通后，即适用于如此密封的该封套，犹如该等条文适用于第（1）款所提述的封套一样。

（5）本条的规定不阻止为施行任何有关书面决定条文，或在依据小组法官的命令下，将任何第（1）款所提述的文件及记录或将该等文件及记录的任何文本提供予有关部门。

（6）在本条中，有关书面决定条文（relevant written determination provision）指本条例第 9（3）、12（3）、24（5）（不论有否参照本条例第 28 条）、27（5）或 34（3）条。

附表 3

[第 8、11、14、17、20 及 67 条]

适用于关于寻求发出对截取或秘密监察的订明授权或将该等授权续期的申请的誓章或陈述的规定

第 1 部
寻求发出对截取的法官授权的申请

用以支持寻求发出对截取的法官授权的申请的誓章，须 ——

（a）述明谋求藉进行该截取达到的目的，是本条例第 3（1）（a）（i）及（ii）条所指明的目的中的哪一项；

（b）列明——

（i）该截取的形式，以及谋求藉进行该截取而取得的资料；

（ii）（如知道的话）将会属该截取的目标人物的人的身份；

（iii）（如知道的话）用以识别将会被截取的任何通讯的地址、号码、仪器或其他因素的详情，或该等因素的组合的详情；

（iv）该截取的建议时限；

（v）本条例第3（1）（b）条所指明的合理怀疑所基于的理由；

（vi）以下资料——

（A）（如谋求藉进行该截取达到的目的是本条例第3（1）（a）（i）条所指明者）须予防止或侦测的有关特定严重罪行，以及对该罪行的逼切性及严重程度的评估；或

（B）（如谋求藉进行该截取达到的目的是本条例第3（1）（a）（ii）条所指明者）对公共安全的有关特定威胁，对该威胁的逼切性及严重程度的评估，以及对该威胁于香港、香港居民或在香港的其他人的安全方面的直接及间接影响的评估；

（vii）相当可能会藉进行该截取而取得的利益；

（viii）对该截取对不属第（ii）节所提述的人的任何人的影响（如有的话）的评估；

（ix）会藉进行该截取而取得以下资料的可能性：可能享有法律专业保密权的资料，或可能属新闻材料的内容的资料；

（x）谋求藉进行该截取达到的目的不能合理地藉侵扰程度较低的其他手段达到的原因；及

（xi）（如知道的话）是否有在过去2年期间提出符合以下说明的、寻求发出订明授权或将订明授权续期的申请——

（A）该申请亦有将根据第（ii）节在有关誓章中列出的任何人，识别为有关截取或秘密监察的目标人物；或

（B）（凡根据第（iii）节在有关誓章中列出任何电讯服务的详情）该申请亦有寻求对下述通讯进行截取的授权：向该电讯服务发出或从该电讯服务发出的任何通讯，而如有上述申请的话，该申请的详情；及

（c）以姓名、职级及职位识别申请人及批准提出该申请的该有关部门的任何人员。

第2部
寻求发出对第1类监察的法官授权的申请

用以支持寻求发出对第1类监察的法官授权的申请的誓章，须——

（a）述明谋求藉进行该第1类监察达到的目的，是本条例第3（1）（a）（i）及（ii）条所指明的目的中的哪一项；

（b）列明——

（i）该第1类监察的形式（包括将会使用的任何器材的种类），以及谋求藉进行该监察而取得的资料；

（ii）（如知道的话）将会属该第1类监察的目标人物的人的身份；

（iii）可能受该第1类监察影响而不属第（ii）节所提述的人的任何人的身份，或（如该人的身份不详）对可能受该监察影响的某人或某类别的人的描述；

（iv）（如知道的话）将会进行的该第1类监察所在的任何处所或任何物体或任何类别物体的详情；

（v）该第1类监察的建议时限；

（vi）本条例第3（1）（b）条所指明的合理怀疑所基于的理由；

（vii）以下资料——

（A）（如谋求藉进行该第1类监察达到的目的是本条例第3（1）（a）（i）条所指明者）须予防止或侦测的有关特定严重罪行，以及对该罪行的逼切性及严重程度的评估；或

（B）（如谋求藉进行该第1类监察达到的目的是本条例第3（1）（a）（ii）条所指明者）对公共安全的有关特定威胁，对该威胁的逼切性及严重程度的评估，以及对该威胁于香港、香港居民或在香港的其他人的安全方面的直接及间接影响的评估；

（viii）相当可能会藉进行该第1类监察而取得的利益；

（ix）对该第1类监察对第（iii）节所提述的人的影响（如有的话）的评估；

（x）会藉进行该第1类监察而取得以下资料的可能性：可能享有法律专业保密权的资料，或可能属新闻材料的内容的资料；

（xi）谋求藉进行该第 1 类监察达到的目的不能合理地藉侵扰程度较低的其他手段达到的原因；及

（xii）（如知道的话）是否有在过去 2 年期间提出符合以下说明的、寻求发出订明授权或将订明授权续期的申请：该申请亦有将根据第（ii）节在有关誓章中列出的任何人，识别为有关截取或秘密监察的目标人物；而如有上述申请的话，该申请的详情；及

（c）以姓名、职级及职位识别申请人及批准提出该申请的该有关部门的任何人员。

第 3 部
寻求发出对第 2 类监察的行政授权的申请

用以支持寻求发出对第 2 类监察的行政授权的申请的陈述，须——

（a）述明谋求藉进行该第 2 类监察达到的目的，是本条例第 3（1）（a）（i）及（ii）条所指明的目的中的哪一项；

（b）列明——

（i）该第 2 类监察的形式（包括将会使用的任何器材的种类），以及谋求藉进行该监察而取得的资料；

（ii）（如知道的话）将会属该第 2 类监察的目标人物的人的身份；

（iii）可能受该第 2 类监察影响而不属第（ii）节所提述的人的任何人的身份，或（如该人的身份不详）对可能受该监察影响的某人或某类别的人的描述；

（iv）（如知道的话）将会进行的该第 2 类监察所在的任何处所或任何物体或任何类别物体的详情；

（v）该第 2 类监察的建议时限；

（vi）本条例第 3（1）（b）条所指明的合理怀疑所基于的理由；

（vii）以下资料——

（A）（如谋求藉进行该第 2 类监察达到的目的是本条例第 3（1）（a）（i）条所指明者）须予防止或侦测的有关特定严重罪行，以及对该罪行的逼切性及严重程度的评估；或

（B）（如谋求藉进行该第 2 类监察达到的目的是本条例第 3（1）（a）（ii）

条所指明者）对公共安全的有关特定威胁，对该威胁的逼切性及严重程度的评估，以及对该威胁于香港、香港居民或在香港的其他人的安全方面的直接及间接影响的评估；

（viii）相当可能会藉进行该第 2 类监察而取得的利益；

（ix）对该第 2 类监察对第（iii）节所提述的人的影响（如有的话）的评估；

（x）会藉进行该第 2 类监察而取得以下资料的可能性：可能享有法律专业保密权的资料，或可能属新闻材料的内容的资料；

（xi）谋求藉进行该第 2 类监察达到的目的不能合理地藉侵扰程度较低的其他手段达到的原因；及

（xii）（如知道的话）是否有在过去 2 年期间提出符合以下说明的、寻求发出订明授权或将订明授权续期的申请：该申请亦有将根据第（ii）节在有关陈述中列出的任何人，识别为有关截取或秘密监察的目标人物；而如有上述申请的话，该申请的详情；及

（c）以姓名、职级及职位识别申请人。

第 4 部
寻求将对截取或秘密监察的法官授权或行政授权续期的申请

用以支持寻求将对截取或第 1 类监察的法官授权续期或将对第 2 类监察的行政授权续期的申请的誓章或陈述，须——

（a）列明——

（i）所寻求的续期是否首次续期及（如否）该法官授权或行政授权以往每次获续期的情况，及每次的续期时限；

（ii）下述资料的任何重大改变：为寻求发出该法官授权或行政授权或将该法官授权或行政授权续期的申请的目的，或为在口头申请后提出的寻求确认该法官授权或行政授权或其过往续期的申请的目的，而在先前根据本条例在任何誓章或陈述内提供的任何资料；

（iii）对至提出该申请为止已依据该法官授权或行政授权取得的资料的价值的评估；

（iv）申请续期属必要的理由；及

（v）该截取、第 1 类监察或第 2 类监察（视属何情况而定）的建议时限；及

（b）以姓名、职级及职位识别申请人及批准提出该申请的该有关部门的任何人员。

附表 4
［第 33 及 67 条］

适用于关于寻求发出器材取出手令的申请的誓章的规定

凡某订明授权使用任何器材，用以支持寻求就取出该器材发出器材取出手令的申请的誓章，须 ——

（a）列明 ——

（i）寻求取出的器材的种类；

（ii）寻求取出的器材所处的处所或物体的详情，以及申请人认为该器材是处于该处所或物体之内或之上的原因；

（iii）预计完成该项取出所需的时间；

（iv）对该项取出对任何人的影响（如有的话）的评估；及

（v）进行该项取出的需要；及

（b）以姓名、职级及职位识别申请人。

附表 5
（已失时效而略去——2020 年第 7 号编辑修订纪录）

二、澳门特别行政区《第 10/2022 号法律——通讯截取及保障法律制度》

立法会根据《澳门特别行政区基本法》第七十一条（一）项，为实施《澳门特别行政区基本法》第三十条和第三十二条所订定的基本制度，制定本法律。

第一章 一般规定

第一条 标的

一、本法律订定澳门特别行政区刑事诉讼程序中以通讯截取方式获得证

据的法律制度。

二、本法律亦规范以有权限当局调查犯罪为目的的通讯记录的保存及提供，以及通讯使用者资料的提供。

三、通讯记录及通讯使用者资料不包括通讯内容。

第二条　定义

为适用本法律，下列用语的含义为：

（一）"通讯"：是指以任何电信途径发送、传递或接收符号、文字、影像、声音、图案或任何性质的信息的行为；

（二）"通讯纪录"：是指使用通讯服务后所产生的各参与方的记录，尤其是电信号码或其他呼叫识别标志、通讯日期及时间、使用长度、互联网协议地址、服务类型、电子信箱或位置资讯，但不包括通讯内容；

（三）"通讯使用者资料"：是指电信营运者及网络通讯服务提供者因通讯服务合同或协议，或因提供服务而取得或产生的用户识别资料，尤其是用户的身份资料、通信地址或住址、电话号码或其他联络资料、服务种类、缴费计划及方式；

（四）"电信营运者"：是指具资格于澳门特别行政区经营公共电信网络、提供公用电信服务及提供互联网接入服务的实体；

（五）"网络通讯服务提供者"：是指设于澳门特别行政区或外地，且通过电信网络及相应的技术途径，尤其以行动应用程式、互联网站或电脑程式，向澳门特别行政区用户提供任何形式的单独或集体通讯服务的实体。

第二章　通讯截取

第三条　容许进行通讯截取的情况

一、仅就下列任一犯罪，且有理由相信进行通讯截取对发现事实真相属必需，又或不能或难以其他方法取得证据的情况下，方可由法官以批示命令或许可对通讯进行截取：

（一）可处以最高限度超逾三年徒刑的犯罪；

（二）关于恐怖主义的犯罪；

（三）关于清洗黑钱的犯罪；

（四）关于危害国家安全的犯罪；

（五）关于有组织犯罪；

（六）关于不法生产和贩卖麻醉药品及精神药物的犯罪；

（七）关于禁用武器、爆炸装置或材料，又或类似装置或材料的犯罪；

（八）关于贩卖人口的犯罪；

（九）关于电脑犯罪；

（十）关于对外贸易活动的犯罪；

（十一）关于贿赂的犯罪；

（十二）透过电信实施的侮辱罪、恐吓罪、胁迫罪、侵犯住所罪或侵入私人生活罪。

二、禁止对嫌犯与其辩护人之间的通讯进行截取；但法官基于有依据的理由相信该等通讯为犯罪对象或犯罪元素者，不在此限。

三、进行通讯截取的期间最长为三个月；但如符合容许进行通讯截取的相关要件，则可续期，且每次续期均受上述最长期间限制。

第四条　通讯截取的方法

通讯截取以监听、截收、录音、录影、复制或其他类似的必要及符合刑事侦查目的的方法进行。

第五条　截取行动的程序

一、进行通讯截取的刑事警察机关应就截取缮立笔录及制作报告书，并应于命令或许可进行截取行动的法官订定的期间内，将有关笔录、报告书连同截取所得的资料传达该法官，使其知悉有关内容。

二、如有需要，有权限法官可随时要求刑事警察机关提交上款所指的笔录、报告书或资料。

三、如法官认为所收集的资料或当中某些资料在证据方面属重要，则命令将之附于卷宗；否则须命令将之销毁，而所有曾参与行动的人就其所知悉的内容均负有保密义务。

四、自侦查终结起，嫌犯、辅助人及通讯截取所针对的人，均可查阅有关笔录，以便能完全了解笔录与截取所得的资料是否相符，并可缴付费用，以获取笔录中有关资料的副本；而上述人士就其所知悉的内容负有保密义务，但属用于作出辩护所需的行为除外。

五、如属在侦查或预审期间命令进行的行动，且命令该行动的法官有理由相信嫌犯、辅助人或通讯截取所针对的人一旦知悉笔录或通讯截取的内容，可能使侦查或预审的目的受损害者，则不适用上款的规定。

第六条　无效

第三条至第五条所指的要件及条件必须成立，否则无效。

第七条　通知

一、通讯截取结束后，如法官认为通讯截取属不正当，应通知因此受损害的人。

二、如作出通知可能使侦查或预审的目的受损害，则不适用上款的规定。

第八条　延伸

第三条至第七条的规定，相应适用于以有别于电信的其他技术途径传达的通讯。

第三章　电信营运者及网络通讯服务提供者的义务

第九条　保存通讯记录

电信营运者及网络通讯服务提供者，须将于澳门特别行政区提供的通讯服务所产生的通讯记录或在外地向澳门特别行政区用户提供通讯服务所产生的通讯记录，自完成通讯之日起计在澳门特别行政区至少保存一年；在该期间内须确保该等资料安全、保密和完整。

第十条　提供通讯记录

一、如有理由相信通讯纪录有助于刑事调查工作，则有权限司法当局得以批示许可或命令电信营运者及网络通讯服务提供者提供上条所指的通讯记录。

二、如刑事警察机关基于有依据的理由相信通讯记录与犯罪有关而可作为证据，且如延迟采取措施可对具重大价值的法益构成严重危险，则即使未经有权限司法当局预先许可，亦可要求电信营运者及网络通讯服务提供者提供上条所指的通讯记录。

三、属上款所指情况，刑事警察机关须立即将所实施的措施告知有权限司法当局，并由其最迟于七十二小时内宣告有效，否则该措施无效。

四、如在七十二小时内，第二款及第三款所指措施的实施未经有权限司法当局的批示宣告为有效，则刑事警察机关应销毁该等通讯记录。

第十一条　提供通讯使用者资料

一、刑事警察机关可透过包括资料互联在内的任何合法方式查阅和取得电信营运者及网络通讯服务提供者资料库内的通讯使用者资料，且电信营运者及网络通讯服务提供者不得拒绝或延迟提供，但属具合理理由的情况除外。

二、有权限当局可命令拒绝或延迟提供通讯使用者资料的电信营运者及网络通讯服务提供者，在指定期间内提供通讯使用者资料，且电信营运者及网络通讯服务提供者不得再无理拒绝或延迟提供。

第十二条　合作义务

一、电信营运者及网络通讯服务提供者，须向有权限当局提供执行本法律所需的必要的配合及技术支援，且不得拒绝或延迟履行依据本法律作出的命令，但属具合理理由的情况除外。

二、上款所指的命令包括在执行通讯截取、提供通讯记录和提供通讯使用者资料的范围内发出的命令。

第四章　处罚制度

第一节　刑事责任

第十三条　通讯的不法截取

一、刑事警察机关、电信营运者、网络通讯服务提供者或其工作人员未经法官命令或许可而作出通讯截取的行为，如按其他法律的规定不科处更重刑罚，处最高三年徒刑或科罚金。

二、犯罪未遂，处罚之。

第十四条　违反保密义务

一、第五条第三款所指的负有保密义务的人，不正当披露、传播或公开全部或部分所知悉的内容，如按其他法律的规定不科处更重刑罚，处最高三年徒刑或科罚金。

二、第五条第四款所指的负有保密义务的嫌犯、辅助人或通讯截取所针对的人，不正当披露、传播或公开全部或部分所知悉的内容，如按其他法律的规定不科处更重刑罚，处最高两年徒刑或科罚金。

三、犯罪未遂，处罚之。

第十五条　不当使用资料

一、任何人将根据本法律规定在通讯截取或提供通讯纪录方面所收集或取得的资料，又或所收集或取得的通讯使用者资料，用于有别于本法律容许进行收集、取得、处理和保存有关资料的目的，如按其他法律的规定不科处更重刑罚，处最高三年徒刑或科罚金。

二、犯罪未遂，处罚之。

第十六条　加重违令

违反第十二条规定的合作义务者，构成《刑法典》第三百一十二条第二款所指的加重违令罪。

第十七条　法人的刑事责任

一、法人，即使属不合规范设立者，无法律人格的社团及特别委员会，须对下列者以有关实体的名义且为其集体利益而实施本法律所定的犯罪承担责任：

（一）有关实体的机关或代表人；

（二）听命于上项所指机关或代表人的人，但仅以该等机关或代表人故意违反本身所负的监管义务或控制义务而使犯罪得以实施为限。

二、如行为人违抗有权者的明示命令或指示而作出有关行为，则排除上款所指的责任。

三、第一款所指实体的责任并不排除有关行为人的个人责任。

第十八条　对法人适用的主刑

一、上条第一款所指的实体犯有本法律规定的罪行者，科罚金作为主刑。

二、罚金以日数订定，下限为一百日，上限为一千日。

三、罚金的日额为澳门元五百元至二万元。

四、如对无法律人格的社团或特别委员会科罚金，则该罚金以该社团或委员会的共同财产缴付；如无共同财产或共同财产不足，则以各社员或委员会成员的财产按连带责任方式缴付。

第十九条　对法人适用的附加刑

对作出本法律所指犯罪的第十七条第一款所指实体，可并科以下附加刑：

（一）剥夺获公共部门或实体给予的津贴或补贴的权利；

（二）公开有罪判决，以刊登于澳门特别行政区的一份中文报章及一份葡文报章为之，以及在从事业务的地点或场所以公众能清楚看到的方式，张贴以中葡文书写的告示为之，张贴期至少十五日；上述一切费用由被判罪者负担。

第二节　行政责任

第二十条　行政违法行为

一、不遵守第九条所定的保存义务者及第十一条第一款所定的提供通讯使用者资料的义务者，构成行政违法行为；如违法者为自然人，科澳门元二万元至二十万元罚款；如违法者为法人，科澳门元十五万元至五十万元罚款，且不影响倘有的其他责任。

二、酌科罚款时应考虑违法行为的严重程度及其所引致的损害，以及违法者的过错程度和前科。

三、如行为同时构成本条所定的行政违法行为及其他法例规定的行政违法行为，则根据罚款上限较高的法例对违法者作出处罚，但不影响对行政违法行为规定的附加处罚的适用。

第二十一条　累犯

一、为适用本法律的规定，自行政处罚决定转为不可申诉之日起一年内作出上条规定的行政违法行为，且距作出上一次的行政违法行为实施日不足五年，再次实施相同的行政违法行为者，视为累犯。

二、如属累犯，罚款的下限提高四分之一，上限则维持不变。

第二十二条　法人的责任

一、法人，即使属不合规范设立者，以及无法律人格的社团及特别委员会，均须对其机关或代表以其名义且为其集体利益而作出本法律所定的违法行为承担责任。

二、如行为人违抗有权者的明确命令或指示而作出行为，则排除上款所指责任。

三、第一款所指实体的责任，不排除有关行为人的个人责任。

第二十三条　缴付罚款的责任

一、缴付罚款属违法者的责任，但不影响以下两款规定的适用。

二、违法者为法人时，其行政管理机关成员或以其他方式代表该法人的人，如被判定须对有关行政违法行为负责，须就罚款的缴付与该法人负连带责任。

三、如对无法律人格的社团或特别委员会科罚款，则该罚款以该社团或委员会的共同财产缴付；如无共同财产或共同财产不足，则以各社员或委员会成员的财产按连带责任方式缴付。

第二十四条　处罚职权

司法警察局局长具职权就本法律规定的行政违法行为提起处罚程序、指定预审员及科处处罚。

第二十五条　通知方式

一、所有通知均按《行政程序法典》的规定作出，但不影响以下各款的特别规定的适用。

二、凡按下列地址作出的通知均以单挂号信为之，并推定应被通知人在信件挂号日后的第三日接获通知；如第三日非为工作日，则推定在紧接该日的首个工作日接获通知：

（一）应被通知人，又或代应被通知人行事或以其名义行事的人所指定的通讯地址或住址；

（二）载于合同内的通讯地址；

（三）如应被通知人为法人且其住所或常设代表处位于澳门特别行政区，按身份证明局或商业及动产登记局的档案所载的最后住所；

（四）如应被通知人为澳门特别行政区居民，按身份证明局的档案所载的最后住所；

（五）如应被通知人持有治安警察局发出的身份证明文件，按该局的档案所载的最后地址。

三、如上款所指的应被通知人的地址位于澳门特别行政区以外的地方，则上款所指期间仅在《行政程序法典》规定的延期期间届满后方开始计算。

四、仅因证实可归咎于邮政服务的事由而令应被通知人在推定接获通知的日期后接获通知的情况下，方可由应被通知人推翻第二款规定的推定。

五、为适用本条的规定，身份证明局、商业及动产登记局及治安警察局应在司法警察局要求时向其提供第二款所指的资料。

第二十六条　缴付罚款及强制征收

一、罚款应自接获处罚决定通知之日起三十日内缴付。

二、如未在上款所定期间自愿缴付罚款，由主管实体按税务执行程序的规定，以处罚决定的证明作为执行名义进行强制征收。

第二十七条　履行尚未履行的义务

如因不履行义务而构成行政违法行为，而该等义务尚可履行，则科处处罚和缴付罚款并不免除违法者履行该等义务。

第五章　过渡及最后规定

第二十八条　补充规定

对本法律未特别规定的事宜，按有关事宜的性质补充适用《刑法典》、《刑事诉讼法典》、《行政程序法典》、《行政诉讼法典》、十月四日第 52/99/M 号法令《行政上之违法行为之一般制度及程序》及第 8/2005 号法律《个人资料保护法》。

第二十九条　废止

废止《刑事诉讼法典》第一百七十二条至第一百七十五条。

第三十条　对被废止的规定的提述

在现行法例中对《刑事诉讼法典》第一百七十二条至第一百七十五条规定或电话监听的提述，经作出必要配合后，视为对本法律相应规定或通讯截取的提述。

第三十一条　修改《刑事诉讼法典》

经九月二日第 48/96/M 号法令核准，并经十月二十五日第 63/99/M 号法令、第 9/1999 号法律、第 3/2006 号法律、第 6/2008 号法律、第 2/2009 号法律、第 17/2009 号法律、第 9/2013 号法律及第 4/2019 号法律修改的《刑事诉讼法典》第二百五十一条修改如下：

"第二百五十一条

（由预审法官命令或许可的行为）

一、在侦查期间，命令或许可下列行为属预审法官的专属权限：

a) 〔……〕

b) 〔……〕

c) 依据第 10/2022 号法律《通讯截取及保障法律制度》的规定进行通讯截取；

d) 〔……〕

二、〔……〕"

第三十二条　生效及产生效力

一、本法律自二零二二年八月一日起生效，但不影响下款规定的适用。

二、第九条规定自二零二三年八月一日起产生效力。

三、澳门特别行政区《第 17/2009 号法律——禁止不法生产、贩卖和吸食麻醉药品及精神药物》[1]

第三十条　转运的麻醉药品及精神药物

一、视乎诉讼程序所处的阶段而定，可由刑事起诉法官或检察院司法官

---

〔1〕 中国澳门地区最早规定控制下交付的法律是 1991 年制定的"第 5/91/M 号法令"——《关于贩卖及使用麻醉药品及精神病药品视为刑事行为以及提倡反吸毒措施事宜》，具体规定如下：第三十五条（过境之麻醉药品及精神科物质）一、按照程序所处阶段，预审法官或共和国检察长，得按个别情况，许可司法警察对携有麻醉品或精神科物质经本地区过境者不采取行动，俾能在目的地国或各目的地国，及其他可能之转运地国协助下，认别更多参与各转运及分销活动者之身份并提出控诉，然不应妨碍对本地区法律适用之事件实行刑事诉讼。二、该许可须应目的地国之请求，及属下列情形者，方获给予：a) 详细知悉贩卖者之可能路线及其身份之详尽数据；b) 获目的地国及转运地国有权限之当局保证物质之安全，无漏失或遗失之危险；c) 获目的地国或转运地国有权限之当局确保其法例制定有对嫌犯作适当之刑事制裁，具确保实行刑事诉讼；d) 目的地国或转运地国有权限之司法当局，承诺将关于各犯罪者，尤其是关于曾在本地区活动之犯罪者所进行活动之结果之详细资料，以及其行动详细情形作紧急通知。三、如安全之界限明显缩小，或发现路线有预料以外之更改，或存有任何其他使将来难以扣押该等物质及拘捕嫌犯之情形者，则司法警察虽获以上所指之许可，然仍须采取行动。四、如未能预先通知给予许可之实体而采取行动，则须在随后之二十四小时内，以书面报告作出通知。五、目的地国或转运国不履行应承担之义务者，可构成对其尔后之请求不予许可之依据。六、国际接触须透过司法警察进行之。2009 年中国澳门地区制定了新的禁毒法，这就是"第 17/2009 号法律"——《禁止不法生产、贩卖和吸食麻醉药品及精神药物》，原来的"第 5/91/M 号法令"被废止。"第 5/91/M 号法令"第三十五条被"第 17/2009 号法律"第三十条所取代，澳门地区的控制下交付因此发生了不小的变化。

针对个别情况，许可司法警察局对携带经澳门特别行政区转运的麻醉药品或精神药物的人不采取行动，以便能与目的地国或目的地区及倘有的其他转运地国或转运地区合作，识别及检控更多参与各转运及分发活动的人，但不妨碍对澳门特别行政区法律所适用的事实实行刑事诉讼。

二、仅在有关给予许可的请求是由目的地国或目的地区提出、且出现下列情况时，方给予该许可：

（一）详细知悉携带者的可能路线及足以识别其身份的资料；

（二）获目的地国、目的地区或转运地国、转运地区的主管当局保证麻醉药品或精神药物的安全，不会发生有人逃走或麻醉药品或精神药物遗失的危险；

（三）获目的地国、目的地区或转运地国、转运地区的主管当局确保其法例有规定对嫌犯的适当刑事制裁，且确保对嫌犯实行刑事诉讼；

（四）目的地国、目的地区或转运地国、转运地区的有权限司法当局，承诺将各犯罪行为人，特别是曾在澳门特别行政区进行有关犯罪活动的行为人所进行活动的情况的详细资料和警方行动的结果的详细资料紧急通知澳门特别行政区。

三、如安全程度明显降低，或发现有关路线有未预见的更改，又或发生导致将来难以扣押有关麻醉药品或精神药物及逮捕嫌犯的其他情况，则即使已给予以上两款所指的许可，司法警察局仍须采取行动。

四、如已采取行动而未预先通知刑事起诉法官或检察院司法官，则须在随后二十四小时内，向其提交书面报告。

五、目的地国、目的地区或转运地国、转运地区不履行应承担的义务者，可构成对其日后的请求拒绝给予许可的依据。

六、与外地的联络须透过司法警察局为之。

第三十一条　不予处罚的行为

一、刑事调查人员或受刑事警察当局监控行动的第三人，为预防或遏止本法律所指犯罪之目的，隐藏其身份而以有别于教唆或有别于间接正犯的其他共同犯罪方式作出违法行为的预备行为或实行违法行为，如其行为能与此行为之目的保持应有的适度性，则不予处罚。

二、在有权限司法当局事先给予许可后，方可作出上款所指行为；该许可最迟在五日内作出，并在给予许可时，指定有关行为的期限。

三、如遇须紧急取证的情况，第一款所指行为，即使在取得有权限司法当局的许可前亦可作出，但在作出该行为后的首个工作日即应通知有权限司法当局，以便其在五日内宣告有关行为有效，否则所取得的证据无效。

四、刑事警察当局须最迟在有关人员或第三人的行动结束后四十八小时内，向有权限司法当局提交有关行动报告。

五、即使终局裁判包括将卷宗归档的裁判确定后，第一款所指的人的身份仍受司法保密制度保障二十年。

第三十二条　提供消息者

一、刑事调查人员、声明人或证人，均无义务向法院透露提供消息者或曾协助警方揭发本法律所指犯罪的人的身份或任何能识别其身份的资料。

二、在审判听证期间，如法院相信提供消息者或协助警方的人曾传达其知悉或应知悉属虚假的资料或消息，则可命令透露其身份，以及在听证时对其作出询问。

三、主持审判听证的法官可决定，于听证过程中在按上款规定透露有关人士的身份及对其作出询问之时排除或限制听证的公开。

后 记

    2012 年我国《刑事诉讼法》修正时增设了控制下交付，这是我国首次对控制下交付的立法确认，具有重要意义。但是，由于理论研究的落后导致难以为立法工作提供有力的指导，现行《刑事诉讼法》第 153 条第 2 款只用了46 个字规范控制下交付，这仅仅只是简单的授权性规定。很显然，立法的粗糙和简陋难以满足司法实践的需要，存在很大的隐患，因此迫切需要改革和完善。为了吸取人类社会的一切法律文明成果为我所用，笔者广泛收集、翻译了与控制下交付有关的国际公约、国际条约、国际协定，以及域外 150 多个国家（含地区、海外领地）控制下交付的立法或者指导纲领、行动指南，以便为即将到来的我国《刑事诉讼法》的第 4 次修正提供参考与借鉴。本书作者翻译的原始文献来自联合国及其职司机构、国际刑警组织、世界海关组织以及世界各国（含地区、海外领地）的议会、内政部、司法部、犯罪侦查机构、大学研究机构的官方网站以及外国学术著作。基于篇幅考虑，本书采取节译的方式，关于原始文献的出处，读者可以参阅《控制下交付立法比较研究》一书。纳入本书的所有文献除了特别注明引用出处的以外，均由本书作者翻译。